KB120453

민주시민의 도덕

나남
nanam

한국학술진흥재단 학술명저번역총서
서양편 206

민주시민의 도덕

2007년 8월 5일 발행
2007년 8월 5일 1쇄

지은이_ 로버트 프리먼 버츠
옮긴이_ 김해성
발행자_ 趙相浩
발행처_ (주) 나남
주소_ 413-756 경기도 파주시 교하읍
출판도시 518-4
전화_ (031) 955-4600 (代)
FAX_ (031) 955-4555
등록_ 제 1-71호(79.5.12)
홈페이지_ http://www.nanam.net
전자우편_ post@nanam.net
인쇄인_ 유성근(삼화인쇄주식회사)

ISBN 978-89-300-8217-4
ISBN 978-89-300-8215-0 (세트)
책값은 뒤표지에 있습니다.

'한국학술진흥재단 학술명저번역총서'는 우리 시대 기초학문의 부흥을 위해
한국학술진흥재단과 (주)나남이 공동으로 펼치는 서양명저 번역간행사업입니다.

민주시민의 도덕

로버트 프리먼 버츠 지음 | 김해성 옮김

나남
nanam

The Morality of Democratic Citizenship
Goals for Civic Education in the Republic's Third Century

This edition is published by arrangement with Center for Civic Education, Calabasas, CA, USA and Korea Research Foundation, Seoul, Korea through Bestun Korea Agency.

옮긴이 머리말

이 책의 주요 내용은 다음과 같이 요약할 수 있다. 이 책은 미국헌법(1787년 제정) 2백주년을 맞아 여러 행사가 진행되는 시점(1987년)에서 헌법제정의 배경과 과정, 그리고 그 의의에 대해 살피면서, 나아가 앞으로 다가오는 시대에 미국의 민주시민이 갖춰야 할 자질 내지 자격을 제시하고자 한다.

이 책은 1987년에 미국에서 있었던 사건들(헌법제정 2백주년 기념행사, 헌법의 의미와 교훈과 관련된 각종 언론매체 기획들, 이란-콘트라 사건 청문회, 보크 판사 대법관 지명 인준청문회 등)이 미국의 헌정질서 근저에 놓여 있는 기본적인 시민적 가치들에 대한 시민들의 정치적 판단을 요구하는 공공정책논쟁의 최근 사례들이라고 본다.

저자는 시민들이 이들 사건에서 비롯되는 정책과 실제의 공과를 판단하기 위해서는 역사적 시각 그리고 민주국가의 시민자격 및 지도력의 본질에 대한 관념에 입각한 신중한 판단에 의거해야만 한다고 본다. 그리고 이러한 과정은 어린 시절부터 학교에서 교육의 전 과정에 걸쳐 계속되어야 한다고 주장한다. 그리하여 이 책은 학교시민교육의 미래를 가늠하는 데 동원될 수 있는 모종의 역사적 시각을 개진하고자 한다.

저자는 헌법제정 2백주년을 맞이한 시점에서 미국의 세 번째 세기, 즉 21세기를 위한 시민교육 개혁 및 재구성 과업은 거의 시작조차 하지 않고 있다고 본다. 그리고 그 과업은 학문공동체, 교육계, 일반대중의 최선의 그리고 최대한 지속적인 협동적 노력을 요구하며 이 책이 그러한 과업을 위해 준비된 것이라고 주장한다. 이 책은 시민교육의 주요 요소로 역사와 헌법원칙, 그리고 시민교육에 대한 다양한 접근들이 의거할 수 있는 시민자격 개념을 들고 있다.

미국에서 공교육체제가 정립되면서 뒤이어 사회교과가 탄생한 시기에는, 시민양성이라는 교육(구체적으로는 사회교과의 교육)의 임무를 수행하기 위해 역사를 가르쳐야 한다는 관점이 지배적이었다. 당시 아직 초창기에 있던 미국 교육계(그리고 사회교과)의 주도세력은 철학, 문학, 역사 분야의 저명인사들이었으며, 따라서 갓 탄생한 사회교과의 주요 내용도 역사 분야로 채워졌다. 하지만 어떤 역사를 어떻게 가르칠 것인가, 그리고 그런 역사교육은 시민양성이라는 교육목적에 어느 정도로 성공적으로 기여하는가 하는 탐구와 반성이 행해졌으며, 그리하여 시민양성에 초점을 맞춘 역사교육, 나아가 역사를 주요 내용으로 하는 사회교과 교육(시민교육)이 요청되기에 이르렀다.

그렇지만 역사를 주요 내용으로 한다고 하더라도 어떤 역사 혹은 누구의 역사인가가 다시 문제가 된다. 다른 나라들도 그렇지만 특히 미국의 경우 국가수립 배경이 되는 이념과 가치들이 총괄적으로 표현된 것이 헌법이며, 상대적으로 짧은 역사를 감안하면 헌정사(憲政史)가 곧 미국사라고 이해할 수 있다. 그리하여 헌법교육이 곧 시민교육의 핵심이라는 관점이 대두되었다.

그런데 역사와 마찬가지로 누구의 헌법, 즉 헌법제정에 참여한 사람들 중 누구의 관점을 우선적으로 고려할 것인가, 그리고 그 관점에 대한 오늘날의 해석들 중 어느 것이 보다 정확하며 나아가 오늘날의 상황에 비추어 보다 적합한가 하는 문제가 제기된다. 이런 복잡한 문제들은 현실의 구체적 사건과 쟁점들을 통해 제기되는 경우가 많아서, (시민) 교육의 향방에 대한 논의는 곧 사회구성원들 전체의 관심사가 되기도 한다.

시민들의 다양한 가치를 존중하면서도 안정된 공동체를 유지하기 위해서는 옹호가능하며 실현가능한 관점이 정립되어야 한다. 즉, 공동체의 성격과 구성원 자격(시민자격, 시민권 혹은 시민성)에 대한 일정한 관점에 대한 시민들의 공유된 이해가 형성되어야 한다. 저자는 정치공동체 및 헌정질서 속에 시민들을 묶어주는 기본개념과 원칙 그리고 가치들에 대한 명시적이고 지속적인 연구가 필요하다고 하면서, 교육과정의 공통핵심은 민주시민으로서 지녀야 하는 도덕 혹은 덕목이어야 한다고 주장한다.

역사교육, 헌법교육, 시민자격 개념의 전개와 의미에 대한 논의를 바탕으로, 저자는 민주시민의 덕목(德目), 즉 민주사회 구성원인 시민이 갖추고 또 지향해야 할 기본이념과 가치에 대해 논의한다. 저자는 '다수로 이루어진 하나'라는 표어가 말하듯이 미국의 근간이 되는 정신은 다양성과 통합의 조화라고 본다. 저자는 '하나'의 참된 형태로 정의, 평등, 권위, 참여, 진실, 애국주의를 들고 있으며, '다수'의 참된 형태로 자유와 다양성, 사생활보호, 적법절차, 재산권, 그리고 인권을 들고 있다. 자칫 상충할 수도 있는 이들 항목에 대해 저자는 정교한 설명과 구체적 사례를 제시함으로써 방향을 잃지 않고 논의를 따라갈 수 있게 한다.

저자는 이들 덕목 내지 원리 각각에 대한 탐구에서 나아가 이들이 함께 어우러져 실제의 삶에 구현될 때 자유민주사회의 존속과 발전이 가능하다고 주장한다. 저자가 제시한 덕목 혹은 원리는 자유민주사회를 추구하는 곳이라면 어디서나 수용될 수 있는 내용으로 보인다. 미국의 세 번째 세기에 민주공화국을 건강하게 유지할 수 있는 시민에게 요구되는 덕목은 곧 21세기 자유민주사회의 시민에게 요구되는 덕목과 크게 다르지 않다. 물론 나라마다 구체적인 덕목은 다를 수 있으며, 실제 적용에서는 보다 신중한 논의가 수반되어야 할 것이다.

제 4장에서 우리나라가 아직 자유민주사회에 도달하지 못한 나라의 하나로 지목되고, 또한 미국에 이주하는 이민자들이 많은 나라의 하나로 언급될 때 씁쓸한 기분이 들기도 한다. 다만 이 책이 1988년에 집필되었으며, 그때 우리나라는 민주화가 막 시작되던 시기였다는 점을 기억하면 어느 정도 이해할 수도 있다. 만약 저자가 지금 2판을 펴낸다면 우리나라가 어떤 모습으로 묘사될지 궁금하다.

역자는 기본적으로 저자의 주장에 공감하며 저자의 주장을 정확하게 전달하는 데 주안점을 두었다. 사회교과에 관심 있는 사람이라면 쉽게 이해할 수 있는 내용도 있지만, 미국의 역사와 헌법에 대한 일정한 지식이 없이는 이해하기 어려운 부분이 꽤 많다. 미국인의 관점에서는 매우 중요한 주제이지만 우리에게는 그다지 큰 관심사가 아닐 수 있는 내용들도 있다. 대표적 예로 표현의 자유를 규정하는 수정헌법

제1조에 포함된 정교분리 원칙(혹은 종교창설금지 조항), 그리고 미국이 연방제 국가라서 제기되는 연방/주 관계가 있다. 그리하여 역자는 미국 헌정사와 관련된 사항으로, 미국인들은 대체로 알고 있다는 전제하에 본문에서 다루어지지 않고 있지만, 우리 입장에서는 부연설명이 필요하다고 여겨진 부분에 대해서는 역주를 덧붙였다. 여러 문헌들을 참고하였는데, 특정 문헌에 의거한 경우에는 출처를 따로 밝혔다. 또한 이 책에서 언급되었던 헌법판례들 중 특히 중요하다고 여겨진 판례들을 별도로 정리하여 〈부록〉으로 덧붙였다.

이 번역서가 출간되기까지 많은 분들의 도움을 받았다. 익명의 심사위원들께서는 1차 원고를 세세히 검토하고 자상하게 논평해 주셨고, 경상대학교 김경모 교수님은 진행과정 내내 조언과 격려를 아기지 않으셨다. 한국학술진흥재단의 강병옥 선생님과 나남출판의 조상호 사장님, 박영도 기획실장님, 방순영 편집장님은 번역연구가 책으로 출간되도록 지원해주셨으며, 양정우 님은 2차 원고를 정성들여 다듬어 주셨다. 은사 손봉호 교수님께서는 시민의 덕목을 몸소 보여주셨다. 모든 분께 감사의 뜻을 전한다.

2007년 7월

김 해 성

일러두기

- 역자가 덧붙인 주석의 경우, 간략한 것은 본문중에, 다소 분량이 많은 경우 각주에 (역주:) 형식으로 표시하였음.
- 본문에 등장하는 인명이나 문헌의 표기와 관련하여, 각주에 별도의 표기가 없고 또한 필요하다고 여겨지는 경우 첫 번째에 한해 영문표기를 함께 하였으며, 그 이후에는 한글로만 표기하였음.
- 본문에 자주 등장하는 기관·단체명의 경우, 첫 번째에는 한글과 영문으로 그 이후에는 한글로만 표기하거나 영문 약자로 표기하였음.

머리말

1987년 여름 헌법제정회의 2백주년 기념행사가 진행되면서, 수백만 명의 미국인에게 헌법은 '우리 모두를 위한 역사와 시민론 분야에서 반드시 공부해야 할 내용'이 되었다. 전국적으로 수많은 축하행사와 학술회의 그리고 토론회가 개최되었다. 이들 행사에 열기를 불어넣은 단체들로는 미국헌법 2백주년 위원회, '프로젝트 87', 미국변호사회, 스미소니언박물관, 그 밖에 다수의 학술기관 및 전문가단체들이 있었다. 이 중 미국헌법 2백주년 위원회는 전임 연방대법원장 버거[1]가 위원장을 맡고 있었고, '프로젝트 87'은 미국정치학회와 미국역사학회가 공동으로 후원하였다. 지역과 주 단위의 기구들 그리고 자원봉사단체들도 수십 개의 사업을 수행하고 있었다. '시민성향상협의회'(Council for the Advancement of Citizenship)와 '시민교육원'(Center for Civic Education)이 공동으로 주관하는 '2백주년 기념 지도력 향상 기획'은 이와 같이 눈길을 끄는 자생적인 시민운동들을 북돋았다.

이들 수백여 사업 외에도, 1787년 5월 제헌회의 회합 및 같은 해 9월의 헌법승인과 관련된 이념과 사건들을 자세히 다루는 학자들의 새

---

1) 역주: Warren E. Burger — 1969~1986년 대법원장 재임, 1986년 퇴임, 1995년 사망.

로운 저술과 기고가 · 논설가들의 비평이 쏟아져 나왔다. 나아가 모이어스(Bill Moyers)와 제닝스(Peter Jennings)의 PBS를 비롯한 텔레비전 프로그램들은 헌법의 기원과 의미에 대한 '역사의 교훈'을 일반 대중이 어떻게 인식하고 있는지를 조명하였다.

그러나 다른 한편 1987년 여름 같은 시기, 이란-콘트라 사건 그리고 연방대법원 신임 대법관 후보 보크(Robert H. Bork) 판사 지명 인준과 관련된 의회청문회는 수백만 명이 넘는 미국인들의 이목을 집중시켰다. 이 사건들은 일간신문과 텔레비전에 보도되어 또 다른 '시민론의 논점들'(*civics lessons*)을 부각시켰다. 워터게이트 사건이 일어났던 여름 이래로 헌법적 질문이 그렇게 생생하게 제기된 적은 없었다. 교과서의 시민론 관련내용은 워싱턴의 정부 3부처 사이의 주요 논란거리인 권력분립, 견제와 균형, 연방주의, 사법심사, 권리장전 등의 문제들은 거의 다루지 않았다.

당시의 뉴스에 꽤 민감했던 시민들 중 뭔가 중요한 일이 벌어지고 있다는 것을 알아차리지 못한 사람은 거의 없었을 것이다. 그렇지만 그에 대해 시민이 무엇을 생각할 수 있었겠는가? 시민론 분야의 어떤 교훈들이 학습되어야 했던가? 무엇보다도 2백주년이 주는 교훈이 얘기하는 역사가 대외관계에서 대통령의 권한이라든지 의회의 감시감독, 혹은 연방대법원의 사법적극주의 같은 오늘날의 문제들에 정말 조금이라도 관련이 있었던가? 헌법기초자들의 원래 의도가 사생활보호와 낙태, 평등, 시민적 권리, 소수자우대조치, 혹은 인종차별철폐조치 그리고 공립학교에서 기도하기 등과 관계가 있을 수 있었던가? 학술서적이 청문회나 이념논쟁 기고 혹은 다양한 정치색을 띤 비평가들의 토크쇼보다 시민들에게 다소나마 더 도움이 되었던가? 이 모든 것에 대해 학교는 시민들이 현재의 정부와 정치지도자 그리고 입법·행정·사법부의 정책결정자 후보들에 대해 판단을 내릴 수 있도록 하기 위해, 할 수 있었다면, 무엇을 했어야 하는가?

이 책의 대부분은 분명 1986년 11월에 시작된 이란-콘트라 사건 폭로나 1987년 7월의 보크 판사 지명 이전에 씌어졌다.[2] 이 책은 이란-

2) 역주: 이란-콘트라 사건—1979년 니카라과의 반정부조직 산디니스타는 소모사 대통령을 축출하고 좌익정부를 세웠다. 이러한 좌익정부의 존재를 수용할 수 없었던 미국의 레이건 행정부는 니카라과의 반정부 무력조직 콘트라를 지원하기로 하였고 미국 의회도 행정부의 이런 조치를 지지하였다. 그러나 이러한 지원조치에 대한 미국 내 반대여론이 고조되자 의회는 1984년에 콘트라에 대한 더 이상의 군사원조를 중단시키는 볼런드 수정법안을 통과시켰다.

미국 국가안전보장회의(NSC: National Security Council)는 레바논에 억류되어 있는 미국인 인질을 석방시킬 목적으로 비밀리에 이란에 무기를 판매하고 그 대금의 일부를 니카라과의 콘트라 반군에 지원하였다. 이란에 대한 무기판매는 전쟁중인 이란에 지원하지 않고 테러리스트와 흥정하지 않는다는 미행정부의 공식입장에 위배되는 것이며, 콘트라 반군에 대한 지원은 콘트라 반군에 대한 일체의 직접적·간접적 지원을 금지한 의회의 볼런드 수정법을 위반한 것이다.

자금지원은 NSC의 참모인 노스(O. North) 중령이 NSC의 의장인 포인덱스터(J. Poindexter) 해군소장의 승인을 받아 이루어진 것으로 알려졌다. 레이건 대통령이 연루되었는가에 대한 의혹도 강하게 제기되었다. 이 사건의 조사를 위하여 월시(L. E. Walsh)가 특별검사로 임명되었으며, 타워위원회가 설치되고, 양원특별위원회의 청문회가 열렸다. 청문회 결과 NSC가 이란과 니카라과에 대한 정책을 비밀리에 수행하고 의회에 위증한 것이 밝혀졌으며, CIA의 국장 케이시(W. J. Casey) 등이 연루되어 있는 것으로 밝혀졌다.

또한 월시의 조사로 포인덱스터의 전임자인 맥팔레인(R. Macfarlane)이 의회에 대한 위증혐의로 기소되었으며, 포인덱스터·노스 등 6명도 함께 기소되었다. 그러나 1992년 부시 대통령이 관련자 모두를 사면하였는데, 그러한 결정

콘트라 사건이나 연방대법관 임명 관련 의회인준청문회를 구체적으로 다루지 않는다. 즉, 이들 구체적 사건에 대한 반론을 펼치고자 하는 것이 아니다. 이 책은 학교가 가르쳐야 하는 시민적 가치·이념들과 관련된 과거와 미래 모두를 조망하고자 한다. 이 책은 1987년 여름에 있었던 사건들을 단지 모든 시민들에게 영향을 줄 수 있으며 앞으로 수십 년간 공공정책을 형성할 수 있는 쟁점들을 둘러싸고 대통령, 의회, 연방대법원 간에 되풀이해서 빚어지는 충돌의 예시로서 언급한다. 이들 사건은 우리의 헌정질서 근저에 놓인 기본적인 시민적 가치들에 대해 시민들이 내릴 수 있는 가장 식견 있는 정치적 판단을 요구하는 공공정책논쟁의 최근 사례들이다.

시민들은 이들 사건에서 비롯되는 정책과 실제의 공과를 결국 어떻게 판단할 것인가? 분명 간단하거나 쉬운 공식 혹은 이념적 방편에 의거할 수는 없다. 장기적으로는 잘 훈련된 역사적 시각 그리고 민주공화국의 시민자격(*citizenship*) 및 지도력의 본질에 대한 의미심장한 관념에 입각한 신중한 판단에 의거해야만 한다. 그리고 이러한 과정은 어린 시절 학교에서 시작해야 하며 교육의 전 과정—시민자격, 즉 시민이라는 신분이 유지되는 한 계속될 것으로 기대할 수 있는—에 걸쳐 계속되어야 한다.[3]

은 부시 자신의 관련여부에 대한 의문을 불러일으켰다. 월시는 1994년 1월 최종보고서에서 레이건 대통령이 위법행위를 한 것은 아니며 부시 부통령도 잘못한 증거는 없지만, 의회의 청문회 결과와는 달리 레이건 행정부 전체가 비밀외교정책에 대하여 알고 있었으며 NSC의 인물들은 희생양에 불과하였다고 주장하였다(유종선, 《한 권으로 보는 미국사 100장면》, 가람기획, 1995, pp. 395~397 참조).

따라서 이 책은 학교시민교육의 미래를 가늠하는 데 동원될 수 있는 모종의 역사적 시각을 개진하고자 한다. 2백주년 기념행사의 1단계는 수정 이전의 헌법제정을 기리면서 1987년 9월 17일에 막을 내렸다. 헌법과 관련된 일련의 사건을 돌이켜 보면, 헌법제정에 이어 헌법비준을 둘러싼 논쟁이 있었고, 연방정부가 실제로 출범하였으며, 권리장전이 입안되고 채택되었다. 그리하여 헌법제정 2백주년 기념식으로 시작된 경축행사는 권리장전 채택 2백주년인 1991년 12월에 막을 내리게 될 것이다.

그러나 미국이 맞이할 세 번째 세기를 위한 시민교육 개혁 및 재구성 과업은 거의 시작조차 하지 않았다. 그 과업은 학문공동체, 교육계, 일반대중의 최선의 그리고 최대한 지속적인 협동적 노력을 요구한다. 이 책은 그러한 과업을 위해 준비된 것이다. 이 책은 안내서나 교육과정 지침서가 아니다. 이 책은 시민교육의 네 가지 요소를 다루고 있는데, 필자는 그 요소들이 교육정책을 결정하는 자리에 있는 분들뿐

3) 역주: citizenship은 우리나라에서 대체로 시민권으로 번역하지만, 시민성으로 번역하는 경우도 있다. 이는 citizenship이 시민의 지위나 자격 혹은 그런 지위나 자격을 갖춘 사람이 누리는 권리라는 측면이 있는가 하면, 시민에 기대되는 품성이나 자질 혹은 의무를 의미하는 측면도 있기 때문이다. 예를 들어, 어떤 나라의 시민권을 취득한다고 하는 경우는 전자에 해당하며, 교육의 목적은 민주시민성을 함양하는 데 있다고 하는 경우는 후자에 해당한다. 원저자의 경우 제1장과 제4장에서는 주로 시민에게 기대되는 자질을 논의하고 있다. 이에 비해 제2장 그리고 특히 제3장에서는 구성원 자격 즉 성원권에 대한 관념이 어떻게 전개되어 왔는지를 논의하고 있다. 그리하여 이 번역서에서는, 다소 낯설게 비칠 수 있긴 하지만, 양자의 의미를 포괄하는 용어로 '시민자격'을 사용하고자 한다. 다만 문맥에 따라 '시민권'이나 '시민성'을 사용하는 것이 더 낫다고 판단될 경우에는 그 표현을 사용하고자 한다.

만 아니라 교육과정 작성, 교과서 집필, 학교수업에 종사하는 분들에게도 새로운 시각을 제공하게 되길 바란다.

그 요소들에 관련되는 것에는 역사와 헌법원칙을 공부하고 배우는 것 그리고 시민교육에 대한 다양한 접근들이 근거해야 할 시민자격 개념을 공부하고 배우는 것들이 있다. 그리고 마지막으로, 이 책은 필자가 보기에 학생과 교사 그리고 관심 있는 시민들이 미국시민자격이 무엇인지를 이해하고 실행하고자 할 때 학교에서의 교수-학습을 채워줄 12개의 이념 내지 시민적 가치들을 제공한다. 그 이념들이나 가치들은 새로운 것도 아니고 독창적인 것도 아니지만, 필자는 그것들이 시민교육의 요체(*summa educationis pro civiate*)를 포괄하고 있다고 믿는다.

이 책은 원래, 필자가 지난 몇 년 동안 새너제이주립대학 교환교수로서 그리고 스탠퍼드대학 교육대학원 및 후버연구소 객원연구원으로 있으면서 진행해 온 연구로서, 미국 사회에서 공교육이 갖는 시민양성 임무에 대한 보다 포괄적 연구의 일환으로 계획되었다는 점을 여기에서 밝혀두어야겠다. 한 권의 책을 계획했지만, 우연의 일치로 1987년의 중대한 헌법적 논쟁과 더불어 헌법 및 권리장전 2백주년 5개년 기념행사가 시작되는 바람에, 지금 이 책을 구성하고 있는 4개의 장을 먼저 출간하는 것이 시의적절하다고 여겨졌다.

원래 계획의 나머지 부분은 다원민주주의에서 시민교육이 직면하는 장기적인 딜레마 그리고 상충하는 주장들이 상이한 방향의 교육개혁을 요청하는 데서 제기되는 특수한 현안들을 다룬다. 그 부분은 후버연구소에서 《교육개혁에서 시민양성의 임무: 일반대중과 전문가를 위한 여러 시각들》이라는 제목으로 출간하고 있다. 제목에서 알 수 있듯이, 그 책은 지난 수년간 추진되어 온 교육개혁에 초점을 맞추고 있으며, 시민양성이라는 공교육의 역할에 영향을 끼치는 쟁점들을 폭넓게 검토하고 있다. 몇몇 주목할 만한 예외가 있긴 하지만, 1983년의 전국교육수월성위원회 보고서 이래로 활기를 띠었던 다수의 보고서 및 개혁조치들에서, 교육의 역사적인 시민양성 임무는 기껏해야 침묵의 대상이었고 최악의 경우에는 전적으로 무시되었다.

《시민양성의 임무》는 학문적 성취와 문화이해력의 증진을 요구하는 수월성운동의 요청과 관련될 뿐만 아니라 교육개혁 과정에서 제기되는 떠들썩한 주장들과도 관련된다. 그 주장들은 세계공동체 내에서 미국의 경제적 경쟁력을 제고하기 위한 기술이해력, 서구문명의 전통적인 도덕적 · 종교적 가치로의 복귀, 부모의 권리와 가족의 선택에 대한 재강조, 취학의 지역적 · 사적 통제로의 복귀와 같은 사항들을 요구한다. 이 책의 제 1부는 건국 이래 가족과 학교 그리고 공동체의 역할변화에 비추어 이들 주장을 살펴본다. 국민화합으로 나아가는 길에서 경합하는 목표들, 즉 시민의 단결, 다원주의, 사생활보호, 근대화 등으로부터 취학과 관련하여 발생하는 긴장들, 그리고 교육의 시민양성 목적이 1930년대 이래로 쇠퇴해 온 과정을 살펴본다. 제 2부에서는 1930년대 이래로 학교, 특히 사회교과에서뿐만 아니라 교사와 행정가를 양성하는 교양교육 및 전문교육에 있어서 교육의 시민양성 임무를 부흥시키려는 다양한 시도들을 소개한다.

이와 같이 한 벌로 볼 수 있는 두 권의 책은 상호보완하면서 다음과 같이 주장한다. "미국의 교육기관에서 진정한 개혁이 이루어지려면 크게 개선된 시민교육요소가 모든 수준의 교육과정에 포함되어야” 한다는 것이다. 이 두 권의 책은 미국의 정치체제가 그 세 번째 세기로 안전하게 넘어가고 또 그 세기 내내 존속하는 것을 지켜볼 실행가능한 시민자격 개념을 구축하기를 요청한다. 이 책들은 우리 고유의 정치공동체 및 헌정질서 속에 우리를 묶어주는 기본개념과 원칙 그리고 가치에 대한 명시적이고 지속적인 연구를 주장한다. 초중고에서 대학에 이르는 교육과정이 공통으로 핵심사항으로 두어야 할 것은 민주시민으로서 지녀야 하는 도덕이다.

1988년 2월

캘리포니아 캐멀 밸리에서

로버트 프리먼 버츠

민주시민의 도덕

차 례

제1장

한 가지 분명한 요청

역사를 가르치라

1980년대 중반까지 미국의 교육개혁 운동은 숱한 위원회 보고서, 주지사와 주 의회들의 정치적 영향력, 주요 재단들의 재정적 지원 그리고 주요 교육전문기구들의 묵인 하에 진행되었다. 그러한 묵인이 전폭적 지지를 의미하지는 않을지라도 말이다. 어떻게 하면 수준 높은 교사들을 끌어들여 교직에 종사하게 할 것인가 하는 구조적 문제는 여전히 주요 관심사로 남아 있었다. 이런 일들이 아마도 주된 사안이었겠지만, 교육과정 개혁 그리고 초등학교에서 오랫동안 읽기, 쓰기, 셈하기로 알려진 문자해독과 수리 이외에 학교에서 무엇이 가장 배울 가치가 있으며 또한 가장 가르칠 가치가 있는가 하는 문제는 거의 제기되지 않았다.

고등학교 수준에서는, 보이어(Ernest Boyer)의 주도 아래, 대학진학을 목표로 하든 하지 않든 간에, 모든 학생들을 위한 공통필수 교육과정이 무엇인가 하는 문제가 제기되었으며 여러 주가 이 문제를 해결하고자 했다. 캘리포니아 주 교육부는 1985년의 《교육과정 표준모형》에서 다음과 같이 진술하고 있다.

> 교육자들 내부에 중핵 교육과정에 대한 강력한 합의가 구축되고 있다. 첫째, 우리가 국제적으로 경쟁력을 유지하고자 한다면, 우리 경제는 모든 학생들이 보다 질 높은 교육을 받을 것을 요구한다. 둘째, 우리의 민주사회를 지속하기 위해서는, 우리는 더 많은 학생들을 우리의 역사와 문화 그리고 우리를 국민으로 함께 묶어주는 이상들과 연결함으로써 시민적 가치를 가르치는 일을 더 잘 수행해야 한다. 마지막으로, 우리는 분명 더 많은 청소년들에게 광범위한 교양교육을 보다 성공적으로 제공할 수 있다. 너무나 많은 경우에 있어 우리는 단지 보다 뛰어난 학생만이 우리의 문화와 정치적·윤리적 이상을 이해하고 평가할 수 있는 것처럼 학교를 운영함으로써 민주주의의 꿈을 저버렸다.[1)]

여러 주의 경우, 중등교육 수준에서 이처럼 '새롭게 생겨난 합의'는 영어, 과학, 수학, 역사 등 기초학문영역이 우선적으로 그 적용대상이 되었다. 시민론 내지 정부론이 추가되는 경우도 아주 흔했고 예능과 외국어가 추가되는 경우도 가끔씩 있었다. 1983년에 캘리포니아에서 선도적으로 통과된 법률은 다음과 같이 주 차원의 고등학교 졸업요건을 설정하였다(괄호 안은 이수요구 연한).

영어(3년)	역사/사회과학(3년)	수학(2년)
과학(2년)	외국어 혹은 예능(1년)	체육(2년)

이 캘리포니아 주법률은 또한 새로운 졸업요건에 맞춰 주교육감이 '교육과정 표준모형'을 작성하고 교육위원회가 이를 채택할 것을 요구하였다. 지역별 교육구에게는 적어도 3년에 한 번씩 자체 교육과정을 표준교육과정과 비교할 의무가 부과되었다. 그 의도는 지침과 모형을

---

1) *Model Curriculum Standards: Grades Nine Through Twelve, Overview and Introduction*(Sacramento: California State Department of Education, 1985), p. 1.

제공하여 지도하는 데 있었으며, 교과목 내용의 구체적 사항을 명령하는 데 있지 않았다. 호닉(Bill Honig) 교육감은 그 법률에 부응하는 광범위한 노력에 곧장 착수하였다.

그러한 노력의 일환으로 추진된 '클리오 기획'〔역주: 클리오(Clio)는 그리스 신화에 등장하는 역사의 여신으로 역사교육을 강조하려는 기획의 특성을 짐작할 수 있게 한다〕은 주 교육부와 버클리대학 교육대학원의 공동후원 하에 1984년 8월에 '공립학교에서의 역사: 무엇을 가르칠 것인가?'라는 주제로 학술대회를 개최하였다. 예상하다시피, 그 질문에 대한 참석자들의 답변은 매우 다양했다. 차분한 분석보다는 서사적 이야기나 영웅담을 강조하는 입장에서부터, '문제'보다는 편년사를 강조하는 견해, 역사 그 자체를 강조하는 관점, 소수집단, 종족집단, 여성, 하층민 등 역사에서 잊혀진 행위자들에 대해 더 강조하는 입장에 이르기까지 다양하게 나타났다.

필자의 논문 "역사와 시민교육"은 민주시민 양성과 공적 판단력 함양의 주요 형성요소 중 하나이자 건국시조(*founders of the republic*)의 생각에 귀 기울이고자 하는 목적을 지닌 역사에 초점을 맞추었다.[2] '교육과정 표준모형'을 보다 직접적으로 겨냥하여, 호닉 교육감은 교과목별로 자문위원회를 위촉하였다. 역사·사회과학 위원회는 1년 과정 과목에 세계사, 문화, 지리 영역을 포함하는 최종안을 마련하였으며, 한 학기 과목으로 '미국 정부론 및 시민론'과 '경제'를 편성하였다. 필자를 포함하여 위원 중 어느 누구도 최종안의 모든 측면에 동의하지는 않았지만, 필자는 '권고안'에서 시민교육의 핵심부분으로서의 역사와 사회교과의 역할이 상당히 강조된 것이 기뻤다. 권고 제 3항은 명시적으로 역사·사회과학 교육과정은 "미국인의 시민적 가치에 대한 이해를 제공해야 한다"고 진술하고 있다.

---

2) Bernard R. Gifford, ed., *History in the Schools: What Shall We Teach?* (New York: Macmillan, 1988).

1. 어떤 역사를 가르칠 것인가

시민교육에 대한 이러한 확인은 여러 주에서 중요 교육문건으로 나타나야만 된다. 1980년대 교육개혁 보고서의 다수가 그랬던 것처럼, 이는 실패하기 십상이다. 설령 그렇다 해도, 일반적인 것으로 공언된 내용은 구체적 내용과 사례로 이어질 필요가 있다. 필자가 보기에 캘리포니아의 '교육과정 표준모형'은 방향을 제대로 잡았지만, 최종적으로는 수백 개의 지역 교육청과 수천 명의 교사, 행정가, 교육위원들이 그 표준을 어떻게 생각할지가 관건이 될 것이다. 이어지는 부분에서 필자는 역사수업이 '시민양성'에서 어떤 역할을 했으며 또 할 수 있을지에 대한 역사적 관점 몇 가지를 소개하겠다.

클리오 학회에서 제기된 물음 "어떤 역사를 가르칠 것인가?"에 대해, 역사·시민교육의 주제에 대한 두 종류의 대답을 할 수 있을 것이다. 하나는 청소년이 시민자질을 갖추도록 준비시키기 위한 전반적인 교육적 노력에서 역사가 수행해야 하는 구체적 역할에 관한 것이다. 다른 하나는 학교시민교육의 일환으로서의 역사공부가 사회과목의 여타 분야와 비교하여 갖는 상대적 중요성과 관련된다. 오늘날에는 두 주제 모두 중요하지만, 미국의 초창기 시절에는 교육에 대한 사고의 중심에 그 어느 것도 놓여있지 않았다. 허츠버그의 지적처럼, 미국의 경우 초중고 및 대학에서 역사가 광범위하고 독립된 고유과목이 된 것은 1백 년에 불과하다.[3] 그럼에도 불구하고, 국가의 복리는 시민적 덕성—즉, 공공선(公共善)을 위한 책무를 사적 이익보다 우선시하는

3) Hazel Whitman·Hertzberg, "The Teaching of History," in Michael Kammen, ed., *The Past Before Us: Contemporary Historical Writing in the United States* (Ithaca, N. Y.: Cornell University Press, 1980), p. 474.

마음가짐 — 을 갖출 역량을 지닌 교육받은 시민들에게 달려 있다는 믿음에 있어 건국시조들 거의 모두가 일치했다는 점은 유념할 만하다.

건국시조들 중 상당수가 경제적 혹은 사회적 관점보다는 기본적으로 정치적 관점에서 자신들의 혁명을 생각한 만큼, 그들은 자유와 평등, 대중의 동의, 그리고 공공선에 대한 헌신, 즉 개인적 자아실현이나 직업준비를 위한 지식활용에 우선하는 목적들을 위한 보루(堡壘)로서의 교육에 대해 논의하였다. 진보적이든 보수적이든 간에, 혁명세대의 많은 사람들은 국가의 복리는 교육받은 시민들에 달려있을 뿐만 아니라, 국가의 학교들 — 특히 무상 보통교육을 하는 공립학교들 — 이 민주공화국의 모든 구성원에게 요구되는 시민적 가치와 지식 그리고 책무를 시민들에게 교육하기 위한 최선의 길이라는 신념을 계속해서 주장하였다.

그들 대부분은 시민교육의 주된 요소가 문자 해독능력 그리고 애국적 · 도덕적 가치의 고취라는 점에 동의하였다. 일부 사람들만이 공화주의 정부의 원리와 더불어 역사를 공부해야 한다고 강조하였다. 건국시조들 및 대부분의 후예들은 오랫동안 시민교육의 가치를 역설하였지만, 그러한 가치들을 학생들에게 알맞도록 핵심을 가려내서 다듬는 일은 교과서 저자들에게 맡겼다. 교과서 저자들의 대부분은 보수적 성향의 인사들이었기 때문에(제퍼슨식 공화주의자이기보다는 연방주의자들이었음), 정치적 덕성은 도덕적 · 종교적 가르침에 의거해야 한다는 데 그들 거의 모두가 동의하였다. 그리고 그 저자들 대부분이 뉴잉글랜드 사람들이었기 때문에, 초기의 교과서들은 개신교, 그 중에서 무엇보다도 청교도(淸敎徒)의 시각으로 서술되었다.

웹스터(Noah Webster)의 철자 · 독본 · 문법은 (미국식) 문자해독, 교훈적 도덕교육, 애국주의 그리고 청교도적 헌신에 대한 믿음이 이러한 방식으로 배합되는 예를 보여주었다. 혁명 직후에, 교과서들은 국가의 결속, 조국과 자유에 대한 사랑의 가치를 찬양하기 시작했다. 미국의 모든 것들이 찬미되기 시작했다. 개신교도 어린이들이 성경의 가르침을 통해 알파벳을 익히도록 하는 데 사용된 근엄한 《뉴잉글랜드독본》(*New England Primer*) 조차 'W'의 예시를 '바다의 고래들(*Whales*), 하나님의 목소리에 따르다'로 하던 것을 '용감한 위인 워싱턴, 조국을 구하였다'로 교체하였다. 사실, 워싱턴은 엄청난 숭배의 대상일 뿐만 아니라 거의 종교적 헌신의 대상이 되었다. 엘슨은 워싱턴에 대해 언급하는 1797년 교과서를 인용하는데, "여태껏 세계무대에 나타났던 인물 중 가장 완전무결하고 가장 신적인 인물"[4] 이라고 되어있다.

공화국의 첫 반세기 동안 학교시민교육에서 가장 영향력 있는 도구는 철자법과 독본 교재였다. 그 교재들의 주요 주제는 '아동의 충성심을 주와 국가에 결부'시키는 데 있었다. 애국심과 애향심이 덕성의 토대로서의 하나님 사랑과 겨루게 된 것이다. "애국심은… 사회적 덕성 중 가장 고귀한 것으로 여겨져야 한다."[5]

새로운 공화국을 건설한 건국시조들 중에, 대부분의 사람들이 시민으로서의 의무를 이행하기 위해 준비하는 데는 종교보다는 역사공부가 적합하다는 믿음을 가졌던 몇몇 인사들 가운데 토머스 제퍼슨이 있다. 그는 공립학교 설립에 관한 버지니아 주법을 제안하는 이유를 검토하면서 시민교육에서 역사의 중요성을 주장하는 고전적 견해를 언급하였다. 제퍼슨은 '버지니아 교서'에서, 영국의 군주제적 보통법을 공화주의에 보다 부합하는 법으로 대체하기 위해 1779년에 버지니아 주법률안으로 자신이 제안한 법률개정안을 설명하였다. 가장 중요한 제안 중 하나는 모든 아동들이 취학하는 초등학교, 총명하거나 빈곤층 학생을 위한 중학교 그리고 공적 지도력 훈련의 정점으로서 주립대학으로 이루어지는 완전한 공교육 체계에 대한 것이었다. 그의 얘기는 다소 길

---

4) Ruth Miller Elson, *Guardians of Tradition: American Schoolbooks of the Nineteenth Century* (Lincoln: University of Nebraska Press, 1964), p. 195.

5) 위의 책, p. 282.

더라도 인용할 만하다.

> 이러한 교육의 첫 단계는 수백 개의 지역단위 학교들입니다. 그곳에서 수많은 사람들이 교육받을 것이며 미래질서의 주요 토대가 놓일 것입니다. 그리하여 아직 종교적 탐구를 하기에는 판단력이 충분하지 못한 아동들의 손에 성경을 쥐어주는 대신, 그리스, 로마, 유럽, 미국 역사에서 가장 유용한 사실들로 그들의 머릿속에 채우게 할 수 있을 겁니다. 도덕의 주요 요소들도 그들의 마음속에 스며들 수 있을 것입니다. 그러한 도덕은, 나중에 그들의 판단력이 더욱 성장하면, 그들 자신의 가장 큰 행복은 그들이 우연히 처하게 된 삶의 조건에 의거하는 것이 아니라 모든 것을 정당하게 추구하는 양심과 건강, 직업 그리고 자유의 결과라는 점을 보여줌으로써, 스스로의 행복을 구현할 수 있도록 가르쳐줄 수도 있을 것입니다.[6]

제퍼슨은 읽기, 쓰기, 산수와 더불어 역사에 기초적 역할을 부여했을 뿐만 아니라, 시민들의 정치적 판단력 형성에서 역사가 갖는 역할을 강조하기도 하였다.

> 그러나 이 법에 대한 모든 견해들 중 그 어느 것도 사람들에게 안전을 제공하는 것보다 더 중요하거나 더 합당하지 않습니다. 사람들 자신이 그들의 자유를 지키는 궁극적 수호자이기 때문입니다. 이러한 목적을 위해 모든 교육의 출발인 읽기의 첫 번째 단계에서는 주로 역사적 소재를 다룰 것을 제안하는 바입니다. 역사는 사람들에게 과거를 알려줌으로써 미래에 대한 판단을 할 수 있게 할 것입니다. 역사는 사람들에게 다른 시대와 장소의 경험을 활용하고, 다른 사람들의 행위와 생각을 판단할 수 있게 할 것입니다. 역사는 또한 가면 뒤

---

6) Thomas Jefferson, "Notes of the State of Virginia," quoted in Gordon C. Lee, ed., *Crusade Against Ignorance: Thomas Jefferson on Education* (New York: Teachers College, Columbia University, 1961), p. 95.

> 에 숨은 야망을 알게 할 것이며, 가식적 견해를 물리칠 수 있게 할 것입니다. 지구상의 모든 정부에 존재하는 인간의 유약함, 부패와 타락의 근원을 발견하고 사악함이 은연중에 드러나게 하여 교화하고 개선할 것입니다. 어떤 정부든지 지배자들에게만 맡겨두면 타락합니다. 따라서 이를 안전하게 맡아서 보호할 수 있는 유일한 존재는 국민입니다. 국민을 안전하게 하기 위해서는 그들의 마음가짐이 어느 정도까지는 향상되어야 합니다. 사실 이는 필수적인 일이긴 하지만 필요한 전부는 아닙니다. 이 부분에서 공교육을 지원하기 위해 헌법 개정이 이루어져야 합니다. 공교육이 정부에 끼치는 영향에 대해 모든 국민이 공유해야 하는 것입니다.[7]

많은 건국시조들이 교육이 국가의 복리에 중요하다고 확신하였지만, 어떤 종류의 역사교육이 시민들의 더 나은 정치적 판단을 준비시킬 것이며 그리하여 더 나은 시민이 되게 할 것인지에 대해서는 의견 일치가 거의 이루어지지 않았다. 19세기에 보급되었던 교과서들이 지침으로 간주될 수 있다면, 역사수업은 개신교의 보조도구여야 하며 정부론 수업은 연방주의의 정통성을 위한 보조도구여야 한다는 생각이 광범위하게 받아들여졌던 것으로 보인다.[8] 그러던 것이 19세기 말에 이르러 바뀌기 시작했다. 역사교육의 역사가 중요하긴 하지만 여기서 다룰 수는 없는 노릇이다. 필자는 다만 허츠버그의 탁월하고도 정교한 연구에서 주로 도출한 일반적 사항 몇 가지만을 언급할까 한다. 그리고 필자의 2차 연구 일부에서도 몇 가지 인용하도록 하겠다.[9]

---

7) 위의 책, pp. 96~97.

8) Elson, *Guardians of Tradition*, p. 338 참조.

9) 허츠버그의 "The Teaching of History" 외에도 그녀의 다음 연구들을 참조하시오. *Social Studies Reform* (1880~1980) ED 211429 (Boulder, Colo. : Social Science Consortium, 1981) ; "Students, Methods, and Materials of Instruction" in Matthew T. Downey, ed., *History in the Schools* (Washington, D. C. : National Council for the Social Studies, 1985),

1) 과거의 모형들

19세기 말과 20세기 초에 이르러 중등학교 역사교육은 전문가단체와 학술단체의 영향을 점차 더 많이 받게 되었다. 그들 단체의 위원회에서 간행한 보고서들은 수십 년 동안 교과서 집필과 교수법적 관심에 도움을 주었다. 역사교과서 및 교육과정에 보다 엄격한 학문적 지식을 도입함으로써 역사교육을 강화・확대(그럼으로써 정부론에 대한 강조를 축소)하려는 노력이 특히 유의할 만하였다. 1892년 '역사・정부론・정치경제학 매디슨 협의회'에서 여러 제안들이 채택되었는데, 이 제안들은 '미국교육학회 10인 위원회'가 전체 중등교육과정을 전반적으로 재검토하는 과정에서 한 부분을 이루게 되었다. 1893년에 간행된 '10인 위원회' 보고서는 1894년에 다시 간행되었다.

미국교육학회 회장이 '미국에서 여태껏 간행된 교육문건 중 가장 중요한 것'이라고 환호했던 10인 위원회 보고서는 중등학교 관련 9개 교과목을 다루었다. 열거 순서는 주로 전체 위원회 및 9개 분과위원회 위원들의 소속 영역 내지 학문적 관심을 반영한 것으로, 대수롭지 않게 여길 것은 아니었다.

① 라틴어, ② 그리스어, ③ 영어, ④ 기타 현대언어, ⑤ 수학, ⑥ 물리, 화학, 천문학, ⑦ 자연사(식물학, 동물학, 생리학), ⑧ 역사, 정부론, 정치경제학, ⑨ 지리학

10인 위원회가 교과목 모형에서 제안한 교과의 위계는 분명하다.

---

pp. 25~41. 또한 필자의 다음 글도 참조하시오. "Society's Expectations for School Instruction About the Constitution: An Historical Overview" in Howard D. Mehlinger, ed., *Teaching About the Constitution in American Secondary Schools* (Washington, D. C.: Project 87, 1981).

(a) 사회교과는 언어, 수학, 과학보다 낮은 위치에 놓인다.
(b) 원래 역사, 정부론, 정치경제학이라 불리는 영역 내에서 역사에 대한 관심이 우선된다.

사실, 이들 교과에 대한 보고서를 작성했던 '매디슨 협의회'는 중등학교에서 정치경제학이 별도의 교과목으로 취급되지 않아야 하며 정부론은 전반적으로 역사적으로 접근되어야 한다고 권고하였다. 협의회는 정부론 및 헌법 수업을 대부분 역사에 넘겨주었다. 협의회가 제출한 보고서 전반에 걸쳐 '역사 및 유사과목'이나 '역사 및 인접과목' 혹은 '역사 및 관련과목'이라는 용어가 주로 사용되었다.

역사적 관점이 우선시된 이유는 매디슨 협의회의 구성을 보면 부분적으로 알 수 있다. 구성원 중 네 명이 역사학자였는데, 그들 중에는 위스콘신대학 총장이자 협의회 의장이었던 유럽사학자 애덤스(Charles K. Adams), 펜실베이니아대학 유럽사 교수 로빈슨(James Harvey Robinson), 하버드대학 미국사 교수이자 협의회 간사였던 하트(Albert Bushnell Hart)가 포함되어 있었다. 여기에 더해, 위스콘신대학의 저명한 역사학자 두 사람 즉 미국사 전공 터너(Frederick Jackson Turner)와 유럽사 전공 해스킨스(Charles H. Haskins)가 자문을 맡았다. 다른 세 명의 구성원은 정치학과 정치경제학 대표였는데, 그 중에는 프린스턴대학의 윌슨(Woodrow Wilson)이 포함되어 있었다. 또 다른 세 명은 중등학교 교장이었다.

나중에 알려졌듯이 매디슨 협의회의 보고서는, 그 보고서가 작성되기 1년 전인 1891년에 터너가 《위스콘신 교육학 연구》에서 역사교육의 목적을 명시적으로 언급했던 것만큼, 시민자격에 대해 명시적으로 언급하지는 않았다.

> 나는 좋은 시민 양성을 위한 역사의 유용성에 대해 몇 마디 하는 걸로 '역사의 중요성'에 대한 얘기를 매듭짓도록 하겠다. 의심의 여지

> 없이, 시민자격 함양은 공립학교의 존재목적이다. … 역사는 … 과거의 문헌, 과거의 정치, 과거의 경제 그 이상이다. 역사는 통합성과 지속성을 지닌다. 현재는 자신을 설명하기 위해 과거를 필요로 한다. 그리고 지역의 역사는 세계사의 한 부분으로서 해석되어야 한다. … 하지만 아마도 역사가 공립학교 교사로서의 우리에게 갖는 가장 실제적 효용은 시민자격 함양에 대한 기여일 것이다. … 우리는 역사가, 단순히 문헌으로 혹은 달에서 발생했을 수도 있는 사건에 대한 단순한 서술로 간주되게 하는 대신에, 살아 있는 존재가 되게 만들어야 한다. 우리는 수많은 나라들의 역사를 피상적으로 가르치기보다는 몇몇 나라의 역사를 철저하게 가르쳐야 한다.[10]

여타의 모든 분과위원회와 뜻을 같이 하여, 매디슨 협의회는 대학에 진학할 예정인 학생들과 그렇지 않은 학생들 사이에 역사 및 유사과목의 목적이나 내용에 어떤 구분도 있어서는 안 된다고 주장하였다. 그 목적은 미래의 시민들을 위한 매우 지적인 과목을 제공하는 데 있다. 즉 "… 학생으로 하여금 마음가짐을 넓게 가지고 학문을 연마하여 … 편협하고 국지적인 정신에 맞서고 나중에 분별 있고 지성적 삶을 누릴 수 있도록 준비시키며 … 나랏일에 유익한 영향을 줄 수 있도록 돕는 것"[11] 이 그 목적이다.

매디슨 협의회는 수시로 이 주제로 되돌아 왔다. "… 역사 및 인접 교과는 이른바 판단력이라는 매우 중요한 정신적 능력을 함양함에 있어 다른 어느 교과보다도 더 적합하다." 그 협의회는 또한 역사를 가리켜 '애국심 훈육의 최고방편'이라고 하거나 심지어 '도덕성 훈련'에도 매우 중요하다고 찬사를 늘어놓았다. 하지만 무엇보다도 판단력 훈련이 시민양성에서 역사에 부여된 최고의 역할이었다.

---

10) *Social Education* 1987년 10월호에 실린 허츠버그의 글(p. 394)에서 인용.

11) *Report of the Committee of Ten on Secondary School Subjects*(New York: American Book Co., 1894), p. 167.

> 요약하자면, 유용한 사실을 획득하는 것은 역사공부의 목적 중 하나이다. 그러나 주된 목적은 의견의 근거를 선정하고 사물의 조화를 조성하며, 사실에 기초하여 일반화를 도출하고, 품성을 평가하며 역사의 교훈을 현재의 사건에 적용하며, 아동들로 하여금 자신의 결론을 자신이 언어로 진술하는 습관을 들이는 등, 판단력을 키우는 데 있다.[12]

그리하여 매디슨 협의회는 중학교(5~8학년) 및 고등학교(9~12학년) 과정에서 1년씩 역사 및 유사과목을 배우도록 권고했다. 정부론은 7학년의 미국사 그리고 11학년의 미국사에 포함되도록 하였다. 5~6학년에서는 전기와 신화의 구연설명이 주를 이루는 데 비해, 그 이후의 상급학년에서는 체계적인 역사를 배우도록 했다.

7학년: 미국사
8학년: 그리스·로마사(동방 관련내용 포함)
9학년: 프랑스사(중세 및 근·현대)
10학년: 영국사
11학년: 미국사
12학년: 특정 주제나 시대에 대한 역사 심화학습

매디슨 협의회의 저명 역사가들이 실제로 공립학교가 편년사(*chronological history*)에 그렇게 많은 관심을 기울일 것이라고 기대했는지는 확실치 않지만, 그럼에도 불구하고 중학교 이상의 보통교육 전 과정에서 역사에 커다란 역할을 부여하도록 하였다. 하지만, 10인 위원회 전원은 고등학교 과정 4년의 전체 80단위에서 자신들의 모형을 적용할 여지를 6~10단위 이상 찾을 수는 없었다.

---

12) 위의 책, p. 170.

정부론의 경우, 매디슨 협의회는 중학교는 여섯 곳 중 한 곳에서만 6학년에 해당과목을 개설하고 있지만, 고등학교는 세 학교 중 한 곳이 가능하다는 것을 알게 되었다. 대부분의 경우, 정부론은 1년중 몇 달가량 사용되는 교과서로 가르쳤으며, 역사와는 거의 관련되지 않았다. 그리고 협의회는, 어떤 이유에서인지, 정부론이 다룰 정확한 분야를 권고할 필요가 있다고 생각지는 않았다. 협의회는 다만 다음과 같은 몇 가지 접근이 가능할 것이라고 언급하였다. ① 지방정부에서 시작해서 연방정부로 나아가기, ② 우체국이나 육군 또는 해군 같은 가장 매력적인 연방정부 부처에서 시작하기, ③ 실천윤리 내지 행위규칙을 정부와 관련짓기 등이 그것이다.

협의회는 정부론 수업이 1890년대 이전에 간행된 정부론 및 헌법 교과서 대부분이 장려하는 것으로 보였던 기계적 암기나 조항별 분석보다는 실천적이고 기능적으로 이행되어야 한다고 강조하는 데 만족했다. 협의회는 다음과 같은 결의안을 작성하였다.

> … 고등학교 정부론 수업은 교과서를 기본으로 하되, 읽을거리와 주제탐구, 그리고 사람들이 사는 도시나 마을 및 주에 대한 관찰과 교육 그리고 외국과 미국의 정부체제 비교를 병행해야 한다.[13]

협의회는 헌법을 아주 자세하게 다루는 교과서에 대해 다시금 다소 명시적으로 경멸적 태도를 취하면서, 정부론에 대한 협의회의 견해를 다음과 같이 요약하였다.

> 협의회는 … 국가의 기원과 본질, 주권, 권력분립론 등과 같은 정부론의 이론적 질문들은 아동에게 가르치기에 매우 어렵고 생각한다. … 한편, 개인과 국가의 관계를 규율하는 법규들의 근저에 놓인 간단

13) 위의 책, p. 165.

> 한 원칙들은 구체적 예를 통해 가르칠 수 있을 것이다. 그리고 투표 체계와 같은 정부기구는 아동들이 살고 있는 지역사회의 실제 사례를 통해 지속적으로 예시할 수 있을 것이다.[14)]

협의회의 주된 경향은, 정부론 및 헌법을 역사의 한 부분으로 배우도록 하는 쪽으로 기울어 있었을 뿐 아니라, 정부론 내에서도 주변의 지역기구에 대한 보고서 작성이라든지 지방정부(가능하면 주정부까지) 참관, 지방법원 및 시의회 견학, 모의 마을회의 및 의회참가 등을 강조하는 쪽이었음이 분명해 보인다.[15)] 어쨌든, 헌법의 토대가 되는 전거나 원리들을 체계적이고 지속적으로 공부하는 것은 매디슨 협의회나 10인 위원회의 논제에서 상위항목이 되지 못했다.

그리하여 미국교육학회 그리고 그 당시 갓 결성된 미국역사학회(1894)의 학문중심주의자들 사이에 형성된 이러한 제휴관계는 학교교육과정에서 시민양성의 1차적 담당자로 역사를 장려하는 데 기여하였다. 그리고 세기가 바뀔 무렵 미국역사학회의 후원으로 간행된 일련의 보고서들을 통해, 역사학자들 자신이 이러한 분위기를 한층 더 고양하였다. 이들 중 가장 중요한 예는 아마도 1896년에 위촉되어 1899년에 보고서를 발간한 7인 위원회일 것이다.[16)] 이들은 매디슨 협의회의 주장 및 견해와 밀접한 연관을 보였는데, 특히 하트와 해스킨스가 위원회에 포함된 것이 그렇다. 이때에는 미국사 전공자와 유럽사 전공자가 좀더 균형을 이루어 각각 세 명씩이었다. 위원장이었던 미시간대학의 맥러플린(Andrew C. McLaughlin)과 하트 그리고 존스홉킨스대학의 애덤스(Herbert B. Adams)는 미국사 전공자였고, 해스킨스, 바사대

---

14) 위의 책, p. 180.

15) 위의 책, p. 181.

16) 이에 대한 흥미로운 분석으로 N. Ray Hiner, "Professions in Process: Changing Relations Between Historians and Educators," *History of Education Quarterly*, Spring 1972, pp. 34~56 참조.

학의 새먼(Lucy Salmon), 코넬대학의 스티븐스(H. Morse Stephens)는 유럽사 전공자였다.

7인 위원회는 시민양성의 기초로서 '역사적 사고'가 중요하며 역사적 관점에서 정부론 공부는 특별한 가치가 있다는 점을 재확인하였다. 그러나 매디슨 협의회에 비해 7인 위원회는 정부론 공부 그 자체를 특별히 취급하는 쪽으로 나아갔다. 그 전반적 목표는 분명하게 드러났다.

> … 과거 여러 시대의 세상살이와 제반 여건들을 공부함으로써 정치·사회적 환경을 알게 되고, 국가와 사회의 본질을 어느 정도 이해하며, 시민으로서의 의무감과 책임감을 갖게 되고, 정치적인 그리고 정부차원의 문제들을 다룰 능력을 갖게 되며, 관대하고 관용적인 정신을 지니게 되는 것이 중등교육을 통해 얻게 되는 가장 핵심적 결실이다.[17)]

정치사 및 헌정사에 대한 맥러플린과 애덤스 그리고 하트의 깊은 관심에 비추어 볼 때, 정치이념과 제도의 공부가 역사관 형성에 주된 역할을 수행해야 한다는 주장은 놀랄 일이 아니다.

> 미국사 공부에서 특히 정치조직의 발달이 분명하게 제시되는 것이 바람직하다. 우리 헌법체계의 주요 특징을 가리는 어떤 것도 허용되어서는 안 된다. 학생들은 미국 정치의 특징을 이해하고 정치활동의 원리와 형태 및 방법을 알아야 한다. 학생들은 미국인의 삶의 이상을 알아야 하며, 미국사회의 원칙이 제도로 표출되고 시민의 삶에서 구현되는 것을 공부해야 한다.[18)]

---

17) *American Historical Association, The Study of History in Schools* (New York: Macmillan, 1899), p. 17.

18) 위의 책, p. 75.

위원회는 고등학교 4년 동안 학년별로 배울 과목들을 연계해서 제안하였다. ① 고대사, ② 중세 및 근·현대 유럽사, ③ 영국사(정치·헌법제도 중심), ④ 미국사 및 정부론 등이 그것이다.

위원회는 4학년에서는 미국사와 정부론을 함께 공부하는 것이 중요하다고 재확인했지만, 다소 내키지 않는 듯이, 상황이 허락한다면 정부론과 헌법공부에 특별한 관심을 기울일 수도 있다고 하였다.

> 이들 과목을 중등과정에서 완전하고 철저하게 다루기 위해서는, 지방정부, 주 차원의 기구들, 시민사회의 본질과 기원, 법과 정의의 기본개념 등과 같은 주제들이 논의될 수 있는 별도의 정부론 과목이 있어야 할 것이다. 만약 교사가 그 과목을 충실히 가르치고자 하고 시간을 관리할 수 있다면, 헌법 및 정부론 내용으로 미국사를 보충하는 것이 필요할 수도 있을 것이다. 그러나 우리는 이른바 정부론은 역사의 한 부분으로 공부하는 것이 최선이라는 점을 다시금 주장한다. 우리 제도의 현재 형태를 잘 알기 위해서는, 그 제도들이 언제부터 시작되었으며 어떻게 발전했는지를 알아야 한다.[19] (고딕은 필자)

7인 위원회가 시민교육 담당자로서 역사를 강조한 취지는 역사공부가 학생들의 (역사탐구 기술이 아니라) 역사적 사고력을 계발한다는 데 있었다. 이는 학생들로 하여금 역사기록을 찾고 증거를 평가하며 결론을 도출하도록 훈련시키는 수단으로서 문헌분석과 1차 자료 활용을 강조하던 1890년대의 경향을 거스르는 일이었다. 7인 위원회는 이러한 '자료중심적 방법'보다는 연관과 관계를 분명하게 보여주는 좋은 교과서를 선호하였다. 그러한 연관과 관계를 통해 헌법이나 독립선언문 같은 문건들을 공부할 수 있을 터였다. 그러나 실제 문건을 공부하는 일은 지루하고 무의미하기 일쑤였다. 어쨌든 이 시기와 그 이후의 미국

---

19) 위의 책, pp. 81~82.

사 교과서는 거의 모두가 헌법전문 그리고 헌법제정 및 채택의 기원과 기본이념에 관한 상당한 분량의 서술을 담았다. 그리고 대체로 최대한의 경의와 존중을 받았다.[20]

그러나 역사가들은 정부론을 자신들 그리고 역사교육에 맡길 수는 없었다. 1910년에 발족한 미국역사학회 초등역사 8인 위원회는 8학년에 별도의 시민론 과목이 있어야 한다는 점을 시인하였다. 그리고 나중의 5인 위원회는 12학년에 정부론 과목에 특별한 배려가 주어져야 한다고 인정하면서, 미국사 5분의 3, 정부론 5분의 2의 배분을 권고하였다.

학계 안팎에서 가해진 압력은 역사와 독립된 별도의 정부론 과목에 더 많은 관심을 기울이도록 만들었다. 하지만, 제 2장에서 보게 되듯이, 이러한 압력이 반드시 헌법교육에 대한 보다 명시적인 관심으로 귀결된 것은 아니다. 사실, 새로 결성된 미국정치학회(1902~1903)의 진취적 성향 증대, 전국자치단체연맹(1901)에 의해 정치개혁조치 촉발, 미국교육학회 내에 진보주의 교육·사회개혁 움직임 등장 등이 모두가 관련되었다.

19세기 말에 중등학교 교육과정에서 역사가 독립된 별도의 주요 교과목이 되었을 때, 다수의 역사학자들이 역사를 시민교육의 주요 수단인 정신수양 측면에서 고전이나 수학과 동등한 가치를 지니는 학문영역으로 격상시켰다는 점이 중요하다. 20세기 초에 진보주의 역사학자·사회과학자들이 중등교육개혁을 주장하였을 때, 그들은 시민자질 함양을 다른 시각이긴 하지만 여전히 사회교과 및 역사의 목표라는 측면에서 보았다. 이러한 관점을 피력한 인사들 중 가장 영향력 있는 이들은 선도적 미국사학자인 로빈슨과 비어드였다.[21] 그들은 기본적으

20) Michael Fedyck, "Conceptions of Citizenship and Nationality in High School American History Textbooks, 1913~1977," Ph. D. Dissertation, Teachers College, Columbia University, 1979 참조.

로 '현재를 향해 얘기하며' 학생들의 현재생활 그리고 교육받은 시민 일반의 당면 관심사와 관련된 것으로 간주되는 역사를 주장하였다. 그들은 또한 시민양성이라는 교육의 임무수행에 있어 핵심사항으로 새로운 사회과학과 새로운 역사 간의 제휴를 주장하였다.

1929년부터 1934년까지 카네기재단의 후원을 받은 미국역사학회 사회교과위원회 보고서에는 뉴딜시대 당시의 전반적인 자유주의·진보주의적 관점이 스며드는 경향이 있었다. 1932년부터 1937년 사이에 17권의 보고서가 발간되었다. 가장 많이 읽힌 보고서들의 지배적 논조가 '위원회의 결론 및 제언'에 반영되었다. 그 내용은, 경제와 정부운영의 과도한 개인주의 및 자유방임주의 시대가 막을 내리고 보다 많은 사회계획과 정부규제를 요구하는 새로운 집산주의 시대가 출현하고 있다는 것이었다. 그 이유는 오늘날에도 낯익은 것들로, 소득불평등으로 인한 다수의 박탈감, 만연한 실업, 자연자원 낭비, 범죄와 폭력의 증가, 사적 이익에 대한 공공복리의 종속, 세계의 원자재를 놓고 벌어지는 국가간의 투쟁 등이 그것이다. 특별한 교육과정이 공포되지는 않았지만, 위원회가 정치·경제적 삶에 대한 자신들의 개혁주의 관점이 시민교육을 위한 구체적 교육과정편성의 지침이 되기를 바란 것은 분명했다. 보고서들은 청소년들이, 개인적 자유와 문화다원주의를 여전히 가치 있게 여기면서도, 자유방임주의 대신에 경제 집산주의와 상호의존의 가치를 배워야 한다는 것을 분명하게 함의하고 있었다.[22]

---

21) 다음을 참조하시오. James Harvey Robinson, *The New History*(New York: Macmillan, 1912), *The Humanizing of Knowledge*(New York: Doran, 1926); Charles A. Beard, *The Discussion of Human Affairs*(New York: Macmillan, 1936).

22) 특히 다음의 보고서들을 참조하시오. Charles A. Beard, *A Charter for the Social Sciences*(New York: Scribner's, 1932); Rolla M. Tryon, *The Social Sciences as School Subjects*(New York: Scribner's, 1935); *Conclusions and Recommendations of the Commission*(New York: Scribner's, 1934); Charles E. Merriam, *Civic Education in the United States*(New York: Scribner's,

그런데 1960년대 및 70년대 초에 여러 가지 영향들이 이상하게 어우러져, 학교교육과정 전반 특히 사회교과의 목적인 시민양성의 임무를 퇴색시키는 데 일조하였다. 역사와 사회과학 분야에서 전문적 조사연구가 중시되었고, 그 영향으로 교사들도 정치적 판단력을 기르기 위해 역사를 공부해야 한다는 생각을 버리게 되었다. 베트남전과 워터게이트 사건에 대한 항의와 대학가의 소요사태가 번져가면서 이런 분위기는 최고조에 이르렀다. 이들 사태는 교육이 '시민적 덕성'처럼 국수주의적인 혹은 고루하게 여겨지는 내용을 함양하려는 것을 거부할 뿐만 아니라 과거사를 공부하는 것은 현실에 부적합하다면서 무관심해지는 경향을 초래하였다. 1960년대와 70년대의 '신사회과'(*New Social Studies*)는, 반(反)역사적이지는 않다 해도, 대체로 탈(脫)역사적이었으며, 교육의 시민양성 임무에 대체로 무관심했다. 허츠버그는 신사회과의 관점을 다음과 같이 요약하였다.

> (전통적 시민론, 정부론, '민주주의의 문제들' 같은 과목으로 대표되던) 시민교육은, 지적으로 유능하고 탐구적인 시민양성이 부각되면서, 무시되거나 그냥 내버려둬도 되는 것으로 여겨졌다. 신사회과는 공유된 내용 혹은 시민양성 목적에 의해서가 아니라 공유된 접근법과 방법론에 의해 통합되었다. 분명 모종의 변화가 필요했다. 역사가 그 자리를 내주어야 한다는 쪽으로 의견이 모아졌다.[23]

1934).

23) Hertzberg, "The Teaching of History", p. 481.

2. 사회교과에서 역사의 역할

이제 1970년대 중반으로 가보자. 지난 10년 동안 교육학자들 특히 사회교과교육학자들은 시민교육이 미국사회 보편교육의 기본적 목적이라고 지난 반세기 그 어느 때보다 훨씬 강력하게 다시 주장하기 시작했음이 분명하다. 교육의 시민양성 임무가 이처럼 되살아나는 조짐들은 분명해 보이지만, 다음과 같은 성가신 문제들은 쉽사리 사라지지 않을 것이다. 이러한 부흥에서 역사교육이 중요 요소가 될 것인가, 아니면 시민론/정부론과 법교육, 도덕·윤리교육, 그리고 여타 사회과학 및 인문학의 분과학문 쪽에 중심이 두어질 것인가?

지난 10여 년간, 시민교육에 대한 의견들이 수렴되었으며 사회교과 안팎에서 교육전문가들의 합의가 점차 광범위하게 형성되었다. 다시 말하지만, 필자는 몇 가지 사례를 언급할 수 있을 뿐이다. 1975년 사회과교육협의회(NCSS: National Council for the Social Studies) 집행위원회는 시민교육이 다시금 사회교과의 주된 초점이 되어야 한다고 결의하였다. 1977년에 바, 바스, 셔미스는 "수십 년간의 불일치를 겪은 지금, 사회교과의 주요하고도 지배적인 목적은 시민교육이라는 데 전반적 의견일치가 이루어져 있다"고 단언하였다. 1979년에 12개 교육관련 학회(NCSS 포함) 연합운영위원회는 "교육자들은 교육의 최고 목표가 국내문제와 세계문제 모두에 참여할 역량을 지닌 식견 있고 사려 깊은 시민들을 기르는 것이라는 데 동의한다"고 천명한 《교육의 핵심사항들》을 승인하였다. NCSS 사회과 교육과정 지침 1979년 개정판에 의하면, "사회과교육의 기본적 목표는 젊은이들을 점점 상호의존적으로 되어가는 세계 속에서 인정 있고 합리적이며 참여적 시민들이 되도록 준비시키는 것이다."[24]

1980년에 NCSS가 펴낸 《사회과의 핵심사항들》은 모범적 사회과교육 프로그램에 침윤(浸潤) 되어야 하는 민주주의적 신념들을 열거하면서 이를 있는 그대로 '민주주의적 신념들'이라는 제목으로 제시하였다.

> 독립선언과 헌법 및 권리장전에서 도출되는 기본 신념들은 우리의 민주헌정질서의 기본원칙을 이룬다. 모범적 학교는 학생들이 이들 이념을 맹목적으로 받아들이게 주입하지 않으며, 우리 사회와 제도들을 이해하는 데 필수적인 그 이념들의 역사적 기원과 현재의 적용에 대한 지식을 제공한다. 그러한 이념들은 교육과정 및 시사적 현안들과 관련하여 논의되어야 할 뿐만 아니라, 교사가 그 본보기가 되며 또한 학교의 일상적 운영에서 구현되어야 한다. 이들 민주주의적 신념들은 적법절차, 평등보호 및 시민참여 등과 같은 조치들에 의존하며 다음의 개념들에 근원을 두고 있다. ① 정의, ② 평등, ③ 책임, ④ 자유, ⑤ 다양성, ⑥ 사생활 보호 등이 그것이다.[25]

1983년 출범한 'NCSS 범위·계열 특별연구단'은 《핵심사항들》과 거의 같은 얘기를 반복하면서, 위의 제목에 '가치들'을 추가하여 '민주주의적 가치들과 신념들'이라는 제목 하에 ① 법의 지배, ② 국제인권[26] 두 개념목록을 덧붙였다.

사회, 미국사 및 세계사의 일반적 목표에 대한 이들 및 여타 많은

24) Robert D. Barr, James L. Barth, and S. Samuel Shermis, *Defining the Social Studies* (Washington, D. C. : National Council for the Social Studies, 1977), Bulletin 51, pp. 67~68; Organizations for the Essentials of Education, 12개 교육관련 학회(NCSS 포함) 연합운영위원회 성명, 1979; *Social Education*, April 1979, p. 262.

25) *Essentials of Social Studies* (Washington, D. C. : National Council for the Social Studies, 1980).

26) "Reports of the NCSS Task Force on Scope and Sequence in Social Studies," *Social Education*, April 1984, pp. 251~252.

문건들은 대체로 사회과목이 지식, 민주적 가치, 사고 · 참여 기능 등의 목표를 달성하기 위한 수단으로서 가르쳐야 하는 지식영역의 목록을 안내한다.

국가기관들과 NCSS가 고시한 이러한 성명들은 1981년 캘리포니아 '역사 · 사회과학 기본구조'에서 되풀이되었다.

> 역사/사회과학교육의 주된 목적은 학생들을 다양한 사회 그리고 점차 상호의존적이 되는 세계 속에서 인정 있고 합리적이며 이해심 있고 참여적인 시민이 되도록 준비시키는 데 있다. 그렇게 함으로써 학생들은 정의로운 사회를 보호하고자 할 것이며 또 진보를 계속 추진할 것이다.[27]

이들 성명에 들어있는 주요 표현들을 지적하면 다음과 같다.

1차적 · 지배적(*primary, overriding*) 목적 …
포괄적(*overarching*) 목표 …
기본적(*basic*) 목표 …
중추적(*central*) 목적 …

이들은 미국학교 전반 그리고 특히 사회교과에서 시민교육이 갖는 우선적 역할을 묘사하는 데 동원되는 강력하고도 중요한 표현들이다. 필자는 이러한 성명들이 전문가와 일반인에게 이전보다 더욱 진지하게 받아들여지며 또한 사회과학뿐만 아니라 역사에도 적용되는 것이 시의적절하고도 매우 중요하다고 생각한다. 그렇지만 역사 교과목과 교과

---

27) *History-Social Science Framework for California Public Schools: Kindergarten Through Grade Twelve* (Sacramento, Calif. : California Department of Education, 1981), p. 3.

서 그리고 교사들이 이러한 총론을 진지하게 받아들일지가 문제이다. 여러 가지 이유로 이는 어려울 것이다. 한편으로는, 대학의 사회과학 분야에서뿐만 아니라 초중등학교의 사회교과에서도 가치중립적 접근을 주장하는 이들이 있다. 다른 한편으로는, 이른바 '사회교과'는 앞뒤가 맞지 않는 내용들이 뒤죽박죽되어 있다고 비판하면서 편년사(編年史)가 그 중추가 되어야 한다고 주장하는 수월성(秀越性) 운동을 벌이는 이들이 있다.

학자들은 사회과학 및 정치학을 가르치는 데 있어 '가치'의 문제에 대해 오랫동안 불편을 겪었다. 이는 교육의 과정에서 교화와 검열 그리고 당파주의적 개입이 이루어질 수 있다는 두려움뿐만 아니라 몰가치적 내지 가치중립적인 행동과학 및 경험적 사회과학이 진정으로 가능하다는 믿음에서 비롯되었다. 베트남전, 워터게이트 사건, 대학가 소요사태 등 1960년대 말과 70년대 초의 경험들은, 대부분은 아닐지라도, 많은 교사들로 하여금 열광적 애국주의와 근접한 어떤 것이든 이를 지지 · 옹호하는 것을 경계하거나 심지어 적대감을 갖도록 만들었다. '좋은 시민이 되라'는 말은 종종 조소와 야유가 쏟아지게 하였다.

그리하여, 많은 사회교사들은 사회과학의 구조와 방법을 강조하는 '신사회과' 혹은 가치의 교화나 주입 문제를 회피하는 '탐구방법'이 편하다고 여겼다. '능력본위의 행동적 목표들'은 가치에 대한 언급을 거의 혹은 전혀 하지 않은 채 시민으로서의 능력으로 전이되었다. 그리고 설령 가치문제에 직면한 경우에도, 민주사회에 기본이 되는 가치개념에 대한 실질적 연구보다는 가치확인(*valuing*) 과정에 중점을 두는 경우가 흔했다.

이와 관련하여 필자는 다만, 이러한 관점들의 선도자 중 한 명이었던 사이먼이 가치명료화에 대해 사회교사들에게 설파한 논문 한 편을 언급하는 데 그칠까 한다.

> 동료들과 나는 학교에서의 가치문제를 다루는 전 영역에서 교화 대신에 '과정'으로 접근하고자 한다. 이러한 '과정'접근은 '올바른' 가치목록의 전수가 아니라 가치부여 과정에 초점을 맞춘다. 우리는 이러한 접근을 가치명료화라고 부르는데, 이는 우리들 중 어느 누구도 다른 사람들의 아이들에게 전수해 줄 '올바른' 가치목록을 갖고 있지 않다는 전제에 기초한다.[28]

'가치확인'에 대한 이러한 탈평가적 관점의 요소들은 1971년과 1979년의 NCSS 교육과정 지침 그리고 1975년의 캘리포니아 주 〈사회과학 기본구조〉에 분명하게 제시되어 있다. 하지만 필자가 얘기하고자 하는 바는, 교육계와 학계 그리고 대중에게 중요한 계기가 되었던 것이 이제는 다른 것을 강조한다는 점이다. 즉 1960, 70년대의 일련의 사건과 사태들로 인해 가치를 전수하기보다는 각자의 가치관을 확인하는 교육방식이 중시되기에 이르렀지만, 점점 더 분열되고 파편화되는 사회에서 '가치를 확인'하기만 해서 더 이상 무엇을 할 수 있겠는가 하는 지적이 가해지는 것이다.

사회교과 전문가들 내에서도 민주적 가치들에 대한 더 많은 그리고 더 세심한 관심을 기울여야 한다는 요청들이 지난 10년 동안 증대되었다. 문제는 편년사로 '복귀'할 것을 강조하는 수월성 운동이 시민적 가치(*civic values*)에 대한 총론을 진지하게 받아들일 것인가 여부이다. 좋은 내용도 있고 모호한 내용도 있다.

1) 수월성 운동의 영향

모호한 내용은 편년사를 다시금 사회교과의 주된 요소이자 핵심으

---

28) Sydney Simon, "Values Clarification vs. Indoctrination," *Social Education*, December 1971, p. 902.

로 복귀시키려는 주장들에서 볼 수 있다. 이러한 요청들 중 일부는 역사교육을 위한 기본적 정당화로서의 시민자질에 진정으로 의거하고 있지만, 이들 요청이 편년사 위주의 역사교육에서 시민적 가치를 반드시 명시적 요소로 포함할 것인지는 분명치 않다.

분명하게 해 두자. 필자는 편년사가 좋다고 생각한다. 필자는 역사를 편년사 방식으로 40년간 가르쳤다. 필자 생각에 기본적 문제는 무엇을 편년사 방식으로 가르치고 배워야 하는가이다. 역사학자들과 교사들은 학교에서 역사를 가르치고 배우는 데서 확보할 수 있는 무한정한 범위의 사실과 사건, 제도와 이념들 중에서 선정해야 한다. 필자는 하나 혹은 그 이상의 필수 역사과목 선정에서 시민적 가치가 주요 원칙이 되게 할 것을 제안한다.

역사를 교육과정의 중심에 놓자고 하는 사람들이 시민적 가치를 얼마나 많이 강조할지는 분명치 않다. 수월성 운동을 이끄는 사람들은 흔히 '사회교과'보다는 역사, 시민론, 지리라고 부르는 것을 선호한다. 이는 시민적 가치는 시민론이나 정부론에서 담당하고, 역사는 인문학 공부에 적합한 지적 · 문화적 소양 계발을 목적으로 하는 광범위한 문명 서술에 주된 관심을 기울여야 한다고 시사하는 것으로 보인다.

예를 들어, 핀과 래비치는 자신들이 엮은 책의 결론에서 시민교육에서 인문학의 역할에 대해 다음과 같이 진술하고 있다.

> 하나의 사회로서 우리는 모든 시민 개개인이 자유롭기 위해 필요한 그리고 책임감 있는 좋은 삶을 현명하게 선택하는 데 필요한 교육을 받아야 한다고 생각해 왔다. … 제대로 가르치고 배운다면, 인문학은 공식적 교육이 함양할 수 있는 가장 강력한 민주화 동력이다.[29]

---

29) Cherster E. Finn, Jr., Diane Ravitch, and Robert T. Fancher, eds., *Against Mediocrity: The Humanities in America's High Schools* (New York: Holmes and Meier, 1984), pp. 240~241.

핀과 래비치는 학교에서의 인문학교육 수준향상을 위한 12가지의 권고사항을 제시하면서, 가치전수에 대한 기여, 배경학문에 대한 의존, 적극적인 지성적 삶의 지속, 교사자격 취득 기준의 상향조정 등을 강조하고 있다. 그들은 사회교과 교육과정에 대한 권고에서 다음과 같이 얘기하고 있다.

> …'사회교과'라는 용어는 고등학교 교육과정에서 사라져야 한다. 가르치고 배울 수 있는 것은 역사이며, 이는 기본적으로 미국사, 서구문명 통사 및 그에 상응하는 비서구 문명사로 이루어져야 한다. 우리는 역사가 단순히 (혹은 기본적으로) 날짜와 사실의 암기, 전쟁과 정치지도자 확인 — 이들도 그에 걸맞은 위치가 있긴 하지만 — 을 의미한다고 보진 않는다. 올바르게 이해된 역사는 사상사, 문명발달사, 사회・정치・경제사 등을 포함한다. 그러한 역사는 다양한 문화의 전개 그리고 민족간, 인종간, 종교간, 신념간의 변화무쌍한 관계들을 포함한다. '사회교과'라는 제목 하에서 배울 가치가 있다고 공통적으로 발견되는 것은 모두 역사로서 교수・학습될 수 있지만, 기본적으로 편년사적 틀 속에서 교수・학습될 경우에만 학생들은 자신과 사회가 어떻게 현재와 같은 상태로 존재하게 되었는지 이해할 수 있다. 과거에 대해 그렇게 이해할 수 있을 때에만, 학생들은 자신과 사회의 현재가 무엇을 의미하는지 그리고 미래에 어떤 모습일지 알고 싶어 할 수 있다.[30]

이러한 관점이 시민교육으로서의 역사에 대한 관심을 사회교과의 요체로서 편년사 재정립에 대한 관심만큼 강하게 내포하는지 확인하기는 어렵다. 이에 대해 역사는 '공식적 교육이 함양할 수 있는 가장 강력한 민주화 동력'이라는 주장을 되풀이함으로써 이들 둘에 대한 관심이 함께 나아가야 한다고 답할 수도 있을 것이다. 이에 상응하는 진술

---

30) 위의 책, p. 260.

은 사회교과는 역사만큼 강력한 민주화 동력이 아니며 또 그렇게 될 수도 없다는 내용인 듯하다.

여하튼 역사를 다시금 사회교과의 중심에 놓으려는 입장은 흔히 교육과정이나 교수법 같은 사안들에 대한 경우보다 더 빈번하게 그리고 더욱 공적인 논의의 장에서 지지되었다. 베넷(William J. Bennett)은 1985년 이전에는 국립인문학재단(NEH: National Endowment for the Humanities) 이사장으로서, 1985년 이후에는 교육부 장관으로서 숱한 강연과 간행물에서 이러한 입장을 피력하였다. 미국의 학교들이 민주주의 유산을 제대로 전수하지 못하며 문화적·도덕적 상대주의가 사회교과를 지배하는 것이 그 주된 이유 중 하나라는 것이 그의 논지인 경우가 많았다. 그리고 역사는 '사회교과라는 이런저런 것들의 잡동사니' 속에 흡수되는 위험에 처해있다. 그러면 치유책은? 편년사를 가르치는 것이다.

> 그러면 자유민주주의 원칙에 대한 미국의 신념은 어떻게 보전할 것인가? 역사공부의 중요성과 가치를 인식하고 학교 교과목으로서의 역사를 강화하기 위해 필요한 조치를 취하는 데서 시작하는 것이 좋은 방법이 될 것으로 보인다. … 미국의 역사를 공부함으로써, 즉 세대별로 해당 영웅들을 명시적으로 칭송하며 각 세대의 공과에 주목함으로써, 우리 학생들은 우리의 정치적 전통이 지닌 가치를 파악하게 될 것이다. … 학교는 역사를 사회교과와 관련되지만 그와 구별되는 독립된 과목으로 취급해야 한다.31)

이와 비슷한 요청들이 교육과정에서 역사가 중요한 위상을 확보해야 한다고 주장하는 학계와 교육계 인사들로부터 10년 넘게 제기되었다.

---

31) William J. Bennett & Jeane Kirkpatrick, *History, Geography, and Citizenship: The Teacher's Role*(Washington, D.C.: Ethics and Public Policy Center, 1986), p. 5, p. 7.

1970년대 중반 '미국역사학자협회'(OAH: Organization of American Historians)는 사회교과의 중추가 분열되어 역사교육이 쇠퇴하고 심리학, 경제학, 소비자 교육, 환경교육, 다문화교육 등의 선택과목이 확대되는 사태를 개탄하였다. 1980년대 중반에는 뉴욕타임스를 비롯한 여러 언론의 주요 기고들에서 역사에 대한 관심증대 요청이 제기된 것이 입법부와 교육위원회에까지 확대되었고, 이는 역사를 고등학교 졸업요건에 포함시키는 조치로 이어졌다.[32] 역사교육 강화를 주장하는 이들 요청 중 일부는 역사의 정치적·시민양성 역할을 강조하였고, 대부분은 시민성에 대한 간단한 언급 이상을 요구하지는 않았다.

'교육수월성 연대'와 민간인권단체 '프리덤 하우스'(Freedom House)가 동참한 미국교사연맹은 1987년 5월에 역사를 학교의 시민양성 임무와 밀접하게 연계시킨 성명을 발표하고 널리 배포하였다. 여기에는 공직의 여러 분야에 종사하며 정치적·교육적 이념을 대표하는 150명의 인사들이 서명하였다. 그 성명은 학교가 자유민주사회의 이상들을 달성하는 데 필요한 지식과 신념을 학생들에게 전수할 수 있는 주요 수단으로 역사를 활용하는 데 직접 초점을 맞추었다. 민주주의 교육의 원칙들에 관한 22쪽짜리 성명은 민주주의가 인간의 통치형태 중 가장 가치 있는 것이라고 솔직하게 가정하면서 이렇게 단언하였다.

> … 민주주의의 존속은 우리를 미국인으로 결속시켜주는 자유와 평등의 정치적 통찰 그리고 우리 선조들이 그러한 통찰을 실현하기 위해

---

32) 다음을 참조하시오. Diane Ravitch, "Decline and Fall of Teaching History," *The New York Times Magazine*, November 17, 1985, p. 50 ff.; Matthew T. Downey, ed., *History in Schools* (Washington, D. C.: National Council for the Social Studies, 1985); Paul Gagnon, "Finding Who and Where We Are: Can American History Tell Us?" *American Educator*, Spring 1985; Diane Ravitch, "Tot Sociology: or What Happened to History in the Grade Schools," *The American Scholar*, Summer 1987.

> 구성했던 정치제도들에 대한 깊은 충성심을 새로운 세대에게 전수하는 데 달려있다.[33]

그 성명은 '자동반응식의 애국심 훈련', '경건한 교재', 검열 같은 선전선동적 수업을 거부한다. 대신 우리 헌정질서의 기본이념 그리고 시대에 따른 그 성패를 균형 있고 객관적이면서 학문적으로 다룰 것을 요청한다. 성명은 '민주주의 교육의 주요 과목'으로서의 역사공부를 재차 단언하면서 결론을 맺는다. 하지만 성명은 사회교과를 교육과정상의 기본적 결함으로 보고 이를 이유로 사회교과를 거부하는 입장을 취하지는 않는다. 성명은 그 대신 역사가 핵심이자 통합요소가 되고 이를 중심으로 지리, 시민론, 인문학, 세계문명탐구 등이 편성되는 구도를 상정한다.

필자는 학교에서의 민주주의 교육에 대한 이 '성명'이 1980년대 중반의 교육개혁운동에서 시민적 가치에 대해 공적 논의를 할 중대한 계기를 마련했다고 생각한다. 성명은 진보·보수 진영 모두에서 언론인과 저술가들의 많은 관심을 끌었다. 그러나 성명은 정작 사회교과전문가들 사이에서는 많은 동의를 얻지 못했다. 전문가들 중 일부는 역사가 그렇게 우선적 지위를 부여받기를 바라지 않았으며, 또 성명에 다양한 관점의 인사들이 서명했음에도 불구하고 성명발표의 배후에 보수주의 정치·교육적 입장이 숨어있다고 의심한 사람들도 있었다.[34]

그 문건에서 언급된 '도덕적 상대주의'에 '사회교과' 전반이 전형적으로 편향되어 있다고 간주(看做)되는 형편이고, 필자 또한 사회교사들

---

33) *Education for Democracy: A Statement of Principles; Guidelines for Strengthening the Teaching of Democratic Values* (Washington, D.C.: American Federation of Teachers, 1987), p. 8.

34) 예를 들어 다음을 참조하시오. William R. Fernekes, "Education for Democracy Does Not Advance the Debate"; Paul Gagnon, "Reply," *Social Education*, October 1987, pp. 396~405.

이 그런 편향을 보인다고 비판받는 몇몇 사례에 대해서는 다소 염려되기도 한다. 그러나 대체로 필자는 분별 있는 시민양성에는 역사적 시각이 필요하며 이는 분절적인 '문제'중심의 사회교과만으로는 성취될 수 없다는 일반적 입장을 지지하였다. 여전히 필자는 시민으로서 부딪히는 문제들과 개념들을 명시적으로 다루는 서사적(敍事的) 혹은 편년사적 역사가 시민들이 필요로 하는 역사적 시각을 제공할 것이라고 본다. 단지 서사적이라고 해서 어떤 역사도 괜찮은 것은 아니다.

편년사와 서사적 역사(및 문학)를 학교 인문학 공부의 핵심으로 재천명하는 주장은 1987년의 보고서 두 편으로 새로운 절정에 달하였는데, 두 편 모두 전문학술지뿐만 아니라 일반대중에게도 널리 알려지고 많은 관심을 끌었다. 이들 보고서는 매디슨 협의회, 10인 위원회, 미국역사학회 7인 위원회에 대한 감회를, 역사적 내용에 대한 그들의 권고는 아닐지라도, 얼마간 불러일으켰다. 보고서 두 편 모두 계속해서 편년사와 서사적 역사의 편에 서서 사회교과의 역할을 폄하하였고 그리하여 사회교과전문가들을 자극하였으며 심지어 역사학자들의 비판까지 자아냈다.

첫 번째 보고서는 NEH 이사장 체니에 의해 발행되었으며, 11일의 시차를 두고 두 번째 보고서가 래비치와 핀에 의해 간행되었다. 순식간의 일이라 누가 누구를 앞질렀는지 그리고 어떻게 허가를 받아서 국립평가원의 연구결과를 유출했는지 모르겠지만, 두 보고서는 서로 상대편의 주장을 강화시키는 데 일조하였다. 이들 보고서는 앞서 래비치와 핀, 그리고 체니의 전임자 베넷이 인문학에 대해 피력했던 관점들을 되풀이하였다. 체니의 얇은 소책자는, 우리의 유산을 공부함으로써 성숙한 사고를 하게 되고 지속적인 관심과 애착을 갖게 되며 인간존재에 대한 시각을 갖게 된다고 매우 광범위하게 언급한 것 말고는, 시민자질에 대해 거의 아무것도 얘기하는 바가 없었다.[35]

래비치와 핀의 경우에는, 전국학력평가(NAEP: National Assessment of Educational Progress)의 역사 · 문학지식 시험에 관해 꽤 상세하게 다루었다. 그들은 17세 청소년들을 대상으로 한 대규모 표본집단이 성인이면 알아야 할 매우 중요한 사항들에 대해 무지하다는 데 놀랐다. 그들은 젊은 세대와 "후속세대들이 그런 무지로 인해 성인, 시민, 그리고 부모가 되는 데 심각한 고초를 겪을 위험이 있다고 결론지었다."[36]

래비치와 핀은 위의 시험문항 총 141개는 사건중심 편년사, 지리, 중요인물, 과학 · 기술, 노동 · 산업, 인구, 국제관계 등을 포괄하고 있을 뿐만 아니라 헌법에 관한 문항 19개, 시민의 권리에 관한 문항 21개도 포함하고 있다는 점을 분명히 밝혔다. 시민자질에 관한 질문이라고 할 수 있는 이들 문항에 대한 학생들의 평균점수는 "전반적 역사 점수에 근접하였다. 즉 만족스럽지 못했다."[37] 이로부터 래비치와 핀은 시민교육에서 역사의 중요성에 대한 매우 강력하게 주장했다.

> (헌법관련) 문항들은 미국헌법 제정 2백주년에 즈음한 때문이기도 하고, 또 그 문항들이 미국의 역사를 공부하고 파악하는 아마도 가장 강력한 이유를 대변하기도 하기 때문에, 같은 범주로 묶어서 제시되었다. 이는 골동품 애호가 차원의 관심이나 지적 훈련 같은 것을 넘어서는 사안이다. 오늘날 우리가 우리 스스로를 통치하는 체제는 그 역사가 이해될 때에만 파악될 수 있다. 그렇지 않다면 그것은 두서없는 규칙과 변덕스런 관행들로 보이는 것을 섞어놓은 것에 불과하다. 더욱이, 현대사회의 가장 심오한 쟁점들 중 많은 것들 — 시

---

35) Lynne V. Cheney, *American Memory: A Report on the Humanities in the Nation's Public Schools* (Washington, D. C. : National Endowment for the Humanities, n. d.).

36) Diane Ravitch and Chester E. Finn, Jr., *What Do Our 17-Year-Olds Know? A Report on the First Assement of History and Literature* (New York: Harper and Row, 1987), p. 201.

37) 위의 책, p. 56.

> 민적 · 개인적 자유, 기회균등, 자유와 질서의 긴장관계, 다수결원칙과 소수의 권리간의 관계 등과 관련된 — 이 헌법의 변천과정에 그 기원과 계기가 있다. 하지만 우리의 젊은이들은, 일반적이든 구체적이든, 헌법의 의미에 대해 반성하거나 비판적으로 생각하는 데 필요한 내용들을 충분히 알지 못하고 있다.[38]

하지만, 래비치와 핀이 결론에 도달하여 역사교육 및 교사교육 개선을 위한 구체적 권고안을 내놓는 단계에 가면, 마지막 단락에서 역사공부를 해야 하는 이유에 대해 일반적 얘기를 하는 것 말고는 역사의 시민양성 목적에 대한 위의 강력한 주장은 이상하게도 언급되지 않는다. 그곳에서는 엘리트 계층의 자녀뿐만 아니라 모든 젊은이들이 문화이해능력을 능숙하게 구사할 수 있어야 한다는 점이 분명하게 언급되고 있다.[39]

래비치와 핀의 보고서 그리고 그 분석 및 권고사항들은 학교와 교사교육에서 역사를 더 많이 그리고 더 잘 가르칠 것을 역설한 점에서 많은 찬사를 받았다. 그렇지만 상당한 비난도 쏟아졌다. 사회교과전문가들 일각에서 이런 비난이 제기될 것이라는 점은 예상할 수 있었으며, 또 그러했다.[40] 하지만 연방교육국장을 역임하고 현재 하버드대 교육대학원에 재직 중인 호위 2세(Harold Howe II) 같은 영민한 관찰자도 그런 비난을 제기했다.[41] 그리고 아마도 가장 놀라웠던 것은 미국예술과학협회 학술지 〈다이달로스〉(*Daedalus*) 편집장인 역사학자 그로바드가 "베어울프를 외치는 소란스런 비평가들"이라는 제목의 뉴

---

38) 위의 책, p. 58.

39) 위의 책, pp. 251~253,

40) 예를 들어 *Education Week*, September 16, 1987 참조.

41) "Howe Disputes Gloomy View of What 17-Year-Olds Know," *Education Week*, November 4, 1987. 다음의 것도 참조하시오. Anne C. Lewis, "Kid Bashing Is In," *Phi Delta Kappan*, November 1987, pp. 180~181.

욕타임스에 기고한 비평일 것이다.[42] 그는 단순히 역사상의 사건에 대한 사실수준의 인식보다는 가족과 공동체 그리고 대중매체 등에서 우리가 신봉하는 가치와 같은 근본적 문제에 유의할 필요가 있다고 주장하면서 다음과 같이 말하였다.

> 이러한 문제들은 경종을 울린다고 해결될 것 같지는 않으며 설령 시험을 시행한다고 해도 가망이 없다. 그런 시험은 되찾을 수 없는, 그리고 다시 만든다 해도 대다수의 미국인들로 하여금 그들이 살아가야 하는 세상에 부적합하도록 만들, 과거 배우기에 대한 향수 이상의 것을 거의 반영하지 못한다. 보다 사려 깊은 노력이 필요하다. 즉 최근 수십 년간의 교육적 득실을 가늠함에 있어 보다 분별 있는 접근을 하며, 오늘날의 우리 국가가 왜 테디 루스벨트가 통치했던 국가가 아닌지 그리고 예전의 그런 국가가 아닌 것이 오히려 감사해야 할 이유가 있다면 그 이유는 무엇인지를 고려하는 그런 노력이 요구된다.[43]

따라서, 설령 우리가 역사적 사건, 인물, 편년사, 지리에 대한 학생들의 지식이 기대수준과 '커다란 격차'가 있다는 래비치와 핀의 보고서 그리고 NAEP 시험결과를 인정한다 해도, 그래서 어떻다는 것인가 하는 질문이 제기된다. "그런 격차를 무엇으로 메울 것인가?"가 다음 질문이 될 것이다. 혹은 다음 질문이 되어야 한다. 더 많은 정치사? 더 많은 경제사? 더 많은 사회사? 더 많은 인물사? 더 많은 가족사? 더 많은 소수집단과 여성의 역사? 더 많은 헌정사? 더 많은 종교사? 더 많은 전통가치? 이들 중 어느 것을 더 많이 다룬다면, 다른 것은 얼마나 덜 다루어야 하는가? 이러한 질문들에 답하기 위해서 어떤 선

---

42) 역주: 베어울프—8세기 전반에 고대영어로 서술된 영국의 영웅서사시의 제목이자 주인공 이름.

43) Stephen R. Graubard, "Alarmist Critics Who Cry Beowulf," *The New York Times*, October 1, 1987.

정원칙을 구사할 것인가?

2) 역사교과서 조사연구

1980년대 중반현재 많이 사용되는 역사교과서들에 대한 다수의 연구와 조사는 다양한 답변을 내놓았다. 템플대학의 카츠는 미국사 교재들이 연방주의의 역사를 소홀히 다루고 있음을 발견하고는, 이를 더 많이 다룰 것을 제안하였다.[44] 세 편의 연구는 미국사 교재들이 종교사를 소홀히 다루고 있음을 발견하고 이를 더 많이 다룰 것을 제안하였다. 하지만 이들 연구는 종교에 대해 전혀 상이한 관심을 강조하였는데, 그중 한 편은 종교가 미국 역사에 끼친 긍정적이고 유익한 영향을 강조한 반면, 다른 두 편은 종교의 자유 및 정교분리(政敎分離)의 가치를 강조하였다.[45]

뉴욕대학의 심리학자 비츠는 종교가 등한시된 것은 지난 수십 년간 기독교 도덕과 전통적 가족가치에 대한 자유주의 편향에 기인한 탓이라고 보고, 이러한 도덕과 가치가 교과서에서 더욱 긍정적이고 우호적으로 묘사되어야 한다고 주장하였다. '미국통합연구재단'(American United Research Foundation)의 헤인즈(Charles C. Haynes)와 '미국의 길

---

44) Ellis Katz, "Federalism in Secondary School American History and Government Textbooks" in Stephen L. Schecte ed., *Teaching About American Federal Democracy*(Philadelphia: Temple University, 1984).

45) 전통적인 종교적 가치에 우호적인 관심을 강조한 연구: Paul C. Vitz, "Religion and Traditional Values in Public School Textbooks: An Empirical Study"(Part of Final Report: NIE-G84-0012; Project No. 2-0012; *Equity in Values Education*, National Institute of Education, Washing, D.C., 1986). 종교적 자유와 정교분리에 우호적인 관심을 강조한 연구: Charles C. Haynes, *Religious Freedom in America*(Silver Spring, Md.: Americans United Research Foundation, 1986); O. L. Davis, Jr. et al., *Looking at History: A Review of Major U. S. History Textbooks*(Washing, D.C.: People for the American Way, 1986).

을 위한 사람들'(People for the American Way)의 연구진이 행한 조사는, 역사책에서 종교적 다양성의 가치, 종교적 자유 대 종교적 불관용, 그리고 낙태, 금주, 민권 등 여러 분야의 사회운동 활성화에 종교가 행한 역할 등에 훨씬 더 많은 관심이 부여되어야 한다고 주장하였다. 이들 연구는 교과서가 종교를 소홀히 다루는 것이 자유주의 편향에 기인한 것이 아니라 특정신념을 고수하는 종교집단들의 예민한 발끝을 밟지나 않을까 하는 출판사의 우려에 기인한 것으로 본다. 여하튼, 출판사와 저자들은 역사와 사회에서 종교가 갖는 어렵고도 복잡한 이야기에 아마도 접근하고자 할 것 같다. 캘리포니아 주 교육위원회는 1987년 7월에 〈역사/사회과학 기본구조〉를 채택하였는데, 이는 그러한 내용을 담은 새로운 교과서를 명시적으로 요구하고 있다.

1985～1986년에 역사교과서를 조사한 두 편의 중요한 연구는 흥미롭지만 다소 모순되는 결과들을 내놓았다. 첫 번째 것은 '미국의 길을 위한 사람들'의 후원으로 텍사스대학(오스틴)의 데이비스를 좌장으로 하는 교사·교수 연구진에 의해 발간되었다. 연구진은 8학년 및 10～11학년에서 널리 사용되는 미국사 교과서 31종을 평가하는 데 8개의 기준을 채택하였다. 그 기준들 중 6개는 교과서의 질이 역사학 및 사료편찬 규준에 부합하는지 여부와 관련된 것이었으며, 2개는 학생들의 학습참여 고취 정도 및 서술수준과 관련된 것이었다.[46]

소수집단에 대한 논의, 문학적 수준, 종교에 대한 논의 회피 등에서 여전히 부적합한 부분이 있음에도 불구하고, 연구진은 대부분의 교과서가 매우 양호하며 일부는 평가기준에 비추어 볼 때 탁월하다는 점을 발견하였다. 일반대중과 전문가들의 '어처구니없다'(*dumbed-down*)는 비난이 지배적이었던 것과 대조적으로, 연구진은 대체로 이들 1986년도 교재들 대부분이 상당부분 개선된 것으로 보았다. 내용을 완곡하게

46) O. L. Davis, *Looking at History*, pp. 14～15.

표현하는 경향이 뒤바뀌고 있었다. 연구진의 이러한 판단은 OAH의 사무국장인 호프-윌슨(Joan Hoff-Wilson)이 사전에 협회의 검토와 후원을 받아 작성한 서문에서 확인되었다.

여기서 특별히 관심을 끄는 것은 호프-윌슨 교수와 데이비스 교수 두 사람 모두 미국사 교육의 지적 목적뿐만 아니라 시민양성 목적도 중시하였다는 점이다. 요약 부분에서, 데이비스는 교과서가 도덕적 혹은 정치적 상대주의를 반영한다는 것을 사실상 부인하였다.

> 미국은 그간의 교과서들 모두에서 긍정적으로 묘사되고 있다. 동시에, 이들 교과서는 국가의 지속적 진보과정에서 있었던 인식 가능한 오점들을 가리려 하지 않는다. 현 세대의 미국사 교과서들은 분명, 우리나라에 긍정적이면서도 또한 우리 역사가 인간적이고도 믿을 만한 것임을 보여주는 일화와 해석들을 포함하는 역사서술을 장려하면서, 아슬아슬한 고비를 넘겼다. … 교과서들은 우리나라와 국민생활에 근본적이면서 공유된 감정을 학생들이 획득할 수 있도록 도우려는 전통적 의도를 따른다. 저자들은 우리 국가의 유산에 내재한 주요 원칙과 개념 그리고 공통의 충성심에 대한 지적 이해를 강조해야 하는 자신들의 책무를 인식하고 있지만, 교화하지는 않는다.[47)]

호프-윌슨 교수는, 미래로 시선을 돌려, 이와 비슷한 어조로 다음과 같은 희망을 피력하였다.

> … 1987년에 미국헌법 제정 2백주년을 맞이하여, 향후 10년을 위한 교과서는 미국 역사에서 존경받는 이 문건의 핵심구절과 수정조항들의 의미와 해석에 대해 예전보다 더 많이 강조할 것이라고 충분히 생각할 수 있다.[48)]

---

47) 위의 책, p. 9.

48) 위의 책, pp. 5~6.

필자는 이러한 일반론이 시민교육에서 역사의 역할을 증진시킬 고무적인 신호가 될 것으로 보았다.

역사교과서에 대한 두 번째의 주요 평가는 그다지 고무적이지 않은 것으로 드러났다. 미국교사 연맹, 교육수월성 연대, 프리덤 하우스의 후원으로, 매사추세츠대학(보스턴) 근대유럽사 교수이자 역사학과 학과장인 개그넌은 세계사 교과서 몇 종을 연구하였다. 데이비스 연구진이 사용했던 일반평가기준과 대조적으로, 개그넌은 널리 사용되는 여러 종의 교재가 서구 및 미국의 역사에서의 민주주의의 연혁에 대해 얼마나 잘 서술하는지를 평가한 부분에서 영(0)점을 주었다.

개그넌은 자신의 평가를 방금 언급한 미국교사연맹(AFT: American Federation of Teachers)의 〈원리선언〉(*Statement of Principles*)에 기초하였는데, 주요 초안은 그가 작성한 것이기도 하다. 그는 자신이 심층 분석한 다섯 종의 세계사 교과서가 좋게 평가할 부분이 일부 있다고 보았지만, 그의 전반적 결론은 다음과 같다.

> 이들 세계사 교과서는 민주주의의 연혁에 대해 대체로 언급하지 않고 있다. 민주주의의 이념과 원칙들이 불명료하고 불완전한 채로 방치되어 있다. 그 기원과 모험, 필요 그리고 의미는 어디에서도 체계적으로 제시되고 있지 않다. 그런 교재들에만 의존해서는, 교사들은 자유와 자치 그리고 이 땅의 정의를 위한 사람들의 투쟁에 대한 절절한 사연을 가르칠 수 없으며, 학생들도 그 내용을 파악할 수 없다. 몇몇 예외가 있긴 하지만 … 교과서들은 학생들의 정치적 사고를 계발할 기회를 계속해서 놓친다. 애초부터, 학생들은 역사를 공부할 이유 혹은 시민으로서의 지적 자질과 역사공부 간에 있을 수도 있는 관련성을 공부할 이유를 거의 찾지 못한다. 이들 교과서는 학생들에게 그런 것을 말해주지 않으며, 앞으로 보게 되듯이, 이는 미국사 교과서 그리고 심지어 정부론 교과서의 경우도 마찬가지이다. 이야기 전개를 보면 역사 활용은 명시적이지도 않고 암묵적이지도 않다.

> 고대 그리스 시대부터 오늘날에 이르기까지 각 시대마다 민주시민에 대한 생생한 교훈들을 제공할 수 있는데도, 그런 교훈은 대부분의 경우에 찾아볼 수 없다.[49]

필자는 개그넌이 그리스에서 현재까지 주로 서구역사를 자신이 13개의 시대로 구분한 것을 각 교과서가 어떻게 다루는지에 대해 내린 비판적 평가를 감정하고자 하지는 않겠다. 필자는 비서구 역사 혹은 사회사 분야의 저자들과 주창자들도 각기 할 말이 많으리라는 점을 의심치 않는다. 하지만 필자는 지적이고 분별 있는 시민을 기르는 일에 역사공부가 보다 명시적으로 기여하도록 만들려는 그의 일반적인 의도가 목표를 제대로 설정하고 있으며 그가 교과서에 대해 제기한 질문들 또한 올바르다고 생각한다.

> … 교과서는 정치적 민주주의에 대한 학생들의 지식에 무슨 기여를 하는가? 시민교육을 위한 사회과 교육과정의 기본 교재로서, 교과서는 자유사회의 핵심적 이념과 요소들을 명료하게 만드는가? 자유정부와 비자유정부 간의 대비가 부각되는가? 민주주의의 기원과 발전 그리고 세계 속의 현재상황이 명료하게 다루어지는가? 학생들은 민주주의를 키워온 (그리고 그에 반대하고 좌절시켜 온) 그런 힘들을 이해하는 데 필요한 사실과 설명들을 발견할 것인가?
>
> 다른 한편, 과거와 현재의 권위주의·전체주의 사회들의 원천과 이념 및 제도들도 똑같이 명료한가? 솔직하고 균형 있게 다루어지고 있는가? 과거와 현재의 모든 사회들이 합당한 시각에서 다루어지고, 우리 자신을 포함한 모든 사회가 조리 있고 일관되게 판단되는가? 마지막으로, 주요 주제들과 질문들이 제기되며, 관련 사실과 이념 그리고 설명이 학생들의 참여를 촉진하고 교사의 업무를 용이하게

49) Paul A. Gagnon, *Democracy's Untold Story: What World History Textbooks Neglect* (Washington, D.C.: American Federation of Teachers, 1987), p. 137.

할 수 있는 방식으로 제공되는가?[50)]

개그넌은 역사교과서의 백과사전방식과 무미건조함을 극복하는 데 활용될 수 있는 여타의 주제들이 있을 수 있다고 제안하면서 분석을 마무리한다. 그는 그런 주제들로 근대화(전통사회에서 근대사회로의 이행), 영향력 있는 종교와 이데올로기의 역할, 주요 문명들의 상호작용, 인간진보의 역사 등을 언급한다. 필자는 이들 주제가 모두 좋은 제안이며 필자 자신의 교육사 관련 저술에서도 활용되었다고 본다. 하지만 이제 필자는 이 책의 주제를 강조해야겠다. 역사교육에서 우리의 목표가 시민자격 함양이라면, 시민자격의 이념과 개념, 실제, 성공과 실패를 역사서술과 역사교육에서 왜 명시적인 주제의 하나로 혹은 가장 명시적인 주제로 삼지 않는가?

필자는 데이비스 연구진의 조사와 개그넌의 조사가 교과서 역사부문 저자들로 하여금 시민자격에 더 많은 관심을 기울이도록 자극하기를 바란다. 필자가 보기엔, 불행히도 역사교과서에 대한 또 다른 평가는 역사교과서가 이 방향으로 영향력을 증대시킬 기회를 여전히 놓치고 있다는 생각이 든다. 교육수월성연대는 자문단에게 초중등 수준에서 널리 사용되는 미국사 관련 교과서 11종의 평가를 요청하였다. 자문단에는 〈애틀랜틱〉(*The Atlantic*)의 편집장 비티(Jack Beatty), 컬럼비아 대학 인문학 명예교수 니스벳(Robert Nisbet) 뿐만 아니라 여러 명의 역사학자들이 포함되었다. 그들은 해당 교과서들을 일차적으로 문학·사료편찬 수준 차원에서의 판단을 요청받았다. 시월(Gilbert T. Sewall)은 자문단의 평가를 다음과 같이 요약하였다.

> 자문단은 다수의 교과서가 생동감 있는 문체, 힘 있는 이야기 전개와 어조를 결여하고 있다고 보았다. 교과서들은 텔레비전에 중독된

50) 위의 책, p. 40.

> 아동·청소년들의 주의를 끌고 붙잡아두려는 잘못된 시도로 인해 도표로 가득찬 경우가 지나치게 많았다. 보고서는, 수많은 압력단체의 영향이 작용한 결과로, 다양한 측면을 지닌 미국사 전 과정의 주요 요소들이 약화되고 왜곡되며 전적으로 회피되기도 하는 것으로 보았다. 조사대상 교과서 중에는, 특히 11학년용 교과서 중에는, 저술이 빼어나며 이야기 전개가 힘 찬 교과서들도 있었다. 또한 미국사 교과서 집필과 출간에서 비겁함과 상업주의, 생색내기 그리고 아둔함을 보여주는 강력한 증거도 발견되었다.[51)]

여기까지는 교과서의 매력과 수준을 개선하려는 노력이라는 점에서 좋다. 자문단의 지침으로부터 다음과 같은 권고사항이 이어진다. — 교과서의 부피와 무게를 줄일 것, 도표를 줄이고 본문을 강조할 것, 유능한 학자·교사들 중에서 더 나은 집필자들을 위촉할 것(사회교과 전문가 및 대필가 제외), 1차 자료를 강조할 것, 소수집단 문제를 주류의 역사적 맥락에 포함시킬 것, 교과서 품질 비평을 언론·출판시장에서의 학술서적 비평처럼 할 것 등이 그것이다.

이러한 권고들은 당연히 교과서의 매력을 증진시키며 학생들의 흥미를 고취시킬 것이다. 하지만 문학적 내용과 사료편찬에 전념한다고 해서 시민으로서 갖춰야 할 분별력과 의무감이 반드시 길러지는 것은 아닐 수도 있다. 보다 나은 시민자질이 진정 역사의 목표라면, 왜 그것을 생생하고 절박하며 명시적인 것으로 만들지 않는가?

1980년대 중반에 대학의 역사교수들과 중등학교 역사교사들 간의 실제적인 협력적 동반관계를 증진시키기 위한 두 가지의 주요한 노력이 이루어졌다. 이들 둘 다 교사연수를 통해 시민론적 역사 및 헌정사 지식에 상당한 관심을 기울였다. 그중 하나는 OAH와 제휴한 '역사향

---

51) Gilbert T. Sewall, *American History Textbooks: An Assessment of Quality* (New York: Education Excellence Network, 1987), p. 72.

상조정위원회'였다.[52] 다른 하나는 미국역사학회와 NCSS, 그리고 OAH의 연합기구인 '역사교육동맹'이었다. 1985~1987년의 기간은 하계 세미나 및 정례 세미나에서 미국헌법의 역사에 집중하였다.[53]

필자는 역사교육과 역사교과서에서 시민적 가치를 부각시키려는 이들 여러 시도를 높이 평가한다. 필자는, 직접 정교한 조사를 하지는 않았지만, 매우 흥미로운 몇몇 성취들이 이미 존재한다는 점에 유념했다. 필자는, 패트릭(John J. Patrick)과 레미(Richard C. Remy)의 《헌법 수업》(*Lessons on Constitution*) 그리고 시민교육원이 헌법제정 2백주년 기념 경연대회(제 2장 참조)를 위해 준비한 헌법특별교재 외에, 그런 성취를 이룬 두 편의 책에 감명을 받았다. 그것은 렝글과 댄저가 쓴 《미국 역사에 있어서 법》, 그리고 록우드와 해리스가 쓴 《민주적 가치와 더불어 추론하기: 미국 역사에서 윤리적 문제들》인데, 두 편 모두 교사용 지도서가 딸려 있다.[54] 필자는 학교에서의 편년사 구성에서 시민적 가치를 직접적이고 명시적으로 다루려는 이러한 노력이 확대되고 번성하기를 바란다. 필자는 이러한 노력이 이와 병행하여 역사학자들 자신의 학술연구 및 역사서술에서 시민적 가치를 다루려는 고무적인 운동에서 힘을 얻기를 바란다.

---

52) Page Putnam Miller, ed., *Strengthening the Teaching of History in Secondary Schools: Resource Guide* (Washington, D.C.: National Committee for the Promotion of History, 1985).

53) Kermit L. Hall, "The History Teaching Alliance," *Perspectives, American Historical Association Newsletter*, March 1985.

54) James G. Lengel and Gerald A. Danzer, *Law in American History* (Glenview, Ill.: Scott, Foresman, 1983); Alan L. Lockwood and David E. Harris, *Reasoning with Democratic Values: Ethical Problems in United States History*, 2 vols. (New York: Teachers College Press, 1985).

3. 항구적 주제로서의 시민자격

가치를 다루는 쪽으로 나아가는 이러한 경향은 학계 자체에서도 주목할 만하다. 여기에는 카네기재단 교수법향상위원회, 미국예술과학원의 〈다이달로스〉, 록펠러 인문학위원회, 미국대학협의회, NEH 등 인문학 및 사회과학 학계의 주류에서 제기되는 강력한 주장들도 포함된다. 필자는 제 2장에서 철학, 정치학, 사회학, 법학, 공공행정 분야에서 최근에 등장한 규범적 연구의 사례 몇 가지를 다룰 것이다. 일부 저명학자들은, 해당영역에서의 연구뿐만 아니라 교육까지 지배해 온 매우 경험적이고 몰가치적 입장을 반박하기 위해, 자기 분야가 갖는 규범적, 도덕적, 그리고 시민적 역할에 더 많은 관심을 갖게 되었다. 필자는 이러한 경향에 대해 단지 암시할 수 있을 뿐이지만, 이러한 경향은 학교 현장에서 역사·사회 교사들이 필자가 앞서 언급했던 핵심사항 관련 성명들에 생명과 활력을 불어넣고자 할 때 매우 가치 있는 자원이 될 수 있을 것이다.

1) 역사학계 내부의 규범적 접근

지금으로서는 역사학계 자체에서의 유사한 경향에 대한 몇 가지 예를 들 수 있을 뿐이다. 그리고 스탠퍼드의 저명 역사학자로서 워터게이트 사건의 여파가 남아있던 1975년에 역사를 도덕예술의 하나로 재확인할 것을 주장한 라이트(Gordon Wright)의 미국역사학회 회장 기조강연을 인용하는 데서 시작하는 것이 좋겠다.

… 저는, 중립적 과학자도 '숨은 설교자'도 자신의 모범으로 삼지 않

는, 자각적이며 일관된 가치체계를 옹호하는 자유주의자들의 역사서술 및 교육이 다시금 정당화될 수 있다고 생각합니다. 역사공부의 목적 중 하나가 학생들이 자신의 가치를 형성하고 스스로의 판단에 도달할 수 있도록(그래야 한다고 생각합니다) 마음가짐을 넓고 풍성하게 만드는 것이라면, 그들이 원자료와 양적인 사실을 제공받을 뿐만 아니라 과거에 대한 다양한 해석을 폭넓게 접할 때에만 그 목적은 가장 잘 달성될 것 같습니다. 자유주의적 해석은 그러한 범주에 속합니다. 사실, 그 어느 때보다도 오늘날에 아마도 더욱 그럴 것입니다. 전례 없이 복잡다단한 오늘날, 이념적 광신주의, 산발적으로 터져 나오는 종족적 격분, 그리고 '현실주의'(*realism*)의 주창이 조야한 형태로든 정교한 형태로든 세계의 안정 그리고 심지어 인간의 존재를 위험에 몰아넣는 이때, 자유주의적 기질은 지뢰밭을 헤쳐 나갈 일련의 길잡이에 가장 근접한 것을 제공할 수 있습니다. 자유주의는 선과 악이 빽빽하게 줄지어 들어서 있는 흑백의 세상을 거부하고, 인간사의 깊은 곳에는 모호함이 존재하는 경우가 많음을 알며, 회의주의, 관용, 공정함 그리고 조지 오웰이 (보다 정교한 용어가 없어서) '품위'라고 한 것과 같은 자질들을 존중합니다. 이러한 자질들이 어우러져 급진주의 혹은 보수주의와 이런저런 방식으로 겹치는 세계관을 형성하게 합니다. 그렇지만 그러한 세계관은 나름의 일관성을 갖고자 하며, 과거를 판단하고 또 과거를 현재와 관련짓도록 하는 가치들의 중추적 핵심이 되고자 합니다. … 저는 우리들 중 많은 사람들이 주저하는 것은 바로 마지막 발걸음을 떼는 일이라고 생각합니다. 그것은 결론을 내리는 위험을 감수하는 일입니다. 즉 세상이 어떠했으며 왜 그런지, 그리고 이는 당시의 사람들에게 무엇을 의미했으며 오늘날의 사람들에게 무엇을 의미하는지에 대해 판단을 내리고 그러한 우리의 관점을 옹호하는 일입니다. … 우리의 진실탐구는 매우 의식적으로 모종의 심오한 인도적 가치들에 대한 신봉으로 가득 채워져야 합니다. 이러한 두 가지 목표를 균형 있게 추구하려는 노력은 불확실할 수도 있습니다. 하지만 우리가 이를 해낼 수 있다면, 아마도 우리는 (그 중에서도) 도덕예술이라고 할 수 있는 역사

의 역할을 재정립하는 길에 올라서게 될 것입니다.[55]

필자는 역사의 역할에 대한 라이트의 견해에 동의하며, 그러한 가치들이 자유주의적임을 지적하는 데 주저하지 않는다. 다른 한편, 필자는 시카고대학 역사학과 학과장 맥닐이 '보통시민들의 일반적 관심사를 얘기하는' 과거묘사를 교사들이 필요로 한다는 점에 동의한다.

> 불가해한 전문가적 논쟁이 빚어지는 학문적 내용으로 구성되는 전문화된 '기초'(*post-hole*) 과목은 적합하지 않다. … 역사는, 다른 어떤 과목보다도, 공유된 공적 정체성, 즉 지역적, 종족적, 분파적일 뿐만 아니라 전국적, 문명적, 인도적이기도 한 정체성들을 잘 옹호할 수 있다.[56]

미네소타대학의 미국헌법사 및 미국학 교수인 머피는 명시적으로 미국사에 대한 규범적 논의에 초점을 맞춘다.

> 학생들은 왜 우리가 2백 년된 문건을 보유하는가 하는 헌법적 근거, 헌법이 담고 있는 원칙과 가치, 그리고 헌법이 어디에서 작동했으며 언제 어떻게 실패했는지를 다시금 살펴보아야 한다. 그들은 무엇보다도 그들이 일반적으로 할 수 있는 것이 무엇인지 이해하여야 하며, 구체적으로 헌법이 인간의 유약함을 억제하고 또한 '모두를 위한 자유와 정의'에 매진하는 사회의 긍정적 목적을 향한 창의성을 이끄는 기능을 계속해서 수행한다는 점을 알아야 한다.[57]

---

55) Gordon Wright, "History as Moral Science," *American Historical Review*, February 1976, pp. 9~11.

56) William H. Mcneill, "History for Citizens," *AHA Newsletter*, March 1976, pp. 4~6.

57) Paul L. Murphy, "The Obligations of American Citizenship: A Historical Perspective," *The Journal of Teacher Education*, November/December 1983,

역사학 관련학회들의 최근 회합과 여타 저명 역사가들의 저술들은 역사서술이 '전적으로 다시' 이루어져야 한다는 주장을 정교화해 왔다. 이들 중에는 프린스턴대학의 스톤(Lawrence Stone), 하버드대학의 베일린(Bernard Bailyn), 워싱턴대학의 헥스터(J. H. Hexter) 등이 포함된다. 그 중에서 여기서의 필자의 주장과 특별히 관련되는 두 편의 논문을 언급할까 하는데, 두 편 모두 뉴욕대학 인문학 및 역사학 교수인 벤더의 것이다. 뉴욕타임스 서평에 실린 글에서, 벤더는 역사서술의 일관된 주제로서 공적 영역의 중추적 위치를 강조한다.

> 국민으로서의 우리 자신에 대한 공적 기억을 보호·관리하는 일을 우리가 확신을 갖고 맡겼던 역사가들은 지난 4반세기 동안 이루어진 방대한 학술연구를 집성하여 미국인의 삶을 일관되게 설명하는 서술을 제공하지 못하였다. 독자들과 저자들 모두, 다양한 사회·문화적 기제에 의해, 그들이 선택한 혹은 귀속된 집단의 이야기에 주의를 기울여 왔다. 이는 역사서술에 있어 순전히 지적인 경향만큼이나 시민의식의 해체를 보여주는 것일 수 있는 현상이다.[58]

벤더는 이민자, 흑인, 소수민족, 여성, 북미원주민, 노동자, 보통사람들의 사회사 등에 대한 '새 역사'의 높은 수준과 가치 있는 학술연구에 경의를 표한다. 그러나 다음과 같은 진술이 이어진다.

> 하지만 이들 집단 상호간의 관계 그리고 공적인 삶에 대한 그들의 관계는 많이 탐구되지 않았다. 공적인 삶은 집단들이 사회 내의 정치권력 배열과 그 문화적 형태와 의미를 확립하기 위해 상호작용하며 심지어 경쟁하기도 하는 본질적으로 시민적인 영역이다. …역사서술

p. 10.

58) Thomas Bender, "Making History Whole Again," *The New York Times Book Review*, October 6, 1985, p. 1.

> 에 사회적 영역을 보다 많이 편입시키기 위해 애쓰는 과정에서, 저자들은 사회의 중심제도들과 국가 그리고 시민적 혹은 공적 문화의 취지와 의미를 잃어버린 것으로 보인다.[59]

벤더의 얘기는 로빈슨과 비어드가 공적인 삶의 역사를 쓰고자 힘썼던 일을 일깨워준다. 그들은 무엇보다도 사회사와 지성사를 정치사와 통합함으로써 공적인 삶을 종합적으로 그려내고자 하였다. 그리고 이제 벤더는 역사가들이 그러한 종합이라는 과업으로 되돌아가서 부분분석을 넘어서야 한다고 믿는다. "그들은 집단들이 역사의 중심영역으로서의 국민차원의 정치와 문화를 조성하기 위해 상호작용하는 공적 영역을 재생시켜야 한다."[60]

벤더는 미국역사학회지에 실린 장편의 학술논문에서 이 주제로 복귀하였다. 그 논문에서 그는 주제와 줄거리라는 수사학적 구조를 통해 '공적 문화'를 조성하며 사회의 이미지를 창조하는 존재로서의 역사를 강조한다. "(비어드와 호프스태터 모두의 관심사였던) 정치, 권력, 공적인 삶은 그런 수사학적 구조에서 종합적으로 그려지는 국사의 생생한 기초재료로 남아있다."[61]

필자는 벤더가 역사저술과 역사수업, 그리고 교육의 역사가 나아가야 할 방향을 지적했다고 본다. 필자는 이러한 틀 속에서 시민적 가치라는 주제가 학교에서의 역사공부를 위한 생생하고도 계몽적인 종합을 이룰 수 있다고 생각한다.

> 이 글은 우리 역사에 대한 재개념화를 제공하는데, 이는 (가령 종족

---

59) 위의 글, p. 42.

60) 위의 글, p. 43.

61) Thomas Bender, "Wholes and Parts: The Need for Synthesis in American History," *Journal of American History*, June 1986, p. 125.

> 집단처럼) 사회적으로 정의되든 (가족과 같은) 사적 세계이든 대체로 동질적인 것으로 특징되는 다양한 집단들의 상호작용 그리고 보다 규모가 크고 이질적이며 서로 경합하는 정치·문화적 영역을 강조한다. 사적인 삶의 세계 그리고 보다 작은 사회적 단위들이 집단 차원에서 갖는 의미와 이해관심은 어떻게 공적인 삶의 구성에 영향을 미치는가? 현재의 과업은 필자가 공적 문화라 부르는 것 즉 시간의 흐름에 따라 다양한 계급과 종족, 문화가 수렴되는 중심부와 보다 소규모이고 보다 동질적인 주변부의 '공동사회적' 집단들의 관계를 정립하는 일이다. … 공적 문화 그리고 그것이 전체보다 작은 부분문화들과 맺는 동적인 관련에 초점을 맞추는 일은 종합적 이야기를 견지하기에 충분할 만큼 포용력 있는 사회상을 제공한다.[62]

하지만 역사에 대한 이러한 종합적 관점은 전문적 관심사를 보다 깊이 파고들 뿐만 아니라 과거에 일어난 일을 일체의 이데올로기적 편견 없이 서술하고자 하는 역사가들의 애호와 충돌한다. 흥미롭게도 이러한 관점은 매우 광범위한 사회적·정치적 관점에 걸쳐 있다. 한쪽에는 좌파역사가들이 역사를 왜곡할까 우려하는 이들이 있다. 래비치는 클리오 학회에서 역사연구 그 자체를 주장하였고, 피츠제럴드(Frances FitzGerald)는 역사는 순수하게 과거에 대한 이야기로 가르쳐야 한다고 주장하였다. 다른 쪽에는 가치를 가르치는 것은 자본주의의 지배력을 학생들에게 행사하는 일이 될 것이라고 믿는 이들이 있다. 퍼킨슨, 캐리어(Clarence Karier), 카츠(Michael S. Katz) 같은 수정주의 교육사학자들은 시민적 가치를 가르치는 일은 필연적으로 자본주의 이데올로기를 주입하게 되기 때문에 공립학교에서의 역사는 시민적 가치를 일절 가르쳐서는 안 된다고 주장하였다.[63] 하지만 보다 최근 들어 좌

62) 위의 글, p. 132.

63) Frances FitzGerald, *America Revised*(Boston: Little & Brown, 1979); Henry Perkinson, review of "Historical Inquiry in Education," in *Educa-*

파 교육과정 전문가들은 자신들의 정치권력관을 민주시민교육에 결부시켰다.64)

2) 사회교과에서 시민양성 목적의 갱신

이와 대조적으로, 1981년의 캘리포니아 주 〈기본구조〉는 사회교과에 부여된 시민양성 목적은, 시민적 가치를 다루는 시민교육의 기능을 수행하고자 노력함에 있어서, 역사, 정치학, 사회과학, 법학, 인문학 분야에서 학계가 산출할 수 있는 최고의 연구를 적용하는 일이라고 주장한다. 그 주요내용을 보면 다음과 같다.

> 유치원에서 12학년까지를 포괄하는 역사·사회과학 교육과정은 미국 시민자격의 공통핵심을 이루는 실질적 가치와 보다 구체적이고 보다 명시적으로 관련되어야 한다. 교육과정은, 모든 학년수준과 과목에서 그리고 학생들의 발달역량에 맞추어서, 우리의 민주적 헌정질서를 떠받치는 기본적 시민적 가치와 원칙들에 초점을 맞추어야 한다. '다수로 이루어진 하나'(*e pluribus unum*: 미국의 표어)라는 표어가 시사하는 이념들에 근거하여 … 〈기본구조〉 작성자들은 … 그러한 가치들을 다음과 같이 개념화하였다.
>
> (1) 기본적으로 민주적 정치공동체에서 결속과 통합의 바람직한 요소들을 촉진할 것으로 보이는 가치들, 즉 '하나'에 초점을 맞추는 가치들. 여기에는 다음과 같은 항목이 포함된다. ① 정의, ② 평등, ③

---

tional Studies, Winter 1983, pp. 321~326; *History of Citizen Education Colloquium* (Philadelphia, Pa: Research for Better Schools, Inc., Winter 1978).

64) 다음을 참조하시오. Michael W. Apple, *Education and Power* (Boston: Routledge and Kegan Paul, 1982); Stanley Aronowitz and Henry Giroux, *Education Under Siege* (South Hadley, Mass.: Bergin and Garvey, 1985); George H. Wood, "Action for Democratic Action," *Issues in Education*, Winter 1986, pp. 287~300.

진실, ④ 권위, ⑤ 책임, ⑥ 참여, ⑦ 인신과 재산 존중, ⑧공공선(公共善)을 위한 개인적 책무 등이다.

(2) 기본적으로 민주적 정치공동체에서 바람직한 다원주의적·개인주의적 요소들을 촉진할 것으로 보이는 가치들, 즉 '다수'에 초점을 맞추는 가치들. 여기에는 다음과 같은 항목이 포함된다. ① 다양성, ② 사생활 보호, ③ 자유, ④ 적법절차, ⑤ 인권 등이다.

'하나'의 가치들과 '다수'의 가치들 간에는 지속적 긴장이 존재하며 가끔씩은 갈등이 빚어지기도 한다. 그런 경우에조차, 미국의 민주주의는 역사적으로 그리고 현재에도 두 가지 모두를 존중하고 장려하는 데 헌신하고 있다. 서로 경합하면서도 상호보완적인 가치주장들의 균형을 잡는 일은 우리 사회의 민주주의의 건강과 생명력에 필수적이다. 하지만 가치주장들의 균형을 잡는 일이 쉬운 과업이었던 적은 없다. '하나'의 가치들은 때때로 '다수결주의', '맹목적 애국주의', 동일 혹은 순응 강요, 정의나 적법절차에 대한 충분한 고려 없는 '법과 질서'의 외침 같은 것으로 왜곡되거나 오염된다. '다수'의 가치들은 때때로 다음과 같은 것들로 왜곡되거나 오염된다. ① 무정부주의, ② 사생활중심주의, ③ 자기중심주의, ④ 다른 사람들의 이익이나 전체의 선을 무시하는 특수이익집단들, ⑤ 문화적 제국주의, ⑥ '범죄자에 대한 온건한 대응'을 요구하는 주장들 등이다.

모든 학년의 학생들이 우리의 입헌민주사회가 신봉하는 단결과 통합의 '하나'의 가치들과 다원주의적·개인주의적인 '다수'의 가치들 모두를 접할 기회를 가지는 게 필수적이다. 학생들이 그러한 가치와 원칙들이 때때로 겪는 왜곡이나 오염에 대해 배울 기회를 가짐으로써 그들이 시민으로서 그러한 일들이 반복되지 않도록 막는 데 필요한 지식과 의지 그리고 기능을 갖도록 하는 것 또한 중요하다.[65]

1985년 캘리포니아 주의 〈표준교육과정 모형: 9~12학년〉과 1987년의 새 〈기본구조〉가 주 교육위원회에 의해 채택되었을 때, 이들 이념

65) *California Framework for History-Social Science*, 1981, pp. 7~8.

중 상당수가 존속하였지만, 유사한 혹은 도식적인 형태로 존속하지는 않았다.

필자는 단순히 편년사 방식의 서사적 역사를 사회교과의 중심으로 설정하는 것이 반드시 시민교육에 충분한지는 전혀 확신할 수 없다. 한 가지, 하지만 매우 중요한, 예를 들도록 하겠다. 1987년 7월에 캘리포니아 주 교육위원회는, 6년마다 해 온 것처럼, 유치원에서 12학년까지 포괄하는 캘리포니아 공립학교용 〈역사・사회과학 기본구조〉 개정판을 채택하였다.

전반적으로 필자는 1년 반의 준비기간을 거친 1987년의 〈기본구조〉가 훌륭한 문건이라고 생각한다. 그것은 캘리포니아 안팎의 교육 전문가들뿐만 아니라 광범위한 분야의 학계 자문단의 조언과 학식, 연구를 반영하고 있다. 주의 관점뿐만 아니라 국가의 관점도 구현하고 있다. 〈기본구조〉는 수월성개혁운동의 요청 — 5학년에서 12학년에 이르는 8개 학년 중 6개 학년에서, 지리영역이 밀접하게 수반되어 통합되는 편년사적 역사를 강조하는 — 에 분명하게 부응하고 있다.

> 〈역사・사회과학 기본구조〉의 목표들은 세 개의 넓은 범주로 나눠진다: ① 역사를 비롯한 인문학, 지리, 그리고 사회과학의 지식들을 통합하는 '지식 및 문화적 이해', ② 국민적 정체성, 헌법적 유산, 시민적 가치, 그리고 권리와 책임에 대한 이해를 통합하는 '민주주의 이해'와 '시민적 가치', ③ 유능한 시민으로서의 자질에 필수적인 기본적 공부방법, 비판적 사고기능, 그리고 참여기능을 포함하는 '기능습득 및 사회참여' 등이다.[66]

---

66) *History-Social Science Framework for California Public Schools, Kindergarten Through Grade Twelve* (Sacramento: California State Department of Education, 1988), p. 10. Draft adopted by State Board of Education, July 10, 1987. 컬럼비아대 사범대학의 래비치(Diane Ravitch)와 UCLA의 크랩트리(Charlotte Crabtree)가 최종문건의 주 저자들이었으며, 캘리포니아 버클리

그리하여 시민자격은 세 가지 주요 목표 중에서 두 번째에 놓여 있는데, 교육과정 내용 전체에 걸쳐 세 가지 목표가 통합되는 한에서는 시민자격이 다른 두 가지 목표에서 두드러져 보인다. 두 번째 목표에 대한 개요에서, 〈기본구조〉는 다음과 같이 진술하고 있다.

> 민주주의 이해 및 시민적 가치의 교육과정 목표는 국민의 정체성과 헌법적 유산, 국가의 헌법적 질서를 떠받치며 다원주의 사회의 모든 집단에 걸쳐 결속을 촉진하는 시민적 가치, 그리고 모든 시민의 권리와 책임에 대한 근본적 이해에 초점이 맞추어져 있다.[67)]

이러한 점에서, 1987년판 〈기본구조〉는 1981년판 〈기본구조〉에서 시민적 가치가 매우 두드러지게 강조했던 것을 더욱 진전시키고 있다. 하지만 1987년판 〈기본구조〉는 어떤 가치들에 대해 언급하는지를 그다지 간결하게 혹은 명시적으로 규정하고 있지 않다. 1981년 당시의 가치들은 모두, 찾고자 마음먹으면, 1987년 판의 장황한 문건 전체에 걸쳐 어딘가에 흩어져 있는 것을 발견할 수 있다. 1981년 판의 결함이 무엇이든 간에, 개념들의 도식적 배열을 고수하는 명료함과 간결함의 장점이 있었는데, 이는 장황한 단락을 늘어놓는 방식으로는 쉽사리 해낼 수 없는 부분이다.

지금 1987년판 〈기본구조〉의 세세한 사항에 대해 비판적으로 검토하는 것은 아니다. 하지만 필자는 1987년판이 편년사 및 지리분야 종사자들의 편에 서서 시민론 분야 학습을 경시하는 쪽으로 나아갈 수 있는 수월성 운동의 주요 주장들 중 일부를 개진하고 있으며, 이는 〈기본구조〉 자신의 심화학습 권고사항을 초과하는 학습범위에 관심을 가진 교사들과 교과서 저자들을 압도할 수도 있을 것이라는 인상을

대학의 다우니(Matthew Downey)가 1차 초안을 작성하였다.

67) 위의 책, p. 20.

받았다. 이러한 경향은 17가지의 '두드러진 특징들'이 묘사되는 〈기본구조〉 서두에 반영되어 있다.

처음의 9가지 특징은 다음과 같은 항목들과 관련된다. ① 학습의 중심으로서의 역사, ② 통합적 접근의 기초로서 지리적 배경 속에서의 역사, ③ 저학년에서 전기와 신화, 동화 등의 문학작품을 활용하여 잘 진술된 이야기로서의 역사, ④ 심층적인 역사적 사건과 시대, ⑤ 유치원에서 12학년까지를 대상으로 하는 편년사적·계열적 교육과정, ⑥ 전체적으로 다문화적이고 다원주의적인 시각, ⑦ 세계사에 대해 증대된 관심 등과 같은 항목들과 관련되어 있다. 그 다음의 다섯 가지 특징들은 윤리적 사고, 시민적 덕성과 가치, 헌법적 원칙, 민주주의, 논쟁적 문제, 역사에서 종교의 역할 등의 문제들을 매우 효과적이면서 토론식으로 다룬다. 마지막의 세 가지 특징들은 비판적 사고와 활기찬 교수법, 그리고 학생들의 학교 및 지역사회 봉사활동 적극 참여 등과 관련된다.

교사와 교육과정 위원들의 교과서 및 교육과정 보조자료 평가를 돕기 위해 〈기본구조〉 말미에 나열된 15개 기준도 이와 전반적으로 비슷한 순서를 따르고 있다. 윤리적 쟁점을 다루는 기준이 여덟 번째, 시민적 가치와 민주주의 제도를 다루는 기준이 열 번째, 그리고 시민적 가치에 대한 헌신(애국심)이 열세 번째에 올라 있다.

필자는, 전반적으로는, 시민론 학습의 증진을 위한 재료들이 1987년판 〈기본구조〉에 들어있다고 생각한다. 하지만 문제는 교사와 학생들이 그 재료들로 무엇을 만들 것인가이다. 많은 부분이 이 일과 관련된 교사들의 시각과 이론적 틀에 의존하게 될 것이다. 그러한 시각 개발을 촉진하는 것이 이 책을 쓰는 주된 이유이다.

필자는 1987년판 〈기본구조〉가 다양성과 다원주의 그리고 다문화주의의 가치를 근사하게 강조했다고 본다. 〈기본구조〉는 여성, 흑인, 북미원주민, 그리고 미국과 세계 곳곳의 여타 소수집단들에 대한 특별한 관심이 어디에서 다루어져야 하는지 계속해서 지적한다. 필자 생각으로는, 또 다른 진정한 이득은 고등학교 역사나 사회과목 수업에서 거의 다뤄지지 않았던 주제인 역사와 민주사회에서의 공교육의 역할에 부여되어야 하는 관심을 부각시키려는 노력이 반복된다는 점이다.

그러나 여전히 1987년판 〈기본구조〉는 토머스 벤더가 말한 '사회와 국가 그리고 시민적 혹은 공적 문화의 중추적 제도들'에 대해 보다 강력하고 명확할 수도 있었다고 해야겠다. 〈기본구조〉는 사회 내의 사회집단들과 다양성에 더 많은 관심을 기울일 것을 매우 훌륭하게 요청하였다. 이제 역사수업을 위한 다음 단계는, 역사서술의 경우와 마찬가지로, '집단들이 국가의 정치와 문화를 조성하기 위해 상호작용하는 공적 영역을 역사의 중심 영역으로' 재천명하는 일이다.

1987년에서 1992년에 이르는 6년 동안의 지침을 제공하기 위해 고안된 〈기본구조〉는 1987년에서 1991년 말까지의 헌법제정 2백주년 기념기간을 포함한다. 필자는 〈기본구조〉가 버거 대법원장과 2백주년 전국위원회가 강조해 온 '역사 · 시민론교육'을 강화할 기회를 놓쳤다고 생각한다. 제 2장에서 이 점을 다루겠지만, 필자의 전반적 취지는 1987년 여름과 가을의 사건들에 의해 훨씬 더 시의적절하고도 긴박한 것이 되었다. 여름 동안 거행된 이란-콘트라 사건 의회 청문회, 그리고 연방대법관 후보로 지명된 보크(Robert H. Bork) 판사에 대해 가을에 개최된 청문회는 우리의 공통된 시민적 가치에 대해 학교에서 무엇을 가르쳐야 하는지에 대한 물음들을 다시금 촉발시켰다. 설령 최상의 교육과정지침에서 기획된 사실과 정보 및 지식이라 해도, 학생과 교사들이 산더미 같은 이들 내용을 헤쳐 나가 자신의 길을 찾고자 할 때 그 내용에 의미와 생명, 활력을 불어넣어야 하는 엄청난 과업이 앞에 놓여 있다.

2백년 이상 동안 정치적 민주주의의 기본가치들이 선언과 찬양 그리고 논쟁의 대상이 되었다. 영어로 된 것만 해도 웅변적이고 설득력 있게 진술된 주장에서부터 현학적이고 진부한 얘기에 이르기까지 다양하다. 그럼에도, 위기가 발생하거나 근본적 결정이 내려질 때에는 미국 시민들의 신념과 헌신, 충성, 행동을 자처하는 몇몇 주요 개념들이 등장하였다. 필자는 캘리포니아 주의 1981년판 〈기본구조〉에서 제시된 기본이념들 내지 가치지향적 주장들이 학교 시민교육 프로그램 설계를 위한 지적인 틀로서 잘 활용될 수 있을 것이라고 믿는다. 그 이념과 주장들은 친숙하긴 하지만 근본적인 것들이다. 그래서인지 오랜 시간 동안 그 원래 의미를 밝히려는 노력이 지나칠 정도로 많이 기울여져 왔다. 그리고 그 이념들 내지 주장들은 복잡하다. 즉 각각의 가치는 종종 해석상의 다양한 차이를 유발한다. '하나'의 가치들과 '다수'의 가치들 사이에는 지속적 긴장이 존재하며 종종 공공연한 갈등이 존재하기도 한다. 하지만 필자는 미국의 민주주의와 마찬가지로 시민교육프로그램은 반드시 이들 가치의 균형을 잡고 둘 다 존중하며 증진하려고 해야 한다고 믿는다.

전체적으로 볼 때, 캘리포니아 주의 1981년판 〈기본구조〉 및 이 책의 제4장에서 제시된 개념들은 학교가 수업 및 교육과정뿐만 아니라 전반적 운영에서 구현하고자 해야 하는 시민적 가치들을 표현하는 것으로 여겨진다. 그 개념들은 '가치들'로서, '능력'(*competencies*)이나 구체적 행동목표의 목록이 아니다. 오히려 그 개념들은 우리 정치체계에서 바람직한 요소들에 대한 관념들로서, 이들은 특정 능력이나 구체적 행동목표를 선정하고 실행하는 기준으로 활용될 수 있을 것이다. 달리 말해 필자는, 여타 사회교과에서뿐만 아니라 역사영역에서도, 교육과정입안 책임자들은 교과서와 수업자료, 학습활동 그리고 실제 운영·관리에서 이들 가치를 어느 정도까지 반영할지를 결정하기 위해 교육과정계획의 요소들을 재검토해야 한다고 본다.

이들은 규범적 개념으로서 그 각각이 인문학과 법학 내지 사회과학 분야에서 학술적 분석과 논쟁적 해석이 광범위하게 이뤄져 온 역사를 지니고 있음이 분명해질 것이다. 그러나 그들은 또한 바로 실제의 정치생활과 공적 사안의 소재이기 때문에, 필자는 학교가 학생들의 연령과 능력에 적합한 방식으로 이들 개념에 직접적이고 명시적이며 비판적으로 직면해야 한다고 생각한다. 그 개념들은 행동주의 정치학자나 사회학자들이 선호할 수 있을 법한 '새로운' 사회과학 개념, 즉 '역할', '지위', '계층화', '사회화', '정치문화', '의사결정' 등과 같은 개념이 아니다. 그 개념들은 또한 개인의 도덕적 특성을 가리키는 용어 — 완고함, 재치, 자립심, 관대함, 근면 등 — 로 표현되지도 않는다. 그러나 그 개념들은 학교와 지역사회의 일상 언어, 정치토론과 운동, 그리고 법정의 변론, 청문회, 고충처리위원회, 정책협의회 등에서뿐만 아니라 정치담론과 법적 판단의 최고 수준에서도 등장한다. 이들 개념이 단지 희망의 상징이거나 위기의 버팀목 이상이 되고자 한다면 일생 동안 그에 대한 고찰을 필요로 한다.

이들 개념과 같은 이념들과 가치들은 서로 별개이거나 상호배타적이지 않다. 그들 중 일부는 종종 다른 이념·가치들과 상충하기도 한다. 그리고 정말 중요한 모든 이념들이 그러하듯 그들은 모두 매우 상이하게 해석될 수 있다. 어떤 사람들이 오도된 해석으로 볼 수 있는 것을 다른 사람들은 참된 형태라고 볼 수 있다. 그러나 필자는 그 개념들이 효능 있는 시민교육 프로그램이라면 그 최고의 자리에 놓여야 하는 이념들을 구현하고 있다고 생각한다. 필자는 그 개념들을 가르침에 있어서 특정한 우선순위를 주장하지는 않겠다. 교사와 학교, 체제에 따라 상이한 지점에서 출발할 수 있으며 심지어 같은 개념을 달리 표현할 수도 있으며, 이는 지역상황에 비추어 어떤 것이 적합하다고 생각하는지에 달려 있다. 하지만 교육이 갖는 시민양성 역할에 대한 이해가 충분히 이뤄질 때에 (학교 교육계획의 주요 지점에서) 그들 개념 모두 그리고 개념들 상호간의 관계에 대한 고찰로 이어질 것으로 보인다.

필자는 이러한 처방이 전문가나 대중에게 보편적 호소력을 지닐 것이라는 환상을 전혀 갖지는 않지만, 교육과정 지침에서 교육전문가들이 매우 빈번하게 열거하는 '자질'이나 '능력'의 상세목록보다는 이들 개념이 되살아난 시민교육을 보다 세밀하게 정의한다고 본다. 그리고 필자는 교육 고유의 시민양성 임무는 우리로 하여금, 특정한 개인적 생활방식이나 종교적 신조를 주창하는 이들의 공공연한 언술에서 언급되는 '전통적인 도덕적 가치'보다는, 민주적 정치공동체 속에 단결하도록 해 주는 시민적 가치들을 강조하는 일이라고 믿는다. 시민으로서 지녀야 할 도덕이 중심 주제가 되어야 한다.

건국에서부터 시민교육은 공교육에 대한 요청이었다. 시민교육은 공교육의 주된 업무인 것이다. 그 업무에는 역사와 인문학이 필수적이다. 이에 대해 프랭클은 다음과 같이 기술한 바 있다.

> 인문학이 활력을 보였던 모든 세대에 있어, 인문학은 … 핵심적인 공적, 시민적, 교육적 기능 즉, 전통으로부터 유리되어 새로운 의미 이해를 필요로 하는 문화의 이념과 가치들에 대한 비판과 재통합을 수행했다.[68]

필자는 인문학에 대한 프랭클의 진술이 전체 학문공동체와 교육계 앞에 놓여 있는 과업에 똑같이 적용된다고 생각한다. 즉 그들 모두는 우리의 공통된 시민적 삶의 근저에 놓여 있는 전통적 가치들에 대한 철저한 탐구에 종사하고 있다. 또한 그들은 헌법 및 권리장전 제정·채택 2백주년을 넘어 수십 년에 걸쳐 그러한 이념과 가치들을 새롭고 옹호가능하며 규범적 형태의 미국시민자격으로 재통합하고자 한다.

이는 전문가 회의와 위원회, 강좌들을 통한 매우 철저하고도 지속적

---

68) Charles Frankel, "The Academy Enshrouded," *Change*, December 1977, p. 64.

인 자체연구를 요한다. 또한 진심으로 공립학교의 복리에 관심을 지닌 공공단체들과 자원봉사기구들의 지원을 받는 일련의 합동토론회, 세미나, 전국위원회 등도 요구된다. 이는 교육계가 대중들과 동떨어져 독자적으로 수행할 수 있는 과업은 아니지만, 교육계와 학계가 선도해야 하는 과업이다. 많은 공익단체들이 이미 그러한 공동노력에 동참하고 있다. 새롭게 전국단위 단체들로 결성된 연합기구 둘이 특히 이에 해당하는 것으로 보인다. 하나는 '시민성향상 협의회'이고, 다른 하나는 '국내정책협회'(Domestic Policy Association)이다.

이러한 노선에 입각하여 새롭게 노력할 기회가 무르익었다. 시민적 이상의 공통기본구조의 기초가 될 수 있으며 국민의 다양한 인종적·종족적·종교적·정치적·경제적 이해관심을 한 데 묶을 수 있는 도덕적·철학적 가정들을 솔직하게 규범적으로 분석하는 것이 요구된다. 옹호가능한 규범적 형태의 미국시민자격에 대한 이러한 처방은 다가오는 수십 년 동안 다양한 시민교육 프로그램의 기초가 될 수 있을 것이다. 이를 정부기관에만 맡기는 것은 정치적 혹은 당파적 교화의 우려가 있기 때문에 적절치 않다. 특수한 경제적 혹은 정치적 이익을 증진시키기 위해 조직된 자발적 집단에게 맡겨지는 것도 적절치 않고, '몰가치적인' 경험적 연구에 우호적이거나 획일적인 이데올로기적 견해를 강요하는 조사연구기관에 맡겨지는 것도 적절치 않다. 분파주의적 종교·종족·사회집단에 맡겨져서도 안 되고, 언론이나 대중매체 혹은 시사평론가들에게 맡겨져서도 안 된다.

물론 그런 집단들은 특정 사회적·시민적 혹은 도덕적 가치들에 대한 특수한 요구들을, 지금도 자유롭게 내 놓고 있으며 또 그래야 하는 것처럼, 계속해서 내놓을 것이다. 그러나 필요한 것은 인문학·사회과학·법학 분야의 저명인사들, 학자들, 교사들이 가까운 미래에 미국시민자격이 무엇을 의미해야 하는지 그리고 초중고 및 대학과 교사교육기관이 그에 대해 무엇을 할 수 있으며 또 무엇을 해야 하는지를 분명하고 설득력 있게 진술하려는 지속적인 노력이다. 이는 우리가 실제로 직면하는 사회와 세계뿐만 아니라 미국의 세 번째 세기에 즈음하여 우리가 기대하는 사회와 세계에 대해서도 아주 근본적인 고찰을 요구한다. 여태까지는, 교육개혁운동에 참여한 어떤 주요 단체도 이 과업을 떠맡았던 적이 없다.

이 글을 쓰는 지금, 혹시 어떤 단체가 그렇게 할지는 두고 볼 일이다. 특히 1987년 말에 기회가 무르익었다. 사회교과의 미래와 그 속에서의 역사의 위치를 조망하기 위한 적어도 세 개의 국가적 기획이 구상되었다. 1984년에 이미 미국역사학회의 여러 협의회에서 '전국사회교과위원회' 창립과 관련한 논의가 진행되었다. 사실, 미국역사학회 평의회는 "'7인 위원회' 경우와 마찬가지로 고등학교 역사의 현재상황 및 고등학교 역사교사 연수 표준을 조사하는 것을 목적으로 하는"[69] 동위원회 임명을 만장일치로 승인하였다.

이 구절은 미국역사학회 회장이었던 링크(Arthur S. Link)가 '미국역사학회의 회고와 전망'이라는 제목으로 행한 퇴임강연에 들어 있는 내용이다. 그 후로 미국역사학회 이외에도 NCSS, OAH, 카네기재단이 동위원회 후원에 동참하였다. 세 명의 공동의장이 임명되었는데, 프린스턴대학 역사학 교수이자 〈우드로 윌슨〉 편집자인 링크, 카네기재단 이사장인 보이어, NCSS 전임회장 브래고(Donald H. Bragaw)가 그들이다. 40명으로 구성된 동위원회가 1987년 11월 첫 회의를 가졌을 때, 위원회는 역사학자, 사회교과전문가, 정부 및 공교육기관 인사들뿐만 아니라 다양한 사회과학 분야의 대표자들로 이루어졌다. 대략 80여 개의 전문가·학술단체들이 동참을 약속했다. 분명, 이는 초중등 사회과교육과정 전체를 재검토하려는 근본적인 노력을 의도한 것이었다.[70]

---

69) Arthur S. Link, "The American Historical Association 1884~1984: Retrospect and Prospect," *American Historical Review*, February 1985, p. 12.

1987년 말에 이르러 겉보기엔 다소 다른 논제를 지닌 두 개의 기획이 발표되었다. 둘 다 학교에서의 역사교육에 중점을 두기 위한 것이었다. 하나는 NEH 이사장 체니가 자신의 책 《미국의 기억》(*American Memory*) 에서 역사교육을 비판했던 것에 대한 후속작업이었다. NEH는 초중등학교에서 어떤 역사를 가르쳐야 할지를 고찰할 새로운 연구소에 기금을 제공하겠다는 계획을 발표하였다. 1988년 3월 NEH는 UCLA에 연구소를 건립하는 데 150만 달러를 제공하였다. 연구소장 크랩트리는 캘리포니아 주의 1987년판 〈기본구조〉가 연구소의 연구활동에 귀감이 될 수도 있을 것이라고 하였다.[71]

다른 하나는 교육수월성 연대와 연계된 것으로, 유치원~12학년 교육과정상의 역사교육에 중점을 두고자 한다. '학교역사교육 브래들리 위원회'에는 스탠퍼드대학의 크레이그(Gordon Craig), 하버드대학의 허긴스(Nathan L. Huggins), 코넬대학의 캐먼(Michael Kammen), 노스캐롤라이나대학의 로이첸버그(William E. Leuchtenberg), 버클리대학의 리트워크(Leon F. Litwack), 시카고대학의 맥닐(William H. McNeill), 예일대학의 우드워드(C. Vann Woodward) 등 저명한 역사학자들뿐만 아니라 역사교사들도 포함되었다. 컬럼비아대학의 잭슨(Kenneth T. Jackson)이 위원장을 맡았으며, 개그넌이 최종보고서를 작성하기로 되어 있다. 컬럼비아대학 사범대학의 허츠버그와 맥닐 두 사람만 양쪽 위원회 모두에 참여하였다.[72]

이 두 편의 기획이 교사, 교과서 저자와 출판사, 학교별 교육과정 입안자, 교육위원회, 그리고 입법부의 관심을 끌기 위한 경쟁에서 어

---

70) 동위원회의 최종 구성과 그 활동에 대한 문의는 다음 연락처로 하시오. Fay D. Metcalf, executive director, National Commission on Social Studies, 3501 Newark Street, N. W., Washing, D.C. 20016.

71) Announcement in *Education Week*, October 7, 1987; *The New York Times*, March 23, 1988.

72) Announcement in *Education Week*, October 21, 1987

떻게 진행될지는 두고 볼 일이다. 필자로서는, 무엇보다도 시민자격과 시민적 가치가 어떻게 잘 진행될 것인가가 관심사다. 이들 기획 중 하나 혹은 그 이상은 10인 위원회나 7인 위원회의 지적 목표를 복원하고자 할 것인가? 아니면 혹시 1930년대 미국역사학회 사회교과위원회의 결론과 권고사항을 추진할 것인가? 이들 기획은 역사와 인문학 그리고 사회과학의 '공적, 시민적, 교육적 기능'에 직면할 것인가?

3) 역사를 매개로 한 시민교육

이러한 논의는 모두 공립학교에서 어떤 역사를 가르쳐야 하는지에 대한 것이다. 이 일은 두 종류의 연계에 대한 더 큰 관심을 요구한다. 하나는 캘리포니아 주 〈기본구조〉 1981년판 및 1987년판에서 거론된 시민적 이념들의 역사적 기원과 현재 의미에 대한 지속적 연구를 강조하고 나아가 요구함으로써 현재와 과거의 연관을 보다 명백하게 만드는 것이다. 다른 하나는 그러한 시민적 가치들에 대한 역사적 연구와 현재 학생들의 실제 관심정도 간의 관련을 보다 명백하게 하는 것이다. 이들 두 종류의 연계 모두 교육정책 그리고 학생과 교사의 활동에 직접 영향을 주는 과거 및 최근의 연방대법원 판결과 입법안들에 포함된 기본적인 헌법적 이념·원칙들에 대한 연구에 의해 강화되고 활발해질 수 있을 것이다.

예를 들어 정교분리를 둘러싼 작금의 여러 논쟁을 보자. 가장 오래되고도 복잡한 쟁점의 하나인 이 문제는 미국 식민지 건설에서부터 연방헌법제정, 보통공립학교체제 건립, 다원민주사회의 지속적 생명력에까지 관련되어있다. 학생, 교사, 행정가, 정치인들은 공립학교나 공공장소에서 이루어지는 정례적인 기도, 성서강독, 십계명 암송, 성탄절행렬 등에서 어떤 헌법적 원칙·가치들이 위태로워지는지에 대한 역사적 이해에 있어 무척이나 취약하다. 우리는 거의 2백 년 전의 수정헌법 제 1조 제정 논쟁 이래로 종교적 쟁점을 둘러싼 정치적 투쟁을 되풀이했지만, 그러한 쟁점이 '교육'정책과 실제에 직접 관련된 지난 몇 십 년간에 비해 결코 더 증오에 차거나 완고하지 않았다.

의회 내에서의 오랜 논쟁 이후, 공립학교에서의 조직적 예배를 허용하도록 헌법을 개정하려던 노력은 1984년 8월의 '동등접근법'(Equal Access Act) 통과 쪽으로 전환되었다. 이 법은, 지역공립학교가 연방정부의 지원을 받으며 학생활동을 위해 제한적이나마 개방된 공간을 마련하였다면, 학생집단이 (정규교과 이외 시간에) '종교, 정치, 철학, 기타 사안들'에 대해 토의하는 것을 학교가 허용할 것을 요구한다. 그런 토의는 교사나 공적 기관의 지도를 받는 것이 아니라 학생들의 손에 맡겨질 텐데, 그러면 관련 헌법원칙들의 역사적 기원에 대한 진지한 연구는 누가 맡을 것인가? 교실에서의 역사수업은 그런 쟁점을 다룰 것인가, 아니면 그런 쟁점을 회피할 것인가, 혹은 시민의 덕성이나 악덕이 형성되는 실제영역에 대해 아예 무덤덤하거나 냉담할 것인가? 역사교사들은 역사가 시민들로 하여금 자신들의 규칙제정자의 '행위와 계획에 대한 판관'이 되도록 할 수 있다는 제퍼슨의 희망을 진지하게 고려할 것인가?

공립학교에서의 종교수업을 둘러싼 상충된 논의는 사립·종교학교 지원에 공적 재원을 사용하는 문제를 놓고 벌어지는 장기적 투쟁이다. 이 문제는 적어도 50년 전인 1930년대의 코크란(Cochran) 판결 그리고 특히 1947년의 에버슨(Everson) 판결로 거슬러 올라간다. 이는 수정헌법 제 1조의 '종교창설' 조항의 원래 의미와 관련된 것으로서, 그 의미 자체는 2백년보다 더 이전으로 거슬러 올라간다. 오늘날의 논쟁은 종교재단학교에 자녀를 취학시키는 학부모들을 보조하기 위한 수업료 세금공제나 교육비증서와 관련이 있다. 전반적으로, 연방대법원은 세금으로 사립학교를 지원하려는 무수한 노력에 대해 주저하는 입장을 고수하는 경향을 보였다. 하지만 1983년에 연방대법원은 사립학교뿐만 아니라 공립학교 교육비 지출에 대해서도 세금공제를 적용하는 것은 종교창설조항 위반에 해당하지 않는다는 논거에서 미네소타 주의 세금공제를 인정하였다(종교창설조항을 둘러싼 역사적 논쟁의 구체적 사례들에 대해서는 제2장 참조).[73]

이와 거의 같은 시기에, 연방대법원은 흑인학생들을 차별한 종교재단 교육기관들에 대한 세금감면조치는, 이들 학교의 관리자들이 자신들의 종교적 신념이 그런 차별을 요구한다고 주장하였음에도 불구하고, 적합하지 않다고 판시하였다. 여기에는 수정헌법 제1조와 제14조 모두와 관련되는 정의, 자유, 평등, 다양성, 적법절차 문제와 관련된 헌법적 쟁점들이 흥미진진하게 복합되어 있었다.

물론 수정헌법 제14조의 평등보호조항의 해석은 1954년의 브라운(Brown) 판결이 있었던 1950년대 초부터 시작해서 1960년대의 민권운동을 거쳐 1984년의 민권법(Civil Rights Act) 제정에 이르기까지 험난한 역사를 헤쳐왔다. 강제통학을 요구하는 인종차별철폐 명령이 비록 대부분의 미국학생들에게 직접 영향을 주지는 않았지만, 여성 스포츠에서의 평등을 요구하는 소수자 우대조치(*affirmative action*)라든지 소수집단에 대한 보다 유연한 입학기준이라든지 소수집단출신 학생·교사들을 차별한다고 여겨져 온 능력평가 등은 수백만 명의 학생들에게 아주 절실하게 다가왔다. 캘리포니아 주의 1981년판 〈기본구조〉에 열거된 시민적 가치와 민주적 신념들의 거의 모두가 여기서 다시 문제가 된다. 특수이익 옹호를 극복하고 현명한 정치적 판단을 내리고자 한다

---

73) 역주: 제2장의 각주(25)에서 알 수 있듯이, 에버슨 판결(Everson case)의 정식 사건명칭은 Everson v. Board of Education, 330 U. S. 1(1947)이다. 대체로 본문에서 언급할 때에는 사건번호는 생략하고 '○○(청구인) v. □□(피청구인)'으로 표기하거나 더 줄여서 '○○ case' 또는 '○○'으로 표기한다. 우리말로 표현할 때에는 '○○ 사건' 또는 '○○ 판결'이라고 하는데, 본 번역본에서는 사건의 배경에 초점을 맞출 때는 '사건'으로, 사건에 대한 판결내용이나 판결취지 혹은 그 영향 등에 초점을 맞출 때는 '판결'로 표기하도록 한다.

면 이들 쟁점을 훨씬 더 역사적으로 다루어야 한다.

이런저런 방식으로 교육에 영향을 끼치며 보다 역사적 시각에서 보아야 할 오늘날의 논쟁들에는 다음과 같은 것들이 포함된다. ① 교과서를 검열하고 학교도서관에 비치되어야 하는 도서를 한정하려는 일부 집단의 시도, ② 불법체류 외국인의 자녀가 공교육을 받을 권리, ③ 과학수업에서 창조론 대 진화론의 대립, ④ 징병대상자 등록 및 징집 관련 법규의 합헌성 여부, ⑤ 주에서 사립학교 교사 자격검정을 관할하는 문제, ⑥ 사립학교 교육과정 요건을 주가 규제하는 문제 등이 그런 논쟁의 예이다. 그리고 이들 쟁점 중 그 어느 것도 학생들의 관심을 끌지 못한다 해도, 학생 탈의실 및 지갑의 비밀보호(교사나 교장이 불법약품 소지여부를 검사하는 것) 문제는 분명 일부 학생들로 하여금 자신들의, 시민적 책무는 아닐지라도, 헌법적 권리에 관심을 갖도록 할 것이다.

마지막으로, 낙태나 동성애 같은 사안처럼 종교와 정치의 문제가 그 법적 · 헌법적 함의를 교실에서 진지하게 학문적으로 접근하기에는 지나치게 폭발적인 경우도 있다. 예를 들어, 일리노이 주 브라운 카운티 고등학교가 임신한 학생을 전국우수학생회(National Honor Society) 학교별 명부에서 삭제한 것은 학생의 시민적 권리를 침해한 것이라고 판시한 1984년 9월의 연방법원 판결에 대해 교사와 학생들이 함께 숙고해 볼 수도 있을 것이다.[74] 이 사례는 '전통적 가치들'과 '교육적 수월성'이 얼마나 얽혀있는지를 보여준다.

물론 필자는 미국사 과목이 현재의 쟁점이나 사건들 모두를 토론하는 데 전념해야 한다고 주장하는 것은 아니다. 그보다는, 현재의 쟁점들 중 헌법적 원칙들 — 특히 수정헌법 제 1조와 제 5조 그리고 제 14조 하에서 학생과 교사들의 권리와 책무에 직접 영향을 끼치는 원칙들 —

74) Wort v. Vierling, 778 F2nd 1233.

에 대한 근본적인 역사적 연구를 통해 유익하게 접할 수 있는 쟁점들이 많이 있다는 점을 주장하고자 한다. 그리고 이들은 정치·사회·문화사 전반으로부터 유리되어서는 제대로 이해될 수 없다.

필자는, 학생들이 캘리포니아 주 〈기본구조〉 및 이 책의 제 4장에서 제시되는 것과 같은 시민적 가치들을 보존하고 강화하는 데 필요한 정치적 판단을 내리도록 더 잘 준비할 수 있게 해주는 지적 준거틀을 계발함에 있어, 역사가 지니는 역할에 보다 큰 관심을 기울일 것을 촉구하는 것이다. 이렇게 보면 10학년 세계사 담당교사는 미국사 및 정부론 과목의 선수학습을 기대할 수 있을 것이고, 11학년 미국사 담당교사는 10학년 세계사에 의거하는 한편 정부론/시민론 과목이 뒤따를 것이라고 기대할 수 있을 것이다. 그리고 12학년 정부론/시민론 담당교사는 이전의 역사 과목들에서 공부한 개념과 가치들에 의거하면서 또 이를 심화시킬 수 있을 것이다.

기본적 생각은 사회교과를 전체로서 관련짓고 통합할 방법을 찾고자 하는 것이다. 그러한 공통의 시민론적 개념이나 주제들의 기본구조는 사회교과의 학문적 토대를 함께 구성하는 역사, 인문학, 사회과학 등 내용영역간의 의미 있는 관련뿐만 아니라 학년 간에 일관된 연결고리도 제공할 수 있을 것이다. 그러한 준거틀은 학습주제·내용 선정을 위한 유용한 기준을 제공할 수 있을 뿐만 아니라, '시민적' 가치에 대한 강조는 공교육 전반이 지니는 시민양성 임무를 재확인하게 될 것이다. 역사 및 사회교과의 교수-학습은, 특정한 조직적 운동들이 내세우는 구호에 큰 영향을 주는 상충하는 사적 종교적·도덕적 가치들 중 가장 강력한 것과 타협하거나 그에 굴복하려고 해서는 안 된다. 그렇게 하기보다는 민주적 헌법질서에 내재한 공통의 시민적 가치에 대한 진지한 학습을 통해 시민들의 정치적 판단을 형성하려는 노력에 집중해야 한다. 이것이 건국시조들이 상상했던 시민적 덕성에 오늘날의 교육이 이르는 길이다.

그러나 우리의 민주헌정체제가 의거하는 기본적인 시민적 가치들을 학생들이 중등학교 기간을 통해 접하도록 되어 있지 않으면 이 목표는 달성되지 못할 것이다. 학문적 지식과 엄격한 비판에 기초한 시민자격 이념의 지속적 연구는 교사와 교육과정 작성자들로 하여금 인문학 및 사회과학 분야의 거의 무한정한 자원들로부터 적절한 내용을 선정할 수 있도록 해줄 시각과 준거틀을 제공할 수 있을 것이다. 그리스·로마 시대에서부터 유럽과 미국의 근대혁명을 거쳐 오늘날 제 3세계의 열망과 투쟁에 이르기까지, 시민자격의 주제 — 그와 관련된 다양한 이념과 가치, 과거와 현재의 조치들, 그리고 민주 및 비민주체제들에서 시민자격을 확대하거나 제한, 혹은 거부하기 위한 투쟁들을 밝히는 일 — 는 전체 사회과교육 과정에 의미 있는 일관성과 통합성을 제공할 수 있을 것이다.

그러한 결과는 교사와 학생들이 학교에서 하고자 하는 바에 의존할 뿐만 아니라 역사가들이 역사를 저술하고 가르치는 방식에도 의존할 것이다. 필자는 스탠퍼드대학의 미국사학자 데글러가 1986년에 미국역사학회 회장직을 마치면서 동료 역사가들에게 말한 내용에 크게 고무되었다. 그는, 토머스 벤더와 다소 비슷하게, 사회사 분야에서 최근에 발표된 소중한 논문들은 여전히 모종의 핵심주제 내지 일관된 구조와 관련될 필요가 있다고 주장하였다.

> 우리의 윤리적·인종적·종교적 다양성은 우리를 하나의 국민으로 정의할 수 있도록 해주지만, 다양성은 그 원심력 속성으로 인해 자신이 그 규정에 일조한 정체성을 지속적으로 약화시키거나 심지어 용해시키고자 위협합니다. 우리를 다른 국민들과 구별되게 하는 방식들을 중심으로 우리의 과거를 구체화하는 것은 미국인이란 무엇을 의미하는가를 규명하는 데 도움을 줄 것입니다. 마지막으로, 우리의 역사적 정체성 추구에서, 우리는 지난 이십 년간 폭발적으로 이루어진 연구로부터 축적된 새로운 지식을 포함하고 통합할 수 있는 새로

> 준거틀을 갖게 됩니다. 이러한 정체성 추구는, 단지 우리에게 일어나서가 아니라 다른 사람들에게 일어나지 않았기 때문에, 미국 고유의 역사를 우리가 가질 수 있도록 해 줄 것입니다.[75]

그의 제안에는 정말이지 진심으로 동의하지 않을 수 없었다.

> 저는 우리가 "미국인 즉 미국시민이라는 것은 무엇을 의미하는가?"라는 물음을 중심으로 미국사를 진술하기 시작할 것을 권고하는 바입니다.[76]

필자는 그의 역사관이 뉴욕 주 교육부가 7~12학년용 사회교과용으로 준비한 새 교수요목들을 따르는 이들에게서 특히 호의적 환영을 받으리라고 믿는다. 6개 학년의 교수요목에 공통적으로 들어있는 개요 부분의 바로 첫 번째 단락에서, 시민자격의 주제가 분명하고도 명시적이며 지배적인 목표로 등장한다.

> 민주체제의 원칙들이 사회교과 프로그램 및 학습의 조직개념으로 작용해야 한다. 민주체제에서의 생활과 조화를 이루는 시민적 가치의 계발이 전체 프로그램의 지배적 목표이다. 우리의 민주체제의 근저에 놓여있는 가치들에는 정의, 개인의 존엄성에 대한 믿음, 타인과 공동체에 대한 개인의 책임, 소수의 권리를 존중하는 다수결주의, 타인권리 존중, 다양한 문화와 개인의 성취 존중 및 모든 사람의 정부참여 등이 포함된다. 교수요목의 구체적 사항들을 다루고 교수요목을 이행하는 교육과정을 입안함에 있어, 이들 가치의 계발이 항구적 목표가 되어야 한다.[77]

---

75) Carl Degler, "In Pursuit of an American History," *American Historical Review*, February 1987, p. 12.

76) 위의 글, p. 2.

77) *Social Studies 11: United States History and Government; Tentative Sylla-*

이 일반적 주제는 중등교육과정 6개 학년 모두에 걸쳐 사회교과 필수과목에 대한 진술이다. 또한 각 교수요목은 내용개관의 적절한 지점에서 다루어질 수 있는 15개의 반복적 개념을 규정하고 있다. 이들 '주요 개념' 중 적어도 절반은 '시민적 가치'라고 해도 괜찮을 것이다. ① 시민자격, ② 다양성, ③ 감정이입, ④ 인권, ⑤ 정체성, ⑥ 정의, ⑦ 정치체제, ⑧ 권력 등이 그것이다.

뉴욕 주 교수요목은 다른 많은 주의 공교육체제에서 개발된 기본구조나 지침보다 훨씬 상세하고 방대하다. 이들 교수요목은 주 시험체제가 감사위원회의 감독 하에 운영되게 하는 기초가 된다. 핵심개념들은 전체 사회과교육 과정에 연속성을 부여하고자 한다.

7학년 및 8학년 — 미국사 및 뉴욕 주 역사
9학년 및 10학년 — 세계탐구
11학년 — 미국사 및 정부론
12학년 — 정부참여
— 경제학 및 경제적 의사결정

1988년에 시작된 위의 9~12학년 과목들은 고등학교 졸업요건으로서, 4개 학년 동안 사회과목을 이수해야 한다.

물론, 공교육의 목표규정, 교육과정 내용, 교과서 채택, 학업성취도 평가에서의 주 당국의 역할과 관련하여 교육전문가들 사이에 수많은 논쟁이 진행중이다. 그러나 주 교육과정 기본구조가 지역별 교육과정작성자와 교과서 저자들에게 점점 더 중요해지고 영향력을 지니게 된다는 것은 사실이다. 주 수준에서 승인된 목록으로부터 교과서가 선정되는 이른바 '주 채택' 주가 적어도 23개에 이른다. 이들 중 캘리포

---

bus (Albany, N.Y. : New York State Education Department, 1987), p. 1 참조.

니아, 뉴욕, 텍사스, 플로리다, 노스캐롤라이나가 특히 두드러진다.

교육개혁을 외치는 소리들 속에서 시민양성 교수·학습의 전개는, 직업적 이익 그 자체를 추구하는 특수이익집단에 의한 정치화뿐만 아니라 공공성을 지닌 특수이익집단에 의한 정치화를 피하는 한편, 공언된 시민양성 목표를 진지하게 고려하기 위해 최대한 주의 깊게 그리고 학문적 근거에 입각해서 진행되어야 한다.

제 2 장

또 하나의 분명한 요청

헌법을 가르치라

1. 2백주년의 교훈

미국 헌법제정 2백주년 위원회의 첫 번째 회의에서, 위원장인 연방대법원장 워렌 버거는 지금이 '우리 모두를 위한 역사·헌법 교육'을 받을 기회를 가져야 할 때라고 말했다. 1985년 9월 17일 연방정부의 입법·사법·행정부에 제출한 제 1차 보고서에서, 연방대법원장의 견해를 되풀이하면서 위원회가 1987년~1989년 3년간의 경축기간 동안 장려하게 될 탐구활동의 교육적 목적과 정신을 강조하였다.[1)]

> 위원회는 다가오는 기념식을 모든 미국인이 제헌의원들(*Founding Fathers*)의 업적과 그들을 고무한 지식과 경험, 그들이 수립한 정부의 성격과 기원, 특징 및 목적, 그리고 시민의 권리와 특권 및 그에 수반하는 책임에 대해 배우고 또 상기할 역사적 기회로 간주한다.

1) Commission on the Bicentennial of the United States Constitution, *First Report*(Washington, D.C.: The Commission, September 17, 1985), pp. 5~9.

이러한 시민교육을 성취하기 위한 수단의 하나로 위원회는 역사공부에 특별한 지위를 부여하였다.

> 역사공부는 과거의 실패와 성공의 이유를 조명함으로써 현재와 미래에 대한 우리의 이해를 풍부하게 할 것이다. 미국의 역사는 생각하고 말하고 쓰고 창조할 자유, 다양한 정치적·사회적·종교적 견해를 가질 자유… 와 같은 가장 간명한 인간의 조건과 직접적으로 관련되어 있다. 우리가 미래를 생각할 때, 헌법에서 드러나 있으며 지난 2백 년 동안 법 아래서의 자유를 창출해 온 우리 제헌의원들의 생각과 문화, 정치체제, 그리고 정부구조가 어떤 것이었는지를 알려고 하는 것이 특히 중요하다. 그러한 비판적 질문에 대해 개인마다 답이 다를 수 있긴 하지만, 그런 것에 대한 생각을 등한시한다면, 우리의 헌법적 자유가 침식되고 와해될 개연성이 증대한다고 말할 수 있다. 국가가 어떤 정책을 취해야 하는지 그리고 필요하다면 헌법에 어떤 수정조항이 추가되어야 하는지에 대해 시대에 따라 숱한 문제가 제기되어 왔다. … 하지만 건국시기에 대한 교육이 대중에게 널리 이루어지지 않았기 때문에, 동위원회가 〔미국 헌법체계의 기원과 관련하여 존재하는 교육적 괴리를 메울 매스컴을 포함해서〕 여타의 기관들과 협력하는 것이 절대 필요하다.

동위원회는 매스컴과 여타의 공적·사적 기관들을 통해서뿐만 아니라 초중고 및 대학을 통해서도 '교육적 괴리를 메우는' 일을 기꺼이 도울 것임을 분명히 했다. 네빈스(Jane Nevins)의 취재로 1985년 9월 22일자 뉴욕타임스 매거진에 연방대법원장의 인터뷰 기사가 실렸는데, 그중 "지금은 공교육 체제에서 제대로 이루어지지 못한 역사·시민교육을 우리 스스로 할 기회입니다."라는 구절은 이 점을 분명하게 하는 것으로 보였다.

1년이 지난 1986년 9월에, 위원회는 1년간 활동한 내용 그리고 위원회가 지원하거나 공식적으로 인정한 연구들을 보고하면서 2백주년 기념식의 교육적 목적을 재확인하였다. 버거 대법원장은 상·하원 및 사법협의회에 제출한 서한에서 이를 다시 언급하였다.

> 우리는 3년간의 시한을 지닌 이 위원회의 기능이 1976년 기념식(독립선언 2백주년)이나 자유의 여신상 제막식을 계획하는 일과 매우 다르다는 것을 처음부터 인식했습니다. 우리는 필라델피아 회의에 이르게 된 커다란 사건들, 비준통과라는 어려운 과업 그리고 이 모든 것이 지금의 우리 그리고 다음 세대들에게 자유와 기회를 확보하기 위한 것이었다는 점을 극적으로 표현하고자 해야 합니다. 권리장전은 1791년이 되어서야 채택되었지만, 우리는 당연히 그것을 헌법의 일부라고 여기며 사실이 또한 그렇습니다. 본질적으로 우리는 우리의 목표가 '모든 이를 위한 역사·시민교육'이라고 규정했습니다.[2)][3)]

2백주년 위원회가 발족하기 전에 혹은 위원회의 영향력이 발휘되기 시작한 이후에 수행되었던 많고도 다양한 기획들을 여기서 언급하기란

---

2) Commission on the Bicentennial of the United States Constitution, *Preparation for a Commemoration*; *First Full Year's Report* (Washington, D. C. : The Commission, September, 1986), p. ii.

3) 역주: 권리장전(*Bill of Rights*) — 미국 연방헌법은 '헌법'과 '수정헌법'(혹은 수정조항)으로 구분된다. 1787년 5월~9월에 필라델피아에 55명의 대표가 모인 제헌회의(Constitutional Convention)가 열려 '헌법'이 채택되었다. 이 헌법은 이어서 각 주에 회부되어 13개 주 중 9개 주가 비준을 완료함으로써 헌법으로서의 효력을 발생하게 되었다. 이 헌법에 따라 워싱턴(George Washington)이 초대 대통령으로 취임하고 연방정부가 정식으로 발족하였다. 이 헌법은 오늘날까지도 수정 없이 보존되고 있어 세계에서 가장 오래된 헌법이라 할 수 있다. 이 헌법은 국가기관 구성, 주와 주 그리고 연방과의 관계, 헌법개정절차, 헌법의 위상 및 헌법비준에 대한 7개조로 이루어져 있다. 기본권에 대한 규정이 없다는 점에 착안하여 1789년에 발의되고 1791년에 발효된 수정조항 10개조를 비롯하여 이후의 정치·경제·사회적 변화에 따라 계속 수정조항이 추가되고 있으며, 1992년에 수정헌법 제27조가 추가되어 오늘에 이르고 있다. 수정조항 중 1791년의 10개조를 보통 미국의 '권리장전'이라 부른다.

불가능하다. 필자는 이러한 노력들이 학교 교육과정을 통해 학생들의 이해증진에 끼칠 수 있는 장기적 효과에 특별히 관심이 있다. 이들 중 최초이자 매우 중요한 것은 미국역사학회와 미국정치학회가 공동으로 후원한 '프로젝트 87'이었다. 그 첫 번째 단계는 몇 차례 학술회의를 개최하고 또한 헌법의 다양한 측면에 대한 학술연구 50여 편에 연구비를 교부하는 것이었다. '프로젝트 87'에서 간행하는 계간학술지 〈이 헌법〉(*this Constitution*)에 이들 논문 중 다수가 실렸다. 각급 학교에서의 헌법교육을 다루는 두 번째 단계는 1980년에 시작되었다. 중등학교에서 헌법을 가르치는 것에 관한 첫 번째 간행물이 1981년에 발간되었고, 이어서 고등학교 미국사, 정부론, 시민론 과목을 위한 학습보조자료로 고안된 64개의 《헌법수업》으로 이루어진 책자가 1983년에 준비되고 1985년에 발간되었다.[4)]

1985년 이후 매우 많은 간행물이 발간되었으며, 이들 중 다수가 학교에서의 헌법 교수·학습 개선을 목적으로 하였다.[5)] 게다가 점점 더

4) Howard Mehlinger, ed., *Teaching About the Constitution in American Secondary Schools* (Washington, D.C.: Project '87, 1981); John J. Patrick & Richard C. Remy, *Lessons on the Constitution* (Boulder, Colo.: Social Education Consortium, 1985).

5) 단행본 및 논문의 연도별 목록이 필요할 경우, 〈프로젝트 87〉의 계간지 〈이 헌법〉과 함께 발행되는 소식지를 참조. 특히 2백주년 소식지 1985년 겨울호, pp. 38~40; 1987년 가을호, pp. 37~41; 1987년 겨울호, pp. 48~54 참조.

또한 2백주년 위원회가 1986년에 간행한 *Selected Bibliographies on the Constitution for High School Students, College Undergraduates, and General Adult Audiences* (736 Jackson Place, N. W., Washington, D. C. 20503) 참조.

헌법과 관련된 교육과정자료로는 NCSS의 월간지 *Social Education*이 특히 유용하다. 특히 1987년 9월호의 특집논문인 패트릭, 레미, 터너(John J. Patrick, Richard C. Remy, & Mary Jane Turner)의 "Resources for Teaching about the Constitution," pp. 350~355 참조. 또한 NCSS에서는 1987년에 켈러와 쉴링스(Claire Keller & Denny Shillings)가 엮은 "Teaching about the Constitution"이라는 별도의 책자를 간행하였다.

많은 단체들이 헌법관련 학술회의와 연수, 토론회, 전시회 및 교육자료 개발 등의 계획을 제출하였다. 학교 교육과정에 직접적 영향을 줄 것이라고 공언한 단체들 중 일부가 NEH와 NCSS 그리고 2백주년 위원회의 지원을 받았다(학술 · 전문 간행물에 대한 추가적 사항은 제 3장과 제 4장 참조).

아마도 2백주년 위원회의 공동후원 하에 학교에서 수행될 가장 광범위하고 장기적이며 창의적인 기획은 '2백주년 기념 헌법 · 권리장전 전국경연대회'일 것이다. 시민교육원이 개발한 이 대회는 1987~1991년 5년 동안 시행될 예정이다. 대회는 다음과 같은 몇 가지 특징을 지니고 있다.

- 경연대회는 학생들 개인단위보다는 학급단위로 시행된다.
- 교육과정은 제헌의원들이 제헌회의에 제출한 입헌정부의 역사적 의미와 정치적 개념을 강조한다.
- 권리장전 그리고 그 입안 및 비준에 따라 헌법사상에 수반된 변화에 특별히 유의한다.
- 간략하면서도 일관된 31단원으로 구성된 교재가 개발되어 미국사, 정부론, 시민론 과목에 6주 단위로 적용될 수 있도록 현장검토를 거쳤다.
- 경연대회는 하원의원 선거구별로 치러진다.
- 매년 시군구, 중간 수준 그리고 주 단위의 대회에서 하원의원 선

위에서 언급한 자료들 대부분은, 기본권 재단(Constitutional Rights Foundation), 사회과학교육협의회(Social Science Education Consortium), 미국변호사협회 청소년 시민교육 특별위원회(Special Committee on Youth Education for Citizenship of the American Bar Association)의 간행물들과 마찬가지로, 초중고 및 대학을 염두에 둔 것이다. ABA의 공교육분과위원회는 특히 헌법적 쟁점들에 대한 일반대중의 이해를 제고하는 일에 적극적이다. 예를 들어, Robert S. Peck, *We the People: the Constitution in American Life*(N. Y. : Harry N. Abrams in Cooperation with KQE and the ABA, 1987) 참조.

거구별로 한 학교 이상에서 학급을 선발한다. 연말에는 대회에 참여하는 주의 우승 학급들을 대상으로 워싱턴에서 전국대회가 치러진다.

- 초등학교 상급학년과 중·고등학교 교육과정을 보충하면서 또한 그에 통합될 수 있도록 헌법 및 권리장전 특별단원들이 마련되며, 참가학급들은 이 내용으로 대회 준비를 한다. 해당 단원들의 일반적 목표는 학생들로 하여금 헌법 및 권리장전의 원리와 가치를 이해하고 입헌민주주의에서 시민의 권리와 책임을 이해하게 함으로써 시민으로서 지녀야 할 능력과 책임감을 함양하는 데 있다.
- 수업 및 평가의 내용은 다음 사항에 초점을 맞춰 구성된다.
  - 헌법 및 권리장전의 역사적 선례들
  - 건국 시기
  - 19세기의 헌법
  - 20세기의 헌법
- 학생들의 능력에 적합한 수준에서 해당 단원들은 헌법, 권리장전, 《연방주의 논고》(*The Federalist Papers*), 기타 헌법제정 시기와 관련된 기초적 기록들과 학술연구물들에 대한 학습을 포함한다.
- 대회에 참가하는 학급 학생들은 해당 단원에 대한 공부를 마친 후에, 헌법에 대한 자신들의 지식과 이해를 보여주기 위해 학급단위로 경쟁하게 된다. 각 학급은 선다형 시험을 통과한 후, 기본적인 헌법적 쟁점에 관한 모의 의회청문회에 참여한다. 선거구별 대회에서 우승한 학급은 대회의 다음 단계에 진출한다.
- 종이와 연필로 치르는 선다형 시험은 헌법과 관련된 주요 인물과 사건, 개념, 원리원칙, 가치 및 쟁점들에 대한 학생들의 지식 그리고 구체적인 상황 속에서 헌법원칙들을 확인하고 적용할 수 있는 능력을 측정하기 위한 것이다.
- 참가학급들이 학급단위로 경쟁을 하기 때문에, 이 시험에서는 참가자 개인별 점수가 아니라 학급평균점수가 사용된다. 그리하여 각 학급의 학생들은, 청문회 경연대회에 참가하는 데 필요한 점수기준에 도달하기 위해, 모두가 시험에서 최선을 다할 수 있도록

함께 공부하고 작업하게끔 서로를 격려하게 된다.

- 경연대회의 두 번째 부분인 의회청문회 경연대회는 해당 지역에서 초빙된 헌법전문가들 앞에서 진행된다. 이 청문회 경연대회는 지속적인 헌법적 쟁점들에 대해 학생들이 이런저런 입장을 개진하고 지지하며 평가하는 능력을 평가하기 위한 것이다.
- 각 학급은 6개의 모둠으로 나눠지며, 각 모둠은 교육과정의 여섯 단원 중 하나에 대한 질문들에 답해야 한다. 이 발표회에서 각 모둠이 받은 점수는 학급 전체점수에 합산된다. 학급총점에서 최고 점수를 받은 학급이 이 단계의 우승학급이 된다.
- 이어지는 단계들에서도 계속해서 모든 학급이 학급단위로 참가한다. 선거구별 우승학급은 주 단위의 청문회 경연대회에 참가하며, 각 주의 우승학급은 2백주년 행사기간 동안 매년 워싱턴에서 개최되는 전국결선에 진출하게 된다.
- 경연대회는 연방정부의 각부 대표자들, 저명한 헌법학자들 그리고 유력한 공공·민간 기구 대표자들로 구성된 '전국 2백주년 경연대회 자문위원회'의 협조 하에 시민교육원이 주관한다.
- 주 단위에서는, 해당 주의 연방상원의원들이 임명하는 주 2백주년 위원회의 협조 하에 대회가 운영된다. 주에 속한 지역 단위에서는, 선거구별로 연방하원의원들 중에서 선출된 2백주년 대회운영위원회의 협조 하에 진행된다.[6]

필자는 2백주년 행사가 교육적으로 진정 기념할 만한 것이 되게 하고 각급 학교에서 헌법교육이 부흥하게 만들 수단이 되게 하려는 2백주년 위원회의 의도를 지지하며 높이 평가한다는 점을 처음부터 분명히 밝히고 싶다. 사실, 필자는 그러한 목적에 기여할 수 있기를 바라

6) 전국대회에 사용하도록 다음의 교재가 특별히 편찬되었다. Charles Quingley & others, *We the People ⋯ do ordain and establish this Constitution for the United States of America*: *A Secondary Level Student Text*(Calabasas, Calif. : Center for Civic Education, 1987).

는 마음에서 이 책을 썼다. 일찍이 1974년부터 필자는 (그다지 성공적이진 못했지만) 미국독립혁명 2백주년 행사도 그 교육적 기능이 영속적이어야 한다고 강조하였으며, 그로부터 10년이 지나 헌법제정 2백주년에 대해서도 같은 입장임을 천명해왔다.7)

그러나 2백주년이 '모든 이를 위한 역사·시민교육'이 되게끔 하려는 최근의 열풍 속에서, 필자는 우리가 유념해야 할 두 가지 중요한 사항을 지적하고 싶다. 첫째, '헌법을 가르치고자하는' 열의는 영욕이 교차하는 긴 역사를 지니고 있으며, 헌법이 창안되고 제정된 이래로 2백년 이상의 기간 동안 내내 헌법의 의미에 대해 상이한 의견과 뿌리 깊은 논쟁이 있었다. 연방주의자 대 반연방주의자, 비준파 대 반비준파, 그리고 엄격한 헌법주의 대 유연한 헌법주의에서 사법소극주의 대 사법적극주의, 헌법의 원래 의도를 주장하는 쪽 대 원칙에 입각한 해석을 주장하는 쪽에 이르기까지 다양한 대립들이 그 예이다. 그러면 우리는 이들 상충하는 견해들을 학교에서 어떻게 다룰 것인가? 어느 쪽의 헌법을 가르칠 것인가?

---

7) R. Freeman Butts, "Public Education and Political Community", *History of Education Quarterly*, Summer 1974, pp. 165~183; "Foundations of Education and the New Civism", *Educational Studies*, Fall/Winter 1975, pp. 131~145; *The Revival of Civic Learning* (Bloomington, Ind.: Phi Delta Kappa Educational Foundation, 1980) 참조.

2. 과거의 헌법교육

일반적으로 미국에서는, 개인과 집단들이 헌법수업이 국민의 단결을 증진시킬 것이라거나 혹은 모종의 위협을 방지하여 사회전반의 안정을 도모하는 경향이 있을 것이라거나 또는 그 자체가 유익하다고 믿을 때, 학교에서 헌법공부를 강화해야 한다는 요청이 제기된다. 미국역사의 대체적 경향은 다음과 같이 요약될 수 있을 것이다. 연방대법원이 '우리'를 우선하는 헌법적 견해를 지지할 경우에는, 학교에 헌법교육을 요청한다. 그렇지 않을 경우에는 대법원의 인적 구성이나 결정이 우리 방식에 부합할 때까지 다른 뭔가를 가르친다. 최근까지 미국사회의 주류 집단들은 학교가 헌법에 대한 논쟁적 의미나 해석을 가르치는 것을 여간해선 바라지 않는다.

1) 성립기(1790년대~1890년대)

미국 건국 후 처음 1백 년 동안은, 민간정부에 관해 서술된 거의 모든 교재에서 헌법이 가장 중요한 역할을 하였다. 교재들은 헌법을 모든 시민들이 충성과 헌신의 의무를 지는 국가적 정통성의 상징으로서 존중하고 심지어는 찬양하는 분위기를 띠었다. 영국 국왕을 몰아낸 것이 합법적 주권의 상징으로 간주되면서, 새로운 국가의 정체성의 상징을 수립함에 있어 헌법이 그 역할을 수행하게 되었다. 필자 생각으로는 이것이 학교에서 헌법을 가르쳐야 한다고 주장했던 초창기 인사들 대부분에게 해당하는 논제라고 해도 될 것 같다.

이미 1790년대에 헌법교육에 열광하는 움직임이 등장하기 시작했는데, 새로운 국가의 천재에게 적합한 최상의 교양교육체계에 대한 논문으로 미국철학회에 선정된 두 명의 수상자를 그 예로 들 수 있다. 두 사람 모두 정치적 성향은 대체로 제퍼슨주의자(역주: 개인의 자유를 중시하여 작은 중앙정부와 분권적 참여과정을 강조함)였다. 스미스(Samuel Harrison Smith)는 중등학교체제에 대한 논의에서 학생들이 '미국헌법 및 주요 법률들을 암기하고 자주 반복'해야 한다고 주장하였다. 녹스(Samuel Knox)는 자신의 논문에서 '우리의 행복한 헌법'에 대해 반복해서 언급하면서 이것이 '간추린 《도덕문답》'의 핵심부분이 되어야 한다고 주장하였다. 이 문답식 책자는 자연신학, 윤리의 제일원칙들, 그리고 법학의 제일원칙들 세 부분으로 구성되었는데, "법학의 제일원칙들은 다양한 종류의 정부 특히 미국 연방정부의 등장과 진보에 관한 간략한 역사적 조망을 포함하여 민간정부의 본질을 다루고 있다."[8)]

이런 흐름에 동참한 교과서 저자들은 헌법이 학교교육에서 특별한 지위를 차지해야 한다는 견해를 지닌 것으로 보였다. 예를 들어, 미국에서 정부론 교과서로 간행된 첫 번째 책(1796)은 뉴잉글랜드의 충직한 연방주의자로 자처하는 인물이 쓴 것인데, 그는 진정하고도 건전한 헌법원칙들을 젊은이들에게 가르침으로써 '제퍼슨식 민주주의의 파고를 저지'하기 위해 그 책을 썼다고 천명하였다.[9)] 윈체스터(Elhanan Winchester)의 이 '명료한 정치적 문답서'는 학교에서 널리 사용되지 않았을지도 모르지만, 웹스터의 《미국 철자법》(*American Spelling Book*)이 널리 사용된 것은 의심의 여지가 없다. 1798년판은 겸손, 자비, 정의, 진리, 박애, 검약 등의 덕성에 대한 '도덕문답' 뿐만 아니라 헌법 및 정부구성원칙에 대한 간략한 설명을 포함하는 '연방헌법 문답'

---

8) Frederick Rudolph, ed., *Essays on Education in the Early Republic* (Cambridge, Mass.: Harvard University Press, 1965), pp. 211, p. 322 참조.

9) H. Arnold Bennett, *The Constitution in School and College* (New York: Putnam's, 1935), pp. 46~49; Rolla Tryon, *The Social Sciences as School Subjects* (New York: Scribner's, 1935), pp. 252~253.

도 포함하였다. 이 문답서에서 웹스터는 대의제 공화국의 장점과 대비되는 민주주의의 결함을 많이 언급하고 있다.[10]

이들 책자는 제퍼슨이 1801년의 취임연설에서 "우리의 정치적 신념을 나타내는 강령이자 시민교육의 교본"이라고 언급한 신조들에 대해 연방주의자들이 대적할 수단으로 삼기에 좋은 교의였다. 제퍼슨의 신조는 다음과 같다.

> … 우리의 내부 관심사를 가장 유능하게 처리하며 일체의 반공화주의적 경향을 가장 확실하게 막아내는 존재로서 주정부들이 지니는 모든 권리를 지지한다. 총괄정부(역주: 연방정부)가 갖는 헌법상의 힘을 보존한다. … 국민의 선거권을 세심하게 배려한다. … 다수의 결정을 절대적으로 수용한다. 이는 공화국에 필수불가결한 원칙으로, 그로부터는 강제 이외에는 달리 호소할 길이 없다. …[11]

헌법을 넓게 해석하는 연방주의자들과 엄격하게 해석하는 공화주의자들 간의 차이가, 특히 일련의 질문과 답변을 암기하게 하고 의문이나 논쟁 없이 '진리'를 주입하는 것을 일차적 목적으로 삼았던 '문답식' 접근법의 견지에서 볼 때, 학교 헌법교육에서 두드러지게 나타났는지는 의문의 여지가 있다.

그 후에 보다 일반적 접근으로 헌법조항을 하나하나 해설하는 '축조(逐條)식' 방법이 등장하였는데, 이는 아마도 교과서 저자들뿐만 아니라 교사들도 인정했을 것이다. 이 방법은 수정 이전의 헌법에 규정된 연방정부 3부문의 공식적 구조를 분명하게 강조하였다. 권력분립 및

---

10) David B. Tyack, ed., *Turning Points in American Educational History* (Waltham, Mass.: Blaisdell, 1967), pp. 189~190.

11) Gordon C. Lee, ed., *Crusade Against Ignorance: Thomas Jefferson on Education* (New York: Teacher's College, Columbia University, 1961), pp. 53~54.

견제와 균형에 상대적으로 더 많은 관심이 할애되었으며, 권리장전에는 상대적으로 관심이 적게 할애되었다. 시간이 흐름에 따라 헌법해석에 생겨난 변화를 비판·설명하거나 국가를 분열시킬 듯이 위협적인 숱한 논쟁을 다루고자 하는 시도는 없는 것이나 다름없었다. 연방정부 권력의 한계와 주의 권리, 켄터키와 버지니아의 결의, 노예제의 서부지역 확산, 드레드 스콧(Dred Scott) 사건, 남북전쟁 및 전후의 남부 재통합 등이 그러한 예이다.[12)]

남북전쟁의 발발이 합중국 보존에 대한 관심을 상당히 불러일으키긴 했지만, 교과서에서 헌법에 대해 논쟁적으로 가르치는 경우는 거의 찾아볼 수 없었다. 외견상 미국인의 대다수는 학교가 헌법조문을 연방정부의 공식적 구조에 대한 축조식 서술로 가르치는 것을 환영하였다. 하지만 이는 어디까지나 국가의 정치·경제에 헌법이 실제로 적용되는 것을 놓고 벌어지는 생사가 걸린 투쟁이 명시적으로 드러나지 않는 한에서 그러했다. 헌법의 의미에 대한 의견들이 아무리 다양하다 해도,

---

12) 역주: Dred Scott v. Stanford(1857) — 미주리 주 출신의 드레드 스콧(Dred Scott)은 존 에머슨(John Emerson)이라는 군인의 노예였다. 스콧은 주인의 임지를 따라 일리노이 주와 위스콘신 주에 4년간 거주하였다. 당시 일리노이는 서북영지법에 의해, 위스콘신은 미주리협정에 의해 노예제가 시행되지 않는 지역이었다. 이들 지역에서 자유인으로 지내던 스콧은 주인과 함께 미주리 주로 돌아왔다.

스콧은 자신이 자유지역에 거주했던 사실을 이유로 미주리 주의 연방법원에 자유인임을 주장하였으나, 연방시민이 아니어서 소를 제기할 자격이 없다는 이유로 각하되었다. 이에 스콧은 연방대법원에 상고하였는데, 연방대법원은 두 가지 이유를 들어 스콧에게 패소판결을 내렸다. "첫째, 스콧이 자유지역 주의 시민이 되었다 하더라도 연방시민이 되는 것은 아니다. 둘째, 일부 주에서 합법적으로 노예제가 시행되고 있고 소유주의 재산인 노예는 헌법상 보호된다. 따라서 이를 침해할 소지가 있는 서북영지법과 미주리협정은 연방의회에서 통과되었다고 해도 위헌이다."

이 판결은 격렬한 논쟁을 불러일으켰으며, 이 판결이 부당하다고 비판한 링컨은 전국적 인물이 되었으며 나아가 1860년의 대통령 선거에서 이겼다(유종선, 《한 권으로 보는 미국사 100장면》, pp. 193~195 참조).

초기의 연방주의자건 공화주의자건, 과도기의 휘그당원이건 민주당원이건, 혹은 나중의 공화당원이건 민주당원이건 간에, 그와 상관없이 헌법에 대한 일정 수준의 지식과 굳건한 충성이 대부분의 시민들에게 요구되는 것으로 보였다.

한편, 민간정부와 헌법에 관한 교과서의 숫자가 계속해서 늘어났다. 그들 중 대다수는 연방주의 내지는 통합주의 관점에서 집필되었는데, 그중 1830년대에 집필된 몇몇 교과서는 잭슨 민주주의에서 비롯된 개인주의와 주 권리 강화의 흐름에 반대하였으며, 1840~1850년대의 일부 교과서는 남북전쟁 이전의 남부분리주의에 맞서 합중국에 대한 애정을 강조하였다.

결국 합중국 및 헌법의 본질에 대해 계속된 정치논쟁 그리고 심지어 전쟁에도 불구하고, 적어도 표면상으로는 교실에서의 헌법수업에서는 그런 논쟁이 별로 다루어지지 않았다. 미국인들은 분명 학교가 일반적으로 시민을 양성하기를 원하긴 했지만 특정 정당이나 당파 혹은 단체의 신조를 학생들에게 주입하는 것을 원하지는 않았다. 19세기의 탁월한 학교개혁가 맨(Horace Mann)은 이런 입장을 요약하여, 학교는 헌법의 구조 및 정부의 권한을 가르쳐야 하지만 교사들은 일체의 논쟁적인 견해들을 회피해야 한다고 주장하였다.

맨이 솔직하게 '정치교육'이라 부른 것에 대해 그보다 더 설득력 있는 인물은 없었다. 1848년 매사추세츠 교육부 장관으로 재임한 12년의 기간에 대해 내린 결론을 요약하면서, 그는 "공화국의 시민들은 자신들이 살고 있는 정부의 참된 본질에 대해 어느 정도 이해해야 한다"는 제헌의원들의 경구(警句)에서 시작하였다. 그는 그 이후 모든 시민론 담당 교사들에게 비슷하게 이해되도록 시민교육계획을 상세히 설명하였다.

… 공립학교에서는 합중국 및 우리 주의 헌법을 배워야 한다. 정부권

> 력의 3권 분립 및 각 부의 의무, 선거 및 공직자 임명 방식과 그 근거, 법치주의 하에서 모든 시민이 아직 진위가 밝혀지지 않은 일체의 권리침해사건에 대해 자력구제를 감행하는 대신 법원에 구제를 청구해야 하는 의무, 권력의 원천이 국민의 승인에 있는 정부, 모반이 아니라 투표에 의한 법률개정과 통치자 교체 등의 내용을 모든 아동이 충분히 이해할 때까지 가르쳐야 한다.[13)]

그러나 정치공동체의 이상적인 구조와 그 체제의 실제 운용 사이에 존재하는 차이가 교육자들에게조차 분명해지기 시작했다. 로마가톨릭 신앙을 지닌 아일랜드계·독일계 이민의 유입 그리고 공장에서 일하는 도시거주민들의 생활방식 변화로 인해 매사추세츠 내에서 경합하는 세력들의 소용돌이에 빠지게 되었을 때, 맨은 "정치투쟁의 소동이 우리의 공립학교에서 벌어진다면, 학교는 순식간에 망가질 것"이라는 점을 너무나 잘 알고 있었다. 그는 헌법은 상이한 해석이 가능하기 때문에 많은 사람들이 학교에서의 정치교육 일체에 반대할 것이라는 점을 인식했다. 그는 지역교육위원회 혹은 공동체의 주류세력의 눈에 정치적으로 적합하다는 근거에서 교사를 임명하는 것은 정치적 당파주의가 작용할 위험이 있다고 보았다.

> 이들 상충하는 세력들이 서로에게 격분하는 경우에 그 격정을 완화할 것인가? 그리고 아동의 소중한 관심사가 사나운 소동에 소진되는 것을 누가 막을 것인가? 부모들이 자기 자녀가 그들이 말하는 정치적 이단을 주입받는다는 것을 알게 되면, 자녀를 학교에 못 다니게 하지 않겠는가? 그리고 부모들이 자녀를 학교에 못 다니게 하게 된다면, 자신들이 아무런 이득도 볼 수 없는 학교에 지원하는 예산 일

---

13) Lawrence A. Cremin, ed., *The Republic and the School: Horace Mann on the Education of Free Men* (New York: Teachers College, Columbia University, 1957), p. 93.

체에 반대하지 않겠는가?[14]

맨은 공립학교가 정치교육을 전적으로 회피해야 한다는 점을 인정할 수 없었으며, 공립학교가 '당파정치의 무대'가 되도록 부추겨 학교를 파괴하는 위험을 무릅쓸 수도 없었다. 그의 해법은 그가 종교논쟁에 대해 제안했던 바와 유사하다. 즉 학교는 모든 사람이 동의하는 공통의 요소들을 가르쳐야 하지만, 논쟁적 사안은 건너뛰어야 한다는 것이었다.

> 양극단 사이에는 찾기 어렵지 않은 중간지대가 분명히 있다. 이는 사리를 분별할 수 있는 모든 사람들, 모든 애국자들, 그리고 모든 진정한 공화주의자들이 인정해야 할 중간과정이 아닌가? 즉 모두가 받아들이며 모두가 신봉하는 공화주의 신조에 입각해서 저술된 논저들이 모든 이에게 가르쳐져야 한다. 그러나 교사가 기본법에 대해 가르치는 과정에서 논쟁적인 대목에 이를 경우에는 논평이나 소견 없이 읽기만 해야 한다. 아니면 기껏해야 해당 구절이 논쟁의 대상이며 교실은 이를 판정하는 법정도 아니고 이를 논의하는 토론장도 아니라고 말하는 수밖에 없다.
>
> 이렇게 하는 것이 공중의 동의에 의해 규칙으로 확립되고 또한 이러한 관행이 충실하게 준수되면, 정치적 개종은 학교의 기능이 결코 아니라는 점이 보편적으로 받아들여질 것이다. 그러나 상호 적대적인 정치적 당파들 간에 논쟁이 벌어지는 사안을 가르치는 것은 다른 곳에서 추구하고 전파할 일이다. 그리하여, 공화국의 모든 아동은 정치적 지식의 위대한 핵심들을 배워야 한다. 그러한 기초적 개념들이 없이는 보다 난해하고 논쟁적인 문제들을 결코 연구할 수 없을 것이다.[15]

---

14) 위의 책, p. 95.
15) 위의 책, p. 97.

정치공동체의 초월적 가치를 강조하려 하다보니, 맨은 헌정질서에 관한 논쟁적 문제들을 생략하거나 헌정체제의 실제 운용에 관한 비판적 의견들을 간과하곤 했다. 정치적 지식은 정부기관들의 공식적 구조에 집중되었고, 그에 참여하는 기술은, 논쟁적 문제들과 함께, 정당과 언론, 전당대회 등 학교 이외의 기관들에게 맡겨져야 했다.

맨은 잠재적인 취학인구규모가 더 증대되는 것에 맞춰 공립학교들을 건립하는 일에 여념이 없었기에 교실에 정치적 논쟁을 끌어들임으로써 공립학교의 이념이 수포로 돌아가는 일은 없게 하려 했다. 그리하여 새롭게 등장한 공립학교들은 빈곤층과 외국인 그리고 노동자 계층의 자녀들에게 영어해독과 도덕적 훈계, 애국자 이야기와 역사, 그리고 헌법개요 암기를 강조하는 수업 등을 통해 정치공동체에 입문하게 하는 시민교육계획에 대체로 만족하였다. 그러나 맨이 논쟁적 문제에 대한 언급 없이 '시민적 가치의 공통 핵심'을 가르쳐야 한다고 강조한 것은 오늘날과 마찬가지로 그 당시에도 문제가 있었다.

2) 쇠퇴기(1890년대~1920년대)

19세기 말과 20세기 초에 들면서, 학교에서의 헌법교육에 대한 기대는 전문가 및 학술단체의 영향을 점점 더 많이 받게 되었는데, 이들 단체가 작성한 보고서들은 교과서를 만들고 교수법적 관심을 조성하는데 도움을 주었다. 1880년대와 1890년대에는 학구적 관심이 많은 교육자들이 중등학교 교육과정을 지배하는 경향이 있었다. 제1장에서 보았듯이, 역사공부를 확대하고 강화하려는 노력으로 인해 정부론이 덜 강조되었으며 그리고 헌법 암송도 줄어들게 되었다.[16]

---

16) Hazel Whitman Hertzberg, "The Teaching of History" in Michael Kammen, ed., *The Past Before Us: Contemporary Historical Writing in the United States* (Ithaca, N. Y.: Cornell University Press, 1980), pp. 478~

우리는 정부론 그리고 특히 헌법 공부의 원래 목적은 시민자격 훈련이었다는 점을 기억한다. 그렇지만 이제는 교육과정이 직업관련 실무교과는 말할 것도 없고 역사와 사회과학 같이 '새로운' 그리고 보다 '현대적인' 교과로 이루어져야 한다는 주장들로 인해, 명시적이고도 공식적인 헌법교육은 사실상 유지되기가 한층 더 어려운 상황이 되었다.

정부론을 역사와 분리하여 독립과목으로 편성해야 한다는 압력이 학계 안팎에서 가해졌지만, 1900년대 초에 정치학, 경제학, 사회학 등 새로운 사회과학 분과에 의해 정부론 과목에 대한 관심이 급증했음에도 불구하고, 이러한 압력이 반드시 헌법에 대한 보다 명시적인 관심으로 귀결된 것은 아니었다.

1903년에 미국정치학회가 결성되었는데, 학회는 곧장 초·중등학교에서의 정치학 교육에 관심을 갖게 되었다. 1905년 보고서를 보면 10개 대학의 학생 238명이 고등학교 시절에 정부에 대해 무엇을 배웠는지 자세히 언급되어 있다. 다음은 해당 문항 및 그에 대한 학생들의 평균점수를 백분율로 나타낸 것이다. (괄호 안은 정답률)

- 의회 구성원들이 어떻게 선정되는지 설명하고 그 임기와 자격 및 보수에 대해 알고 있는 바를 얘기하시오. (12%)
- 연방법원에 대해 간략하게 글로 설명하시오. (2%)
- 미국 헌법 개정절차를 명료하게 서술하시오. 헌법은 어떻게 해석될 수 있는가? (5%)
- 당신이 속한 주의 지방자치단체에 대해 약술하시오. (9%) 기초자치단체 관련 뉴잉글랜드 안(案)의 의미는 무엇인가? (6%)[17]

이처럼 '놀랍고도 충격적인' 결과(최근의 전국단위평가 결과는 좀 낫

498.

17) Tyron, *Social Sciences as School Subjects*, pp. 39~40.

다고 해야겠지만)는 미국정치학회로 하여금 '중등학교 미국정부론 수업 5인 위원회'를 발족시키게 하였다. 위원회의 1908년 보고서는 8학년과 12학년에서 한 학기씩 정부론을 배워야 한다고 주장하였다. 중등학교 교과서와 관련한 위원회의 권고사항은 역사학계의 7인 위원회뿐만 아니라 이전의 정부론 교재도 염두에 둔 것으로 보였다.

- 논평이 첨부된 헌법조항을 포함하지 않도록 하시오.
- 역사의 비중이 큰 교과서 구성, 혹은 한 과목에서 역사와 정부론을 연계하려 하는 시도를 피하시오.
- 연방정부에 더 큰 지면을 할애하고는 주정부에 관한 내용은 몇 개의 총론에 걸쳐 농촌과 도시로 구분하여 소홀히 다루는 교과서 구성을 피하시오.[18)]

수십 여종의 지역사회 시민론 교과서들이 바로 이 권고사항들을 따르기 시작했다. 게다가, 위원회는 1916년의 보고서에서도 정부론 과목의 표준교육과정이 개편되어야 한다고 계속해서 주장하였다. 미국헌법 공부에서 출발하거나 이를 강조하는 방식 즉 정부의 형식적·구조적 조직에 대해 서술한 다음에 주헌법 및 주정부에 대해서도 유사한 방식으로 공부하는 대신, 순서를 바꿔서 공부해야 한다는 것이었다. 위원회는 가정(家庭)에 가장 근접한 정치 사안이 가장 중요하여 따라서 첫 번째로 고려되어야 한다는 생각에서 '지역사회 시민론' 공부를 지지하였다.

더욱이, 시민론 수업의 목적은 추상적 이론이나 정부조직을 공부하는 것이 아니라, 학생들로 하여금 지역사회의 복지를 증진하고 시민으로서의 행위를 통해 자신들의 개인적 책임을 인식하도록 하는 것이었다.[19)] 물론, 고등학교 과정에서는 정부조직, 권력분립, 의회, 행정부

---

18) 위의 책, p. 42.

등에 관심을 기울여야 한다는 점을 인정하였지만, 주된 목표는 이들 내용을 연방정부뿐만 아니라 주정부 및 지방정부의 기능과도 관련짓는 것이다. 정부론 공부는 형식적이 아니라 기능적이어야 하며, 이는 역사가들이나 역사수업에 맡겨져서는 안 된다는 것이다.

위원회는 연방교육위원회가 행한 설문조사의 영향을 많이 받았는데, 그 조사에 따르면 대부분의 시민론 담당 교사들은 적어도 시간의 절반을 연방정부에 할애하고 있었으며 이는 대체로 정부론 교과서가 그랬기 때문이었다. 그러나 대부분의 교사들은 교과서가 연방정부 부분에 너무 많은 시간을 할애한다고 생각했다. 교사들은 보다 실천적이면서 보다 지역적인 사안들을 원하는 것으로 보였다.

예상대로 위원회는 정부론 분야에 보다 독립적이고도 명시적인 과정을 설치할 것을 강력하게 요청하였다. 중학교의 경우에는 지역사회의 복지를 강조하는 지역사회 관련 시민론 과목들 — 보건, 생명 및 재산 보호, 오락, 교육, 미용, 통신, 운송, 이민, 부, 자선, 교정 등 — 이 이에 해당한다. 고등학교의 경우에는 사회과학(역사 제외)을 다루는 1년 과정의 과목이 해당하는데, 과정의 적어도 절반은 지역문제를 보다 강조하는 정부론에 할애되어야 한다. 그리하여, 역사와 정치학의 측면에서도 헌법의 비중을 줄이고 여타 주제를 더 많이 다루는 경향을 띠었다. 이러한 입장들은 당시의 교육전문가들에게 커다란 영향을 끼쳤다.

미국교육학회 중등교육재건위원회 — 이 위원회의 최종보고서 《중등교육의 주요 원리》(*Cardinal Principles of Secondary Education*)가 1918년 발간되었다 — 의 후원으로, 사회교과위원회가 1913년부터 1916년까지 활동하면서 전체 위원회에 제출할 보고서를 준비하였다. 여기에는 당시의 진보주의 개혁의 이념이 분명하게 드러났다. 위원장이었던

---

19) American Political Science Association, *The Teaching of Government* (New York: Macmillan, 1916), pp. 27~28.

사회학자 존스(Thomas Jesse Jones)는 1913년의 창립성명에서 시민론 과목이 정부론 및 헌법 공부보다 훨씬 더 포괄적인 것이 되도록 하겠다는 의도를 밝혔다.

> 좋은 시민으로서의 자질을 기르는 것이 고등학교 사회교과의 목표가 되어야 한다. 예전의 시민론은 거의 전적으로 정부조직 공부에 매달렸지만, 이제 등장하는 새로운 시민론은 인류의 삶을 개선하려는 모든 방식의 사회적 노력에 대해 공부한다. 학생들이 대통령이 어떻게 선출되는지를 아는 것은 자기 지역의 보건담당 공무원의 의무가 무엇인지를 이해하는 것만큼 중요하지 않다. 예전에는 대통령의 거부권 행사시 법률안 통과 과정을 이해하는 데 시간을 쏟았지만, 이제는 지역사회의 실무자원 관찰에 보다 유익하게 활용되어야 한다. 이러한 분야의 강조와 더불어 위원회는 고등학교 사회과목이 다음과 같은 주제들을 포함할 것을 권장한다. 지역사회의 보건, 주택공급, 공공오락, 도로망 확충, 지역사회 교육, 빈곤 및 빈곤층 배려, 범죄와 교정, 가계수입, 저축은행 및 생명보험, 인권과 재산권, 우발적 군중의 폭동, 자기본위적으로 전통을 고수하는 이기적 보수주의, 공공의 효용 등이 그것이다.[20]

1918년의 《중등교육의 주요 원리》에 포함된 사회교과위원회 종합보고서는 시민교육에서 정치적 관심을 줄이고 대신에 사회·경제 및 실천적 측면의 개인적 문제들에 보다 관심을 기울이는 경향을 보였다. 훌륭한 시민양성을 추구하면서 '헌법적 질문들'에서 물러섰다는 점에 유념하자.

> 시민론은 헌법적 질문 혹은 멀리 있는 연방정부의 기능에 대한 관심

---

20) Daniel Calhoun, ed., *The Education of Americans: A Documentary History* (Boston: Houghton, Mifflin, 1969), p.495에서 인용

을 줄이고 가까이에 있는 기관들 그리고 일상생활 속에서 공동이익을 추구하는 비공식적 활동에 직접적인 관심을 기울여야 한다. 아동복지기구나 소비자연맹 같은 기관들은 고학년 학생들이 시민으로서의 자질을 발휘할 구체적 기회를 제공한다.[21]

사실 연방대법원이, 아동의 노동을 허용하는 입법을 전국 차원에서 금지하는 한편, 계속해서 기업의 재산권에 우호적 입장을 취하면서 '분리되지만 평등한' 학교체제를 인정하고 노동조합의 파업을 저지하는 명령을 발동하는 방식으로 헌법을 해석하려 했다면, 진보주의 운동은 그러한 헌법을 가르치는 것을 폄하하고 주와 지역 차원에서 사회적·정치적 개혁운동으로 돌아섰을 것이다. 진보적인 정치인들과 교육자들 그리고 정치학자들은 훌륭한 시민의 자격은 지역의 사회문제에 집중하는 것이라는 데 동의했을 수도 있었을 것이다. 하지만 그들은 1차대전 발발과 그 여파를 생각하지 않았다.

3) 반동주의의 물결(1920년대)

노스웨스턴대학 역사학 교수 위브(Robert H. Wiebe)는 1920년~1924년의 정치상황을 자극적 표현으로 묘사하였다. 그는 수많은 시민과 공무원들이 100% 미국주의라는 이름으로 조직적인 급진주의 제거에 나섰던 시기를 '반동주의의 물결'이라고 표현했다.[22] '거대한 붉은

---

21) National Education Association, Commission on the Reorganization of Secondary Education, *Cardinal Principles of Secondary Education* (Washington, D.C. : Government Printing Office, 1918), p. 14.

22) Bernard Bailyn et al., *The Great Republic: A History of the American People* (Boston: Little Brown, 1977), p. 1058 참조. 그리고 Paul L. Murphy의 *World War I and the Origin of Civil Liberties in the United States* (New York: Norton, 1979)와 *The Meaning of Freedom of Speech: First Amendment Freedoms from Wilson to FDR* (Westport, Conn. : Greenwood Press,

무리의 소동'은 공산주의자, 볼셰비키주의자, 사회주의자들뿐만 아니라, 동남부 유럽에서 건너와 프로테스탄트 앵글로 색슨인들의 기존 미국인들에 대한 위협을 배가시켜 온 수백만 명의 외국인과 이민자 및 이방인들에게도 해당되었다. 토착민 보호주의 운동은 온갖 종류의 애국주의 단체, 공제회, 사회단체, 기업 및 전문가 단체에 스며들어, 그 극단적인 형태의 상징으로 Ku Klux Klan이 등장하였으며, 동남부 유럽과 아시아로부터의 추가이민에 대한 할당량을 고정시키는 1924년의 국가기원법(National Origins Act of Congress) 제정에서 최고조에 달했다.

물론 반급진주의 및 반외국인 운동에 담긴 두려움과 좌절은 제1차 세계대전의 공포와 불안 그리고 상실감으로 인해 가중되었으며, 그리하여 대내적으로뿐만 아니라 대외적으로도 충성과 애국, 희생에 대한 요청이 제기되었다. 학교에서의 헌법교육을 필수과목으로 하면서 이를 주법률을 통해 추진하려는 대중운동이 괄목할 만한 성공을 거둔 것은 전후의 이러한 상황 속에서였다. 1923년까지 23개 주가 그러한 법률을 가결 혹은 재강조하기에 이르렀고, 1931년까지는 43개 주가 그렇게 하였다(코네티컷, 메릴랜드, 미시시피, 몬태나, 위스콘신 주는 계속 제외).

이러한 성과를 이루는 데 가장 큰 영향력을 발휘한 두 집단은 협조체제에 있던 전국안전연맹(NSL: National Security League)과 미국변호사협회(ABA: American Bar Association)였다. NSL은 서유럽과 미국에서 민주주의에 대한 독재정치의 위험과 중앙권력의 위협을 일깨우기 위해 1914년에 결성되었다. 제1차 대전이 끝나자 NSL은 평화주의자들에 대항하고 용감한 애국주의를 일깨우는 일에서 학교시민교육을 진흥하는 쪽으로 반향을 전환하였는데, 그들의 활동은 급진주의에 대

1972) 참조.

적하며 특히 주 의회로 하여금 헌법교육을 요구하게끔 설득하는 정치 운동을 벌이는 데 기초하였다. NSL은 두 개의 법률안 초안을 제출하였는데 20개 이상의 주에서 이를 토대로 매우 유사한 법률제정을 추진하였다.

1928년 무렵에 이르기까지 NSL의 헌법교육위원회는 계속해서 그와 같은 입법로비활동을 성공적으로 수행하였다. 연방하원은 그에 부응하여 1925년에 전국의 모든 교육기관이 정규교육과정의 일부로 헌법과목을 편성하도록 요구하는 결의안을 통과시켰다. 의회의 명령을 이행하지 못한 경우에도 제재가 가해진 것은 아니다. 그러나 이들 개정법령 대부분이 아직까지 법령집에 남아 있다. 1920년대는 취학연령층의 모든 이에게 공통의 충성심과 애국심 그리고 미국정신을 고취하도록 헌법을 명시적으로 가르쳐야 한다는 광범위한 사회적 기대가 형성된 시기였다.

아마도 학교 헌법교육 장려에 훨씬 더 큰 영향력을 발휘한 것은 ABA일 것이다. 원래 애국적 전문가조직은 아니었지만, ABA는 1920년대 초에 헌법이 급진주의를 막고 이민자들의 미국화를 돕는 보루가 되어야 한다는 사회 일각의 요청에 부응하였다. ABA는 헌법교육이 사회주의와 공산주의뿐만 아니라 진보주의와 노동계층 및 대중영합주의의 공격으로부터도 사유재산의 가치를 보호하는 것을 근본적으로 지지할 필요성에 대해 훨씬 더 명시적인 입장을 취했다.

ABA의 '기대 수준'은 매우 높으면서도 매우 명시적이었다. 그 기대 수준에는 학교가 하는 일을 점검하고 학년별로 과목 및 교재 내용의 개요를 제시하는 것이 포함되었다. 일반적으로, ABA 시민교육 특별위원회는 교재가 예전의 일들을 자세하게 해설하는 방식으로 복귀하고 또한 헌법에 정통한 저자들에 의해 집필되기를 원했다. 이로써 위원회는 연방대법원이 기업과 개인의 재산권을 옹호한 것을 지지하려는 의도를 분명히 보여주었다.[23]

4) 자유주의의 물결(1930년대~1960년대)

1920년대가 끝나고 뉴딜시대가 열리면서 이르러 정계와 교육계의 분위기는 1920년대 초의 난폭한 반동적 굉음에서 뚜렷하게 벗어났다. 게다가, 헌법을 가르치라는 의회 명령이 전국의 거의 모든 곳에서 이행되었다. 그러나 다수의 교육계 지도자들의 분위기와 경향은 보다 긴박한 여타의 사회적 쟁점들로 옮겨가기 시작했다. 다수의 교육자들은, 의회가 각급 학교의 교육과정을 통제해야 한다는 생각에 결코 호응하지 않은 채, 헌법교육을 법제화하고자 하는 대다수의 애국단체들의 의도와 동기에 대해 회의적 시각으로 지켜보았다.

그동안 학교 교육과정에 대해 진행되어 온 매우 광범위하고도 정교한 전문적 연구 — 카네기재단의 후원으로 1929년에서 1934년에 걸쳐 미국역사학회 사회교과위원회가 수행한 — 보고서들에는 전반적으로 자유주의적이고 진보주의적인 견해가 드러나는 경향이 나타났다. 1920년대의 반동적인 정치운동, 경기침체 그리고 숱한 뉴딜정책들을 좌절시킨 연방대법원의 결정들의 관점에서 볼 때, 위원회의 권고가 학교에서의 헌법교육에 대해 그다지 명시적으로 언급하지 않은 것은 놀랄 일이 아니다. 이때는 바로 (콕스의 표현을 빌자면) '자유방임주의 활동가'인 연방대법원이 '거부'의 정점에 도달한 시기였다. 얼마 지나지 않아 연방대법원은 주요 관심사를 정부와 경제의 관계에서 개인의 권리로 돌리기 시작했다.[24]

---

23) 예를 들어, Samuel P. Weaver, "The Constitution in Our Public Schools", *The Constitutional Review*, Vol. XI, April 1927, pp. 105~112와 "Teaching the Constitution", *American Bar Association Journal*, Vol. 15, 1929, pp. 580~642 참조.

24) Archibald Cox, *The Role of the Supreme Court in American Government*(New York: Oxford University Press, 1976), p. 33; Michael Kammen, *The Machine That Would Go of Itself: The Constitution in*

하지만 1930년대 말에 유럽에 새로운 전운이 감돌고 1938년 '하원 비미국인 활동 위원회'의 발족 이후 시민적 자유에 대한 경계와 침해가 점증하자, 상당수의 법조인과 교육전문가들이 권리장전을 새로운 시각에서 보기 시작했다. 마치 1920년대의 행보에 대한 보상이라도 하듯이, ABA는 1938년에 권리장전 특별위원회를 창립했다. 신임회장 호건(Frank J. Hogan)은 ABA가 자유국가의 정부에서 중요한 제도와 법률 그리고 이상들을 옹호함으로써 오랫동안 공공에 커다란 봉사를 했지만 이제는 개인의 권리와 자유를 지키는 일에 유의할 때라고 주장하였다. 특위는 1940년의 고비티스 국기경례 사건에서 법률고문을 맡아 패소했는데, 그 후 다시 법률고문을 맡았던 1943년의 바넷 사건에서는 고비티스 판결을 뒤집었다. 그러나 제 2차 세계대전이 벌어지면서, 권리장전에 비중을 둔 학교 헌법교육에 힘이 실릴 수도 있었던 상황이 한참 후로 연기되었다.[25]

1940년대와 1950년대에는 반동주의와 새로워진 자유주의 모두 힘을 얻었다. 물론 여기서 그 얘기를 반복할 수는 없다. 재향군인회와 허스

American Culture(New York: Knopf, 1986).

25) 역주: 미국 펜실베이니아 주의 '여호와의 증인' 신도 고비티스(Walter Gobitis)는 자신의 두 아이가 국기경례 행사에 불참했다는 이유로 퇴학당하자 지역 교육위원회를 상대로 연방법원에 소송을 제기하였다. 1심과 2심에서는 고비티스가 승소하였지만, 상고심에서 연방대법원은 8 : 1로 교육위원회의 손을 들어주었다. 프랭크퍼터(Felix Frankfurter) 대법관이 판결문을 작성하였다.

그로부터 얼마 지나지 않아 웨스트버지니아 주의 '여호와의 증인' 신도 자녀 바넷(Walter Barnette)을 비롯한 세 명의 학생이 국기경례규정을 위반했다는 이유로 퇴학당하자, 학부모가 주 교육위원회를 상대로 소송을 제기한 바넷 사건도 사실상 고비티스 사건과 동일한 사건이다. 고비티스 사건 후에 새로 대법관이 된 러틀리지 (Wiley Rutledge)와 잭슨(Robert Jacksoh), 기존 대법관 중 견해를 바꾼 더글러스(Willian O. Douglas), 블랙(Hugo Black) 및 머피(Frank Murphy) 대법관이 뜻을 같이하여 바넷의 손을 들어주었다. 잭슨 대법관이 다수의견 판결문을 작성하였다.

본질적으로 동일한 두 사건에 대한 판결이 3년 만에 번복된 것이다.

트 신문 그리고 그 외 다수의 애국조직들은 러그(Harold Rugg)의 사회과목 교재들을 학교에서 몰아냈다. 1952년에는 30개 주에서 교사의 충성서약을 요구하는 법률이 통과되었다. 1948년 뉴욕에서는 '공산주의자들'을 색출하는 파인버그 법(Feinberg Act)이 통과되었으며, 5년 후에는 매카시즘이 이어졌다. 다른 한편으로는, 연방대법원이 학교에서의 종교와 관련하여 헌법 수정헌법 제1조에 대해 새로운 해석을 하기 시작했으며(1947년의 에버슨 판결과 1948년의 맥칼럼 판결), 수정헌법 제14조에 입각하여 인종차별철폐에 대해 시안적으로 접근하기 시작했는데(1950년의 스웨트 판결과 맥로린 판결), 이런 경향은 워렌(Earl Warren)이 연방대법원장이 되고 난 1954년의 브라운 판결에서 정점에 달하였다. 그리고 트루먼 대통령 재임시절인 1947년에 민권위원회(Commission on Civil Rights)는 향후 전개될 일들을 상당부분 예고하였다.

이 모든 것의 결론은 상당수 교육자들의 목소리가 권리장전에 특별히 비중을 두는 학교 헌법교육을 옹호하는 쪽으로 제기되기 시작했다는 것이다. 예를 들어, '컬럼비아대 사범대학 시민교육연구실'(Citizenship Education Project at Teachers College)은 헌법과 법률에서 자유의 전제조건들을 상세히 인용해서 기록하였다. 이는 확고한 정치적 지식을 확보할 수 있게 하며 또한 정치적 내용이 시민교육에 관한 여타의 접근들에서 공통부분이 되게 만드는 매우 유용한 작업이었다.

5) 권리장전의 부활(1960년대~1980년대)

이와 같이 간략하게 역사를 돌이켜보는 것으로는 1960년대와 1970년대를 결코 제대로 다룰 수 없다. 하지만 한 가지 분명한 것이 있다. 헌법적 쟁점과 갈등 그리고 논쟁들은 공공생활의 거의 모든 측면 그리고 사생활의 많은 부분에서 반복적이고도 거세게 제기된다. 연방대법원 및 연방법원은 개인의 권리와 시민적 자유와 관련된 일련의 사건들을 일관된 입장에서 청취하고 판결하는 것으로 보였다. 예전의 시민론 교과서에서 논의한 권력분립이 사실 온건하고 밋밋한 것으로 보였던 것과 비교할 때, 워터게이트 사건과 닉슨 대통령의 사임은 '권력분립'과 관련된 진정한 헌법적 위기를 노정하는 것이었다. 이와 비슷한 불일치의 경우가 1986년~1987년의 이란-콘트라 사건 동안에 표면화하였다.

이 기간의 대부분에 걸쳐 자유주의 활동가들은 학교(그리고 필요하다면 통학)에서의 인종차별철폐, 소수집단 및 여성을 위한 소수자우대조치, 신념과 생활방식의 다양성 그리고 종교·과학·정치적 사안에 대한 교수-학습의 자유 등을 헌법이 지지하는 것으로 해석될 것이라는 '기대'를 분명하게 드러내었다. 이 시기의 끝 무렵으로 가면서 지난 몇십 년간 연방대법원이 헌법 및 권리장전에 대해 내렸던 해석들을 재평가하고 번복할 것을 요구하는 보수적 '복고주의자들'의 세력이 어느 때보다 분명해졌다. 그들은 '통학버스 공동이용 강제'를 통해 인종차별철폐를 막으려 했고, 공립학교에서 종교를 가르치고 기도할 수 있게 허용하려 했으며, 진화론과 함께 창조론을 공부하는 것을 허용하거나 심지어 요구하려고 했고, 세금공제나 증서교부를 통해 사립종교재단 학교에 공적 기금을 제공하려 하였다. 이러한 사안들 그리고 여타의 사안들에 대한 사법적 해석의 조류를 돌리기 위해 헌법을 다시 개정하거나, 의회의 입법을 통해 법원이 그런 쟁점들을 규율하지 못하게 하거나, 혹은 새로운 제헌회의를 소집해야 한다는 주장들이 다시금 제기되었다.

다시금 등장한 이 모든 정치적 갈등 중에 가장 두드러진 사항 하나는 최근의 헌법적 논쟁 중 다수는 교육문제 및 공립학교와 직접적 관련이 있다는 점이다. 이들 갈등은 방금 언급한 것과 같은 문제들뿐만 아니라 부모의 권리, 교사의 권리, 행정가의 권리·책임과 관련한 아동과 학생의 권리, 학교 안팎에서의 성 문제, 도서 및 참고자료의 검열 혹은 점검, 청소년 관련 형사·민사재판, 징병 혹은 모병제도 등에까지 걸쳐있다. 1960년대에서 1980년대까지의 헌법쟁점 연구에 대해 그 밖의 어떤 것을 얘기하더라도, 이제 더 이상 밋밋하고 형식적이거나 학교와 교사 그리고 학생의 일상생활과 거리가 먼 혹은 무관한 내용을 고려할 필요는 없었다. 이런 전반적 맥락에서 시민적 자유와 권리를 헌법교육의 핵심으로 강조하는 움직임이 전개되고 있었다.

1960년대 말에 학교교육과정에서 헌법적 개념과 가치들을 강조하려는 노력이 한층 더 강화되었는데, 여기에는 법률·교육·사회과학 학계뿐만 아니라 전문법조인, 판사, 사법기관, 학교체계, 그리고 연방법무부 산하 교정국 및 청소년·비행예방국 등의 정부기관들까지 참여하였다. 그 중에서도 지역, 주, 전국 차원의 변호사협회들이 특히 적극적이었다. 캘리포니아 주 변호사협회는 1969년에 '자유사회의 법'(Law in a Free Society Project)을 창립하였고, ABA는 재워스키(Leon Jaworski)가 회장으로 재임하던 1971년에 '청소년 시민교육 특별위원회'를 발족시켰다. 1970년대 ABA의 지도력이 지녔던 위상과 전망은 1920년대의 노력에 비하면 극적으로 변모해 있었다. 미국 전역에 '법교육'(*law-related education*)이 급속히 퍼져나갔다. 그것은 비단 헌법교육에 국한된 것은 아니었지만, 사회교과에서 다른 어떤 운동도 헌법적 개념과 의미와 관련될 때만큼 시민의 책무와 책임뿐만 아니라 자유와 권리에까지 그처럼 명시적으로 많은 관심을 기울였던 적은 없었다.

사회교과의 '혁신'이 '신사회과'(탐구학습, 의사결정, 학문의 구조 등) 운동에 의해 주도되긴 했지만, 헌법교육의 핵심으로서의 시민의 자유와 권리에 대한 관심은 점점 더 고조되어 갔다. 그 외에도 1950년대 후반에 등장한 (포드 재단으로부터의 파급효과로 생긴) '국가발전기금'(Fund for the Republic), '여성유권자 연맹 캐리 채프먼 캣 기금'(Carrie Chapman Catt Fund of Women Voters), 그리고 (1962년 윌리엄스타운에서 NCSS와 공동으로 고교 교사 워크숍을 개최하고 그 보고서를 작성한) '시민자유교육재단'(Civil Liberties Educational Foundation)의 활약도 포함되어야 할 것이다.

1963년에는 권리장전 수업 향상을 위한 전국단위의 행사가 NCSS에 의해 열렸다. 브레넌(William J. Brennan, Jr.) 대법관의 기조강연을 이어 에어라이 하우스에서 열린 세미나에는 브레넌과 더글러스(William O. Douglas) 대법관을 비롯한 저명한 판사들, 법조인들, 교육자들, 그 외 전반적으로 자유주의적 신념을 지닌 공인들이 참석했다. 또한 미국 법과대학원협회, 미국 정치학회, NCSS의 공동노력으로 '권리장전교육 전국회의'(The National Assembly on Teaching the Bill of Rights)가 결성되었다. 이 단체는 교수학습자료를 만들고 세미나를 개최하고 교사교육을 담당하였는데, 컬럼비아대학 및 그 사범대학의 '미국인의 자유 연구교육원'은 전국회의의 직접적 산물이었다.

그 밖에도 1960년대 중반에는 여러 중요한 사업들이 전개되었다. 콜로라도 볼더에서는 권리장전 수업을 위한 학교교육과정 세미나가 개최되었고, 캘리포니아 주 교육위원회는 헌법 및 권리장전에 대한 비판적 연구를 장려하기로 의결하였으며, 로스앤젤레스에는 '기본권 재단'(Constitutional Rights Foundation)이 설립되었다. 시카고, 디트로이트, 세인트루이스, 뉴욕 등지에서는 관내 학교체계 연구가 추진되었다. 그리고 터프츠, UCLA, 시러큐스, 스탠퍼드, 컬럼비아, 조지타운 등에서는 대학차원의 연구가 진행되었다.

1963년 캘리포니아 주 교육위원회에서는 다음과 같은 결의안이 통과되었는데, 1920년대의 반동주의와 1960년대·70년대 권리장전 운동의 자유주의가 어떻게 다른지를 이만큼 잘 보여줄 수는 없을 것이다.

> 캘리포니아 공립학교들은 자유정부의 원칙에 입각해서 가르치며 학생들이 미국시민의 권리와 의무 및 존엄성을 올바르게 이해하도록 인도해야 한다. …

여기까지는 호레이스 맨의 1840년대 혹은 43개 주에서 법률을 제정했던 1920년대와 마찬가지이지만, 결론은 다음과 같이 내려졌다.

> 우리는 이 분야를 가르치는 일은 주제가 얼마나 논쟁적이든 간에 자유로운 논의의 틀 속에서 이루어져야 한다고 믿는다. 권리장전의 역사도 가르쳐야 하지만, 수정헌법 제1조에서 표방하는 정교분리라든가 수정헌법 제5조에 규정된 불리한 진술 거부권을 둘러싼 논쟁과 같이 그와 관련된 오늘날의 문제도 논의되어야 한다. 지금은 우리의 젊은이들이 자유의 위험과 특권 그리고 개인적인 필요사항을 인식하도록 도울 때이다.[26][27] 우리는 모든 학교감독자들이 이 과목을 최우선적으로 다룰 것을 요청한다. 우리는 교실에서 권리장전을 공부하는 바로 그것이 권리장전의 정신을 반영하며 또한 시민의 권리가 실제로 작동한다는 것을 보여주는 일이 되기를 바란다.[28]

---

26) 역주: 수정헌법 제1조〔종교, 언론 및 출판의 자유와 집회 및 청원의 권리〕— 연방의회는 국교를 창설하거나 또는 자유로운 종교활동을 금지하는 법률을 제정할 수 없다. 또한 언론·출판의 자유나 평화롭게 집회할 수 있는 권리 및 불만사항 구제를 위해 청부에 청원할 수 있는 권리를 제한하는 법률을 제정할 수 없다.

27) 역주: 수정헌법 제5조〔형사사건에서의 권리〕— 모든 사람은 대배심(*Grand Jury*)에 의한 고발이나 기소가 없는 한 사형에 해당하는 죄 또는 파렴치죄에 관하여 심리를 받지 않는다. 단, 육군이나 해군에서 또는 전시나 사변시 복무중인 민병대에서 발생한 사건은 예외로 한다. 누구든지 동일한 범죄로 생명이나 신체의 위협을 재차 받지 아니한다. 누구든지 어떤 형사사건에서도 자신에게 불리한 증언을 강요당하지 아니하며, 누구든지 적법절차에 의하지 않고서는 생명, 자유 또는 재산을 박탈당하지 아니한다. 누구든지 정당한 보상 없이는 공공의 필요를 위해 사유재산을 수용당하지 아니한다.

28) Minna Post Peyser, *Seminar on School Curricula for Instruction in the Bill of Rights* (Boulder, Colo. : University of Colorado, 1963), p.16에서 인용. 또한 다음의 자료들을 참조. *The Bill of Rights: A source Book for Teachers* (Sacramento, Calif. : California State Department of Education, 1967; Isidore Starr, "Teaching the Bill of Rights", *Social Education*, Vol. 23, Dec. 1959, pp.373~378; William J. Brennan, Jr., "Teaching the Bill of Rights", *Social Education*, Vol.27, May, 1963, pp.238~243; Robert M.

필자는 캘리포니아 주의 교육감이나 교사 혹은 학부모들이 1963년의 이 결의안을 얼마나 잘 이행하였는지 섣불리 평가하지는 않겠다. 그러나 필자는 이 결의안이 지난 20년간의 법교육 운동이 자유주의를 고취하였음을 잘 진술하고 있다고 본다. 1967년에는 유능한 연구기획자 그리고 저명 법조인과 법학교수 및 교육자들로 구성된 자문단이 참여하고 새로 설립된 기본권재단의 후원을 받아 집필된 '권리장전 교사용 자료집'이 주 교육부에 의해 발간됨으로써 의미 있는 후속작업이 이루어졌다.

사실, 보수·반동주의 운동은 결코 사라지지 않았다. 정치와 종교적 근본주의에 있어 신우파가 지닌 힘은 헌법적 권리와 자유가 낙태, 통학버스 강제배정, 총기규제, 차별시정조치, 여성의 권리, 창조론과 진화론, 공립학교에서의 예배거행, 교육비 증서(*voucher*) 교부 및 사립학교 교육비 세금공제 등의 문제에 적용되는 경우에 논쟁적이고도 근본적으로 상이한 생각들이 1980년대에도 여전히 존재한다는 것을 분명하게 보여준다.

학교에서 헌법을 가르치는 것은 미래에도 과거보다 결코 쉽지는 않겠지만, 예전보다 훨씬 더 중요한 일이 될 수 있다. 우리 앞에는 흑백분리 취학 문제에 대한 1954년의 역사적인 브라운 판결 직후에 워렌 대법원장이 통찰력 있게 내다 본 도전이 여전히 버티고 있다.

> … 1980년대에 태어나는 세대가 우리에게서 권리장전을 물려받을 때면, 우리가 우리 부모세대로부터 그것을 물려받았을 때와 똑같은 의

O'Neil, "An Approach to Teaching the Bill of Rights", *Teachers College Record*, vol. 65, De. 1963, pp. 272~279; Howard E. Wilson et al., *Teaching the Civil Liberties*, Bulletin #16 (Washington, D. C.: National Council for the Social Studies, 1941); *A Program for Improving Bill of Rights Teaching in High Schools: The Report of the Williamstown Workshop* (New York: Civil Liberties Educational Foundation, 1962).

미를 지니지는 않을 것이다. 우리는 권리장전을 더 좋게 넘겨줄 수도 있고 더 나쁘게 넘겨줄 수도 있다. 방치되어 손상될 수도 있고 더 많이 활용되어 윤이 날 수도 있을 것이다. 권리장전상의 권리들이 진정한 것이라면, 그 권리들은 새로운 상황에 항구적이고도 창조적으로 적용될 필요가 있다.[29)]

29) Earl Warren, "The Law and the Future", *Fortune Magazine*, Nov. 1955.

3. 누구의 헌법을 가르칠 것인가

학교에서 헌법을 가르친 과정을 이와 같이 간략하게 돌이켜보면서, 필자는 학교가 헌법내용의 형식적·구조적 서술뿐만 아니라 헌법의 역사를 특징짓는 다양한 의미들과 상충하는 해석들도 어느 정도 다루어야 한다는 사실을 일반대중과 교육자 모두 솔직하게 직시해야 한다고 생각한다. 분명, 학교는 헌법 전문가를 양성하고자 할 수는 없지만, 장래의 시민들이 우리의 민주적 헌법질서 근저에 있는 원칙들과 그에 대한 상이한 해석들을 어느 정도 이해할 수 있게 만들고자 해야 한다. 이 시점에서 필자는 학생과 교사 그리고 시민들에게 공히 중요한 주제를 논의함으로써 필자의 생각을 밝히고자 한다.

필자는 헌법기초자들(*framers of the Constitution*)의 '원래 의도', 그리고 연방대법원 및 연방법원 체계 전체에 의해 헌법이 어떻게 해석되어왔는지에 대해 독자 여러분이 읽고 또 믿는 바에 많은 부분이 달려 있다고 생각한다. 필자는 이처럼 매우 복잡하고도 중요한 문제에 대해 어떤 수업이 올바른 '역사수업'이라고 필자 자신이 생각하는지, 그리고 학교가 가르칠 수 있는 '시민론 수업'에 대해 어떻게 생각하는지를 가능한 한 공정하게 진술하도록 하겠다.

필자는 그러한 '수업'이 교사들과 일반대중 그리고 가능하면 연방대법원의 신임대법원장 및 대법관들에게도 유익한 것이 되기를 바란다. 여기서 필자의 주안점은 교육자들과 일반대중이 종교와 교육을 둘러싼 작금의 논쟁은 오랜 역사를 지니고 있으며 우리가 그 역사를 인식하고 이해하는 방식이 정책판단에 대한 견해차를 야기한다는 점을 깨닫게 하는데 있다. 그러한 문제들이 오랫동안 논쟁거리이긴 하지만, 종교와 교육을 둘러싼 최근의 논쟁들은 세 가지의 역사적 범주로 그 쟁점을 구분할 수 있다.

(1) 무엇이 올바른 헌법원칙이며 또 종교재단학교 보조에 공적 기금을 사용하는 것에 있어 무엇이 현명한 공공정책인가?

1947년의 에버슨 판결 이래로, 수정헌법 제1조의 의미를 둘러싼 논쟁이 있었는데, 수정헌법 제1조는 일반적으로 세금이 종교재단학교를 지원하는 데 사용되어서는 안 된다는 의미로 받아들여졌다.[30] 그러나 공적 보조를 지지하는 편에서도 다음과 같은 논리로 자신들의 주장을 피력했다. 즉 종교재단학교 지원은 학교가 아니라 아동을 위한 것이다. 그러한 지원은 보조적이고 간접적인 것이지 근본적이거나 직접적인 것은 아니다. 또한 교육비 증서 교부나 세금공제는 학부모의 선택권을 확대하는 것이지 종교재단학교에 직접 도움을 주는 것은 아니다. 공립학교 교사가 관내의 사립학교에 가서 보충수업을 하는 경우 그 '공유시간'은 소외계층 아동에 대한 보조로 정당화된다.

(2) 공립학교에서의 종교수업이나 의식과 관련하여 올바른 헌법원칙과 현명한 공공정책은 무엇인가?

최근에 이 문제와 관련하여 가장 명백한 사례는 공립학교에서의 예배를 둘러싸고 벌어진 일들이다. 그렇지만 이는 또한 연방대법원이 1948년 맥칼럼 판결 이래 오랫동안 붙잡고 씨름해온 복잡한 사안이다. 그 판결에서 연방대법원은 공립학교에서 아동이 정규교과시간에 종교담당 교사가 담당하는 교실 외 종교수업에 참석하도록 허용하는 것은 위헌이라고 판시한 바 있다.[31] 조직적·의무적 기도, 성경 읽기, 성

---

30) Everson v. Board of Education, 330 U. S. 1(1947).

31) McCollum v. Board of Education, 333 U. S. 203(1948).

탄절 행사, 십계명 암송, 창조론 수업, '반종교적'이거나 '비종교적'인 또는 '세속적 인본주의' 교재 검열, 자발적인 공중기도, 자발적인 묵도나 명상 혹은 묵상, 또는 기도 대신에 간단하게 '침묵의 순간'을 가지는 것 등의 사안을 둘러싼 논쟁이 계속해서 벌어지고 있다. 1984년 5월 예배 관련 규정을 포함하려는 헌법 개정안이 상원에서 부결되었고, 이는 또 하나의 판도라의 상자를 열 수도 있는 '동등접근법' 통과로 이어졌다. 왜냐하면 그 법은 여타의 학생들이 여타의 목적으로 모임을 가질 수 있는 한 교과 외 시간에 학생들이 교내에서 철학적·종교적·정치적 토론을 할 수 있도록 허용하는 것이기 때문이다.

(3) 종교와 정치 그리고 교육을 둘러싼 세 번째 범주의 쟁점들은 위와 같이 전국적 차원에서는 그다지 현저하지 않지만, 주 차원에서는 매우 급속히 증가하고 있다.

이 입장은 수정헌법 제1조의 내용을 제한 없이 이행하는 것이라는 근거에서 종교재단학교들을 주의 권위나 규제로부터 자유롭게 하려고 한다. 이들의 주장은 종교재단학교들은 교사인증이나 교육과정, 교과서 기준, 의무교육법령 등과 관련한 주의 요구사항이 학부모나 학교 후원자들의 종교적 신념과 상충할 경우에는 그에 따를 의무가 없다는 형태를 취한다. 일부 법조인들은 심지어 세속주의 원리에 근거한 공립학교체계는 그 자체가 수정헌법 제1조 위반이며 따라서 위헌이라고 주장한다. 그들의 견해는 학교는 사립이어야 한다는 것이다. 그들이 내거는 기치는 학교를 주에서 분리하라는 것이다.[32] 보다 유력하고도 확립된 헌법적 견해에 따르면, 주정부는 민주시민교육이 공립학교뿐만 아니라 사립학교에서도 장려될 수 있도록 자신의 힘을 사용할 능력

32) 예를 들어 Stephen Arons, *Compelling Belief: The Culture of American Schooling* (New York: MaGraw-Hill, 1983) 참조.

과 책무를 지닌다. 이러한 쟁점들에 대한 반대입장들은 최근의 여러 간행물에 자세히 소개되어 있다.[33]

여기서의 논의는 의도적으로 학교에서의 시민교육에 국한하였다. 따라서 낙태금지법, 아동학대, 청소년 임신, 운전면허증 사진부착에 대한 종교적 반대, 안식일 휴업 허용, 종교적 이유에서의 징집면제, 교회의 재산권, 바티칸 미국대표부 설치, 공공재산에 예수탄생 장면을 설치하는 것 등과 같은 여타의 광범위한 종교적 · 정치적 주제를 다루지는 않고자 한다.

학교에서의 종교와 교육의 문제와 관련하여, 종교와 정치 그리고 교육이 밀접한 관계에 있다는 것을 제헌의원들에게 호소하고, 그렇게 함으로써 지난 40년, 50년 동안 진행된 자유주의와 세속주의 경향을 불길한 것으로 인식했던 보수주의자들의 시각을 반전시키려는 입장이 일치단결된 모습으로 되살아났다. 그들은 특히, 정교분리원칙은 신화 혹은 허구임을 보여주려 하며, 수정헌법 제1조 기초자들은 다만 연방정부가 여타의 종교에 우선하여 특정한 종교를 정립하지 못하게 하려 했으며 그리하여 수정헌법 제1조 기초자들은 어떤 종교에도 치우치지 않고서 상이한 신념에 입각한 종교재단학교들을 지원하는 주정부를 지지했을 것이라는 점을 입증하고자 노력한다.

---

33) 예를 들어 다음 문헌의 논평부분을 참조하시오. *Education Week*, Nov. 9, 1983, "State Regulation of Private Schools: Three Views." 이러한 쟁점과 관련된 여러 소송에 참여한 헌법전문 변호사 볼(William Bentley Ball), UCLA 교육학 교수인 에릭슨(Donald A. Erickson), 그리고 필자가 논평에 참여하였다. 최근의 단행본들은 다음과 같다. James C. Carper and Thomas C. Hunt, eds., *Religious Schooling in America*(Birmingham Ala.: Religious Education Press, 1984); James Wood, ed., *Religion and the State: Essays in Honor of Leo Pfeffer*(Waco, Texas: Baylor University Press, 1985); 정치학 분야에서 종교와 정치에 대한 논문들은 미국정치학회 1986년 가을 소식지에 소개되어 있고, *Educational Leadership* 1987년 5월호는 '공립학교에서의 종교'를 특집으로 다루고 있다.

1947년의 에버슨 판결에서 연방대법원은 수정조항 기초자들 특히 제임스 매디슨의 의도는 연방 차원의 정교분리 — 절대적인 것은 아니라 해도 상당한 정도의 — 를 지지하는 것이었다는 해석을 인정하였다. 이는 수정헌법 제 1조의 의미에 대한 '자유주의적 개혁'으로 불릴 수 있을 것이다. 연방대법원은 수정헌법 제 1조가 입안되던 당시의 지적·정치적 맥락을 형성했던 애초의 원천과 역사적 맥락 및 사상적 경향으로 복귀하였다. 수정헌법 제 1조의 규정은 수정헌법 제 14조(적법절차 및 평등보호)를 통해 연방정부뿐만 아니라 주정부에도 적용된다고 주장함으로써, 연방대법원은 지난 40여 년간 헌법에 대한 생각을 지배해온 다음의 공식에 도달하였다.[34)] [35)]

---

34) 역주: 수정헌법 제 14조 1항〔1868 – Privileges and Immunities, Due Process, Equal Protection〕 — 미국에서 출생 또는 귀화하고 미국의 관할권에 속하는 모든 사람은 미국 및 그 거주하는 주의 시민이다. 어떤 주도 미국 시민의 특권과 면책권을 박탈하는 법률을 제정하거나 시행할 수 없다. 어떤 주도 적법절차에 의하지 아니하고는 누구에게서도 생명, 자유, 또는 재산을 박탈할 수 없으며, 그 관할권 내에 있는 누구에 대해서도 법률에 의한 평등한 보호를 거부하지 못한다.

35) 역주: 편입원칙(*doctrine of incorporation*) — 권리장전의 주된 목적의 하나는 연방헌법 하에서 각 주의 권리장전을 유지하며 주와 시민 간의 분쟁에서 시민의 자유의 범위와 내용을 명백히 정의할 수 있도록 주의 권리를 보장하는 것이었다. 배런 사건(Barron v. Baltimore, 1833)에서 연방대법원은 권리장전의 어떤 조항도 주에는 적용되지 않는다고 만장일치로 판시하였다.

그러다가 지틀로우 사건(Gitlow v. New York, 1925)을 기점으로 연방대법원은 권리장전의 전국적 적용을 초래하는 일련의 판결을 내렸다. 1947년의 에버슨 사건에 이르러 수정헌법 제 1조의 모든 조항들이 주에 적용되게 되었는데, 이 사건 이후 연방대법원은 종교에 대한 어떤 종류의 지원도 국교창설이라는 위헌성을 구성한다고 판결하여 왔다. 그리고 1960년대에는 연방 형사피고인을 보호하는 권리장전의 대부분의 조항이 주의 소송절차에 적용되었다. 이러한 결과가 가능하게 한 것은 "어떤 주도 적법절차에 의하지 아니하고는 누구에게서도 생명, 자유, 또는 재산을 박탈할 수 없으며 …"라고 규정한 수정헌법 제 14조의 적법절차 조항이다. 연방대법원은 이 조항 속의 '자유'는 권리장전의 여러 조항을 포함하는 것으로 확대해석하였고 그럼으로써 수정헌법 제 14조를 통해 주에 대한 연방의 영향력을 확대하였다. 즉 편입원칙이란 권리장

> 수정헌법 제1조의 '종교창설(*establishment of religion*) 금지' 조항은 적어도 이러한 내용을 의미한다. 즉 주정부이건 연방정부이건 종교를 설립(*set up*)할 수 없다. 어느 쪽도 특정 종교를 지원하거나 모든 종교를 지원하거나 혹은 특정 종교를 선호하는 어떤 법률도 통과시킬 수 없다. … 종교활동이든 종교기관이든 뭐라고 불리건 간에 혹은 종교를 가르치거나 행하기 위해 어떤 형태를 취하건 간에, 이를 지원하기 위해 많든 적든 어떤 세금도 부과될 수 없다. … 제퍼슨의 표현처럼, 법에 의한 종교창설 금지조항은 '교회와 국가 사이에 분리장벽을 세우기' 위한 것이다.[36]

이 사건은 가톨릭 학부모들이 자녀를 버스로 관내 학교에 보내는 것을 세금으로 지원할 수 있도록 한 뉴저지 주법률에 대해 제기된 것이었다. 연방대법원은 에버슨 판결에서 이러한 '관행'이 사실상 종교를 창설하는 것이며 따라서 위헌인가를 놓고 5대 4로 의견이 갈렸지만, 수정헌법 제1조가 말하는 정교분리의 '원칙'에 대해서는 어떤 불일치도 없었다. 블랙 대법관이 위에 인용한 다수의견을 작성하였는데, 그에 대한 반대소수의견을 제시한 러틀리지(Wiley Rutlege) 대법관은 종교창설금지 조항의 의미에 대한 진술에서 오히려 더 철저한 입장을 보였다.

> 금지조항은 어떤 외관이나 형태 혹은 수준의 종교에 대해서도 재정적인 것이든 여타의 것이든 간에 주정부의 지원을 광범위하게 금지

전에서 규정하는 자유가 수정헌법 제14조의 적법절차 조항의 '자유'라는 단어에 편입·통합되어 주(州)를 기속(羈束)한다는 해석의 원칙이다(변정일, 《미국헌법과 아시아 입헌주의》, 고시연구사, 1995, 참조).

36) Everson v. Board of Education, 330 U. S. 1, 1947, p. 13. 블랙(Hugo L. Black) 대법관의 의견에 대법원장 빈슨(Fred M. Vinson)과 더글러스(William O. Douglas), 머피(Frank Murphy), 리드(Stanley E. Reed) 대법관이 동참하였다.

한다.[37]

판결에 나타난 이들 의견은 종교창설 금지조항에 광범위한 의미 즉 광의의 해석을 부여하였다. 즉 이들 의견은 스토리(Joseph Story)와 쿨리(Thomas Cooley) 같은 19세기의 보수주의 법조인들에 의해 형성되어 온 좁은 의미 즉 협의의 해석에 대해 '자유주의적 개혁'을 한 것이다. 게다가, 자유주의적 해석은 주헌법들과 연방헌법이 입안되고 채택되던 1770년대와 1780년대의 맥락에서 이루어진 매디슨의 활동과 저술을 통해 알 수 있는 역사적 기록과 그의 원래 의도에 크게 의거하였다.

에버슨 판결의 다수의견은 광의의 해석원칙을 채택하였지만, 그럼에도 불구하고 버스요금은 단순히 학부모 및 아동에 대한 복지차원의 보조이지 종교재단학교들 자체에 대한 보조는 아니라고 판시하였다. 곧 이어 있었던 1948년의 맥칼럼 판결에서는, 일리노이 주 샴페인 관내의 공립학교에서 종교교육을 위한 자유시간을 허용한 것은 에버슨 판결의 원칙을 위반하는 것이라는 이유로 금지결정을 내렸다. 이들 두 판결은 연방대법원에 대한 엄청난 반발 및 대법관탄핵 요구 사태를 야기하였다. 또한 일부 교육사학자들은 연방대법관 모두가 원칙적으로 합의한 이러한 광의의 자유주의적 해석이 얼마나 타당한지 원래의 자료를 확인하고자 애썼다. 찬성과 반대편에서 쏟아져 나온 많은 저술들을 여기서 거론할 수는 없지만, 관심 있는 독자는 코윈(Edwards S. Corwin), 호위(Mark DeWolfe Howe), 파슨스(Wilfrid Parsons), 그 외 많은 가톨릭 작가들의 비평을 찾아볼 수 있을 것이다. 연방대법원의 원칙을 지지하는 쪽에는 스토크스(Anson Phelps Stokes), 페퍼

37) 위의 판례, p. 6의 러틀리지의 반대의견. 그의 의견에는 프랭크퍼터(Felix Frankfurter), 잭슨(Robert H. Jackson), 버튼(Harold H. Burton) 대법관이 동참하였다.

(Leo Pfeffer), 프리쳇(Herman Pritchett), 컬랜드(Phillip Kurland), 콘비츠(Milton Konvitz), '미국시민자유연합', 그리고 '교회와 국가의 분리를 위한 개신교도 통합' 등이 있다.

당시에 특히 교육과 관련하여 종교창설금지 원칙에 커다란 관심을 보였던 책으로 오닐의 《헌법 하에서의 종교와 교육》[38]과 필자의 《종교와 교육에서의 미국 전통》을 들 수 있다.[39] 오닐은 연방대법원의 해석에 소름이 끼쳤다고 했지만, 필자는 그 해석이 기본적으로 매디슨을 비롯한 헌법기초자 다수의 견해에 부합한다고 보았다. 다수의 가톨릭 비평가들과 상당수의 프로테스탄트 신도들이 오닐의 책에 환호했다. 필자의 책은 다수의 학술지와 교육전문지에서 우호적인 평을 받았다. 〈아메리카〉 지의 편집장을 역임한 하트넷(Robert Hartnett) 신부와 데이비스(Thurston Davis) 신부는 오닐과 마찬가지로 필자의 책에 몹시 비판적이었다. 하지만 1971년 '레몬 대 커츠먼 사건'에서 버거 대법원장이 전원일치 의견을 밝히면서 에버슨 판결 이래의 판례들을 요약할 때 포함된 브레넌, 더글러스, 블랙 대법관의 찬성의견에 필자의 견해가 인용되었다. 그들의 의견에 인용된 필자의 견해는 교육에 있어서 국가의 조치가 합헌이기 위해 충족시켜야 하는 요건으로 제시된 것들이었다. 일차적으로 세속적 목적을 위한 것이어야 하며, 종교를 장려

38) James M. O'Neill, *Religion and Education Under the Constitution* (New York: Harper, 1949). 오닐은 뉴욕의 퀸스 대학 연설담당 부서의 책임자였다. 또한 예수회 소속이었던 파슨스(Wilfrid Parsons)의 *The First Freedom: Considerations on Church and State in the United States* (New York: Declan X. McMullen, 1948) 참조.

39) R. Freeman Butts, *The American Tradition in Religion and Education* (Boston: Beacon Press, 1950). 필자는 당시 컬럼비아대학 사범대학 교수로서 교육사 과목을 가르치고 있었다. 필자의 책에 대한 오닐의 비평은 *America*, Sep. 9, 1950, pp. 579~583 참조. 필자와 비슷한 견해로는 페퍼(Leo Pfeffer)의 *Church, State, and Freedom* (Boston: Beacon Press, 1953) 참조.

하지도 금지하지도 않아야 하며, 정부가 종교와 과도하게 연루되어서 안 된다는 것이 그 내용이다.[40]

그 판결을 접하면서 필자는 헌법기초자들의 역사적 의도가 아주 잘 받아들여졌다고 결론지었다. 즉 1780년대의 '종교창설'은 대체로 공적 보조가 어느 하나가 아니라 다수의 교회에 제공되는 '다중창설'로 알려져 있었으며, 이것이 바로 헌법기초자들의 다수가 — 그 중에서도 특히 매디슨이 — 수정헌법 제 1조에서 금지하고자 했던 바이다.[41]

1) 보수주의의 반개혁

그러나 정교분리라는 광의의 해석 내지 자유주의 원칙을 고수하는 연방대법원에 대해 다시금 반격을 가하고 필자가 얘기했듯이 이를 '신화', '허구' 혹은 단순히 '수사적인 것'이라고 규정하고자 하는 '보수주의의 반개혁' 같은 모종의 움직임이 최근에 등장했다. '원래 의도를 탐구하는 법리학'(*jurisprudence of original intention*)의 보수주의적 토대는 분명하다. 그 학파는 1940년대와 1950년대의 논쟁들을 되살리면서, 오닐과 아주 유사한 견해들을 상세히 설명하였다. 즉 그 학파는 '헌법기초자들'은 단지 의회가 단일의 국교를 창설하는 것을 막으려 한 것이었기에, 모든 종교를 비차별적 근거에서 보조하는 것을 허용하였을 것이며 심지어 각각의 주가 원한다면 단일교회를 창설하는 것도 허용

---

40) Lemon v. Kurtzman, 403 US 602(1971). 연방대법원은 비종교과목 담당 사립학교 교사들의 봉급 일부를 부담하는 데 공적 기금을 사용할 수 있도록 한 펜실베이니아 주법을 파기하였다.

41) 이 견해를 지지하는 자세한 내용에 대해서는 주 32)에 인용된 책뿐만 아니라 다음의 자료도 참조하시오. R. Freeman Butts, "James Madison, the Bill of Rights, and Education", *Teachers College Record*, Vol. 60, No. 3, Dec. 1958, pp. 123~128. 최근의 방대한 기록에 대해서는 Leonard W. Levy, *The Establishment Clause: Religion and the First Amendment*(New York: Macmillan, 1986)를 참조하시오.

하였을 것이라고 주장하였다. 이제 그러한 주장들이 조지타운대학의 번스, 미국기업연구소의 맬빈, 노스이스턴대학의 코드 같이 학식 있는 인사들까지 동참한 가운데 (이런 표현을 세속적 의미로 사용해도 된다면) 부활 내지 환생하고 있다.[42)]

중요한 것은 수정헌법 제1조의 종교창설 금지조항의 역사적 의미에 대한 이들 보수 수정주의 견해들이 다양한 보수 종교단체들뿐만 아니라 백악관, 법무부, 상원, 심지어 연방법원 내에서 강력한 목소리를 내는 인사들에 의해 개진되고 있다는 점이다. 1983년 1월 연방법원의 핸드(W. Brevard Hand) 판사는, 수정헌법 제1조 기초자들의 의도를 역사적으로 해석함에 있어 연방대법원이 오류를 범했다고 보고 이에 근거하여, 공립학교에서의 예배를 지원하는 앨라배마 주법을 지지하면서 이러한 견해에 대한 신임을 나타냈다. 핸드 판사는 코드의 연구에 의거하여, 수정헌법 제1조는 단지 연방정부가 영국 국교회 같은 단일종교를 창설하는 것을 막고자 하였으며 따라서 앨라배마 주는 원한다면 주종교를 창설할 수 있다고 주장하였다.[43)] 1984년 1월 공화당

---

42) Cherster James Antieau, Arthur T. Downey, & Edward C. Roberts, *Freedom from Federal Establishment: Formation and Early History of the History of the First Amendment's Religious Clauses* (Milwaukee: Bruce Publishing Co., 1964); Walter Berns, *The First Amendment and the Future of American Democracy* (New York: Basic Books, 1976); Michael J. Malbin, *Religion and Politics: The Intentions of the Authors of th First Amendment* (Washington, D.C: American Enterprise Institute, 1978); Robert L. Cord, *Separation of Church and State: Historical Fact and Current Fiction* (New York: Lambeth Press, 1982) with a Foreword by William F. Buckley, Jr.; Jerry Combee, *Democracy at Risk: The Rising Tide of Political Illiteracy and Ignorance of the Constitution* (Cumberland, Va.: Center for Judicial Studies, 1984); A. James Reichley, *Religion in American Public Life* (Washington, D.C.: Brookings Institution, 1986); Walter Berns, *Taking the Constitution Seriously* (New York: Simon and Schuster, 1987); 그리고 *Public Interest* 1987년 겨울호 특집.

43) Jaffree v. Board of School Commissioners of Mobile County et al., 554

이 다수를 점한 상원 사법위원회에서 공립학교에서의 예배를 허용하도록 헌법을 개정할 것을 권고했을 때 이러한 주장과 이를 지지하는 문건들이 채택되었다. 그러나 그 제안은 상원에서 오랫동안 격렬한 논쟁을 거친 뒤 1984년 3월에 폐기되었다.

1985년 6월 4일, 연방대법원은 이러한 주장을 다시금 논박하였다. 스티븐스(John Paul Stevens) 대법관은 '월레스 대 제프리 사건'의 다수의견(6 : 3으로 채택됨)에서 핸드 판사의 판결을 파기하면서, 핸드 판사가 '새롭게 발견된 역사적 증거'라고 한 것은 "수정헌법 제 1조에 의해 보호되는 개인적 자유를 속박할 힘을 연방의회가 갖지 못하는 것과 마찬가지로 주정부도 그런 힘을 갖지 못한다"고 하는 확고한 헌법적 명제에 전적으로 어긋나는 '놀랄 만한(*remarkable*) 결론'이라고 하였다. 스티븐스 대법관은 수정헌법 제 1조 및 원래의 권리장전이 보장하는 시민적 자유의 보호와 관련하여 수정헌법 제 14조가 연방의회에 부과하는 제한을 주에도 똑같이 부과하게 하는 '편입원칙'을 연방대법원이 다시금 확인하고 지지한다고 주장하였다.[44]

하지만 역사에 대한 이들 견해의 대립이 끝나지 않았다는 것은 분명하다. 현재 연방대법원장이자, 당시 제프리 사건에서 반대의견을 제시했던 렌퀴스트(W. H. Rehnquist) 대법관은 교회와 국가의 관계에 대한 '절충파'(*accommodationist*)의 견해를 재천명하였으며, 오닐과 코드의 견해에 의거하여, '교회와 국가 간의 분리장벽'은 나쁜 역사에 기초한 은유라고 하면서 나아가 에버슨 판결의 원칙이 "솔직하고도 명백하게 포기되어야 한다"고 주장하였다. 화이트(Byron R. White) 대법관은 반대의견에서 그와 같은 '판례의 근본적 재고'를 지지하였다.[45]

F. Supp. 1104(1983).

44) Wallace v. Jaffree, 105 S. Ct. 2479(1985).

45) 위의 판례. 렌퀴스트 대법관의 반대의견은 17쪽에, 화이트 대법관의 반대의견은 2쪽에 나와 있다.

핸드 판사는, 연방대법원 다수의견에 구애받지 않기로 하고 1987년 3월 4일 싸움터를 바꿔, '세속적 인본주의'는 앨라배마 주의 학교들에서 사용되는 40종의 교과서에서 역설되고 있는 종교라고 결정하면서 따라서 수정헌법 제1조에 따라 제외시키라는 명령을 내렸다.[46] 앨라배마 아동들이 학교에서 기도를 할 수 없다면, 그 아동들은 전통종교의 역할을 무시하고 인본주의 종교를 선호하여 일신교를 차별하는 교과서를 공부할 수 없다는 것이었다. 핸드 판사는 자신이 앞서 1983년에 내린 판결의 주석에서 세속적 인본주의에 대해서는 그러한 판결을 내리는 것이 나을 수도 있다고 언급함으로써 상당 부분 그런 조짐을 보인 바 있다.[47]

1985년 9월 10일 상원은 연방법원이 예배 문제를 관할하지 못하게 하려는 헬름스(Jesse Helms) 상원의원의 법안을 62 : 36으로 부결시켰다. 하지만 곧이어 10월 3일에 공화당이 주도하는 상원 사법위원회는 해치(Orrin Hatch) 상원의원이 공립학교에서 '개인이나 단체가 조용히 예배나 묵상을 하는 것'을 허용하는 내용으로 발의한 별도의 헌법개정안을 승인(12 : 6)하였다.[48]

그 얼마 전인 1985년 7월 1일 연방대법원은 '아길라 대 펠튼 사건'에서, 학교 내 교육활동 운영에 있어 주정부는 중립을 지켜야 하며 교회와 얽혀서는 안 된다는 에버슨 판결을 상기시키면서, 소외계층 아동들의 보충학습을 위해 공립학교 교사들을 사립종교재단 학교에 보내는 뉴욕 시(그리고 미시건 주 그랜드 래피즈)의 관행 또한 위헌이라고 판시하였다. 브레넌 대법관이 다수의견을 제시하였고, 버거 대법원장과

46) Smith v. Board of School Commissioners of Mobile County, U. S. District Court for the Southern District of Alabama, Southern Division, Civil Action No. 82-0544-BH, March 4, 1987.

47) Jaffree v. Mobile, 554 F. Supp. 1104, 1129 and footnote 41, Appendix A.

48) *The New York Times*, Oct. 4, 1985.

오코너(Sandra Day O'Conner), 화이트, 렌퀴스트 대법관이 반대의견을 개진하였다.[49]

학교에서의 예배 및 '공유시간'에 관한 이들 판결들에 대해 정부와 종교계, 교육계, 정계의 자유주의 진영에서는 얼마간 놀라기도 하고 상당히 의기양양해 하기도 하였지만, 보수진영에서는 당황하는 기색이었다. 1985년 7월 10일 법무장관 미즈 3세(Edwin Meese Ⅲ)는 이에 대해 재빠르고도 강력하게 대응했는데, 그는 미국변호사협회에서 행한 연설에서 종교와 교육에 대한 연방대법원 판결들은 역사를 잘못 해석하는 것이라고 명시적으로 비판하였다. 그는 대법관들이 헌법기초자들의 원래 의도보다는 자신들의 이념적 선호에 의거하고 있다고 혹평했다. 그는 1925년에 연방대법원이 권리장전 원안의 연방의회 제약 규정이 수정헌법 제14조를 통해 주에도 적용된다고, 즉 편입의 원칙(적법절차 및 평등보호 조항)을 통해 연방의 '생명과 자유, 재산 보호 의무'가 주에도 해당한다고 주장하기 전까지는 권리장전이 주에는 적용되지 않았다는 사실을 강조하였다.

> … (편입) 원칙이 의거하고 있는 불완전한 지적 근거를 떠받치기 위해 그 어떤 것도 행해질 수 없습니다. 다른 어떤 곳에서도 연방주의 원칙이 편입이론에 의거하는 것만큼 정치적으로 폭력적이고 헌법적으로 의심스럽게 전개된 적이 없습니다.[50]

미즈 장관은 연방대법원의 제프리 판결은 역사를 잘못 해석한 데 기인한 것이며 따라서 에버슨 판결은 파기되어야 한다는 렌퀴스트 대법관의 주장을 칭송하였다.

---

49) Aguilar v. Felton, 105 S.Ct. 3232(1985).

50) 이하에서 인용하는 미즈 3세의 미국변호사협회 연설 내용 일부는 미국 연방법무부에서 발행한 책자 pp.13~17에 포함되어 있다.

물론 요점은 수정헌법 제1조의 종교창설 금지조항은 의회가 국교를 창설하지 못하게 하기 위해 고안되었다는 점입니다. 이 믿음은 의회가 특정 신념이나 당파에 정치적 우위를 부여하는 것을 헌법이 허용해서는 안 된다는 것이었습니다. 그러나 오늘날 대중의 지지를 받고 있는 주장 즉 수정헌법 제1조는 종교와 비종교 간의 엄격한 중립을 요구한다고 주장했다면 제헌의원 세대에게는 기괴한 일로 비쳤을 것입니다. 수정헌법 제1조의 목적은 종교적 폭정을 막으려는 것이었지, 종교 전반을 허물어뜨리려는 것이 아니었습니다. … 연방대법원의 의견들 중 너무 많은 의견이 전반적으로 헌법원칙의 규명이기보다는 정책선택이었다고 결론지어도 될 것 같습니다. 찬반의견분포(*voting blocs*), 의견내용, 이 모두가 헌법 — 그 원문과 의도 — 의 요구를 존중하는 것이기보다는 연방대법원이 올바른 공공정책이라고 생각하는 바를 훨씬 더 중시하고 있음을 보여줍니다. …

제 생각으로는, 연방대법원이 워렌 대법원장 시대의 급진적 평등주의와 과도한 자유주의로 회귀하도록 내버려두는 것은 '제한적이지만 활기찬 정부'의 관념에 다시금 위협이 될 것입니다.

그러면 합헌적 법리학은 실제로 어떤 것이어야 하겠습니까? 그것은 '원래 의도를 탐구하는 법리학'이어야 합니다. 연방대법원은, 정책에 비추어 원칙을 개조하기보다는 원칙에 비추어 정책을 판단하고자 함으로써, 일관성이 결여되었다는 비난 그리고 지나치게 보수적이거나 혹은 지나치게 진보적이라는 비난을 모두 피할 수 있습니다.

원래 의도를 진지하게 규명하고자 하는 법리학은 이념적 선입견에 오염되지 않은 정부라는 옹호가능한 원칙을 산출할 것입니다.

연설 말미에 미즈 법무장관은 연방대법원에 대한 도전과 경고의 뜻을 나타내었다.

헌법의 틀을 만든 이들은 용어를 주의 깊게 선택하였으며, 아주 미세한 사항에 대해서도 오랫동안 논쟁하였습니다. 그들이 선택한 표현은 의미가 담겨 있습니다. 그 의미가 무엇이었는지를 결정하는 것이 연방대법원의 의무입니다.… 현 정부는 '원래 의도를 탐구하는 법리학'을 추구하는 정책을 펴왔고 앞으로도 계속 그럴 것입니다. 정부가 원고 및 피고로 참여하는 사건들에서, 정부는 믿을 만한 유일한 판단지침으로서의 헌법조항과 법률의 원래 의도를 되살리도록 노력할 것입니다.

미즈 법무장관은 분명 텍사스대학 법학교수인 리스(Grover Rees)와 비슷한 견해에 의거하고 있다. 리스는 정교분리장벽은 신화라고 함으로써 레이건 대통령이 발의한 예배관련 헌법개정안을 옹호한 바 있으며, 연방법원 판사 선임과정을 감독하는 법무장관 특별보좌관이 된 인물이다.[51)]

레이건 대통령이 1986년까지 연방법원 판사의 25% 이상을 임명했으며 그의 두 번째 임기 말까지는 전체 연방법원 판사의 절반 이상을 임명하게 될 수도 있다는 사실로 인해, 다수의 저명 법학자들은 판사 임명과정에 이념적 잣대가 적용되지는 않을까 하고 지대한 관심을 나타냈다. 이들 중에는 하버드의 헌법학 교수 트라이브(Lawrence H. Tribe),[52)] 아메리칸대학의 법학교수 슈워츠(Herman Schwartz),[53)] 버지니아대학 법학교수 하워드(A. E. Dick Howard)[54)]가 포함되었다.

1985년 7월과 8월에 여러 차례에 걸쳐 교육부 장관 베넷(William J. Bennett) 또한 이 대열에 합류하였다. 그는 그해 여름에 내려진 판결에서 드러난 것처럼 '연방대법원이 종교에 대해 경멸하는 듯한 괴팍한 자세를 취하는 것'은 건전하지 못하고, 논리가 빈약하며, 역사적으로 정당화되지 않는다고 단언하였다. 즉 "그 목적이나 의미를 역사적으로

---

51) *Wall Street Journal*, 1982. 7. 22.

52) *The New York Times*, 1985. 9. 29.

53) 위의 신문, 1985. 10. 14.

54) 위의 신문, 1985. 10. 17.

제대로 해석할 경우, 그 어떤 해석에 의거하더라도 수정헌법 제1조로부터 그런 판결이 요구되지 않는다"[55]는 것이다.

1985년 8월 7일 콜럼버스 기사회(역주: 미국 가톨릭교도의 사회사업단체)에서 행한 유명한 연설에서, 베넷 장관은 사립학교뿐만 아니라 공립학교도 "모든 미국인이 공유하는 가치를 전달하는 것 이상의 소명을 갖지 않는다"고 다시금 단언하였다. 그 의미는 이렇다.

> "서구의 자유와 민주주의 이념은 유대-기독교 경험에서 직접 도출된다"는 대통령의 발언은 사실입니다. 우리 민주주의의 운명은, 당신이 원한다면, 유대-기독교 전통의 생명력과 밀접하게 서로 얽혀 있습니다.[56]

베넷 장관은 지난 20년 동안 연방대법원이 행한 '잘못 인도된 판단'이 공유시간 및 기도에 대한 연방대법원의 판결을 무효화하려는 교육부의 노력을 포기시키지는 못할 것이라고 주지시켰다. 그에 의하면, 교육부는 연방대법원의 최근 판결들의 기저에 있는 논거를 타당한 것으로 받아들이지 않을 것이다. 또한 교육부는 공립학교에 예배거행을 되돌려주기 위해 일할 뿐만 아니라 사립학교에 대한 교육비증서 교부와 세금공제 혜택을 위해서도 일할 것이다.

> 제가 몸담고 있는 정부는 종교적 신념을 경멸하는 작금의 상황을 바로 잡는 데 도움이 될 입법 그리고 필요하다면 사법적 재고 및 헌법 개정을 위한 압력행사를 계속할 것입니다.[57]

---

55) 위의 신문, 1985. 7. 3.

56) 이 연설문은 *Education Week*(1985. 8. 21)에 수록되어 있음.

57) 위와 같은 곳.

2) 새롭게 고조되는 논쟁

정부 대변인의 보수적 표현 그리고 연방대법원의 거리낌없는 진보적 판결 사이에 공공연한 대치국면이 조성되던 차에, 브레넌 대법관이 1985년 10월 12일 조지타운대학에서의 연설을 통해 이 전선에 가담하였다. 이례적으로 날카로운 표현을 구사한 브레넌 대법관은 '원래 의도를 탐구하는 법리학'에 직접 이의를 제기하였다. 그는 실명을 거론하지 않고 이렇게 얘기했다.

> 이른바 '헌법기초자들의 의도'에 충실한 것에서 정당성을 찾는 사람들이 있습니다. 이런 견해가 가장 교조적 형태로 표현되는 경우, 그 견해는 연방대법관들에게 헌법기초자들이 작금의 문제에 대해 어떻게 생각했는지를 정확히 식별하고 그 의도를 그대로 따라서 현재의 사건을 해결하라고 요구합니다. 그 견해는 우리의 최초의 사회계약을 고안한 사람들의 구체적 판단에 경의를 표하면서 자신을 내세우지 않는 척합니다. 그러나 진실에 있어 그것은 겸손을 가장한 오만에 지나지 않습니다. 그 견해는 우리가 오늘날의 구체적 문제에 원칙을 적용함에 있어 헌법기초자들의 의도를 우리의 관점에서 정확히 가늠할 수 있는 척하기 때문에 오만합니다. 비준논쟁 기록과 같이 계몽의 원천이 될 수 있는 것들조차 원래 의도를 입증하는 증거가 되기에는 산만하거나 모호한 경우가 너무나 많습니다. 수집될 수 있는 자료라고 해도 대체로 헌법기초자들 자신도 특정 헌법조항의 적용이나 의미에 일치하지 않았으며, 일반성의 덮개 속에 서로간의 차이를 숨겼다고 해야 할 것입니다. 자료에 문제의 소지가 있다는 것과 별도로, 그들과 우리 사이에 놓여 있는 2백 년의 간격은 우리가 인식하는 모든 것을 굴절시키는 프리즘으로 작용할 수밖에 없습니다. … 권리에 대한 요구를 헌법에 명시된 1789년 당시의 가치들에 한정시키고자 하는 사람들은 사회진보를 알지 못하며 기본원칙들이 사회상황의 변화에 적응하는 것을 회피하는 것입니다. …[58] 따라서, 존경하

> 는 전임자 잭슨(Robert Jackson) 대법관의 표현을 빌자면, "18세기 자유정부 유형의 일부로 인식된 권리장전의 장엄한 일반원칙들을 20세기의 문제들을 다루는 공직자들에 대한 구체적 제약"(Barnette, 319 U.S. 639)으로 풀이하는 것이 사법적 판단이 짊어져야 하는 짐입니다. 현재의 우리 대법관들은 우리가 할 수 있는 유일한 방법으로, 즉 20세기의 미국인으로서, 헌법을 해석합니다. 우리는 헌법제정기의 역사 그리고 해석의 역사에 의지합니다. 그러나 궁극적 질문은 원문의 표현이 우리 시대에 무엇을 의미하는가 하는 것이어야 합니다.[59)]

'수정헌법'을 지목하여 언급하면서, 브레넌 대법관은 헌법의 목적은 바로 "일정한 가치들은 소수의 권리에 반하는 일시적인 다수의 손이 미치지 않는 곳에 있는 초월적인 것임을 선언"하는 데 있다고 강조하였다. 그리고 그는 청중들에게 헌법은 1차적으로 정부권력의 규정과 제한을 다루었던 것에 비해, 수정조항은 개인의 권리와 존엄 부분에 역점을 두었다는 점을 상기시켰다.

그런 연후에 브레넌 대법관은 수정헌법 제14조에 대한 연방대법원의 해석에 의해 표현과 양심의 위대한 권리가 우리의 기본 헌장에 진정으로 흡수된 1925년 이후의 과정을 다시금 옹호하였다. 그는 시민교육 — 시민으로 하여금 '정치적 판단을 형성하고 표현'하기 위한 수단으로서의 '활발한 공적 토론'에 참여하도록 준비시키는 — 의 목적에 대한 제퍼슨식 관점과 매디슨식 관점을 정확하게 재진술하면서 연설을 일단락지었다.

표현과 양심의 심대한 권리에 대한 재인식은 인간의 존엄성을 다양

---

58) 연설문의 이 부분은 연방대법원 간행물 pp. 4~5에 수록되어 있다. 주요 발췌 부분은 *Kettering Review* 1987년 가을호 pp. 6~11에 게재되었다.

59) 위의 책, p. 7.

> 한 방법으로 재확인시켜 줍니다. 그 권리들은 또한 공적인 중요성을 지닌 문제들에 대한 활발하고 솔직하며 광범위한 토론을 용이하게 함으로써 — 사실은 이를 요구함으로써 — 자치의 희망을 되찾게 합니다. 그러한 공적 토론은 물론 정치이념의 발전과 보급에 매우 중요합니다. 활발한 공적 토론은 개인의 정치적 신념들이 연마되는 도가니입니다. 우리의 민주주의 속에서, 그러한 토론은 정치적 의무입니다. 즉 그것은 자치의 핵심입니다. 인간존엄에 대한 헌법규정은 위로부터 부과되는 정치적 정통성의 가능성을 거부합니다. 그 규정은, 개개인의 정치적 판단들이 주류에서 아무리 벗어나 있다 해도 그리고 유력인사들 내지 엘리트에게 아무런 영향도 주지 못한다 해도, 각 개인이 정치적 판단을 형성하고 표명할 권리를 존중합니다.[60]

몇몇 연방대법관과 행정부 간에 이례적으로 공개적인 대립이 전개되는 와중에, 스티븐스 대법관이 1985년 10월 23일 연방변호사협회(FBA)에서 행한 연설에서 미즈 법무장관을 거명하여 비판하면서, 또 다른 국면이 조성되었다. 그는 2백 년 전 헌법기초자들의 원래 의도가 복합적이고도 다양할 뿐만 아니라 기초자들이 전해주었다는 취지에도 불확실성이 수반된다는 점을 강조하였다.

> 물론 우리는 18세기 후반에 광범위하게 받아들여졌던 믿음의 맥락에서 그들의 표현을 해석하고자 해야 합니다. … (미즈 법무장관이 구사한) '건국세대'라는 용어는 다소 광범위하고 다양한 계층을 묘사하고 있습니다. 그 용어에는 관용의 사도들뿐만 아니라 불관용의 사도들도 포함되며, 정치뿐만 아니라 종교상의 상이한 관점들도 포함되고, 매사추세츠뿐만 아니라 버지니아와 펜실베이니아의 유명 지성인들도 포함됩니다. 저는 제임스 매디슨, 토머스 제퍼슨, 벤저민 프랭클린, 시사평론가 토머스 페인 같은 사람들이 종교와 종교가 아닌

60) 위의 책, p. 13.

것 사이에서 정부가 엄격한 중립성을 지키는 것이 '기괴하다'고 여겼을지 전혀 확신이 서지 않습니다.[61]

거의 1년이 지난 후 이 논쟁은 수정헌법 제14조로 확대되었다. 이에 대해 브레넌 대법관은 1986년 8월에 ABA에서 행한 연설에서 아마도 '오늘날의 미국사회를 변혁시킨 평등주의 혁명의 가장 중요한 법적 도구'일 것이라며 환영을 표했다. 실제로 (남북전쟁 후의) 재통합 시기에 제정된 수정조항들은, '적법'절차에서 '적법'의 새로운 의미 그리고 '법률의 평등보호'에서 '평등'의 새로운 의미처럼, 우리에게 새로운 헌법을 가져다주었다. 그해 9월 법무부 민권담당 차관보 레이놀즈(William Bradford Reynolds)는 브레넌 대법관과 그의 평등주의가 '아마도 오늘날의 미국에서 개인의 자유에 대한 가장 중대한 위협일 것'이라며 비난했다.[62]

그러던 중, 1986년 10월 22일 미즈 법무장관이 사법적극주의에 대한 논쟁에 복귀하여 연방대법원의 판결들은 판결 당사자가 아니었던 개인이나 정부관리에게 반드시 구속력 있는 것은 아니라고 하였다.[63] 이 경우도 교육문제와 관련이 있었다. 그는 '쿠퍼 대 아론 사건'을 언급하였는데, 그 사건에서 연방대법원은 캔자스 주 토피카의 공립학교에서의 흑백분리를 폐지하라는 1954년의 브라운 판결에 대해 아칸소 주 리틀 록은 브라운 사건의 당사자가 아니었기 때문에 적용되지 않는다고 주장한 파우버스(Orval Faubus) 주지사의 결정을 파기하였다. 미즈 장관은 정부의 각 부가 무엇이 합헌이며 무엇이 위헌인지 스스로 결정할 수 있다고 주장하는 것으로 보였다.

하지만 '쿠퍼 대 아론 사건'에서 연방대법원은 유례없이 9명의 대법

61) *The New York Times*, 1985. 10. 26.

62) 위의 신문, 1986. 9. 13.

63) 위의 신문, 1986. 10. 23.

관 모두가 동참한 판시의견에서, 최고법 조항(*Supremacy Clause*)으로 인해 헌법이 최고의 국법이 되었으며, 연방대법원의 기능은 무엇이 법인지를 말하는 것이며, 브라운 판결에 적용된 수정헌법 제 14조는 연방정부 관리뿐만 아니라 모든 주정부 관리들에게도 적용된다고 진술하였다.[64] 법무장관이 이들 사안에 대해 그 후에 어떻게 대응했는지는 분명치 않다. 법무장관과 국가의 관심이 곧이어 11월에 벌어진 이란-콘트라 사건 폭로에 온통 쏠려 있었기 때문이다. 그 후 1987년 6월에 파웰(Lewis Powell) 대법관이 사임하고 보크 판사가 후임으로 지명되면서, 헌법이념은 1987년 인준청문회에서 다시금 전면에 등장하였다.

그런데 1987년 5월에 또 한 명의 연방대법관이 헌법관련 논쟁의 공개무대에 나섰다. 마셜(Thurgood Marshall) 대법관은 연방의회의 통상규제권한을 원했던 북부 주들의 요구 수용에 대한 대가로 남부 주들에서의 노예무역 지속을 용인한 헌법기초자들의 '원래 의도'를 직접 비난함으로써 오히려 엄청난 논쟁을 촉발시켰다. 1787년 헌법은 여성 그리고 사고 팔 수 있는 정당한 재산으로 간주되었던 흑인노예들에게 투표권을 부여하지 않았으며, 헌법의 이런 원래 의도는 1857년 드레드 스콧 사건에서 재확인되었다. 마셜 대법관은 제정 2백주년을 맞이한 헌법을 '살아 있는 문서'로 경축할 것이며 헌법은 권리장전 그리고 개인의 자유와 인권을 보호하는 여타의 수정조항들을 통하여 발전했다고 공표하였다.

> … 저는 헌법의 의미가 필라델피아 회의(제헌회의)에서 영원히 '고정되었다'고 생각지 않습니다. 또한 저는 헌법기초자들이 보여준 지혜와 통찰 그리고 정의감이 특별히 심오하다고 생각지도 않습니다. 그와 반대로, 그들이 고안한 정부는 처음부터 결함이 있었으며 여러 수정조항을 필요로 했고, 남북전쟁을 불러 왔으며, 입헌정부를 유지

64) Cooper v. Aaron, 358 U.S. 1(1958).

하기 위한 중대한 사회변혁이 뒤따랐습니다. 그리고 우리는 개인의 자유와 인권에 대한 헌법의 존중을 오늘날에도 근본적인 것으로 견지하고 있습니다. 오늘날의 미국인들이 '헌법'을 인용할 때에는 2세기 전에 헌법기초자들이 거의 구상조차 하지 않았던 개념에 호소하고 있습니다. …

남북전쟁에서 연방은 유지되었지만 헌법은 그렇지 않았습니다. 정의와 평등을 위한 보다 유망한 기초인 수정헌법 제14조가 새롭게 들어서서, 적법절차와 법률의 평등보호 없이는 어느 누구에게서도 생명과 자유 그리고 재산을 박탈하지 못하도록 보장하게 되었습니다. 그럼에도 미국 흑인이 교육과 주거, 고용과 같은 기본적 기회의 평등을 향유하고 투표권을 가지며 동등한 인간으로 대우받을 권리를 제대로 인식하는 데는 다시 거의 한 세기가 걸렸습니다. …

인상적인 것은 흑인들의 여건을 결정함에 있어 미국의 전 역사를 통해 법원칙들이 행한 역할입니다. 그들은 법에 의해 노예가 되었고 또 법에 의해 해방되었으며, 법에 의해 참정권이 박탈되고 인종분리 차별을 받았습니다. 그리고 마침내 그들은 법에 의해 평등을 획득하기 시작했습니다. 그 여정을 따라, 변화하는 사회의 도전들을 충족시키기 위해 새로운 헌법원칙들이 등장했습니다. 그 과정은 극적이었으며, 앞으로도 계속될 것입니다.

1787년에 필라델피아에 모였던 인사들은 이같은 변화들을 예상할 수 없었습니다. 그들은 자신들이 기초한 문건이 훗날 여성이자 흑인 노예의 후손이 대법관으로 임명된 연방대법원에 의해 해석되리라는 것을 상상할 수도 없었을 것이며 받아들이려 하지도 않았을 것입니다. '우리 인민'은 더 이상 사람들을 노예로 삼지 않으며, 그러한 영예는 헌법기초자들의 것이 아닙니다. 그것은 자유, 정의, 평등의 구시대적 관념에 묵종하기를 거부하며 그 이념들을 보다 좋게 만들기 위해 애쓰는 사람들의 것이어야 합니다.[65]

---

65) 1987년 5월 6일 하와이의 마우이에서 개최된 샌프란시스코 특허·상표법 학회 연례세미나에서 마셜 대법관이 행한 연설로 연방대법원에서 발간하였다.

이러한 일련의 직접적이고도 개인적인 설전은 1940년대 말~1950년대 초의 논쟁과 요즘의 공개적인 대치 사이에 현저하고도 주요한 차이가 있음을 보여준다. 트루먼 및 아이젠하워 행정부는 대체로 법원과 의회에 문제를 맡겼다. 1986년에는 백악관, 법무장관 및 법무부, 교육부 장관, 공화당 주도 하의 상원 사법위원회, 연방대법원의 신임 대법원장 및 보수파 대법관들이 한편에 포진하여 연방대법원과 의회의 진보·중도파 인사들 그리고 하버드의 트라이브(Laurence Tribe), 아메리칸대학의 슈워츠(Herman Schwartz), 버지니아대학의 하워드(A. E. Dick Howard), 클레어몬트대학원의 레비(Leonard W. Levy) 등 저명 헌법학자들에 맞서 진용을 이루었다. 그들 모두는 이런저런 방식으로 역사에 호소한다. 즉 우리는 누구의 역사를 읽고 또 믿는가?

필자는 전반적으로 헌법기초자들의 원래 의도에 대한 브레넌 및 스티븐스 대법관의 견해가 미즈 법무장관의 견해보다 정확하다고 생각한다. 하지만 필자는 또한 수정헌법 제 1조의 종교창설금지 조항의 역사적 의미 그리고 그 표현에 관한 한 '원래 의도' 논의는 쉽게 해소되어서는 안 된다고 생각한다. 헌법기초자들이 도청이나 전자감시 같은 부당한 '수색' 수단의 증가라든지 '법률의 평등한 보호'를 성취하기 위한 도구로서의 강제통학 같은 20세기의 쟁점들을 예견하지 못한 것은 사실이다.

그렇지만 교회와 국가의 관계에 대한 오늘날의 논쟁이 18세기 후반의 상황과 같지 않다는 것 또한 사실이다. 다원주의 사회에서 종교적 자유를 성취하고 유지하는 일에 수반되는 쟁점들은 16세기의 종교개혁에서부터 오늘날에 이르기까지 길고도 지속적인 역사를 지닌다.

4. '원래 의도'에 관한 사례연구 : 종교창설 금지조항

여기서의 논의가 지난 40년간 종교와 교육에 관한 연방대법원의 주요 헌법원칙들을 재해석하고자 하는 보수주의 노력의 공과를 실제 역사 차원에서 다루는 자리가 될 수는 없다. 그러나 겉으로는 매우 단정적이고 단순해 보이는 이들 논변들과 관련된 역사적 기록을 간략하게나마 살펴보는 것이 중요하다.

필자가 컬럼비아대학 사범대학에 재직할 당시 동료였고 공공정책 토론을 성인시민교육의 핵심요소로서 지지했던 브라이슨(Lyman Bryson)은 민주주의 하에서의 시민의 이해력 검사법을 개발하였는데, 이를 한번 적용해보자. 그는 만일 민주주의가 현대세계에 살아남고자 한다면 시민들은 "의미 있는 진실과 그럴듯한 거짓 혹은 기만적인 반진실(*half-truth*)을 구분하는 법을 배워야 한다"[66]고 주장하였다.

보수주의의 논변은 다음과 같이 전개된다. 수정헌법 제1조의 '종교창설' 금지조항은 다만 영국 국교회 같은 단일종교를 가리킨다. 따라서 연방정부나 주정부가 공립학교에서의 예배거행을 장려함에 있어 여러 혹은 모든 교회에 보조금을 교부하거나 비차별적 근거에서 모든 종교재단학교들에 공적 기금을 제공한다면, 헌법기초자들은 이를 인정할 것이다.

그럴듯한가? 그럴듯하긴 하지만, 틀렸다.

---

66) Lyman Bryson, *An Outline of Man's Knowledge of the Modern World*(New York: McGraw-Hill, 1960), p. 3.

1) 1789년에 '종교창설'은 무엇을 의미하였는가?

16, 17세기에 로마 가톨릭교회가 그 권좌에서 밀려난 종교개혁시기에 유럽의 몇몇 국민국가에서 단일의 개신교 교회가 창설되었던 것은 사실이다. 스칸디나비아 및 북부독일의 루터교, 네덜란드의 칼뱅파 개신교, 스코틀랜드의 장로교, 잉글랜드의 영국 국교회가 그들이다. 초기 식민지시대 미국에서는 9개 주에서는 단일종교 창설을 규칙으로 삼았는데, 주에 따라 이 규칙이 강한 곳도 있었고 약한 곳도 있었다. 매사추세츠, 코네티컷, 뉴햄프셔에는 조합교회(회중교회)가 세워졌고, 버지니아, 메릴랜드, 노스캐롤라이나, 사우스캐롤라이나, 조지아에는 영국 국교회가 들어섰다. 뉴욕에서 영국인들이 힘을 발휘하기 전까지 뉴네덜란드에는 네덜란드 개신교가 자리 잡았다. 펜실베이니아, 델라웨어, 로드아일랜드, 뉴저지에는 어떤 종교창설도 법률로 제정되지 않았다.

그러나 18세기 말에 이르자, 미국에서 '종교창설'이 새롭고도 독특한 의미를 가지게 되었다. 점점 더 많이 등장한 다양한 개신교 종파들에다 로마가톨릭까지 들어오고 이들이 정치적 힘을 얻어감에 따라, 단일종교 창설로 출발한 최초의 식민지 중 여섯 주에서 복수의 교회가 '창설'을 인정받았다.

18세기에 영국 국교회 및 여타의 개신교는 매사추세츠, 코네티컷, 뉴햄프셔의 조합교회주의자들과 나란히 창설을 인정받았다. 개신교 중에서 어느 것을 선택할 것인가는 뉴욕의 경우에는 다수결로 정했다. 메릴랜드에서는 가톨릭이 개신교와 공동으로 지지를 획득했다. 1776년의 메릴랜드 주헌법은 "입법부는 기독교를 위해 재량으로 모든 주민에게 평등하게 적용되는 세금을 부과할 수 있다. 자신에게서 거둔 세금을 어느 교회 혹은 어느 목회자를 지원하는 데 지출할 것인지를 지정할 권한은 납세자 개개인이 보유한다"[67]고 규정하였다.

뉴잉글랜드 주민들은 결코 종교창설 특권을 로마가톨릭에까지 확대할 만큼 관대하지 못했다. 그렇지만 1727년이 되자, 매사추세츠 주는 감독교회주의자들이 종교세를 자신들의 목회자들에게 지출하는 것을 허용하기 시작했다. 그로부터 거의 한 세기 동안 입법부는 마을, 교구, 그 외 정치단위들이 '신앙심과 도덕성을 갖춘 개신교도 공립학교 교사'를 지원하기 위한 세금을 부과할 수 있도록 권한을 부여하고 또 이를 요구하였다. 이러한 지역차원의 선택원칙은 1780년 매사추세츠 주헌법에 구현되었으며, 그리하여 종교는 개인보다는 지역공동체가 결정할 문제라는 가정 하에 종교와 정부의 관계는 정치과정에 맡겨지게 되었다. 모든 개인은 종교세를 납부해야 했으며, 각 개인은 정기적으로 예배에 참석하는 경우에는 자신이 납부한 세금이 자신의 목회자에게 지불될 수 있도록 선택할 수 있었다. 정기적으로 교회에 출석하지 않는 사람의 경우에는 그가 납부한 세금은 지역공동체에서 다수결로 선출된 '정착'(*settled*) 목회자에게 제공되었다.[68]

하지만 필자가 '다중 종교창설'이라고 부른 것을 가장 정교하게 규정한 조항은 서몬드(Strom Thurmond) 상원의원이 소속된 주의 헌법에 명백하게 진술되어 있었다. 1778년의 사우스캐롤라이나 주헌법은 더 이상 명시적일 수 없을 만큼 분명했다.

> 개신교는 이 주의 창설종교로 간주될 것이며 이로써 창설되고 공표될 것이다. …평화롭고 충실하게 처신하는 이 주의 모든 개신교 종파는 동등한 종교적·시민적 특권을 누릴 것이다.[69]

---

67) F. N. Thorpe, ed. *The Federal and State Constitutions, Colonial Charters and Other Organic Laws* (Washington, D. C. : Government Printing Office, 1909), p. 1689.

68) 위의 책, pp. 1889~1890.

69) 위의 책, pp. 3255-3256.

사우스캐롤라이나 주헌법은 계속해서 기존의 혹은 앞으로 형성될 각 개신교 종파가 주의 창설종교법 하에서 "어떻게 존중될 것인지, 그리고 입법청원을 통해 어떻게 편입되고 또 동등한 특권을 누릴 자격을 부여받을지를" 아주 자세히 기술하고 있다.

'동등한 특권'이란 모든 권위 있는 개신교 종파는 영국 국교회와 같은 세금지원을 받을 자격이 있음을 뜻한다는 것이 분명하다. 그리고 주헌법은 각 창설종교의 구성원들이 다음의 내용에 서명해야 한다고 규정하였다.

> 첫째, 하느님은 오직 한 분이며, 보상과 처벌의 사후세계가 존재한다.
> 둘째, 하느님에 대한 기도는 공개적으로 행해져야 한다.
> 셋째, 기독교가 참된 종교이다.
> 넷째, 신약성서와 구약성서는 신의 교시이며 믿음과 실천의 규칙이다.
> 다섯째, 다스리는 자의 부름에 따르고 진리의 증인이 되는 것은 적법한 일이자 모든 사람의 의무이다.

이를 보면 사우스캐롤라이나가 가톨릭교도 및 비기독교들을 여전히 차별한 것은 사실이지만, 1789년 여름 연방의회에서 수정헌법 제 1조가 논의되던 당시 미국 내 어느 주의 법체계에도 종교창설 구성원리로서의 단일교회의 이념은 더 이상 들어있지 않았다. 1776년과 1789년 사이에 3개 주(뉴욕, 버지니아, 노스캐롤라이나)에서 주 종교제가 폐지되었다. 여전히 종교창설 법정주의를 취하고 있던 6개 주(매사추세츠, 코네티컷, 뉴햄프셔, 메릴랜드, 사우스캐롤라이나, 조지아)에서는 다중창설주의를 취했는데, 이는 여러 종류의 교회가 자신의 종교적 견해를 지원하는 세금에 공동의 지분을 가질 수 있었다는 것을 의미한다. 달리 말해, 시민들은 창설된 교회들 중에서 선택할 수 있었다. 1789년에는 당시 미국 주민의 다수를 차지했던 7개 주가 자신들의 국교를 폐지하거나 아니면 어떤 교회도 창설하지 않았다. 다른 6개 주에서는 세금이 어느 하나가 아니라 여러 교회에 지원될 수 있었다. 제헌의원들과 헌법기초자들이 이 사실을 몰랐을 리 없었다. 즉 그들은 초대의회의 다수가 연방차원에서 금지하고자 하는 것이 바로 다중창설주의라는 점을 아주 잘 알고 있었다.

2) 매디슨은 무엇을 의도하였는가?

수정헌법 제1조의 주요 기초자는 자신이 자주 구사했던 '종교창설'이라는 구절의 의미를 특히 잘 인식하고 있었다. 1784년에 버지니아의 종교적 보수주의자들은 1779년의 보수주의 법안에 기초하였으며 1778년의 사우스캐롤라이나 주헌법과 매우 유사한 세법 법률안에 다중창설주의를 되살리고자 하였다. '기독교교사 서임편제 법률안'이라는 명칭의 이 법률안은 단지 개신교도뿐만 아니라 모든 기독교도를 포함시켰다. 제임스 매디슨은 전력을 다해 이 법률안에 맞섰다. 그는 (설령 자신이 속한 종파의 목회자라 해도) 종교교사의 보수지급을 위해 모든 시민에게 과세하는 것은 '종교창설'이라고 강력하고도 설득력 있게 주장하였다. 그는 버지니아의 진보적 종교세력들이 그 세법 법률안을 폐기시키고 대신 종교적 자유를 위한 역사적인 제퍼슨 법령(1786)을 통과시키도록 인도할 수 있었다. 이 모든 일은 제헌회의가 소집되어 헌법이 채택되기 직전에 이루어졌다.

초대의회에서 매디슨이 수정헌법 제1조의 종교창설금지 조항의 표현에 대해 가졌던 견해를 기록한 내용이 이 점을 특히 잘 보여준다. 매디슨이 1789년 6월 8일 권리장전 초안을 제출했을 때, 그는 종교적 자유에 대한 이중접근을 제안했다. 첫째, 의회가 전국 차원에서 종교를 창설하는 것을 금지하며, 둘째, 주가 동등한 양심의 자유를 침해하는 것을 금지하는 것이다. 의회 구성원들 간에 견해차가 있었음은 분명하다. 당연히 일부 하원의원과 상원의원은 주에 제약을 가하는 새

연방헌법의 권리장전에 의해 자신들의 다중창설주의가 위협받는 것을 원하지 않았다. 그러나 매디슨은 그렇게 했다. 그리고 하원의 다수는 두 가지 모두에서 매디슨을 지지하였다. 헌법기초자들이 오직 한 가지 의도만 가졌을 것이라고 넌지시 내비춰서는 충분치 않을 것이다.[70]

매디슨의 지도력에 힘입어, 하원에서 통과되어 1789년 8월 21일 상원에 제출된 수정헌법 제 1조 법안에는 "의회는 종교를 창설하는 어떤 법률도 제정할 수 없다"고 되어 있었다. 하지만 상원에 제출된 처음의 수정헌법 제 1조 법안들은 단일종교 창설에 반대하는 초기의 협소한 금지규정을 유지하고자 하였다. 그중 하나는 "의회는 여타의 것에 우선하여 하나의 종파나 종교협회를 창설하는 어떤 법률도 제정할 수 없다"고 되어 있었으며, 또 다른 법안은 "의회는 여타의 것에 우선하여 특정종파를 창설하는 어떤 법률도 제정할 수 없다"는 표현을 담고자 하였다. 이러한 표현들은 연방차원의 다중창설을 허용했을 것이며 당시 여러 주가 채택하고 있던 다중창설주의를 향후 연방 차원의 개입에 맞서 보존했을 것이다. 하지만 그 법안들은 상원에서 채택되지 않았다. 상원에서조차 다수는 매디슨의 제안을 좁게 해석하려는 일체의 시도를 거부하고 최종적으로 협의위원회의 안 — 매디슨 자신의 법안이었을 수 있는 — 에 동의하였다. 오늘날 보수주의자들이 헌법기초자들의 의도였다고 주장하는 것은 실제로는 상원에서 두세 차례 부결된 법안의 내용이다.

중요한 것은 매디슨이 주도한 하원이 '종교창설에 관한 일체의 법률'을 금지하는 보다 광범위하고 보다 진보적인 최종안을 주장하였으며,

---

70) Joseph Gales, ed., *Annals of Congress* (Washington, D.C.: Gales and Seaton, 1834), Vol. I 참조. 그리고 유용한 요약본으로는 다음의 것을 참조. R. Freeman Butts, *The American Tradition in Religion and Education* (Boston: Beacon Press, 1950; reprinted by Greenwood Press, 1974); *Religion, Education and the First Amendment* (Washington, D.C.: People for the American Way, 1985).

매디슨(버지니아), 셔먼(Roger Sherman, 코네티컷), 바이닝(John Vining, 델라웨어) 하원의원과 엘스워스(Oliver Ellsworth, 코네티컷), 캐럴(Charles Carroll, 메릴랜드), 패터슨(William Paterson, 뉴저지) 상원의원으로 이루어진 협의위원회가 작성한 안에 상원이 최종적으로 동의하였다는 점이다. 이 안은 1789년에 하원에서 통과되었으며 1791년에는 14개 주 중 11개 주에서 비준되었다. (다중창설주의를 채택하던) 매사추세츠, 코네티컷, 조지아 주는 헌법비준 150주년인 1939년이 되어서야 권리장전을 비준하였다. 협의위원회 위원 중 다섯 명은 자기 주의 권리를 지키려고 경계하는 '작은 주'(군소 주) 출신이었고, 또 세 명은 여전히 다중창설주의를 취하던 주 출신이었다. 확실히 위원들 중 일부는 최종안에 다른 의미를 부여했지만, 매디슨의 의도는 아주 명확했다.

사실, 수정헌법 제1조는 의회를 제한하는 것만큼 주를 제한하지는 않았다. 하지만, 하원이 다시금 매디슨의 주도 하에 동등한 양심의 권리, 배심원에 의한 재판, 표현의 자유 등을 주가 침해하지 못하도록 하는 수정안을 공식적으로 승인하고 이를 상원에 회부한 것 또한 사실이다. 매디슨은, 자신이 권리장전 안을 제출한 1789년 6월 8일에 행한 유명한 연설에서, 이들 위대한 권리들을 가리켜 '국민의 최고특권'이라 불렀다.

매디슨의 6월 8일 연설은 그의 의도를 보여주는 주요 원천이다. 그 연설은 미국의 위대한 국가문서 중 하나로 간주되어야 한다.[71] 이 연설에서 매디슨은 처음에는 헌법 말미에 수정 내용이 첨가되는 것보다는 헌법전 그 자체가 수정되거나 증보되어야 한다고 제안하였다. 헌법원전은 함부로 고쳐져서는 안 된다는 항변으로 인해 이러한 수정방법

---

71) 매디슨에 대한 여기서의 논의는 다음의 글에서 인용하여 일부 수정한 것임. R. Freeman Butts, "James Madison, the Bill of Rights, and Education" in *Teachers Colleges Record*, Vol. 60, No. 3, Dec. 1958, pp. 123~128.

은 채택되지 않았지만, 그가 주장한 요점은 그의 의도 전반을 이해하는 데 중요하다.

흥미롭게도, 매디슨이 제안한 방법에 반대한 주요 인사들 중에는 헌법개정 문제를 연구하기 위해 하원특별위원회 위원으로 매디슨과 함께 임명되었던 코네티컷의 셔먼이 있었다. 오랫동안 셔먼은 연방헌법에 권리장전을 포함하는 것에 전반적으로 반대하는 인물로 여겨졌다. 그러나 셔먼이 1789년 7월에 쓴 권리장전 초안이 발견되었다는 발표가 최근 1987년 8월에 있었다. 그 발표에 의해, 헌법개정 내용을 헌법전 그 자체에 포함하자는 매디슨의 방법에 셔먼 혼자만 반대했지만, 그가 권리장전의 이념이나 내용에 반대한 것은 아니었음이 분명해졌다.

매디슨의 논집 속에 정리되어 보관된 셔먼의 초안을 발견한 의회도서관 필사본 책임자 헛슨(James C. Hutson)은 이렇게 진술하였다.

> 1789년 6월 8일 매디슨의 연설에 포함된 많은 내용을 셔먼 자신의 초안에 포함시킨 것을 보면, 셔먼은 권리장전의 내용에 있어 매디슨에 반대한 것이 결코 아니었다. … 곳곳에서 그는 매디슨의 적확한 표현을 차용하였다. 셔먼 자신의 생각을 일부 덧붙이긴 했지만, 그의 초안은 매디슨의 원안을 요약하고 정련하는 노력이었다. 그는 매디슨의 반대자이기보다는 협력자였다.[72]

종교의 자유에 관한 셔먼의 초안이 '종교문제에 있어 양심의 권리'를 강조한 매디슨의 주장을 수록하면서도 종교창설 금지에 대해 아무 언급도 하지 않은 것은 중요한 일일 수 있다. 코네티컷 주의 종교창설 관점에서는, 그의 초안이 단순히 매디슨의 표현을 '집약'하려는 노력이 아닐 수도 있다. 그것은 코네티컷 주의 입장을 보호하려는 노력이었을 수도 있다. 그러나 끝에 가서 셔먼은, 하원특위의 제안과 상·하원 협

---

72) *The New York Times*(1987. 6. 29).

의위원회의 최종승인 모두에 있어, 종교창설 항목에 관해 매디슨에 동의하였다. 헌법기초자 일부의 '원래 의도'는 여전히 미발견 상태이자 정정 중에 있다.

매디슨은 처음에는 몇몇 조항이 헌법 1조 9항에 삽입되어야 한다고 제안하였다. 이는 의회의 권한에 제한을 가하는 항목이다. 매디슨은 종교에 관한 다음 조항이 인신보호 보장 및 사후입법에 의한 권리박탈 금지조항 바로 뒤에 삽입되어야 한다고 제안하였다.

> 어느 누구의 시민적 권리도 종교적 신념이나 숭배에 근거하여 박탈될 수 없고, 어떤 국가종교(*national religion*)도 창설될 수 없으며, 어떤 방식으로든 혹은 어떤 구실로든 완전하고도 평등한 양심의 권리가 침해되어서는 안 된다.[73)]

여기서 의회에 의해 박탈될 수 없는 양도불가능한 자연권으로서의 종교적 신념 및 숭배라는 시민적 권리들이 강조되고 있다. 그 중에서도 완전하고 평등한 양심의 권리가 그것이다. 자유와 평등의 연계는 정부가 어떤 방식이나 구실로도 종교영역에 개입하지 말 것을 요구하였다. 법 앞에서 개인의 종교적 견해 혹은 무종교는 다른 사람의 그러한 권리와 동등한 것으로 간주되어야 한다. 정부는 특정 종교를 여타의 종교와 구별하거나 선호하거나 우선할 수 없으며, 종교를 가진 것을 종교를 갖지 않은 것보다 선호할 수 없었다. 각 개인은 자신이 지닌 종교적 신념의 판단자여야 했으며, 설령 그가 일상적 의미에서 종교적 믿음이 없거나 반종교적 신념을 갖고 있다 해도 그의 양심은 존중되어야 했다.

어떤 개인이라도 자신의 양심의 권리가 그 일부라도 위험에 처한다고 항변할 경우 정부가 종교를 장려하는 것은 불법적인 일로 규정되었

---

73) Joseph Gales, ed., *Annals of Congress*, Vol. I, p. 451.

다. 매디슨의 표현이 받아들여졌다면, 정부가 특정종교를 다른 종교보다 혹은 무종교에 대해 종교일반을 장려할 수 있다고 어느 누가 주장할 수 있을지 필자는 알 수 없다. 매디슨은 평등한 양심의 권리와 양심의 자유를 거의 동의어로 사용하였다. 그에 의하면, 개인은 자신의 종교적 신념에 대한 정부의 개입으로부터 자유로울 뿐만 아니라, 자신의 신념으로 인해 차별받지 않을 권리를 지닌다. 또한 개인이 지니는 여타의 시민적 권리도 그의 종교적 신념이나 소속단체 때문에 혹은 종교가 없다는 이유로 위험에 처해져서는 안 된다. 개인의 양심의 권리가 다른 모든 사람들과 동등하다면, 종교가 없다고 해서 종교를 가진 사람에 비해 법적 지위가 손상되어서는 안 된다.

매디슨이 의회에 대해서뿐만 아니라 주에 대해서도 제한을 가하려고 애썼다는 점은 주목할 만하다. 이러한 '원래 의도'는 보수적 수정주의 역사가들이 인지하지 못한 것으로 보인다. 그는 주의 권한을 제한하는 다음 조항이 헌법 제 1조 10항에 삽입되어야 한다고 제안하였다.

> 어떤 주도 평등한 양심의 권리나 언론의 자유 혹은 배심에 의한 형사재판을 받을 권리를 침해할 수 없다.[74]

매디슨의 제안이 채택되었다면, 수정헌법 제 1조는 의회에 대해서만 적용되며 주에 대해서는 적용되지 않는다고 주장될 수 없었을 것이다. 매디슨의 제안은 각 주에서 제기되는 자유와 평등의 문제에 연방헌법의 힘이 미친다는 점을 단언했을 것이며, 원래의 권리장전 내용 일부를 지난 수십 년간 수정헌법 제 14조를 통해 편입시키는 지난한 사법과정을 단축시킬 수도 있었을 것이다.

이 점에 대한 매디슨 자신의 얘기를 들어보자.

---

74) 위의 책, p. 452.

> 저는 또한, 헌법을 개정함에 있어, 주의회의 권력남용을 막는 그 조항에, 기존의 헌법내용보다 더 중요하지는 않다 해도 그와 같은 정도로 중요한, 여타의 규정들을 포함시킬 수 있기를 바랍니다. "어떤 주도 사후입법을 통해 권리를 박탈하는 어떤 법안도 통과시킬 수 없다"는 표현은 헌법에 포함된 현명하고도 적절한 제한규정이었습니다. 저는 연방정부보다는 주정부에 의해 권력이 남용될 위험이 더 크다고 생각합니다. 공동체의 권리를 침해하는 법률은 위헌이라는 일반원칙에 의해 통제되지는 않는다면, 주정부가 가지는 여타의 권력도 마찬가지라고 할 수 있습니다. 그리하여 저는 이러한 금지조항을 확대하고, 5차 결의안에서 진술했듯이, 어떤 주도 평등한 양심의 권리나 언론의 자유 혹은 배심에 의한 형사재판을 받을 권리를 침해할 수 없다는 내용을 첨가하기를 바랍니다. 왜냐하면 어떤 정부도 그 특별한 권리들을 침해하는 권력을 가져서는 안 되기 때문입니다. 저는 주헌법들 중 몇몇에서는 정부의 권력이 그러한 선언에 의해 통제되고 있지만 그 밖의 경우에는 그렇지 않다는 것을 알고 있습니다. 저는 그런 사항들에 대한 이중안전장치를 확보하는 것에 반대하는 이유를 알 수가 없습니다. 그리고 이 헌법에 반대하는 사람들이 제가 방금 제안한 안전장치 확보를 도모하는 데 동참하고 있는 것을 볼 수 있는데, 그들도 위대하고도 중요한 이들 권리들에 애착을 갖고 있음을 이것보다 더 잘 보여주는 증거는 없습니다. 연방정부와 마찬가지로 주정부도 매우 귀중한 이들 특권들을 공격할 가능성이 있으며 따라서 세심하게 이를 경계해야 한다는 점을 모두가 인정해야 하기 때문입니다.[75]

필자는 에버슨 판결과 맥칼럼 판결에서처럼 연방대법원이 수정헌법 제1조를 적용하여 주의 권한을 제약하는 것을 매디슨이 지지했을 것이라고 본다.

매디슨은 양심의 자유, 언론의 자유, 배심재판을 받을 권리가 '위대

75) 위의 책, p. 458.

한 권리들', '국민의 최고 특권들'이라고 여러 차례 말하였다. 그러므로 이들 특권은 연방헌법과 주헌법 모두에서 이중으로 보호되어야 한다. 그러나 매디슨은 이보다 더 나아갔다. 그는 연방헌법상의 권리장전을 주헌법상의 권리장전에 대한 교정으로 간주하는 것이 바람직하다고 다소 길게 얘기하였다. 시민적 자유와 권리의 영역에서, 매디슨은 연방의 권한이 연방법원에 의해 해석되는 법에서 최고여야 할 뿐만 아니라 공동체 여론의 형성자이기도 해야 한다는 점을 분명하게 인식하고 있었다.

매디슨은 국민의 권리보호가 주에만 맡겨져서는 안 된다고 믿었다. 우리 시대에, 누군가가 종교와 교육의 관계는 지역과 주의 문제이며 교육에 대한 규제와 지원은 지역과 부모 그리고 주의 문제라고 주장하는 경우에, 매디슨은 국민의 자유권과 평등권을 전적으로 지역과 주의 손에 맡기려 하지 않았을 것이라는 점을 기억해야 한다. 그의 얘기를 들어보자.

> … 일부 주는 권리장전이 없으며, 또 일부 주는 권리장전이 있긴 하지만 매우 결함이 있으며, 또 다른 몇몇 주의 권리장전은 결함이 있을 뿐만 아니라 매우 부적절합니다. 그들 주는 공화주의 원칙이 요구하는 충분한 범위에서 자유를 확보하는 대신에 너무 많은 제한을 가해서, 자유의 공통된 이념에 부합하지 못합니다.[76)]

달리 말하면, 자유에 대한 공화주의 원칙과 공통의 이념이 지역과 주의 다수의지에 우선해야 한다. 주헌법과 연방헌법상의 권리장전이 일치할 때 최상의 보호가 이루어지겠지만, 양자가 일치하지 않을 경우에는 연방헌법이 주헌법을 교정할 수 있어야 할 것이다. 다시 매디슨의 얘기를 들어보자.

---

76) 위의 책, p. 456.

그러나 여러 주가 구체적 권리들에 대해 선언함에 있어 채택한 형태가 무엇이든 간에, 현재 고려 중인 중대한 목표는 정부가 해서는 안 되는 혹은 특정 방식으로만 해야 하는 경우들을 가려냄으로써 정부의 권력을 제한하고 한정하는 것입니다. 이러한 예외들은 종종 행정부의 권력남용에 대한 것이기도 하고, 간혹 입법부에 대한 것이기도 하며, 또 때로는 공동체 그 자체에 대한 것이기도 합니다. 혹은, 달리 말하면, 소수를 위해 다수를 제한하는 것이기도 합니다.

우리의 경우, 여타의 것에 비해 행정부의 권력남용을 경계하는 일은 아마도 덜 필요할 것입니다. 왜냐하면 행정부는 국가기관 구성에서 강한 쪽이 아니라 약한 쪽이기 때문입니다. 따라서 행정부는 입법부와 균형을 맞추어야 합니다. 왜냐하면 입법부가 가장 강력하며 또한 통제를 가장 적게 받기 때문에 권력이 가장 남용되기 쉬워서입니다. 따라서 권리선언이 부당한 권력행사를 막는 데 기여할 수 있는 한, 그런 선언이 적절하다는 것을 의심할 수는 없습니다. 그러나 저는 미합중국과 같이 제한된(*modified*) 정부의 경우에는 입법부보다는 지역사회가 권력을 남용할 위험이 크다고 생각합니다. 자유를 보호하기 위한 규정들은 가장 커다란 위험이 존재하는 영역, 즉 최고의 특권을 지니는 영역에 대해 균형을 이루어야 합니다. 하지만 이 영역은 연방정부의 행정부나 입법부에서 찾을 수 있는 것이 아니라, 소수를 누르는 다수에 의해 작동하는 주민집단(*the body of the people*)에서 찾을 수 있습니다.

지역사회의 권력에 대한 일체의 지상(紙上) 방벽은 너무 미약해서 주목할 가치가 없다고 생각할 수도 있습니다. 저는 그러한 방벽이 그 면면을 철저하게 목격하고 검토해 온 각계각층의 인사들을 만족시킬 만큼 강하지 않다는 것을 잘 알고 있습니다. 하지만, 그런 방벽들은 사람들을 존중한다는 인상을 상당한 정도로 주며 여론을 정립하고 지역사회 전체의 관심을 불러일으키는 경향이 있기에, 다수가 마음 내키는 대로 하지 못하도록 행동을 통제하는 수단이 될 수도 있습니다.[77]

여기서 개인의 권리와 자유를 보호함에 있어 자유정부가 지니는 긍정적 역할에 대한 통찰을 볼 수 있다. 자유는 단지 정부에 의한 침해로부터 보호되어야 하는 것이 아니라, 어떤 집단이나 개인이 공동체의 다른 이들에게 가하는 침해로부터 정부가 보호해야 하는 것이다. 주정부는 지역의 다수로부터 소수를 보호해야 한다. 하지만 연방정부 또한 주의 다수로부터 소수를 보호해야 한다.

최근에 연방대법원과 연방법원들이 종교, 인종차별, 충성서약, 그 밖에 언론·신념의 자유 등의 문제에 있어 지역과 주의 다수에 반대하여 판결내린 것에 대하여, 필자는 매디슨의 진술에 비추어 그가 동의했을 것이라고 생각한다.

> 권리장전이 헌법에 편입된다면, 독립된 사법부가 고유의 방식으로 스스로를 그런 권리들의 수호자로 여길 것입니다. 즉 사법부는 입법부나 행정부의 모든 권력행사에 대해 견고한 보루가 될 것입니다. 권리선언에 의해 헌법에 명문화되어 있는 만큼 사법부는 당연히 일체의 권리침해에 대항할 것입니다. 이러한 안전장치 이외에도, 연방 차원의 권리선언이 이행될 개연성이 매우 큽니다. 왜냐하면 주마다 입법부가, 행정부를 치밀하게 감시할 것이며, 또한 지구상의 다른 어떤 권력보다도 권력행사에 보다 효과적으로 대항할 수 있을 것이기 때문입니다. 그리고 연방정부의 최대의 반대자는 주 입법부가 주민의 자유에 대한 확실한 수호자가 되는 것을 인정합니다. 저는 이러한 관점에서, 제가 정부체계에 편입되어야 한다고 제안했던 형태 즉 국민의 권리선언을 제공하는 것은 그 자체가 공적 정신의 평온과 정부의 안정성에 적합할 것이며 또한 고도로 정치적인 일이라고 결론내릴까 합니다.[78]

---

77) 위의 책, pp. 454~455.

78) 위의 책, p. 451.

그러나 보다 보수적인 상원은 이처럼 주의 권리를 제약하는 데 동의하지 않으려 했으며, 그리하여 연방정부가 시민의 권리와 자유를 증진하는 법안을 수십 년간 연기시켰다. 그럼에도 불구하고, 기존에 종교에 대해 다중창설주의를 취하던 6개 주가 사우스캐롤라이나(1790), 조지아(1798), 메릴랜드(1810), 코네티컷(1818), 뉴햄프셔(1819), 매사추세츠(1833)의 순서로 이를 폐지하기 시작했다. 그리고 새롭게 연방에 편입된 주들은 매디슨의 의도대로 수정헌법 제1조를 곧장 따랐다. 매디슨과 그의 지지자들은 정부가 종교나 종교적 가치를 폄하하도록 할 의도는 없었다. 그들은 공화주의 정부가 연방과 주 차원 모두에서 완전한 종교적 자유와 평등한 양심의 권리를 모든 사람들에게 보장하는 것을 의도하였다. 그러나 매디슨의 생각이 수정헌법 제14조를 통해 주 차원에 적용되기까지는 150년이 걸렸는데, 이것이 바로 연방대법원의 에버슨 판결이었다.

5. 공공논쟁 지도

사실, 이제 미국인들은 공립학교에서의 예배거행을 허용하도록 혹은 교육비 증서나 세금공제 혹은 직접보조를 통해 종교재단학교에 공적 자금을 제공하도록 헌법을 개정함으로써 연방대법원을 저지할 권리를 가진다. 그러나 그들은 그런 식으로 연방대법원의 그릇된 역사해석을 바로잡아서 '제헌의원들' 혹은 '수정헌법 제1조 기초자들'의 다소 모호한 원래 의도로 복귀하게 되리라는 막연한 생각에서 그렇게 해서는 안 된다. 미국인들이 그런 결정을 내리고자 한다면 '그럴듯한 거짓' 보다는 '의미 있는 진실'에 기초해야 한다.

더욱이, 헌법기초자들이 '공립학교에서 기도하는 것을 배제하려' 하지 않았다고 주장하는 것은 '기만적인 절반의 진실'이다. 1789년에는 오늘날과 같은 의미의 '공립학교'는 아직 존재하지 않았다. 근대적 공교육은 호레이스 맨과 헨리 바나드 같은 학교개혁가들의 주도 하에 1830~1840년대에야 비로소 시작되었다. 1789년에 국고지원을 받는 공립학교에 가장 근접했던 것은 당시에 여전히 다중 '종교창설주의'를 취하던 바로 뉴잉글랜드의 마을학교들이었다. 물론 그들 주에서는, 주 정부가 마을학교의 개신교 종교수업 및 규율준수를 장려하는 것이 적법한 것으로 간주되었다. 《뉴잉글랜드 입문서》(*New England Primer*)와 나중의 '맥거피가 쓴 독본들'(*McGuffey readers*)은 분명 여러 세대에 걸쳐 공립학교 아동들에게 기도법을 가르쳤다. 하지만 1840년대에 이르러 로마가톨릭을 비롯한 여타의 종교들은 그런 수업이 개신교의 분파·종파주의를 장려한다는 이유에서 반대하였다.

그리하여 모든 사람에게 봉사하되 제퍼슨과 매디슨이 그렇게 단호하게 주장했던 '평등한 양심의 권리'를 침해하지 않는 보통공립학교 설립계획이 시작되었다.[79] 몇몇 주와 연방대법원에서는 공립학교에서 성경읽기와 기도 같은 종교활동을 장려하는 일을 중단함으로써 평등한 양심의 권리가 최상으로 확보될 수 있다는 판결이 종종 내려졌다. 공립학교에서의 종교활동 보호를 '제헌의원들과 헌법기초자들'에게 호소하려는 이들은 제헌의원들 중 누구를 증인으로 내세울 것인지를 잘 살펴보아야 할 것이다. 헌법기초자들 중 일부는 복음주의와 개종보다 종교적 자유를 신봉하였다.

매디슨 그리고 하원과 주에 속했던 그의 진보파 동료들은 1789~1791년 논쟁에서 승리하였다. 그리고 1947년 이래 연방대법원도 대체로 그들의 의도를 정확하게 해석했다. 문제는 그들이 1980년대의 논쟁에서도 계속 승리할 것인가, 혹은 수정헌법 제1조에 대한 그들의 통찰이 '의미 있는 진실'보다 '기만적인 반진실'이나 '그럴듯한 거짓'을 따르는 정치인, 법조인, 시민들에 의해 수정되거나 '개혁'될 것인가이다.

수정헌법 제1조에 대한 이들 상이한 해석에 의해 제기된 헌법적 쟁점에 관한 공공토론은 최상의 학술적 논의가 수반되어야 한다는 게 필자의 논점이다. 레이건 대통령은 정치와 도덕은 불가분의 관계에 있다고 주장한다. 도덕의 기초는 종교이므로 종교와 정치는 필연적으로 관련되며 바로 이것이 제헌의원들의 생각이었다고 주장한다. 이에 공감하는 도덕주의 견해들이 버클리(William F. Buckley, Jr.), 킬패트릭(James J. Kilpatrick), 윌(George Will)과 같은 보수파 인사들의 칼럼에서, 그리고 전국기독교운동, 보수주의 요람, 보수대중 세금연합, '도덕적 다수', 자유연맹, 기독교방송연합, 미국전통가치연합 등 다수의 근본주의 집단의 정치·종교적 노력에서 울려 퍼졌다.

그러나 필자는 정치사·헌정사 분야에서 그러한 주장들이 그릇되었음을 보여주는 학술적 논의가 매우 많다는 점을 지적하고자 한다.

---

79) 이에 대한 자세한 논의는 R. Freeman Butts, *The American Tradition in Religion and Education*, 제5장 참조.

1950～1960년대의 주요 사례로 스토크스(Anson Phelps Stokes), 페퍼(Leo Pfeffer), 프리쳇(Herman Pritchett)의 유명저작들을 들 수 있다.

이들 초기저작 이래로, 헌법학·법학·역사학 분야 학술연구의 지배적 흐름은 수정헌법 제 1조에 대한 보다 협소한 협력주의(*cooperationist*) 혹은 절충주의(*accommodationist*) 해석보다는 보다 광범위한 정교분리·세속주의적 해석이었다고 해야 할 것이다.[80] 비전문가가 이 주제에 관한 방대한 문헌을 모두 다룰 방도는 없지만, 이 분야와 관련한 증거를 제공하는 유용하고도 쉽게 구할 수 있는 간행물로 미국정치학회와 역사학회의 공동 후원으로 '프로젝트 87'에서 1983년부터 발간하는 계간지 〈이 헌법〉이 있다. 특히 브라운대학의 우드(Gordon S. Wood), 컬럼비아대학의 모리스(Richard B. Morris), 윌리엄스대학의 번스(James MacGregor Burns), 코넬대학의 캐먼(Michael Kammen), 미네소타대학의 머피(Paul L. Murphy), 버지니아대학의 하워드(A. E. Dick Howard), 휴스턴대학의 러츠(Donald S. Lutz), 토론토대학의 팽글(Thomas L. Pangle), 예일대학의 스미스(Rogers M. Smith),

---

80) 예를 들어 다음을 참조. Anson Phelps Stokes & Leo Pfeffer, *Church and State in the United States*(New York: Harper and Row, 1950, 1964); Leo Pfeffer, *Church, State, and Freedom*(Boston: Beacon Press, 1953, 1967); C. Herman Pritchett, *The American Constitution*, 3rd. ed.(New York: McGraw-Hill, 1977); Robert S. Alley, ed., *James Madison on Religious Liberty*(Buffalo, N. Y.: Prometheus Books, 1985); Leonard Levy, *The Establishment Clause: Religion and the First Amendment*(New York: Macmillan, 1986); Thomas J. Curry, *The First Freedoms: Church and State in America to the Passage of the First Amendment*(New York: Oxford, 1986). 전반적인 사항에 대한 탁월한 사전류로는 다음을 참조. Leonard Levy, Kenneth Karst, and Dennis Mahoney, eds., *The Encyclopedia of the American Constitution*, 4 vols.(New York: Macmillan, 1986); Phillip Kurland and Ralph Lerner, eds., *The Founders' Constitution*, 5 vols.(Chicago: University of Chicago Press, 1987); 그 밖에 제 3장과 제 4장의 주석에 인용된 참고문헌들을 참조하시오.

리치몬드대학의 앨리(Robert S. Alley)의 논문에 주목하기 바란다.

예를 들어, 러츠 교수는 연방헌법 전문(前文)이 "우리의 헌법전통의 다양한 원천들 그리고 그 전통에 영향을 끼친 것들을 소중히 간직하며 반영하고 있음"을 상기시킨다. 이들 원천은 종교적 색채를 띤 17세기 초의 서약과 계약을 포함하고 있을 뿐만 아니라, 18세기 영국 급진파의 사상, 그리스·로마의 공화주의에 귀 기울였던 르네상스 시대 인문주의자들의 정치사상, 자연권 그리고 홉스, 로크, 흄, 몽테스키외의 사회계약에 관한 합리주의 계몽사상도 포함하고 있다. 그리하여 연방헌법은 1770년대~1780년대 몇몇 주헌법의 특징을 이루었던 것, 즉 성경구절과 신의 섭리 그리고 '정치에 관한 도덕주의적 입장'에 대한 강조에서 탈피하였다.[81] 이와 비슷하게, 팽글 교수는 "《연방주의자 논고》의 저자들은 '신에 대한 경외감'에 대해 거의 전적으로 침묵을 지켰다"고 말한다. 그 대신, 그들은 종교 및 도덕적 덕성에 대한 과도한 열정을 포함하는 열광을 누그러뜨리는 고요하고도 사려 깊은 자기이익 계산을 의미하는 '절제의 미덕'을 반복해서 언급한다.[82]

스미스(Roger M. Smith)는 미국시민자격의 세 가지 기본개념 내지 '이념형'이 주도권을 다투어왔다고 조심스럽게 규정한다. 첫째는 자유와 평등을 강조하는 19세기 계몽주의에서 비롯된 자유주의 관점이고, 둘째는 고전적 정치참여와 시민적 덕성에 공감하는 17~18세기의 공화주의 관점, 그리고 셋째는 종족적·종교적·문화적 다양성에 반발하는 19~20세기 유럽계 백인남성 개신교도들 사이에서 성장한 토착주의 관점이다.[83] 앨리는 "매디슨은 그가 1836년에 사망할 때까지 교회와 국가의 전면적인 완전한 분리에 대한 자신의 신념을 국가가 지지할 것이라 믿었다"[84]고 서술하였다.

---

81) *this Constitution*, Sep. 1983, p. 28.

82) 위의 책, 1984년 겨울호, pp. 22~23.

83) 위의 책, 1985년 가을호, pp. 12~13.

수정헌법 제1조의 전반적 의미에 관한 지난 30년간의 학술연구에 더해, 종교창설금지조항 자체를 다룬 연구들도 있는데, 그중 가장 최근에 행해졌으며 권위 있는 것으로 레비의 연구를 들 수 있다. 클레어몬트대학원 앤드류 멜론 인문학 석좌교수이자 역사학과 주임교수로 있는 레비는 다수의 헌정사 문헌 및 4권짜리 《미국 헌법사전》(*Encyclopedia of the American Constitution*, 맥밀란 출판사)의 편집자이며 또한 헌법 특히 권리장전에 관한 다수의 저서를 펴내기도 했다.

필자는 그의 연구가 필자의 예전 연구를 입증해주며 또한 전적으로 그와 부합한다는 점이 특히 기쁘다. 그는 오닐, 맬빈, 코드가 주장하는 것처럼 헌법기초자들이 종교창설을 좁은 의미에서 금지했다기보다는 보다 넓은 의미에서 금지했다고 보는 것이 역사적으로 더욱 정확하다는 설득력 있는 문헌증거를 제시한다.

그는, 필자와 마찬가지로, 역사상의 '의도'는 종교창설 금지조항에 대해 좁게 해석하는 관점과 넓게 해석하는 관점 양극단에서 우리가 생각할 수 있는 것 이상으로 논쟁의 여지가 있긴 하지만, "연방대법원의 (보다 넓은) 해석이 역사적으로 더 정확했음을 보여주는 증거가 압도적"85) 이라는 점을 인식하고 있다.

수정헌법 제1조의 종교창설 금지조항에 관한 책에서, 레비는 엄청난 양의 1차 자료부터 지난 20년간의 모든 학술연구까지 정리하고 있다. 30여 쪽에 이르는 주석과 참고문헌 목록에서 언급되는 이들 자료에 힘입어 레비는 필자가 전적으로 동의하며 필자가 40여 년 전에 상대적으로 빈약한 역사자료로 입증하려 애썼던 결론에 이른다.

---

84) 위의 책, 1986년 가을호, p. 33.

85) Leonard W, Levy, "The Original Meaning of The Establishment Clause of the First Amendment" in James E. Wood, Jr., ed., *Religion and the State: Essays in Honor of Leo Pfeffer* (Waco, Texas: Baylor University Press, 1985), p. 44.

> 미국혁명 후 1791년 당시 미국연방을 구성하던 14개 주 중 7개 주는 법으로 종교창설을 인정하였다. 어느 주도 어느 한 종교만 혹은 어느 한 종교를 우선적으로 창설하는 방침을 내세우지는 않았다. 수정헌법 제1조를 기초하고 비준한 사람들에게 종교창설이란 그들 7개주에서 생각하던 것을 의미하였고, 7개 주 모두에서 종교창설은 특정 종교를 우선하지 않고서 종교를 공적으로 지원하는 것을 의미하였다. 수정헌법 제1조의 종교창설 금지조항이 금지하고자 했던 것은 특히 이러한 비우선적 근거에서의 지원이었다.[86]

레비는 애초에 단일창설주의를 채택했다가 일체의 종교창설에 반대하는 정서가 강해지자 이를 중단해야 했던 처음의 6개 주(버몬트는 1791년에 통과) 각각의 변천사를 상세하게 다룬다. 7개 주 모두 단일창설주의에서 다중창설주의로 나아가는 과정에서 여러 형태의 타협이 이루어졌다.

> 6개주 각각과 관련된 증거를 보면, 종교창설에 관한 입장이 지속되는 동안 그것은 주 차원의 종교 혹은 특정종파에 대한 공적 지원체계를 의미하는 데 한정되지 않았다. 그 대신 종교창설은 어느 하나를 우선시하지 않은 채 여러 혹은 모든 교회에 대한 공적 지원을 의미하였다.[87]

레비는 1차 자료가 얼마나 부정확하고 부적절한지 그리고 그로부터 정확한 혹은 간결한 결론을 도출하기가 얼마나 어려운지를 지적한다. 그는 정교분리에 수반된 문제들이 복잡하다고 언급하며 교회에 대한 세금면제라는 중요한 예외도 지적한다. 하지만 그는 또한 그러한 예외

---

86) Leonard W, Levy, *The Establishment Clause: Religion and the First Amendment* (New York: Macmillan, 1986), p. xvi.

87) 위의 책, p. 26.

들이 당시의 규칙이었음을 입증하고자 하는 이들의 시도를 물리친다. 가령, 매디슨은 추수감사절 준수를 권고하는 성명서(제퍼슨은 반대하였음)를 발의했으므로 종교창설을 좁게 해석했다는 주장도 있고, 매디슨은 학교주임목사 임명을 권고하는 위원회에 소속되어 있었다는 주장도 있다(나중에 매디슨은 자기는 반대했다고 밝혔다.)

레비는 로버트 코드를 비롯한 인사들이 제기하는 이러한 그리고 그와 비슷한 주장들, 즉 제헌회의가 제출한 헌법안을 비준한 주들 가운데 일부는 연방차원의 국교(國教)제정을 금지하는 헌법개정을 촉구했다는 주장들을 명시적으로 다룬다. 그는 강력한 중앙정부를 두려워한 여러 주에서 공격적인 반연방주의자들이 구사했던 표현이 여기에 반영되어 있었음을 보여준다. 그 표현은 종교창설이 여전히 인정되던 주들의 실제를 나타내지는 않았다. 그는 매사추세츠 소속 의원들이 무상토지를 종교보조에 사용하는 조항을 삽입하였던 1787년의 노스웨스트 포고령을 1789년에 연방의회가 다시 제정하였을 때 이 조항이 삭제되었다는 점을 상기시킨다.

레비는 절대분리주의와 공격적·적극적 절충주의 양 극단 모두에게 예수 탄생화(誕生畵) 광장 게시, 교실 내 십계명 부착, 공립학교에서의 침묵의 순간 이행 등을 둘러싼 소송과 같이 덜 중요한 문제에 대해 보다 중도적인(*moderate*) 견해를 채택할 것을 촉구한다. 그는 법은 사소한 일에는 관여하지 말라고 재차 강조하면서 "잠자는 독단은 누워있게 내버려 두라"고 적절한 농담을 곁들인다. 그러나 무엇보다도, 그는 정부의 국내 공공서비스 제공은 줄이려 하면서 정부재원으로 종교를 지원하는 정부권한은 증대시키고자 하는 보수주의자들의 모순을 강조한다.

필자는 레비의 역사서술 및 중도주의에 동의하지만, 공교육의 미래를 위한 중요한 목표들 그리고 그것이 시민교육 차원에서 갖는 사명이 잊혀져서는 안 된다. 종교창설 금지조항의 역사에 관한 협소한 절충주의 관점을 수용하는 것이 교육비 증서나 세금공제 같은 형태로 종교재단학교에 대한 공적 지원을 증대하거나 아니면 부모의 선택권 행사라는 극단적 행동을 지원하는, 혹은 예배시간 편성이나 창조론 수업, 세속적 인본주의에 근거해서 기술된 교과서 '배제하기', 시민론 관련 필수과목이 진실한 종교적 신념을 침해한다는 이유로 해당 수업에 '불참하기' 등의 형태로 공립학교에서 종교의 역할을 증대시키는 공공정책으로 나타나도록 허용해서는 안 된다.

1982년 5월 레이건 대통령이 공립학교에서의 예배시간 편성을 허용하는 헌법개정안 채택을 지지했던 때부터, 의회는 헌법을 개정하거나 공립학교에서의 예배시간 편성에 대한 연방대법원 및 연방법원의 사법권을 박탈하는 것을 골자로 하는 입법통과를 놓고 반복된 대립으로 심하게 분열되었다. 자녀를 사립종교재단학교에 보내는 부모들에게 공적 재원으로 보조하는 수업료 세금공제 및 교육비 증서제공을 장려하고자 하는 레이건 행정부의 노력을 둘러싸고 유사한 논쟁이 제기되었다. 이러한 논쟁은 특히 1984년 이후, 레이건 대통령의 강력한 발언에 의해서뿐만 아니라 미즈 장관이 이끄는 법무부, 베넷 장관 휘하의 교육부, 서몬드 상원의원과 해치 상원의원 주도 하의 상원사법위원회 그리고 연방대법원 내의 상이한 견해들에 의해서도, 가속화되었다.

이 논쟁의 복잡한 내용을 여기서 자세히 거론할 수는 없지만, 테네시와 앨라배마의 기독교 근본주의 학부모들이 교과서에 만연한 '세속적 인본주의'로 인해 자신들의 종교적 신념이 침해당했다고 주장하면서 1986년 여름과 가을에 연방법원에 소송을 제기한 것이 이 논쟁의 상징적 표현이 되었다.

1986년 10월 테네시 주 동부지구 연방지방법원의 헐(Thomas G. Hull) 판사는 홀트(Holt, Rinehart & Winston) 출판사의 교과서는 양심적으로 형성된 종교적 신념을 침해하기 때문에 기독교 근본주의 가정의 아동은 그 책을 공부하지 않아도 된다고 판시하였다.

> 원고들은 홀트 출판사 발간 교과서들 전부를 읽으면 아동이 페미니스트, 인본주의자, 파시스트, 반기독교, 채식주의자의 관점, 혹은 '세계정부'를 지지하는 관점을 채택할 수도 있다고 믿는다.
>
> 원고들은 이러한 철학적 관점의 반복적 확인은 기독교 신앙에 어긋나기에 자신들은 자녀들이 홀트사 교과서에 노출되지 않도록 해야 한다고 진정으로 믿는다. …

판사는 국가가 학교 시민교육에 당연히 관심을 가진다는 점을 인정하면서도, 다음과 같이 판시하였다.

> … 법원은 모든 학생들이 홀트사 교과서를 강제로 배우지 않고서도 읽고 쓰기 그리고 시민의 자질을 성취할 수 있는지를 판정해야 한다. 이 문제는 그렇다는 쪽으로 답변된 것이 분명해 보인다. … 법원은 또한 국가의 당연한 관심사라 할지라도 원고들에게 그 입증부담을 지게 해서는 안 되며 국가의 관심사는 덜 제한적인 수단으로 충족되어야 한다고 본다.[88]

이러한 수단들에는 교육구의 독서계획에서 종교적 신념을 침해하는 책이 사용되는 경우에는 언제든지 탈퇴하는 것도 포함되었다. 표준화된 시험요건을 충족시키는 한에서는 학생들은 가정에서 부모에게서 수업을 받아도 되게 되었다. 비록 판사는 이러한 내용이 소송을 제기한 가족들에게만 적용된다고 판시하였지만, 상급법원에 대한 항소가 뒤따를 것이며 유사한 소송이 전국 곳곳에서 성급하게 제기될 것이라는 데 많은 사람들이 인식을 같이하였다.

한편, 1986년 10월에 기독교 근본주의 학부모들과 관련된 또 다른

---

88) Mozert v. Hawkins County Public Schools, U. S. District Court of the Eastern District of Tennessee, Northeastern Division, No. CIV-2-83-401, 1986.

소송이 제기되었는데, 앨라배마 주 모빌에 있는 남부지구 연방지방법원의 핸드(Brevard Hand) 판사가 이 사건을 맡았다. 핸드 판사가 학부모들에게 공감한다는 것은 공립학교에서의 예배를 허용하는 그의 예전 판결에서 나타난 바 있으며, 그 판결은 앞에서 보았듯이 연방대법원에서 파기되었다(역주: 앞의 제3절 1항 '보수주의의 반대개혁' 참조). 이 사건에서 학부모들은 '세속적 인본주의'는 실제로 종교이며 따라서 그것을 가르치는 것은 기독교, 이슬람교, 유대교와 함께 금지되어야 한다고 주장하였다. 그들은 이러한 근거에서, '세속적 인본주의'를 가르치는 교과서가 모빌 지역의 학교교육 과정에서 퇴출되어야 한다고 주장하였다. '미국을 염려하는 여성들'은 학부모들을 지원하였고, '미국의 길을 위한 사람들'은 반대편이었다.

1987년 3월 4일의 판결에서, 핸드 판사는 앨라배마 주 교육위원회가 승인한 교과서 46종이 앨라배마의 모든 학교에서 퇴출되거나 일부 교과서의 일정 부분이 삭제되어야 한다고 주장하는 학부모들의 손을 들어주었다. 그가 제시한 목록에는 7종의 가정교과서, 9종의 역사교과서, 30종의 초등사회교과서가 포함되어 있었다.[89]

핸드 판사는 이 사건이 해당 교과서들이 바람직하지 않다거나 부적절하다거나 비도덕적이라고 여기는 편협한 친종교주의자들에 의한 검열문제가 아니라고 판시하였다. 그것은 단지 세속적 인본주의라는 일종의 종교적 신념을 수정헌법 제1조의 종교창설 금지조항을 위반하면서 가르치는 것을 방지하는 일이었다. 핸드 판사는 세속적 인본주의가 종교와 매한가지인 신념에 근거한 진술을 하는 모종의 신념체계이며 따라서 금지되어야 한다는 증언을 받아들였다. 그에 더하여, 역사책에서 기독교의 역할에 대한 언급을 체계적으로 누락시키는 것은 비종

89) Smith v. Board of School Commissioners of Mobile County, U. S. District Court for the Southern District of Alabama, Southern Division, No. CIV 82-0544-BH, Mar. 4, 1987.

교적 신념의 주입에 해당하며 따라서 종교에 대한 차별로서, 이 또한 수정헌법 제 1조에 의해 금지되는 일이라고 판시하였다.

제 11 연방항소법원이 핸드 판사의 판결을 파기하였을 때, 이들 사건 중 하나는 혹은 둘 다 연방대법원에 회부될 것처럼 보였다. 이 시점의 연방대법원 구성을 보면, 일전의 예배사건에서 핸드 판사의 판결을 지지했던 렌퀴스트 대법관이 대법원장이 되었으며, 파기결정에 동참했던 파월 대법관은 은퇴한 상태였다.[90]

교과서와 관련한 '수업불참' 및 '교과서 배제'가 승소한다면, 학부모의 선택권이 최고조에 이르러 공립학교에서의 시민교육 교육과정 구성에서 학자나 전문가의 역할이 거의 사라지게 될 것이다.

학자 · 전문가들이 제안하고 공적 기관이 승인하는 교육내용을 학부모들이 배제시킬 수 있다면, 혹은 법원이 그런 내용을 폐기할 수 있다면, 수월성이나 성취에 대해 어떤 기준을 기대할 수 있겠는가? 시민론 혹은 시민적 가치과목의 공통핵심 내용을 어떤 원천에서 가져올 것인가? 이들 경우의 교과서 일부 혹은 전부는 겉만 번지르르한 학술연구를 반영하고 있어서 배제되거나 폐기되어 마땅하다고 할 수도 있다. 그러나 이들 교과서가 공격받고 교재에서 퇴출된 근거는 그런 것이 아니었다.

1987년 6월 19일의 연방대법원은 학교에서 진화론을 가르칠 때에는 창조론에도 같은 시간을 할애할 것을 요구하는 루이지애나 주법률을 7 대 2로 파기하였다. 그럼에도 불구하고 학술연구의 문제조차 완전히 해결되지 않았다.[91] 브레넌 대법관이 주심을 맡았던 이 판결은 그 법률이 사이비 창조론을 내세워 교리를 학교에 들여오려는 것으로 보았

---

90) U. S. Court of Appeals, Eleventh Circuit, No. 87-7216, August 26, 1987. 하지만, 해당 학부모들은 연방대법원에 상고하지 않기로 결정한 것으로 알려졌다(*Education Week*, December 9, 1987).

91) Edwards v. Aquilard, No. 85-1513(1987).

다. 그러나 렌퀴스트 대법원장 그리고 새로 임명된 스칼리아(Antonin Scalia) 대법관은 이에 반대의견을 제시하였는데, 이들이 파월 대법관 후임으로 가장 최근에 임명된 케네디(Anthony M. Kennedy) 대법관 그리고 나머지 대법관들 중 몇 사람에게 얼마나 설득력을 가질 수 있을지 누가 알겠는가?

다른 많은 경우들과 마찬가지로, 이들 사건에도 한편에는 '미국시민자유연맹'과 '미국의 길을 위한 사람들' 같은 단체가, 다른 편에는 '미국을 염려하는 여성들'과 '자유협의회재단'—텔레비전 복음전도사인 로버트슨(Pat Robertson)이 설립하였음—같은 단체가 포진하였다. 그들은 종교, 교육, 그리고 수정헌법 제1조와 제14조와 관련된 복잡한 헌법적 문제들에 관여하였으며, 교육자, 입법자, 학부모, 교육관료들을 위한 공공정책과 관련된 복잡한 문제들에도 관여하였다. 양쪽 진영 모두 기본적인 '미국적 가치'에 대한 신념과 헌신을 공언할 때 학교와 교과서 출판사들은 어떻게 대응할 것인가?

수업불참이나 교과서 배제에 의해, 혹은 공립학교에서의 '기도'나 종교재단학교에 대한 교육비 증서 '교부'에 의해 종교를 장려하는 일들은 바람직한 공공정책을 위반할 뿐만 아니라, 일부 예외가 있긴 하지만, 매디슨과 제퍼슨의 생애 전반을 점철하는 정교분리의 주된 취지에 어긋나는 일이기도 하다. 그들의 견해에 대한 요약 중 필자가 최근에 본 가장 간결한 것으로 버지니아대학 종교학 교수 밀러(William Lee Miller)의 글이 있다.

> 제퍼슨과 매디슨에 있어 '종교적 자유'는 무신론자에게도 해당하는가? 그렇다. 불가지론자, 회의론자, 이교도에게 해당하는가? 그렇다. 이단자, 불경한 자, 신성모독자에게도? 그렇다. '유대인과 이방인, 기독교도와 이슬람교도, 힌두교, 그리고 모든 종파의 이교도들'에게도? 그렇다. 종교로부터의 자유를 원하는 사람들에게도? 그렇다. 종교에 반대할 자유를 원하는 사람들에게도? 그렇다. …

> 제퍼슨과 매디슨이 생각한 이러한 신앙의 자유는 교회와 국가의 분리를 수반하는가? 그렇다. 종교에 대한 세금보조 금지는? 그렇다. 종교에 대한 국가의 원조는? 그렇다. 종교 전반에 대해서도? 그렇다. 종교집단들 중 어느 것도 우선하지 않는데도? 그렇다. 전적으로 자발적인 방식에 대해서도? 그렇다.
>
> 헌법기초자들 모두가 제퍼슨과 매디슨에 동의하였는가? 분명 아니다. 그랬다면 논쟁이 없었을 것이다.[92]

그 논쟁은 계속되었을 뿐만 아니라 많은 영역에서 심화되는 것으로 보인다. 예를 들어, 공립학교 예배문제는 여전히 미결상태이다. 연방대법원은 침묵의 순간이나 자발적인 기도 혹은 명상을 인정하는 앨라배마 주법률이 종교적 목적에서 비롯되었으며 따라서 위헌이라고 보았다. 그렇지만 예배에 대해서는 아무 언급도 하지 않고 다만 '조용히 사적으로 행하는 묵상이나 성찰을 위한' 학생 개인의 판단에 의해서만 1분간의 침묵의 시간을 가질 수 있다고 언급한 1982년의 뉴저지 주법률의 경우는 어떤가? 하급법원들은 그 법이 공립학교에 예배를 도입하려는 여망에 의한 것이기 때문에 위헌이라고 판시하였다. 이에 대한 항소가 1987년 가을회기에 연방대법원에 제기되었는데, 이때는 1987년 4월 법무부의 논평에서 주장한 것처럼 새로 임명되는 대법관 한두 사람의 성향이 하급법원의 판결을 뒤집을 정도로 보수적인지 여부가 면밀히 검토되고 있던 시기였다.[93] 25개 주에서 모종의 '침묵의 순간'을

---

92) *The Washington Post National Weekly Edition*, 1986. 10. 13, 또한 밀러의 다음 책을 참조하시오. *The First Liberty: Religion and the American Republic* (New York: Knopf, 1986).

93) Karcher v. May, 87 Daily Journal D. A. R. 9290. 1987년 12월 1일 연방대법원은, 해당 법률이 통과되던 당시 뉴저지 주 의원이었던 원고들이 이제 더 이상 의원이 아니어서 소송당사자 자격이 없다는 절차적인 이유에서, 하급법원의 판결을 파기하는 쪽으로 기울었다. 이와 유사한 '당사자 자격 결여'는 학생들이 학교에서 자발적으로 예배모임을 갖는 문제에 대한 1986년 3월의 연

허용하는 법률이 통과된 것으로 평가되고 있지만, 그 합헌성 여부는 아직 최종결정이 이루어지지 않고 있다.

따라서, 교육자들은 이러한 문제들을 깊이 연구하고, 이용 가능한 최상의 역사학적 연구를 고려하며, 그에 따라 현재의 종교·교육 문제를 판단해야 한다. 종교와 교육에 관한 수정헌법 제1조의 의미에 대한 '역사·시민교육'의 필요성을 교육자와 대중이 이 시점에서 함께 깨닫지 못하면, 우리는 자유주의 법리학을 40년 전으로 되돌리고자 하는 거대한 보수주의 반개혁 하에서 공교육이 편협하고 분열적인 것으로 되는 모습을 보게 될 수도 있다. 우리는 정교분리주의를 몰아내고자 하는 시도를 목격할 수도 있다. 그들은 오류에 빠진 연방대법원이 정교분리주의라는 이단을 영속화시키고 있다고 비난한다. 그들의 눈에는 연방대법원이 미즈 법무장관과 렌퀴스트 대법원장이 구현하는 '원래 의도'에 맞춰 움직이는 법을 배워야 하는 존재로 보인다. 이는 보크 판사의 대법관 임명 인준청문회에서 제기되었던 헌법적 쟁점 중 하나였다. 로스앤젤레스 타임스에 실린 새비지의 표현을 빌면, "중심이 유지될 것인가?"[94] 하는 문제에 부딪힌 것이다.

이제 우리는, 헌법제정 2백주년 기념행사를 계속하면서, 청소년의 시민성 함양에 교육이 갖는 역할을 증진함에 있어 시민론뿐만 아니라 역사의 중요성도 잊지 않도록 하자. 역사와 시민론은 함께 가야한다.

방대법원 판결에서 판시된 바 있다. Bender v. Williamsport(Pa.) Area School District, 106 Sct 1326(1986).

94) David G. Savage, "Watching a Changing Court: Will the Center Hold?" Phi Delta Kappan, October 1987, pp. 135~137. 일례로, 1987년 11월 9일 연방대법원은 혼전성교와 출산조절 및 낙태에 관한 종교적 가르침을 장려하기 위해 해당 종교단체에 연방기금을 교부할 있도록 하는 연방법률(Adolescent Family Life Act, 1981)의 위헌 여부에 대해 판결을 내리기로 합의하였다. 연방대법원이 하급법원의 판결을 지지한다면, 이는 '보윈 대 켄드릭 사건'(Bowen v. Kendrick, No. 87-250)의 종교창설금지 조항에 의해 연방법률이 위헌으로 선언되는 첫 번째 경우가 될 것이다.

역사가 시민론에 주는 가르침을 제시하도록 하겠다.

1) 종교적 가치가 아니라 시민적 가치에 기초한 시민자격

대체로 필자는, 과학·학술 연구의 무게 중심이 '과학적 창조론'보다는 진화론 쪽으로 향하는 것과 마찬가지로, 헌법학·법학·역사학의 주된 흐름은 수정헌법 제 1조에 대한 보수주의나 '협력주의' 혹은 '절충주의'적 해석보다는 자유주의·정교분리주의·세속주의적 해석 쪽으로 향한다고 말할 수 있다고 생각한다.

종교와 도덕 그리고 시민자격의 적절한 관계에 대한 생각들은 항상 매우 복잡했으며 종종 상충하기도 하였다. 미국 역사 전체를 놓고 볼 때 종교적 자유뿐만 아니라 종교적 열광 심지어 광신주의도 나타나고 또 사라지고 했다. 쉽게 혹은 단순하게 일반화할 수는 없지만, 지난 3백여 년 동안의 전반적 경향은 시민으로서 제대로 자격을 갖췄는지를 가늠하기 위해 일정한 종교적 신념을 지니며 실천하는지를 점검하는 일을 제한하고 제거하는 쪽으로 진행되었다.[95] 새로운 국가를 위한 시민자격의 의미를 종교적 가치보다는 시민적 가치에 기초하여 세속화하고 재규정하는 이러한 과정 속에서 헌법과 권리장전이 만들어졌다.

종교와 품성, 시민자격에 대해 헌법기초자들 모두가 같은 생각을 가지지는 않았다. 그들 중 일부는 주헌법이 기독교 일반을 혹은 개신교를 주의 종교로 규정하고 그리하여 해당 종파들에 대해 공적으로 지원하는 6개 주 소속이었다. 다른 대표들은 이미 자기 주의 교회를 해체

---

95) 예를 들어 다음을 참조하시오. James H. Kettner, *The Development of American Citizenship*, 1608∼1870 (Chapel Hill, N. C.: University of North Carolina Press, 1978); Robert T. Miller & Ronald B. Flowers, eds., *Toward Benevolent Neutrality: Church, State, and the Supreme Court* (Waco, Texas: Baylor University Press, 1982); Rogers M. Smith, *Citizenship without Consent* (New Haven, Conn.: Yale University Press, 1985).

하였거나 어떤 종파도 법적으로 인정한 적이 없는 7개 주 소속이었다. 몇몇 주의 헌법은 애초에 매우 도덕주의적인 혹은 종교적인 용어로 표현되었던 데 비해, 연방헌법, 《연방주의자 논고》 그리고 권리장전은 그렇지 않았다. 수정헌법 제1조를 둘러싼 연방의회 내부의 논쟁에서, 매디슨의 진보적 견해가 종교에 대한 국가의 지원을 인정한 보수파의 견해에 승리를 거두었다.

헌정사와 법 분야의 방대한 학술연구를 비전문가가 모두 다룰 길은 없다. 하지만 지금은 헌법과 권리장전의 기원과 관련된 주요 자료를 편집한 매우 유용한 책을 쉽게 구할 수 있다. 이 책은 시카고대학의 저명한 학자 컬랜드와 러너가 편집한 《건국시조들의 헌법》이다. 이 중 제5권은 권리장전에 관한 것으로, 그 배경이 된 주헌법들 및 그 비준을 둘러싼 논쟁들을 다루고 있다. 여기서 특히 관심을 끄는 것은 1630년대부터 1830년대에 이르기까지 수정헌법 제1조의 종교창설 금지조항의 역사적 맥락을 보여주는 69개의 1차 문건들이다.[96] 하버드 법과대학원의 저명한 법학교수이자 11권짜리 연방대법원사 편집자인 프로인드는 이들의 책에 대한 서평에서, 다음과 같이 요점을 간결하게 제시하였다.

> 어떻게 접근하든, 헌법은 일련의 이중적 측면을 표현한다. 그것은 최고의 국법이자 동시에 현세의 것이면서 강제적이고, 우리의 공통된 이상의 상징이며, 혹자의 표현으로는 시민종교의 상징이다. …[97]

---

96) Phillip B. Kurland & Raloh Lerner, eds., *The Founders' Constitution*, 5 vols. (Chicago University Press, 1987). 권리장전 일반에 관한 13개의 문건에 관해서는 제5권의 pp. 1~43을, 그리고 수정헌법 제1조의 종교조항과 관련된 69개 문건에 대해서는 pp. 43~111 참조.

97) Paul A. Freund, "What They Said, What They Read", *The New York Times Book Review*, 1987. 3. 15, p. 3.

컬랜드 교수와 러너 교수는 풍부한 학식과 넓은 마음가짐으로, 우리가 우리의 기본 헌장의 기원과 그 가장 완전한 역사적 '의미'를 이해하는 데 도움이 될 풍성한 지적 유산을 제공하였다.[98]

2) 쉬운 답은 없다

학교에서 시민적 가치 혹은 품성적 가치를 명시적으로 장려해야 한다는 압박은 이른바 국가적 위기 혹은 위태로운 사회변동의 시기에 거세진다. 사회적 결속과 통합에 대한 요청이 특히 강할 때 이러한 압박은 더욱 긴박해진다. 예를 들어, 혁명시대, 초기재건시대, 진보주의 시대, 뉴딜시대, 그리고 새로운 개척과 위대한 사회의 시대에서처럼, 진보주의 개혁가들은 (역사학자 위브의 표현을 빌면) '사회적 조화의 고차원적 형태인 새로운 사회통합'을 달성하기 위해 다양한 집단들이 함께 일하도록 동원하고자 하였다.[99]

다른 한편, 19세기 초의 프로테스탄트 '반개혁' 그리고 19~20세기의 대량이민에 대한 기존 정착민의 배타주의, 20세기의 세계대전 내지 냉전에 의해 활발해진 급진주의에 대응하기 위한 '반동주의의 격랑', 그리고 전통가족을 약화시키는 개인적 생활방식에 반대하는 최근의 캠페인 등에서 볼 수 있듯이, 보수주의 개혁가들은 자신들이 이질적 혹은 파괴적이라고 인식한 것들로부터 제기되는 위협과 싸울 수단으로서 소중한 전통적·도덕적 혹은 종교적 가치를 강력하게 재강조함으로써 사회적 결속을 추구하였다.

앞의 논의에서 밝혀졌지만, 학교와 교육자들은 종종 이들 대립세력 간의 십자포화(十字砲火)에 사로잡혀 왔다. 많은 행정가들과 교사들

---

98) 위의 글, p. 21.

99) Robert Wiebe, *The Segmented Society: An Introduction to the Meaning of America*(New York: Oxford University Press, 1975), Chap. 4.

이 양쪽의 주장을 모두 무시하고 대신 과학과 수학 내지 컴퓨터를 통한 학문기초내용이나 직업준비에 전념하고자 하는 것은 당연한 일이다. 이는 우리로 하여금 시민성 혹은 품성적 가치를 함양하는 일은, 인종과 종교, 언어, 종족에서 비롯되는 문화적 다원주의 때문만이 아니라, 산업화되고 도시화된 사회, 경제와 직장, 가족 그리고 기술발전과 근대화 등 모든 영역에 걸쳐 진행된 변화 때문에도 더욱 어려워진다는 점을 깨닫게 한다. 이로부터 얻을 수 있는 전반적 교훈은 역사나 헌법에 호소해서 쉽고 간단하게 얻을 수 있는 교훈은 없다는 것이다.

3) 옹호가능한 시민자격 개념의 필요성

최근의 정치에서 두드러지게 나타나듯이, 종교와 교육을 둘러싸고 계속되는 논쟁은 나라 전체에 걸친 근본적 분석과 논의를 요구하는 공공문제의 보기일 뿐이다. 이에 대해 필자는 스미소니언 출판사에서 발간한 최근의 책에서 다음과 같이 주장하였다.

> 우리는 시민들이 기업이나 노조, 정당, 종교단체 혹은 여타의 특수이익집단들이 내세우는 정책들을 보다 잘 판단할 수 있도록 해주는 수단이 되는 시민적 가치의 지적 틀을 개발하고자 해야 한다. 필자는 종교적 신념이나 개인적 생활방식 같은 사적 가치들은 개인과 집단이 자유롭게 선택할 사항이라고 생각한다. 그런 가치들을, 특히 입법이나 정부규제를 통해, 타인에게 강요해서는 안 된다. 학교는 그런 사적 가치들이 아니라 정치 공동체의 공적인 삶에 적합한 시민적 가치들에 주안점을 두어야 한다.
>
> 필자는 시민교육이 역사적 맥락에서 매우 중요하다는 점, 그리고 그러한 교육은 1787년 제헌회의 이래로 논쟁대상이 되었던 헌법적 질서의 기저에 놓여있는 기본적인 역사적 개념과 원칙 및 가치들에 대한 매우 세심한 학문적 연구를 장려함으로써, 그리고 오늘날 정부

의 기능과 헌법적 원칙들의 의미를 둘러싸고 벌어지는 논쟁에서 드러나는 대립적 견해들을 공정하게 다룸으로써 이루어져야 한다는 점을 교육자들이 재확인해야 한다고 본다.

필자는 우리의 자치정부제도가 의거하고 있다고 여겨지는 이념과 가치들을 염두에 두고 있다. 그 이념들이란 민주적 정치공동체 속에서 결속과 단합을 증진시키는 것들로서 정의와 평등, 정당한 권위, 시민참여, 그리고 공공선을 위한 개인의 책무 등이다. 또한 다원주의와 개인주의를 증진시키는 이념으로 자유와 다양성, 사생활 보호, 적법절차, 그리고 인권을 들 수 있다. 이들 이념군 간에는 긴장이 존재하며 때로는 갈등이 존재하기도 한다. 그렇지만 필자는 과거와 현재 그리고 이론과 실제에 있어 이들 이념이 갖는 의미를 제대로 이해하도록 학교가 장려해야 한다고 믿는다.[100]

이러한 엄청난 그렇지만 필수적인 과업을 이행할 준비를 하기 위해서는, 일반대중과 교육자들이, 말장난과 실제 성과를 구별하고 그리하여 정치공동체의 지속적 번영에 기여할 수 있고자 한다면, 진지하고도 지속적인 시민교육의 계통을 세우고 장려하는 일을 함께 할 필요가 있다. 종교와 교육 그리고 수정헌법 제 1조에 대한 완고하고도 까다로운 정책들을 붙잡고 싸움에 있어, 역사와 헌법에 대한 호소를 통해 시민들의 공동체의식이 되살아나는 것이 이 시점에서 특히 긴급하다. 헌법제정 2백주년이 모든 사람을 위한 역사 · 시민교육이 되살아나는 계기가 되도록 하자는 전임 대법원장(역주: 워렌 버거를 가리킴)의 요청을 꼭 염두에 두도록 하자.

최근의 거의 모든 평가들을 보면 대부분의 미국시민들이 헌법에 대

---

100) R. Freeman Butts, "The Dilemma of Civic Learning in the Schools of a Pluralist Democracy" in Lewis H. Lapham, ed., *High Technology and Human Freedom* (Washington, D.C.: Smithsonian Institution Press, 1985), pp. 60~61.

해 잘 모르고 있음을 알 수 있다. 예를 들어, 1987년의 허스트 여론조사 그리고 시민교육원이 성인과 고등학생들을 대상으로 한 조사는 두 집단 모두 지식과 이해정도를 개선할 필요가 있다고 강조하였다.[101] 두 조사 모두 단순히 사실이나 구절을 알고 있는지를 확인하기보다는 헌법의 기저에 있는 이념과 개념을 찾으려고 하였다.

"청소년들이 헌법에 대해 무엇을 알아야 하는가?"라는 뉴욕타임스의 질문에 대해, 두 명의 연방대법관은 사법적 의견이 종종 상이함에도 불구하고 비슷한 어조로 답했다. 오코너 대법관의 대답은 이렇다.

> 우리의 헌법은 법관들이 그것만을 심지어는 그것을 우선적으로 따를 것을 의도하지 않았다. 우리의 정부체계와 우리의 자유가 갖는 힘은 그것들이 우리 시민들의 마음속에 얼마나 굳건하게 존재하는지에 달려있다. … 하지만 오늘날 우리의 이해는 "자유는 우리 마음속에 있다"는 인식에서 벗어나 자유의 헌법적 보장이 갖는 내용과 의미에 대한 지식을 지닌 시민들만이 이를 향유할 수 있다는 인식으로 나아가야 한다. … 후속세대 개개인으로 하여금 우리의 정부구조 및 그 발달사를 배우도록 육성하고 장려하는 교육적 구조가 없으면, 우리는 조만간 우리의 국가가 존재하게 된 근원인 그런 감정과 이해를 결여한 젊은이들을 보게 될 것이다. 시민으로서의 우리 책무를 완수하기 위해서는, 우리 헌법을 이해하고 견지하기 위해서는, 우리 각자가 지녀야 하는 시민으로서의 개인적 책임을 받아들이도록 촉진하는 교육제도를 갖춰야 한다.[102]

---

101) A Hearst Report, *The American Public's Knowledge of the U. S. Constitution: A National Survey of Public Awareness and Personal Opinion* (New York: Hearst Corporation, 1987); Center for Civic Education, *Preliminary Report on High School Students' Knowledge of the History and Principles of the United States Constitution and Bill of Rights* (Calabasas, Calif.: Center for Civic Education, 1987).

102) "Justices on the Constitution: What Children Should Know," *The New York Times, Education Life Section*, August 2, 1987. 8. 2, pp. 33.

브레넌 대법관은 이렇게 답했다.

> 학생들은 헌법과 권리장전이 법치주의(法治主義) 정부의 원재료를 구성한다는 점을 깨닫고 고등학교를 졸업해야 한다. 법치주의 즉 법의 지배란 인간의 존엄성을 보호하는 일련의 원칙들로서, 우리는 이를 이해하고 매달리며 이를 위해 싸우고 끊임없이 재평가하며 비난 속에서도 적용해야 한다. 학생들은 더 많은 가치들을 탐구하여 그러한 가치들을 보호하는 것이 질서 속의 자유라는 개념의 바탕이 되도록 해야 한다. 그러한 가치들은 동전의 양면 — 권리뿐만 아니라 그에 상응하는 책임 — 을 함축한다.[103)]

이러한 견해들은 학교에서의 헌법공부에 대한 초당적 지원이 증가하고 있음을 상징하는 것이었다. 이러한 지원은 다양한 형태로 이루어졌는데, 그중 몇몇은 앞에서 언급한 바 있다. 그중 필자가 내막을 잘 아는 것을 다시 언급하도록 하겠다. '2백주년 전국경연대회' 책임자인 퀴글리(Charles N. Quigley)가 1988년 초에 밝힌 바에 따르면, 선거구 중 423개에서 경연대회가 치러진 대회 첫해에 6천 명 이상의 교사가 11학년용 헌법교재를 사용하였고 30만 명 이상의 학생이 좋은 성적을 거두었다. 8학년용과 5학년용 교재가 배포되면 이들 숫자는 몇 배로 늘어날 것이다.

주 교육부 및 여타 공공기관 종사자들의 승인도 의심의 여지없이 유용하다. 예를 들면, 캘리포니아 주 교육위원회는 1987년 4월 9~10일 회의에서, 경연대회 교재가 "주(州) 사회교과 체제와 전적으로 부합하며 미국사 및 정부론 수업에 활용하기에 적합하다"는 승인결의안을 통과시켰다.[104)]

---

103) 위와 같은 곳.

104) California State Board of Education, *Board Highlights*, April 9-10, 1987 Board Meeting, Vol. 10, No. 8.

그런 승인들의 구체적 영향을 정확하게 가늠하기는 어렵다. 그 영향은 아마도 주의 교육과정개발 담당자들이 모종의 조치를 취하는 경우에 보다 직접적으로 나타날 것이다. 뉴욕 주 교육부 사회과 담당 부국장이자 2백주년 경연대회 뉴욕 주 책임자였던 피셔(Michael G. Fischer)가 오랫동안 사회과 담당 국장으로 재직한 브래고(Donald H. Bragaw)의 강력한 지원을 받은 것이 그런 경우이다.

11학년의 1년 과정 과목 '미국사 및 정부론'의 전반부 역사관련 6개 단원 중 첫 번째 단원의 제목이 '미국 민주공화국의 헌법적 기초'라는 점도 매우 고무적이다.[105] 이 단원 및 그에 기초한 교육청 주관시험은 확실히 교사와 학생 모두로부터 일찌감치 그리고 지속적으로 관심을 끌 것이다. 사실, 그 과목은 '프로젝트 87'이 역사·정부론을 편년사 방식으로 접근할 때 반복적으로 등장한다고 규정한 '13가지의 지속적인 헌법적 쟁점들'을 과목 전반에 걸쳐 다루고 있다. 교사들이 이런 방식으로 과목을 개발한다면, 편년사에서 시민론·헌법 분야의 주제들이 갈피를 잡을 수 있을 것이며, 오히려 과거와 현재를 연결함으로써 그리고 헌법적 문제들이 1787년 9월 17일 혹은 심지어 1791년 12월에조차 결말난 것이 아니라는 점을 보여줌으로써 편년사에 생명과 활력을 불어넣을 수도 있을 것이다.

105) *Social Studies 11: United States History and Government; Tentative Syllabus* (Albany, N. Y.: New York State Education Department, 1987), pp. 21~35.

제 3 장

여타 모든 것의 기초

옹호가능한 시민자격 개념

이 장의 주제는 워터게이트 사건에서 이란-콘트라 사건에 이르기까지 미국 사회에 붙어 따라다녔던 국면을 여러 가지 표현으로 되풀이해서 말하다보면 예견될 수 있는 것이다. 시민이 되는 것에 대해 학생들과 교사들은 무엇을 알고 있으며 또 언제 그것을 아는가? 혹은, 카네기포럼 연구진의 보고서를 통해 다시금 반복되었던 바를 좀더 나은 표현으로 바꿔 말하자면, 학생들과 교사들은 시민의 자격과 자질에 대해 무엇을 알 필요가 있으며 또 무엇을 할 수 있어야 하는가?[1)]

앞에서 필자는 이러한 질문들에 대해 행해진 답변들 가운데 일부를 요약하고자 하였다. 1970년대 중반에서 1980년대 초반에 이르는 동안 법교육을 위한 다양한 움직임들이 시민교육을 부활시키려는 노력을 이끌어 왔다. 그러나 수월성(秀越性) 운동은 학문적 성취에 치우쳐 시민교육을 대체로 등한시하였고, 부수적 노력 또한 기술구사능력 혹은 소

1) Task Force on Teaching as a Profession, *A Nation Prepared: Teachers for the 21st Century*(Washington, D.C.: Carnegie Forum on Education and the Economy, 1986), p. 3.

비자 주권과 가족선택 또는 전통적 도덕·윤리·종교적 가치에 대한 공공의 관심을 끄는 일에 기울여졌다. 그러던 것이 1980년대 중반에 헌법제정 2백주년을 기념하기 위해 힘이 결집되자 다시금 시민교육에 관심이 모아지면서, 특히 헌법 그 자체의 기원과 해석들을 가르치면서 역사, 시민론, 정부론 학습이 새롭게 각광을 받게 되었다. (제2장의 주5와 주6 참조)

그러나 앞으로 장기적 시민교육 프로그램이 토대로 삼을 시민자격 개념은 일관되고 설득력 있으며 학문적 근거를 지닌 것이어야 하는데, 그런 개념을 개발하려는 광범위한 노력은 여전히 부족한 게 지금의 형편이다. 우리가 전통적으로 소중히 생각했던 시민적 가치를 최대로 잘 구현하며 새로운 세기가 시작되는 복잡한 이 시대에 대처할 민주적 시민자격(*democratic citizenship*) 개념을 정립하는 것이 다른 무엇보다 먼저 이루어져야 할 일이다. 민주적 시민자격 혹은 민주시민자격의 이론과 실제에 기본이 되는 시민적 가치들을 상세히 설명하는 일은 미국의 학교 공부에서 핵심영역의 주요 주제가 될 수 있을 것이다. 국가에서 수여하는 교사자격이 있으려면, 시민의 자격과 자질에 대한 공부가 그 주요 부분이 되어야 할 것이다.

우리들을 한데 묶어주는 그리고 종교적, 종족적 혹은 문화적 속박이 우리들을 나눠 놓더라도 우리들이 공유하는 시민적 가치들을 공립학교에서 강조한다면, 시민교육은 공립학교에서 성공할 기회가 더 많다. 우리는 도덕교육·품성교육에 대한 요청 그리고 종교교육에 대한 요청들에 내재한 역동성(力動性)을 고려해야 한다. 하지만 필자는 이러한 활동들이 시민자격 연구를 다시금 지향하도록 함으로써 이루어질 수 있다고 믿는다. 교육과정의 공통 핵심영역이 된 이 연구는 도덕적·시민적 가치에 대한 학문적 접근에 의거하며 다양한 종교·종족·언어 공동체들이 간직한 다양한 신념과 전망에 부응할 수 있는 근거를 제공한다. 이러한 목적들에 대해, 필자는 ① 역사적 관점에서 본 시민자격의 개념과 ② 오늘날 미국의 민주시민자격에 기본이 되는 시민적 가치의 핵심을 포함하는 의제를 제시하고자 하는데, 이 둘 다 학생과 교사 모두가 주의 깊게 공부할 만하다.

다행히도, 지난 10여 년간 정치학, 역사학, 철학, 그리고 법학 분야에서 시민자격 개념에 초점을 맞춘 연구들이 상당한 수준으로 이루어졌다. 필자가 이들 연구를 제대로 검토하거나 요약할 수는 없으며, 시민자격 개념에 천착하는 시민교육에 유망한 의제를 제공하는데 특히 중요하다고 여겨지는 두세 가지만 언급할 수 있을 따름이다. 그 연구들은 모두 인문학 및 사회과학의 규범적 역할에 대한 증대된 관심을 반영하고 있다. 그 연구들은 모두 국립인문학재단(NEH)의 지원을 받았으며, 또한 셋 모두에 미국 정치학회(APSA)가 참여하였다.

첫째, "정치생활의 윤리적 쟁점에서의 교육"이라는 연구과제는 정치학 교수진들이 평등, 정치참여, 공공이익 등과 같은 쟁점에 대해 논의하는 세미나에 참여할 수 있게 하기 위해 구상되었다. 1977년과 78년에 발간된 몇몇 연구서들은 1차적으로 대학학부의 정치학 강좌에서 윤리적·철학적 개념들에 대한 수업을 진작시키기 위한 것이었다.[2)]

NEH와 APSA의 후원을 받은 두 번째 연구과제는 시민자격이라는 주제에 보다 직접적으로 초점을 맞추었다. 그 연구는 '윤리적 쟁점들: 시민자격과 정치교육'에 관한 것이었으며, 정치학을 가르치는 사람들을 위한 매우 흥미로운 두 편의 연구보고서로 이어졌다. 이 중 존스홉킨스대학의 플래스먼의 보고서는 '고귀한 시민자격'(*high citizenship*)이라는 규범적인 고전적 관점과 립셋(Seymour Martin Lipset), 베렐슨

---

2) Dennis F. Thomson, *Political Participation* (Washington, D. C.: American Political Science Association, 1977); William Connolly, *The State and the Public Interest* (Washington, D. C.: American Political Science Association, 1977); John Scharr, *Equality: Its Bearing on Justice and Liberty* (Washington, D.C.: American Political Science Association, 1978).

(Bernard Berelson), 달(Robert Dahl)과 같은 정치학자들의 현대적인 경험적·행태적 관점을 구분함으로써 시민자격과 권위의 문제를 다루었다. 플래스먼은 그들 정치학자들이 현대사회에는 부적합하며 실현 가능성도 낮은 것으로 간주하는 고전적 이상과 구별하여, 그 정치학자들의 견해를 '물러서는 것'(*withdrawalism*)으로 규정한다. 즉 그들은 오늘날의 정치와 정치적 행동의 실제를 조사해야 하며 '고귀한' 시민자격의 이상이라는 규범적 목표를 추구하고 또 그에 헌신하는 일은 포기해야 한다고 주장한다는 것이다.[3)]

플래스먼 자신은 '중도적 견해'(*chastened view*)를 주장하는데, 이는 고귀한 이상과 그로부터 물러서는 것 사이 어딘가에 위치한다. 그는 사회에 정치적 권위가 있으려면 '모종의' 공유된 신념과 가치가 있어야 한다고 결론짓는다. 정치적 실제가 이상과 맞지 않으면, 이상을 포기할 게 아니라 실제를 바꾸려고 해야 한다. 그리고 경험적 접근은 사실 분명하진 않다 해도 모종의 규범적 가치 가정에 의거한다.

규범적 관점은 페리클레스, 아리스토텔레스 그리고 루소의 고전적 전통에서 말하는 시민자격의 '고귀한 이상'이 제기하는 가치문제를 연구하는 것이 중요하다는 점을 다시금 강조하는데, 고전적 전통에서는 시민자격이 인간에게 최상은 아닐지라도 중요한 도덕적·정치적 역할, 즉 정치와 자유, 평등 그리고 참여에 기초한 고유한 역할을 지니는 것으로 규정된다. 근래의 정치철학자들 중 이러한 연구를 되살리고자 하는 이들로 아렌트, 바버, 페이트먼, 톰슨, 롤스, 왈쩌 등을 들 수 있다.[4)] 여기에 샌델이나 베이너 그리고 허쉬먼과 같은 정치·경제

3) Richard Flathman, "Citizenship and Authority: A Chastened View of Citizenship", *News for Teachers of Political Science*, Summer 1981, pp. 9~19.

4) Hannah Arendt, *Between Past and Future*, new enl. ed. (New York: Viking Press, 1968), *The Origins of Totalitarianism*, 2nd enl. ed. (New York: Meridian Books, 1963); Benjamin R. Barber, *Strong Democracy*:

이론가들을 추가할 수도 있을 것이다.[5] 사회학 분야에서는 민주적 시민자격의 규범적 가치가 에치오니, 벨라, 재노위츠, 스탠리 등 다양한 이념적 입장에서 다루어지고 있다.[6]

시민자격과 정치교육에서의 윤리적 쟁점에 관한 연구과제의 다른 한 논문은 권위와 책임에 관한 플래스먼의 논문을 보완하기 위해 '권리와 시민자격'에 초점을 맞추었다. 그 논문은 스워스모어 대학 명예교수인 페녹이 쓴 것인데, 매우 유용할 뿐만 아니라 필자가 강조하고자 하는 바를 처음부터 강조하고 있다.

이 논문은, 시민교육을 어떻게 할 것인가를 직접 다루는 바는 거의

Politics in Participatory Mode (Berkeley: University of California Press, 1984); Carole Pateman, *The Problem of Political Obligation* (Chichester, N. Y.: Wiley, 1979); Dennis F. Thomson, *The Democratic Citizen* (London: Cambridge University Press, 1970); John Rawls, *A Theory of Justice* (Cambridge, Mass.: Harvard University Press, 1971); Michael Walzer, *Spheres of Justice: A Defense of Pluralism and Equality* (New York: Basic Books, 1983).

5) Michael J. Sandel, *Liberalism and the Limits of Justice* (New York: Cambridge University Press, 1982); Ronald Beiner, *Political Judgement* (Chicago: Chicago University Press, 1984); Albert O. Hirschman, *Essays in Trespassing* (Cambridge: Cambridge University Press, 1981), *Shifting Involvements: Private Interest and Public Action* (Princeton, N. J.: Princeton University Press, 1982).

6) Amitai Etzioni, *An Immodest Agenda: Rebuilding America Before the 21st Century* (New York: McGraw-Hill, 1983); Robert N. Bellah, *Varieties of Civil Religion* (San Francisco: Harper & Row, 1980); Robert N. Bellah & others, *Habits of the Heart: Individualism and Commitment in American Life* (Berkeley: University of California Press, 1985); Morris Janowitz, *The Reconstruction of Patriotism: Education for Civic Consciousness* (Chicago: Chicago University Press, 1984); Manfred Stanley, *The Ivory of Commonwealth: A Case for Civic Higher Education* (in Preparation for University of Chicago Press).

> 없다 해도, 시민들이 알고 또 이해하는 데 바람직한 내용들을 구체적으로 보여준다.[7)]

사실 시민들이 그러한 내용을 알고 이해하는 것이 바람직하지만, 지금으로서는 미래의 시민들을 가르칠 교사양성을 어떻게 할 것인가를 학자들과 교육자들 모두가 보다 분명하게 다루기 시작하는 것이 훨씬 더 바람직하고도 긴급한 일이다.

최근의 세 번째 연구과제는 시민자격에 관한 실질적 지식뿐만 아니라 윤리적 쟁점에도 주의를 기울이기 시작하였는데, 미국 정치학회와 역사학회가 공동후원한 '프로젝트 87'이 그것이다. 그 연구과제에서 1983년 9월부터 발행하는 계간 학술지 〈이 헌법〉은 대체로 '지속되는 13가지 헌법적 쟁점들'을 다루는 우수한 이론적 논문들뿐만 아니라 우리의 헌정사와 실제에서 드러난 시민자격 개념을 보다 구체적으로 다루는 많은 논문까지 포함하고 있다. 필자가 특히 염두에 두는 연구자들은 각기 미국 정치학회와 역사학회의 공동의장을 맡고 있는 번스와 모리스, 우드, 러츠, 머피, 하워드, 레이코브, 메이어, 팽글, 그린, 스미스, 홀랜드, 그리고 앨리이다.[8)]

---

7) J. Ronald Pennock, "Rights and Citizenship", *News for Teachers of Political Science*, Fall 1981, pp. 12~23.

8) 미국역사학회·미국정치학회(1527 New Hampshire Avenue, N. W., Washington, D.C. 20036)에서 발간하는 *this Constitution, A Bicentennial Chronicle*에 게재된 다음의 논문들을 참조하시오. James MacGregor Burns and Richard B. Morris, "The Constitution: Thirteen Crucial Questions", No. 1, September, 1983; Gordon S. Wood, "Eighteenth-Century American Constitutionalism", No. 1, September, 1983; Donald S. Lutz, "The Preamble to the Constitution of the United States", No. 1, September, 1983; Paul L. Murphy, "The Meaning of a Free Press", No. 3, September, 1984; A. E. Dick Howard, "A Frequent Recurrence to Fundamental Principles", No. 3, September, 1984; Jack N. Rakove, "James Madison and the Extended Republic: Theory and Practice in

지난 10년간 발간된 정기 학술지들에는 여러 학문영역의 규범적 관심을 가리키는 데 인용될 수 있는 것들이 훨씬 더 많지만,[9] 필자가 그 내용을 제대로 다루는 것은 고사하고 망라하는 것조차 어렵다. 필자는 다만 미국의 과거에 커다란 영향을 끼친 시민권의 '고귀한 이상'을 아주 간략하게 언급하고, 제 4장에서 필자가 현재와 미래의 미국 시민교육에 기본이 되는 것으로 지지하는 12가지 가치들을 도표로 만들어 논의할 내용의 주요 참고사항 몇 가지에 대해 언급고자 한다.

American Politics", No. 3, September, 1984; Howard N. Meyer, "Retrieving Self-Evident Truths: the Fourteenth Amendment", No. 4, Fall, 1984; Thomas L. Pangle, "Federalists and the Idea of Vitue", No. 5, Winter, 1984; Jack P. Greene, "The Imperial Roots of American Federalism", No. 6, Spring, 1985; Rogers M. Smith, "The Meaning of American Citizenship", No. 8, Fall, 1985; Kenneth M. Holland, "The Constitution and the Welfare State", No. 11, Summer, 1986; Robert S. Alley, "On Behalf of Religious Liberty: James Madison's Memorial and Remonstrance", No. 12, Fall, 1986.

9) 예를 들어 다음의 학술지들을 참조하시오. *Philosophy and Public Affairs*; *Ethics*; *The Public Interest*.

1. 국가 시민자격의 고귀한 이상

현대 국민국가에서 태어나고 자란 우리들은 아마도 시민권(市民權)은 '자연스러운'(*natural*) 것이며 당연한 것이라고 생각할 것이다. 그러나 어떤 나라에서 태어나 다른 나라로 이민을 가서 '귀화' 시민이 된 사람들 특히 이민을 갈 수 없는 사람들은 시민권을 그처럼 당연한 것으로 여기지는 못할 것이다. 그리고 '나라가 없는' 사람들 혹은 자신이 태어난 나라에서 완전한 시민권을 인정받지 못하는 사람들은 시민권이 부족하거나 없는 것이 국민국가들로 이루어진 이 세계에서 가져다주는 (공포는 아니라 해도) 불이익을 너무도 잘 안다. 이제 필자는 국가 시민권 개념의 기원에 대해 다시 생각하는 데서 시작할까 하는데, 이 개념은 근대 국민국가가 나타나기 훨씬 전에 있었지만 이제는 국민국가와 매우 밀접한 관계에 있다.

공화주의 시민자격 개념은 두 차례의 주요 형성기에 만들어졌다. 첫 번째는 대략 기원전 7세기에서 기원전 3세기에 이르는 그리스 도시국가 시기에 발생하여 기원전 5세기에서 기원전 1세기에 이르는 로마 공화국에서 더욱 발전하였다. 두 번째는 17세기에서 19세기까지 서유럽과 미국의 혁명기에 근대 국민국가의 성장과 관련하여 발생하였다. 미국에 사는 우리들은 양쪽 시기 모두의 후계자들이다. 미국 건국자들은 그리스·로마 시민자격 전통과 서유럽의 것 모두에 크게 의존했을 뿐만 아니라, 그 스스로도 민주적 시민자격 개념에 중대한 기여를 하였다. 20세기가 저무는 이 시점에, 극적으로 변화한 세계상황 —18세기의 사람들이 예견할 수 없었던— 을 고려하여 시민자격 개념이 재형성될 필요가 있다는 것은 분명하다.

시민자격 개념의 기원에 대한 두 가지 요점은 다음과 같다.

(1) 시민자격은 친족이나 종교, 종족적 배경 혹은 세습 지위에서 비롯되는 가족이나 씨족 혹은 부족의 구성원 자격보다는 인간이 만든 법규에 의해 규율되는 정치공동체의 구성원 자격에 기초하게 되었다.

(2) 기원전 5세기 아테네에서 시민자격에 대해 지배적이었던 견해에 따르면, 시민자격이란 단순히 법을 만들거나 발견한 왕이나 성직자의 '신민(臣民)'이 아니라 지배자이면서 또한 피지배자인 자유로운 시민들에 의해 법이 만들어지고 집행되며 판단된다는 것을 의미하였다.

첫 번째 경우에, 시민자격은 계급, 친족, 성에 의해 부여되는 역할과 책무(귀속지위)와 대조적으로 법이 부여하는 권리와 책임(성취지위)을 수반하였다. 두 번째 경우에, 자유로운 시민들은 시민계급이 국가의 일에 능동적으로 참여하는 민주적 혹은 공화주의적 정치공동체의 구성원이 되었다.

기원전 7세기에서 기원전 5세기에 이르는 그리스 도시국가의 번영에서 중요한 사실은 지배와 사회질서 유지 및 사법(司法) 집행의 권위가 가장, 족장, 군인귀족, 성직자, 세습군주들로부터 도시국가(폴리스 혹은 폴리티)의 중심이 되는 정치공동체로 이전되었다는 것이다. 부족과 씨족의 외면적 형태와 용법 등이 종종 종족적 자부심을 위한 것으로 치부되긴 하였지만, 그리스 폴리스는 본질적으로 전통적인 민속사회에 전형적인 친족적 유대의 귀속적 특징을 배제하고, 공동체를 함께 묶는 통합의 포괄적 유대로서 도시국가의 시민자격을 확립하였다. 영토국가에 대한 정감과 충성심의 유대가 사회적 단결의 주요 형태가 되어, 가족이나 친족, 계급이나 신분, 혹은 어떤 종류의 자발적 결사체보다 우월한 것이 되었다. 이러한 근본적 변화에서 주요 인물로 아테네의 정치가 클레이스테네스가 있는데, 그의 정치개혁은 분명 기원전 6세기의 마지막 10년에 영향을 끼쳤다.[10)]

---

10) 역주: 클레이스테네스(Cleisthenes of Athens, B. C. 570?~B. C. 508?) — 고대 그리스 정치가. 아테네 출생. 알크메온 집안에서 태어났다. 외할아버지는

이처럼 정당한 권위가 친족관계로부터 도시국가로 이전한 것에 대해 컬럼비아대학 인문학부 슈바이처 석좌교수인 니스벳이 잘 묘사하고 있다.

> 우리는 사회체계의 전면적 변형이 매우 급격하고도 단숨에 이루어지는 것을 목격하고 있다. 아테네의 권위가 전통적 친족관계에 기초하여 다원적으로 존재하는 대신에, 이제는 시민 개인에게 직접 가 닿는 정부체계에서 비롯되는 단일단위(*monolithic unit*)가 있다. 먼 옛날부터 내려오는 전통에 기초하며 그 해석권한이 친족사회의 연장자들에게 있으며 항상 느리고 또 불확실한 법체계 대신에, 이제 그들은 아테네 법체계를 갖게 되었다. 이 법체계는 규정적(*prescriptive*)이며, 단순히 전통으로부터 해석되기보다는 인간에 의해 만들어지며, 친족적 혈통과 상관없이 모든 아테네 사람들에게 구속력을 갖는 것으로 간주된다. 우리는 또한 모든 아테네인들의 공통된 부분이 증대되는 것을 보게 되는데, 이는 일차적으로 부족 내에서건 씨족 내에서건 세대를 거치면서 공동체 의식이 피어날 때까지는 존재하지도 않았고 존재할 수도 없었던 것이다. 마지막으로, 새로운 아테네에는 분명 개인주의가 존재하게 되었는데, 이는 이제부터 친족집단이 아

시키온의 참주(僭主) 클레이스테네스(Cleisthenes of Sicyon)이다. 기원전 525년 최고 관리인 아르콘 에초니모스로 있었으나 나중에 망명하였으며, 기원전 510년 히피아스의 참주정치 붕괴와 함께 귀국하였다. 기원전 509~508년 민중들의 지원으로 스파르타의 도움을 받은 정적 이사고라스를 타도하였고, 국가제도의 대개혁을 단행하였다. 종래 귀족의 세력 기반이었던 씨족제적인 4부족을 해체하고, 대신 새로운 정치·군사적 단위로 10부족을 조직하였다. 10부족의 하급단위로서 백 개 이상의 구(區; *demos*)를 설치하여 각 시민이 소속하는 구를 정하고, 농민계급까지 포함한 시민 5백 명으로 이루어진 평의회를 설치하여 광범한 권한을 이 평의회에 부여하였다. 이리하여 아테네에 중장보병민주정치(重裝步兵民主政治)를 확립함으로써 기원전 5세기 민주정치 발전의 기초를 닦았다. 또한 참주의 재현을 막기 위해 '오스트라키스모스'(陶片追放) 제도를 만들었다. 그 뒤 곧바로 스파르타와의 충돌에 대비하여 페르시아와의 동맹을 요구하였으나 시민들의 반발로 실각한 것으로 보인다.

니라 개인이 아테네 군대·정치체계의 환원불가능하며 변경불가능한 단위라는 사실에서 비롯된다.11)

니스벳은 이 새로운 정치형태를 '단일단위'라고 우호적으로 지칭하고 있지만, 기원전 800년에서 기원전 300년에 이르는 그리스 도시국가의 흥망성쇠는 특히 아테네의 경우에 해당하는 그러한 묘사를 보편적으로 적용하는 것을 쉽게 정당화시켜주지 않을 것이다. 기원전 7세기에 귀족들로 이루어진 기마병 계급과 병행하는 보병계급을 충당하기 위해 자영농(自營農)들이 시민 명부에 편입되었다. 그리고 클레이스테네스 치하에서 무산(無産) 기능공과 상선 및 해군 선원들도 시민권을 취득하였다. 이러한 흐름은 그리스 내 다른 많은 도시국가들에 비해 아테네에서 시민권 취득경로가 더 광범위하였으며, 이로 인해 아테네는 자기들의 민주주의를 자랑하기에 이르렀다. 그리고 기원전 5세기 아테네의 영광이었던 연극, 미술, 건축, 문학, 철학의 융성은 시민의 성취의 상징이자 정점으로서 도시국가에서 싹이 자랐고 또한 도시국가에 집중되었다.

시민권 혹은 시민자격의 고귀한 이상에 대한 고전적 진술은 기원전 431년 펠로폰네소스 전쟁 첫해에 페리클레스가 행한 추도연설에서 볼 수 있다. 사실 이상적으로 묘사된 것이긴 하지만, 그럼에도 불구하고 그것은 게티스버그 전투에서 링컨이 행한 연설이 미국인들에게 그랬던 것과 유사하게 아테네인들의 충성과 헌신을 고취하였다.

> 우리의 정치체제는… 소수보다 다수를 위한 것입니다. 그래서 민주주의라 부릅니다. 법을 보면, 모든 사람에게 그들의 사적인 차이와 상관없이 평등한 정의를 제공합니다. 사회적 지위의 경우, 공적인

---

11) Robert Nisbet, *The Social Philosophers: Community and Conflict in Western Thought* (New York: Thomas Crowell, 1973), pp. 32~33.

> 삶에서의 진전은 능력에 대한 명성을 부여하며, 그 공적을 가리는 일에 계급적 고려는 끼어들 수 없습니다. 또한 누군가 국가에 봉사할 능력이 있다면, 빈곤이 이를 가로막지는 못하며, 출신이 장애물이 되지도 않습니다. 우리가 우리의 정부에 참여함으로써 누리는 자유는 또한 우리의 일상생활에까지 확대됩니다. 우리는 서로를 시샘하고 감시하지 않으며 우리 이웃이 자신이 좋아하는 것을 하는 데 화낼 필요를 느끼지 않습니다. … 그러나 우리가 사적 관계에서 누리는 이 모든 평안은 우리를 무법자가 되게 만드는 것은 아닙니다. 우리는 우리의 도시를 만천하에 드러내 보이며, 외국인 관련 법규(*alien acts*)에 의거해서 외국인들에게서 학습이나 관찰의 기회를 결코 배제하지 않습니다. 설령 우리의 관대함으로 인해 적이 종종 이득을 본다 해도 …
>
> 공직자는 정치 이외에도 자신들의 사적 업무가 있으며, 보통시민들도 각자의 일이 있긴 하지만 여전히 공적 사안의 공정한 심판자들입니다. 왜냐하면 다른 나라들과 달리, 우리 아테네인들은 이런 의무들을 전혀 부담하지 않는 사람을 단지 야심이 없는 사람이 아니라 소용이 없는 사람으로 간주하며, 우리가 모든 것을 창안할 수는 없다 해도 모든 것에 대해 판단할 수 있으며, 토론이 행동을 가로막는 장애물이라고 여기는 대신에 어떤 행위에 대해서건 필수적인 예비행위라고 생각하기 때문입니다.[12]

여길 보면 모든 시민들이 '공적 사안의 공정한 심판자들'이 될 수 있다는 이상이 언급된다. 하지만 역사가 투키디데스가 기원전 5세기 이상적인 아테네 시민에 대한 페리클레스의 견해를 묘사한 이 구절은, 기원전 4세기 그리스 도시국가들에 드리워진 쇠락과 위기의 기간 동안 영향력 있는 논고들을 저술한 플라톤과 아리스토텔레스에 의해 공식화된 그리스 시민자격 개념에 의해, 후세 역사의 많은 부분에서는 빛을

12) Thucydides, *History of the Peloponnesian War*, trans. by Richard Crawley (London: J. M. Dent, 1910), pp. 121~124.

잃는 처지가 되었다. 스파르타와의 길고도 소모적인 전쟁이 끝난 뒤, 아테네는 약화되고 마침내 마케도니아의 왕 필리포스와 알렉산드로스에게 정복되었다. 플라톤은 이 쇠락과정을 자유분방한 개인주의, 전통적 친족관계와 종교적 신념의 부활, 개인적·사적 부에 대한 몰두, 그리고 보통 인민들(*demos*)의 편견과 무지 탓으로 돌렸으며, 시민대중의 충동적 열정이 가장 선량하고 가장 총명한 사람들에 대한 끊임없는 부정의(不正義)와 압제를 낳았다고 보았다.

플라톤이 《국가론》(*The Republic*)에서 그의 이상적 정치공동체를 도출한 것은 이러한 설정에서였지만, 그것은 분명 시민자격의 '고귀한' 이상은 아니었다. 지역의 맹주(盟主)자리를 놓고 경쟁하던 민주적 아테네와 대비되는 권위주의적 스파르타의 규율과 군사적 우월성에 강한 인상을 받아, 플라톤은 상대적으로 소수인 현명하고 정의로우며 잘 교육받은 그리고 자신의 열정을 국가에 복종시킬 수 있는 수호자 계급에 의해 지배되는 국가를 마음속에 그렸다. 시민 각자가 번갈아 일하고 싸우며 지배한다는 페리클레스의 이상과 대조적으로, 플라톤은 정의는 모든 사람들이 자신에게 가장 적합한 것 — 일하는 노동자, 싸우는 전사, 그리고 지배하는 수호자 — 만 할 것을 요구한다고 주장하였다. 느슨한 의미에서, 좋은 시민으로서의 자질은 각 계급이 각각에 가장 적합한 것을 하는 것이다. 엄격한 의미에서 진정한 시민들이란 오직 귀족, 즉 철학자 왕(*philosopher-kings*)으로서의 역할을 수행하도록 국가가 통제하는 엄격한 교육체계에 의해 선발되고 훈련받는 수호자 계급을 가리킨다. 그들은 육체적 열정 그리고 가족과 친족, 부, 종교의 속박을 이겨낼 수 있으며, 수학과 형이상학, 변증법 수련을 통해 획득한 높은 교육수준에 의해 이데아의 실제세계가 지닌 참된 진·선·미를 파악할 수 있는 사람들이다.

귀족주의적이며 본질적으로 폐쇄적인 정치공동체를 지향하는 플라톤의 시각은 사실 니스벳이 말하는 '단일단위'를 보여준다. 그리하여 그의 생각은, 이들 가치가 현실 경험세계의 변화무쌍함(*ebb and flow*) 너머에 있는 실재의 참 이데아(*true ideas of reality*)를 숙고하고 파악할 특권을 지닌 잘 교육받은 상류계급 사람들에 의해 명백하게 드러나는 것처럼, '보다 고귀한' 지적·도덕적 가치들을 위해 인민대중의 과도한 개인주의와 자유 그리고 열정을 극복하기를 바라는 사람들에게 계속해서 호소력을 갖는다.

시민자격에 대한 고전적 견해를 잘 보여주는 강력한 목소리를 내는 또 하나의 인물로 아리스토텔레스가 있는데, 그의 《정치학》(*Politics*)과 《윤리학》(*Ethics*)은, 플라톤의 유토피아 묘사가 시적이며 신비적이기까지 한 것에 비해 무미건조하고 현학적임에도 불구하고, 시민자격이라는 고귀한 이상을 구체화하는 데 엄청난 영향을 끼쳤다. 아리스토텔레스의 견해는 훨씬 더 다원주의적이다. 그는 세 가지 주요 정부형태를 개관하였는데, 이는 그 이후 2천 년간 정치철학자들의 출발점이 되어 온 분류이다. 국가의 최고권위인 정부는 한 사람, 소수, 혹은 다수의 수중에 놓일 수 있다. 아리스토텔레스는 세 가지 형태 모두에 얼마간 장점이 있다고 보았다. 각각의 경우에 참된 형태가 있는데, 불행히도 전도된 혹은 타락한 형태로 변질될 수 있다. 참된 형태에서 지배자는 공동선을 위해 지배하는 데 비해, 타락한 형태에서 지배자는 자신의 사적 이익을 위해 지배한다. 이들의 관계를 도식화하면 다음과 같다.

	참된 형태 (공공선에 봉사함)	타락한 형태 (지배자의 사적 이익에 봉사함)	
한 사람	군주정	전제정	왕
소수	귀족정	과두정	부유한 재산가들
다수	공화정	민주정	빈민층

아리스토텔레스는 참된 정부형태 중 명확하게 어느 하나를 선호하지는 않았지만, 대체로 귀족정(貴族政) 내지 입헌주의에 기울어 있었다. 그는 시민자격을 '자유인'에 국한시킴으로써 귀족주의적 경향을 드러낸다. 그는 여성과 아동, 노예를 시민에서 제외한다. 뿐만 아니라 그는 기술자와 상인, 농부도 배제하는데, 그들은 생계유지에 매달려야 하다 보니 통치라는 시민의 과업에 참여할 능력을 애초에 갖기 못했거나 교육을 받지 못한 사람들 혹은 충분한 여가를 갖지 못한 사람들이다. 그러나 그가 시민계급 자체에 대해 언급할 때에는 사뭇 입헌주의자 내지 공화주의자로 느껴진다. 모든 시민은 그 정치적 권리와 책임에 있어 동등하다는 것이다.

모든 시민은 '시민의 직책'을 가진다. 직책에는 두 종류가 있다. 하나는 임기가 정해져 있고 직무범위가 한정된 것으로, 이런 직책들은 특정한 기능을 수행하기 위한 자리에 선출되거나 임명되는 정부관리들이 담당한다. 또 하나의 유형은 직무범위가 정해져 있지 않고 자리가 계속 유지되며, 모든 시민들이 민회(民會)와 법정에서 지배자, 결정자, 판단자로서의 능력을 동등하게 보유하는 의무와 책임에 적용된다. 그리하여 아리스토텔레스는 국가를 지배하는 일에 동참하는 자유롭고 평등한 시민과 정부에 아무런 목소리를 낼 수도 없고 보상이나 보호를 요구할 아무런 법적 권리도 갖지 못하는 '신민'을 분명하게 구분하였다. 노예는 전적으로 주인의 절대적 지배에 종속되며, 아동은 부모의 자애로운 지배에 종속된다. 이와 대조적으로, 시민들은 자치정부에 참여하여, 동등한 시민들을 지배하는 일과 또 그들의 지배를 받는 일을 번갈아 한다.

> (시민의) 특별한 요소는 그가 사법집행에 참여하며 또 그러한 직책에 동참한다는 점이다. 이제 직책들 중 일부는 연속적으로 맡을 수 없으며, 동일인물이 같은 직책을 두 번 맡을 수 없는데 다만 일정 기

> 간이 지나면 다시 맡을 수도 있다. 또 다른 직책들은 시한이 없는데, 예를 들면 배심원이나 민회 구성원의 직책이 그러하다. 구분의 편의상, 그런 직책을 '무한 직책'이라고 부르자. 그리고 그런 직책들을 맡는 사람들이 시민들이라고 하자. 이는 시민에 대한 가장 포괄적 정의이다. … 어떤 국가에서든지 사법집행에 참여할 힘을 가진 사람은 그 국가의 시민이라 불린다. 그리고 일반적으로 말해서, 국가는 삶의 목적에 흡족한 시민들의 집합체이다.[13] 〔모든 아테네 시민들은 성인기간 내내 민회(*popular assembly*)의 구성원이다. 민회는 입법기능뿐만 아니라 사법기능도 가지고 있었다.〕

진정 정의로운 국가의 본질적 속성에 대한 차이 — 보다 절대주의적인 플라톤의 관점과 보다 다원주의적인 아리스토텔레스의 관점 — 에도 불구하고, 그들은 필자가 강조하고자 하는 두 가지 주요 특성에 대해서는 동의한다. 하나는 정치공동체를 인간의 성취와 정의에 있어 가장 중요한 수단으로 본다는 점이다. 다른 하나는 교육이 가족이나 친족 혹은 종교집단의 사적 영역이기보다는 국가의 공적 기능이어야 한다고 보는 점이다. 첫 번째 논점에 대해, 아리스토텔레스는 다음과 같이 말한다.

> 모든 국가는 모종의 공동체(共同體)이며, 모든 공동체는 모종의 선(*some good*)에 대한 관점에 의거해 수립된다. … 그러나 모든 공동체가 모종의 선을 목표로 한다면, 모든 공동체 중 최상의 것이며 나머지 모든 공동체를 감싸 안는 국가 혹은 정치공동체는 여타의 것보다 더 높은 수준에 있는 선 그리고 최고선(最高善)을 목표로 한다.[14]

---

13) Aristotle, *Politics and Poetics*, trans. by Benjamin Jowett and S. H. Butcher(New York: Heritage Press, 1964), pp. 80~81.

14) 위의 책, p. 5.

국가의 궁극적 목표는 좋은 삶에 있기 때문에, 시민들은 고결한 습관과 합리적 원칙의 고취에 의해 덕성으로 인도되어야 한다.

> 도시(국가)는 정부에 참여하는 시민들이 덕성이 있을 때에만 고결할 수 있으며, 우리의 국가에서는 모든 시민이 정부에 참여한다.[15]

그러면 이는 어떻게 성취할 것인가? 모든 시민을 위해 국가가 이행하는 공통의 공교육(公教育)에 의해서이다. 앞의 인용문과 다음의 인용문에 언급된 시민자격에 관한 생각들은 18세기 후반 미국의 기틀을 세운 사람들에 의해 다시금 표현되었다.

> 입법자는 무엇보다도 청소년 교육에 주의를 기울여야 한다는 것을 어느 누구도 의심하지 않을 것이다. 교육을 소홀히 하는 것은 국가의 근간에 해를 끼치기 때문이다. 시민은 자신이 속해 있는 정부의 형태에 적합하도록 교육받아야 한다. 각각의 정부는 애초에 그것을 만들었고 또 유지하는 고유한 특성이 있기 때문이다. 민주정(民主政)의 특성이 민주정을 낳았고 과두정(寡頭政)의 특성이 과두정을 낳았다. 언제든지 특성이 좋을수록 정부도 더 좋다.
>
> … 도시(국가) 전체는 한 가지 목적(덕성)을 가지기 때문에, 교육이 모든 사람에게 동일한 것이어야 한다는 점은 명백하다. 또한 교육은, 지금처럼 각자가 자기 아동을 따로 돌보고 각기 자신이 최선이라고 생각하는 종류의 가르침을 받게 하는 그런 사적인 것이 아니라, 공적이어야 한다. 공동의 이익이 되는 것을 훈련받는 일은 모두에게 같아야 한다. 우리는 시민들 중 어느 한 사람이 자신에게 속한다고 생각해서도 안 된다. 그들 각자가 국가의 일부이며, 각 부분을 보살피는 일은 전체를 보살피는 일과 분리될 수 없다. …
>
> 교육은 법에 의해 규제되어야 하며 국가의 업무여야 한다는 점이

---

15) 위의 책, p. 251.

> 부정되어서는 안 되지만, 이러한 공교육의 특성이 무엇이어야 하는지 그리고 젊은이들이 어떻게 교육되어야 하는지는 더 생각할 문제이다.[16]

유감스럽게도, 아리스토텔레스는 그의 《정치학》에서 대부분의 도시국가 학교에서 가르치는 통상적 기초과목들 — 읽기, 쓰기, 체육, 음악, 그리고 가능하면 미술까지 — 을 언급하는 데서 나아가 시민들을 위한 적절한 정치교육이 어떤 것이어야 하는지 말해주지는 않았다. 각 정부형태 — 군주정, 귀족정, 입헌공화정 — 에서 시민들에게 적합한 교육을 그가 어떻게 제각기 규정하였는지를 살펴보는 것도 흥미로운 일이다. 하지만 우리는 그의 《윤리학》에서 고등교육에 대한 그의 견해를 어느 정도 파악할 수 있는데, 그 책에서 그는 자유인을 위한 적절한 공부과목들 즉 교양교육(*liberal education*)을 개관하고 있다.

고등 교양교육에 대해 아리스토텔레스는 정치이론가·실재론자이기보다는 철학자이자 과학자이다. 《윤리학》에서 아리스토텔레스는 덕성의 최고형태는 순수 사변(思辨)이라고 주장한다. 인간가치의 척도에서, 아는 존재이자 생각하는 존재로서의 인간이 행동하는 존재이자 시민으로서의 인간보다 높은 지위에 놓인다. 인간의 합리적 본성은 상위 부분과 하위 부분이 있다. 상위 부분은 지적 덕성으로 이루어져 있고 하위 부분은 도덕적 덕성으로 이루어져 있다. 이들 도덕적 덕성은, 습관형성의 결과로서, 사람들의 특성을 구성하며 삶의 초기에 학교교육을 통해 만들어진다.

상위 부분인 지적 덕성은 가르침의 결과이며, 이는 다시 보다 상위의 형태와 보다 하위의 형태가 있다. 보다 상위의 혹은 고귀한 쪽은 이론이성(理論理性)으로서 지식 그 자체를 목표로 하며 인간본성과 물리적 본성 및 우주의 배후에 있는 불변적 실재를 묘사하는 제일원리들

---

16) 위의 책, pp. 267~268.

을 형성하며, 존재의 불변적 측면을 정의하는 명제들의 진위를 결정한다. 이들 제일원리를 발견할 지적 능력을 가장 잘 도와주는 교양교육 과목들을 상위의 것부터 보면 신학, 형이상학, 존재론, 우주론, 물리학, 천문학, 심리학, 생물학, 수학, 그리고 논리학 순으로 되어 있다.

지적 능력의 하위 덕성은 실천이성(實踐理性)으로서 행위나 행동(사려분별) 혹은 무언가를 만들거나 생산하는 것(예술)과 관련된 지식을 목표로 한다. 따라서 실천이성은 인간의 행위를 인도하고 행위규칙을 만드는 것을 돕기 위해 가변적인 사물과 현상을 다룬다. 정치학, 윤리학, 경제학, 수사학, 그리고 예술 공부를 통해 시민들을 인도할 지침들이 여기에 있다.

이처럼 '실천적' 공부보다 이론적 공부를 선호하는 가운데 아리스토텔레스는, 오랜 기간 동안 자유교육에서 실천보다 이론을 더 가치 있게 여기는 서구의 지적·학문적 전통, 즉 도덕과 정의의 목표보다 진리탐색을 더 높은 목표로 생각하며 옳고 그름에 관한 규범적 판단의 계발보다 체계적 지식의 획득을 더 중시하는 전통형성에 있어, 플라톤이 보다 영향력 있는 인물이 되는 데 일조한 셈이다.

이는 플라톤과 아리스토텔레스로 대표되는 그리스 철학 전통의 커다란 역설 중 하나이다. 두 사람 모두 인간의 집합생활의 최고형태가 전통적 가족·친족·종교·전투/군사 공동체보다는 정치공동체에 있다고 생각했으며, 두 사람 모두 교육이 정치공동체의 1차적 기능이라는 데 동의하였지만, 어느 누구도 민주국가를 직접 촉진할 교육에 초점을 맞춘 교육과정을 개발하지는 않았다. 플라톤은 민주주의를 단념하고 그의 수호자들에게 거칠고 혼란스런 현실 이면에 있는 순수한 실재를 관찰할 것을 촉구하였다. 아리스토텔레스는 공화주의 정부에 보다 가치를 두었지만, 그 또한 과학적 지식과 이론적 사변이 도덕적·실천적 이성보다 더 고귀하다는 쪽으로 기울었다.

아마도 이는 정의롭고 권위 있는 정치 공동체에 대한 견해를 주창하였지만 매우 제한된 조건 이외에서는 자유에 거의 여지를 주지 않았으며 평등에는 전혀 여지를 주지 않았던 철학자·과학자들에게 예견될 수 있는 일일 것이다. 두 사람 모두 시민자격은 인구의 다수를 차지한 노동자, 외국인, 노예들의 힘에 의존하는 소수에게 속한다고 생각했다. 17, 18세기의 민주주의 혁명이 시민권의 개념을 훨씬 넓은 유권자로 확대할 때까지 서구 지적 전통의 주류는 이러한 전통을 매우 적합한 것으로 보았다.

이러한 플라톤-아리스토텔레스 철학전통에 중요한 예외가 있었는데, 이는 로마공화정 시대의 교육자들에게 상당한 영향을 주었지만, 분명 로마제정 시대와 중세 동안에는 힘을 발휘할 수 없었다. 이 예외는 아테네의 위대한 교사로서 플라톤 및 아리스토텔레스와 동시대 인물인 이소크라테스(Isocrates)로 대표되는 수사학 전통이다. 이소크라테스는 당시의 철학자들 및 철학 학파들과 끊임없이 경쟁을 벌였다. 그는 자신이 보기에 추상적이고 비현실적인 플라톤의 아카데미와 아리스토텔레스의 리케이온의 '학문적' 연구에 대해서는 별로 할 애기가 없었다. 그 대신에 그는 펠로폰네소스 전쟁 이후 아테네가 직면한 중대한 문제들은 파벌주의, 과도한 개인주의, 빈곤, 인구과잉, 부패, 절망 등의 문제에 정면으로 대응하는 교육에 의해서만 치유될 수 있다고 주장하였다.

이소크라테스는 인간최고의 가치는 정치공동체 속에서 그리고 그를 통해 실현되어야 하며, 인간 수월성의 주요 형태는 국가에 대한 봉사에 있다는 데 동의하였다. 이러한 목적을 실현하기 위한 주요 수단은 인간의 이성에 있으며, 이는 건전한 실천적 판단으로 이끌 수 있는 논의를 수행할 능력을 인간에게 제공한다. 아리스토텔레스가 말한 것처럼 인간은 '정치적 동물'일 수도 있지만, 인간의 천재성은 '설득하는 동물'이 될 수 있다는 데, 즉 법의 지배 아래에서 정치공동체를 수립하기 위해 다른 사람들과 의사소통할 수 있다는 데 있다.

따라서 이상적 시민은 철학자나 과학자가 아니라 '수사학자' 혹은 웅변가이다. 그는 수학이나 과학, 형이상학 같이 순수하게 추상적인 학문연구에 오랜 기간 전념함으로써 좋은 시민이 만들어질 수 있다는 생각을 비웃었다. 그와 달리, 웅변가는 공적 일에 헌신하며, 시민으로서의 의무와 책무를 수용하며, 수사학뿐만 아니라 논리학, 문학, 역사, 정치, 윤리학까지 포함하는 광범위한 공부를 통해 자신을 철저하게 일깨우는 사람이다. 이러한 '실천적' 교육을 통해 웅변가는 국가가 당면한 문제들에 대해 훌륭한 판단을 내리는 감각을 계발하고, 공론(公論)의 장(場)에서 다른 시민들과 함께 공공정책에 대한 올바른 판단에 도달하기 위한 합리적 논의에 기꺼이 참여하는 사람이다.

한 가지 특기할 만한 것은 이소크라테스가 수많은 소규모 개인주의적 도시국가들이 서로 경쟁하고 전쟁을 벌이는 상황에 대한 필수불가결한 해결책으로 범(汎)헬레네 연합을 열렬하게 지지했다는 점이다. 그러나 여러 도시국가들의 자발적 노력을 통한 '다수로 이루어진 하나'(역주: *e pluribus unum*, 미합중국의 표어이기도 함)에 대한 그의 지지 운동은 실패하였다. 그리스는 마케도니아 정복자의 손에 들어갔고 나중에는 로마 정복자의 손에 들어갔다. 정복자들은 그리스 도시국가들이 극복할 수 없었던 정치적 다원주의에 일종의 외부적 질서를 부과하였다.

이소크라테스의 제안은 분명 당시 상황에서는 너무 느리고 또 너무 민주적이었다. 그는 관련 요인들에 대한 끊임없는 연구와 감정중립적인 이성에 기초하는 정확하고 타당한 판단에 도달하기 위한 수단으로 공적 토론과 담론을 주장하였다. 그는 인간은 인간사에 대해 반박 불가능한 확실한 지식을 성취할 수 없다는 점을 인정하였다.

그러나 기원전 4세기 반복되는 위기가 그리스의 여러 도시국가를 괴롭히자, 사람들은 사회적·도덕적·정치적 확실성을 원했다. 사람들 중 일부는 그런 확실성이 정치공동체보다는 철학과 신비주의, 종교에 있다고 보았다. 또 다른 사람들은 대규모 제국의 중앙집권적 권위를 강조하는 새로운 종류의 정치공동체에서—처음에는 그리스에서 인도, 이집트에 이르는 마케도니아제국, 나중에는 중동에서 이집트, 영국에 이르는 로마제국에서—보다 큰 확실성을 찾았다.

여기서 필자는 초기 로마의 경험은 그리스가 친족관계에서 도시국가로 전환한 것과 다소 유사하다는 점을 강조하고 싶다. 예를 들어, 공화정 기간 동안(기원전 5세기에서 기원전 1세기 말까지) 로마의 권위는 가족이나 가계의 장 즉 가장(*pater familias*)의 힘에 매우 많이 의존하는 과도하게 강력한 권위조직에 기초했다. 이때 가족이나 가계는 아내와 자녀뿐만 아니라 종종 친척, 가신, 하인, 노예까지 포함하였다. 이러한 권위주의적 권위·보호구조는 친족집단의 안전과 복지를 책임지는 가장의 힘 즉 가장권(*patria potestas*)에 집중되었다. 개인보다 가족이 사회통합 및 법적·종교적 통합의 기초였다.

> 아우구스투스 개혁에 이를 때까지 로마 공화국에서는 개인이 아니라 가족이 전통과 법의 환원 불가능한 단위였다. … 공화정 말기에 이를 때까지, 가족은 대부분의 개인적 위법행위에 책임을 지게 되어 있었으며, 또한 구성원이 입은 상해에 대한 보복을 할 수 있는 일차적 당사자였다. 매우 견고하고도 전적으로 수용되는 피의 복수와 유사한 것이 가장권 하에 존재하였다. … 살인, 폭행, 방화, 불법침입, 상해 등의 위법행위는, 오늘날 우리가 국가 자체에 대한 범죄로 간주하는 것과 달리, 로마인들에게는 사적인 위법행위로서 사적으로 협상할 수 있는 것으로 간주되었다.[17]

그리하여 가족은 법과 종교, 재산과 부에 있어 커다란 자율성과 집합적 힘을 지녔다. 개인들은 가장의 명시적 허가에 의거한 경우가 아

---

17) Nisbet, *Social Philosophers*, p. 36.

니고서는 재산을 소유할 수 없었다. 이러한 자율성은 교육에서도 일반적인 일이었다. 평민계급 아이들이 인문교육을 제대로 받을 기회가 거의 없었던 데 비해, 상류계급 귀족가문의 아들들은 관습에 의해 가정에서 가족을 통해 교육되었다. 그러나 공화정 하에서 친족집단들이 가졌던 힘과 자율성은 기원전 3, 2세기 동안 쉴새없이 벌어진 전쟁, 그리고 기원전 1세기에 벌어진 내전의 타격으로 쇠락의 길로 접어들었다. 마침내, 기원전 27년 옥타비아누스 장군이 아우구스투스 황제가 되면서 제국이 공화국을 공식적으로 계승하였다.

니스벳이 지적하듯이, 군인들이 각자의 아버지보다는 지휘관에게 복종해야 할 군사적 필요성이 친족집단에서 국가로 권위가 이동한 주된 요인이었는데, 이는 약 5백 년 이전에 아테네에서 클레이스테네스에 의해 이행된 권위이동과 어느 정도 유사하다. 정당한 권위가 가족에서 국가로 이전되었던 것이, 이제 원로원이나 민회보다는 황제 개인에게 존재하게 된 것이다. 그리고 법의 힘이 공화정 때에는 가족을 매개로 해서 행사되었던 것이 이제 개개인에게 직접 행사되게 되었다. 공화정 말기의 키케로나 제국의 융성기 때 퀸틸리아누스가 이소크라테스의 교육이념을 채택하고자 노력했지만 통치권자의 전제적이고 권위주의적인 압력을 이겨낼 수는 없었다. 수사학(修辭學)이 공공정책결정에서 거의 역할을 하지 못하자, 수사학은 자유로운 시민들간의 정치적 설득 기술로서보다는 말하는 기술 그 자체를 위해 보다 정련된 웅변적 형태로 윤색되었다. 시민자격의 개념에서 법(法)이 철학과 수사학을 대체한 것이다.

그 이후 6, 7세기 동안 로마제국의 법은 근대 국민국가가 형성되기 시작할 때 지대한 영향을 주게끔 해석되고 또 발전하였다. 니스벳은 로마법의 기본 이념에 기여한 법률가, 교육자, 저술가, 황제의 조언자들에게 '정치적 지식인'이라는 명칭을 부여한다. 이러한 작업은 《시민법 대전》(*Corpus Juris Civilis*)으로 정점을 이루는데, 이는 유스티니아누스 황제의 자문역이었던 트리보니아누스를 비롯한 법학자들에 의해 편찬된 법전이다. 기원 2세기 하드리아누스 황제 이래로 여러 황제들에 의해 공포된 기본법규들, 법학자들의 견해들, 그리고 법학 개론서로 이루어진 여러 권의 책자가 기원 529~565년에 간행되었다.

일반적으로 유스티니아누스 법전으로 알려진 이들 책자는 중세 내내 존속하면서 고전탐구 부활의 일부가 되었고, 이는 12~13세기 신학교와 대학들의 성장을 자극하였다. 하지만 그 자체로 최고인, 그리고 보편 로마교회 혹은 유스티니아누스 자신이 생각한 보편 기독교적 로마제국을 모델로 새롭게 등장한 신성로마제국의 전면적 권위에 대한 복종으로부터 자유로운, 국민국가의 정치적 정당성을 확립하고자 했던 15, 16세기의 위정자들에게 로마 시민법이 커다란 위안이자 정당화 근거가 되었다는 사실은 매우 역설적이다.

니스벳은 우리의 목적에 유용한 로마법의 네 가지 중심적인 정치적 원리를 다음과 같이 규정한다.[18] ① 정치질서가 사회 내 여타 모든 집단 및 이해관계보다 상위에 있는 주권을 가진다. 주권은 국가가 정당한 강제력을 독점하며 권위가 상당한 정도로 집중된다는 점을 수반한다. ② 다른 어떤 형태의 결사도 정치적 주권에 의해 그 권리가 인정되지 않고서는 합법적으로 존재할 수 없다. ③ 계약의 원리로서, 시민들의 사적 관계는 자발적 동의에 기초할 때에만 합법적인 것으로 간주된다. 따라서 세습적·귀속적·전통적 관습은 계약관계로 전환되지 못하면 법적으로 아무런 지위도 갖지 못한다. 이는 인간이 국가 그 자체에 의해 집합적으로 수립한 것으로 가정되는 최초의 '사회계약'에 적용된다. ④ 사회에서 정치적으로 인정되는 유일한 단위는 시민으로서의 권리와 책임의 원천이 되는 시민들 개개인이다.

필자는 그리스·로마 시대 시민자격 개념의 기원에 대해 두 가지 사

---

18) 위의 책, pp. 212~123.

항을 지적하면서 시민자격 개념에 대한 이 간략한 검토를 시작하였다. 첫째는 인간이 만든 법규에 기초한 그리고 친족, 종교, 세습적 지위에 기반한 관습과 관행에 우선하는 정치공동체의 탄생과 더불어 시민자격이 등장하였다는 점이다. 이러한 시민자격 개념은 그리스 도시국가가 종족집단을 대체하였을 때 그리고 로마제국이 로마공화국 — 가장이 친족집단 내에서 가지는 권위를 광범위하게 인정하였던 — 을 대체하였을 때 널리 퍼졌다. 그러나 친족관계 및 종족적 권위는 로마가 기원 4~8세기 게르만 침입에 굴복했을 때 로마제국의 영역 내에서 다시 확립되었다. 대략 중세 천 년 동안, 정치공동체 내에서의 시민자격은 중세사회를 특징짓는 다원주의적 성원권(*membership*)에 의해 가려져 있었다.

> (중세사회에서) 친족은 초기 로마공화정 시대 그리고 클레이스테네스 개혁 이전의 초기 아테네 시대와 거의 마찬가지로 커다란 영향력을 가졌다. 중세사회는 각기 그 구성원들의 기능과 활동에 대한 지배권을 주장하는 친족, 공동체, 결사체들이 얽혀 있는 거대한 망이었다. 교회가 강력하긴 했지만, 12세기 이후에는 길드, 직업단체, 수도원, 장원 또한 강력하였다. 결국 본질적으로 분권화되고 지방화된 봉건주의(封建主義)와 여기서 우리의 관심사인 법체계를 탄생시킨 제정시대 로마사회보다 더 상이한 두 가지 구조를 생각하기는 어려울 것이다.[19]

이렇듯, (대략 기원전 6세기에서 기원 6세기까지) 약 1,200년 동안의 가지각색의 부침을 겪은 후, 정치적 시민자격 개념은 그 다음의 중세 천년 동안 쇠퇴의 길로 접어들었다. 시민자격 개념은 르네상스 초기에 되살아나서 다시 다듬어지고 마침내 주요 서구 사회들이 일련의 근대

---

19) 위의 책, p. 125.

국민국가를 형성하는 과정에 편입되었다. 그리스·로마 시대 정치적 시민자격의 일반적 개념이 오랜 이력을 가진 것과 달리, 고전적인 '민주적' 시민자격은 한 세기 혹은 두 세기 정도의 상당히 짧은 이력만 지니며 그것도 아테네에서 두드러진다는 점이 필자가 지적하고자 하는 두 번째 사항이다. 그 개념은 아직 때가 오지 않았던 것이다. 그것은 다원주의적인 전통적 친족관계 및 종교적 유대로부터 가해지는 공격도, 그리고 인민의 동의보다는 강력한 권위에 의한 지배를 주장하는 군사적·정치적·종교적 지배자들이 행사하는 일원론적인 절대주의적·권위주의적 통제로부터 가해지는 공격도 이겨낼 수 없었다. 18세기 민주주의 혁명기의 '정치적 지식인들'에 의해 이러한 인민의 목소리(*vox populi*)가 마침내 되살아나고 다시 다듬어지고 재구성되었다.

2. 민주적 시민자격에 대한 근대적 관념

시민자격에 대한 논의는, 충분히 전개된 이론은 아닐지라도, 14세기 후반에서 15세기 사이에 이탈리아 도시들에서 다시 등장하였다. 리젠버그는 로마법에 대한 연구 및 도시생활의 경험에서 비롯된 시민의식이 기원 1400년 훨씬 이전의 시민의 실제생활에 익숙하게 만들었다고 주장한다.[20] 이러한 경험은 15, 16세기에 브루니(Leornardo Bruni), 귀챠르디니(Francesco Guicciardini), 그리고 무엇보다도 《군주론》(*The Prince*)의 마키아벨리(Niccolò Machiavelli)에 의해 설득력 있게 저술된 시민 인본주의(人本主義)의 이념을 강화하였다. 포콕은 그들을 비롯한 여러 이론가들이 어떻게 아리스토텔레스를 재등장시켰는지 그리고 혁명 전의 대서양 공동체 특히 영국과 프랑스 그리고 미국에서의 공화주의 사상에 어떻게 영향을 주었는지 거장답게 묘사하였다.[21] 시민 인본주의는 시민자격에 대한 고대의 고귀한 이상과 공화주의적인 그리고 종국적으로는 민주적 시민자격에 대한 근대적 관념 간에 중요한 연관을 제공한다. 포콕은 어떤 의미에서는 미국혁명과 헌법이 "시민 르네상스의 마지막 국면"[22]을 이룬다고 주장한다.

필자는 또한 18세기 서유럽의 상당 부분과 식민지 미국을 휩쓴 민주주의 혁명이 서구문명 핵심의 많은 부분을 특히 1760년에서 1800년에 이르는 동안에 파괴한 획일적 운동이었다는 파머의 해석이 매우 시사

20) Peter Riesenberg, "Civism and Roman Law in 14th Century Italian Society", *Explorations in Economic History*, Vol. 7, No. 1-2(1969), pp. 237~254.

21) J. G. A. Pocock, *The Machiavellian Moment: Florentine Political Thought and the Atlantic Republican Tradition*(Princeton University Press, 1975).

22) 위의 책, 특히 제 14장과 제 15장.

적이라고 생각한다.[23] 그 첫 번째 표출은 미국혁명이었고, 가장 극단적이고 가장 과격한 것은 프랑스혁명이었다. 영국과 아일랜드에서는 개혁운동이 등장했다. 또 네덜란드, 벨기에, 스위스, 이탈리아, 헝가리, 그리고 폴란드에서는 1780년대와 1790년대에 걸쳐 공화국이 수립되었는데 오래 가지 못했다.

파머는 이들 혁명이 미국이나 프랑스에서 다른 나라들로 파급된 것이 아니라고 주장한다. 그보다는, 17세기 중반에서 18세기 중반에 이르는 동안 보다 귀족주의적이고 보다 폐쇄적이며 보다 엘리트 중심적이고 보다 영속적이고 세습적이며 보다 특권적으로 되어온 기존 질서에 대해 각 나라마다 각각의 방식으로 흥분하고 항의하며 비난을 가했다. 대의(大義) 원리에 기초한 일종의 의회나 평의회들조차 일반 국민의 복지에 덜 부응했던 것이다.

나라마다 각각의 방식으로 민중의 정부참여 지분이 더욱 증대되고 그러한 참여가 보다 평등하게 이루어지며 확대된 시민계층의 자유와 권리가 더욱 강하게 보호되도록 하고자 하는 혁명적 격변을 겪었다. 그러나 대부분의 나라에서 보수세력의 저항이 있었는데, 1800년경에는 기존 질서가 힘을 되찾았고 공화정은 귀족정이나 군주정으로 되돌아갔다. 여기에는 두 가지 예외가 있다. 프랑스혁명은 나폴레옹 하의 반혁명이 1804년에 공식적으로 제국을 수립할 때까지 그 외관을 유지했다. 특별한 반작용 없이 성공한 유일한 경우는 미국혁명이다.

18세기 민주주의 혁명가들이 무엇에 대항했는지를 우리 스스로 돌이켜 보는 것도 의의가 있는 일이다. 파머는 평등에 대한 열망이 점점 증대되고 있었고 이는 사회계층구조(*social stratification*)의 인습적 형태들을 폐지하게 되었다는 점에서 40년간의 운동이 본질적으로 '민주적'

---

23) Robert R. Palmer, *The Age of the Democratic Revolution: A Political History of Europe and America, 1760~1800*, Vol. I (Princeton University Press, 1959).

이었다고 설득력 있게 주장한다.

> 정치적으로, 18세기의 운동은 기존의 세습 특권집단이 정부 혹은 일체의 공권력을 보유하는 것에 대한 항거였다. 이 운동은 누구라도 단지 그 자신의 권리나 지위 혹은 '역사'적 권리 — 관습과 상속이라는 기존의 의미에서든, 혹은 18세기에는 알려져 있지 않았던 보다 새로운 변증법적 의미에서든 — 에 의거해서 강제적 권위를 행사할 수 있다는 것을 부인했다. 이 새로운 변증법은 '역사'가 모종의 특수 엘리트나 혁명 선도자에게 지배권을 부여한다고 간주했다. '민주주의 혁명'은 … 위임이나 해임가능성 모두 실제 제도에서는 그다지 인정되지 않았기 때문에 바로 그 이유에서 권한의 위임 및 공직자의 해임가능성을 강조하였다.[24]

이제 18세기의 혁명운동이 지난 200년 동안 매우 상이하게 파악되어 왔다는 점을 상기하는 것 또한 중요하다. 그 이유 중 상당 부분은 중세의 사회적·정치적 질서 형태를 어떻게 보는가에 달려 있다. 여기서 자유주의 역사학자 파머와 보수주의 사회학자 니스벳 사이의 차이를 살펴보는 것이 도움이 된다. 파머는 중세 및 근세 초기 '신분사회'(*constituted orders*)의 사회계층구조 그리고 귀족주의의 심화에 대해 얘기한다. 니스벳은 중세 다원주의 공동체의 '연방주의'에 대해 얘기한다. 그는 집단들의 수많은 관습과 전통 그리고 연결망이 지니는 자율성과 분권 그리고 다양성에서 커다란 가치를 찾는다. 사회구조의 기저에는 친족, 세대, 가문의 강력한 가족체계가 자리 잡고 있었다. 또한 촌락과 조합, 온갖 직업·친목단체, 수도원과 교회, 대학과 법정 등이 있었다.

---

24) 위의 책, pp. 4~5.

> 그 당시에는 친족관계, 종교, 사회계급, 지역공동체, 지방, 조합, 수도원, 대학 그리고 다양한 여타 유형의 공동체 속에 중세적 연방체계가 존재하였는데, 이는 진정 공동사회(*communitas communitatum*)라고 할 수 있다.[25]

니스벳은 중세의 사회체계를 연방주의적이고 다원적이라고 묘사한다. 그렇게 함으로써 그는 중세의 종합적 접근방식을 공격하고 또 이를 대체한 억압적, 중앙집권적, 관료주의적, 절대주의적, 집단주의적인 근대 국민국가와 대비하여 중세사회를 우호적으로 평가한다. 그는 기존질서 그리고 프랑스혁명 후기의 과격성에 대한 반동에 대해서도 유사하게 가치를 부여한다. 그가 보기에 프랑스혁명의 과격함은 영국 등지의 보수주의자들로 하여금 구체제의 다양한 사회적·정치적 특권집단이 누리던 자유를 찬미하도록 하였다. 그는 그런 자유가 현실에 있어서 상이한 기능과 이해관계를 가지며 그리하여 보통사람들과는 다른 권리와 책무를 정당하게 지녀야 한다고 보았다.

이와 반대로, 파머는 권리와 책무에서의 이러한 차이가 18세기 중반에 이르러 서구국가들의 '사회체제'(*constituted bodies*)에 대해 무엇을 의미하게 되었는지에 대해 다음과 같이 서술한다.

> 사람들은 추상적으로 '시민들'로서가 아니라 집단의 구성원으로서 권리를 지녔으며, 모든 사람들은 몇몇 법적 권리들을 지녔다. 하지만 이는 동유럽의 농노와 아메리카의 노예들에게는 거의 없는 것이나 마찬가지 수준이었다. … 그러나 사회체제간에 가장 주목할 만한 유사성은 이것 말고 다른 두 가지 측면에서 찾을 수 있다. 첫째, '신분'(*order*)이라는 개념은 … 종종, 다른 기능을 수행하는 여타의 신분들과 구별되어, 국가나 교회에서 지배자의 지위를 담당하는 신분의 사람들이 있음을 의미하였다. 둘째, 이러한 지배엘리트 지위가 법에

---

25) Nisbet, *Social Philosophers*, p. 399.

> 의해서 혹은 사실상 세습되는 경향이 강했다. 이런 경향은 1760년대에 이미 한 세기 정도 지속된 상태였으며, 몇몇 가문에 영향력이 집적되도록 하였다. 좀더 추상적으로 표현하자면, 가족제도가 종교제도는 말할 것도 없고 정부제도에까지 침투한 것이다. … 간단히 말해, 세상은 더욱 귀족주의적으로 되어갔다.[26]

이처럼 가족과 친족, 부와 재산, 그리고 사회계급이 주는 권리와 특권을 향유하는 특권층의 지배력이 증대된 것이 바로 혁명운동의 항거 대상이었다. 자연권, 사회계약, 평등 그리고 정치적 자유 등의 교의는 대체로 특정 집단의 권리와 책무를 위계적 정치질서로 고착시키는 영구적인 법적 관계를 빚어낸 특권적 지위를 없애고자 하는 것들이었다. 봉건적 맥락에서 시민권의 개념은 좁게 규정된 소규모 집단과 동일시되었다. 민주주의 혁명은 본질적으로 시민권의 의미를 확대하여 성인 남자들을 보다 광범위하게 — 그들 모두는 아닐지라도 — 포함하고자 했다. 또한 혁명은 개인으로서 일상적 정치과정의 능동적 참여자가 될 뿐만 아니라 집합적으로 '인민'으로서 정치적 계약 그 자체의 설립자가 되는 것이 시민이라고 시민의 역할을 재규정하고자 하였다.

17, 18세기의 정치사상 그리고 민주주의 혁명의 과정은 여기서 요약하기에는 너무 복잡하고 또 논란의 여지가 있다. 필자는 다만 강조할 만한 몇 가지 사항만 골라서 언급할 수 있을 뿐이다. 필자가 보기에, 이들 사항은 미국혁명에서 시민권의 새로운 의미가 형성되어 미국이라는 새로운 국가건설에 반영된 과정을 조명해줄 것이다. 여기서 필자는 특히 미국사의 형성기에 해당하는 이 시기를 다뤄 온 주요 미국 역사학자들의 몇몇 연구업적에 의거하고자 한다.[27]

---

26) Palmer, *Age of the Democratic Revolution*, Vol. I, p. 29.

27) 예를 들어 다음의 책들을 참조하시오. Bernard Bailyn, *The Ideological Origins of the American Revolution* (Cambridge, Mass. : Harvard University Press, 1967) ; Gordon S. Wood, *The Creation of the American Revolution*,

여기서 핵심은 무엇보다도 미국혁명은 그 내용과 결과에서 정치적이라는 점이다. 그것은 프랑스혁명에서 자코뱅 집권기처럼 기존 사회를 전면적으로 전복하고 재건하는 것을 목표로 하지 않았다. 식민지 미국은 이미 상당한 정도의 사회적 평등을 성취하였고, 프랑스 혁명가들을 그토록 분노하게 만들었던 세습적 귀족주의에 시달린 적도 결코 없었다. 미국에는 독립적으로 재산을 소유하는 것이 미덕이라는 데 상당한 믿음이 있었다. 캐나다로 이주간 왕당파의 토지와 재산을 수용한 예외적 경우 말고는, 부나 생산의 경제적 원천을 급진적으로 재분배하고자 하는 시도가 거의 없었다.

미국의 애국자들에게 영향을 끼친 것은 먼 곳에 있으면서 식민지 주민들을 '시민'이기보다는 '신민'으로 대하며 복종을 강요하려는 영국 의

1776~1787 (Chapel Hill, N.C.: University of North Carolina Press, 1969); Stephen G. Kurtz and James H. Huston, eds., *Essays on the American Revolution* (Chapel Hill, N.C.: University of North Carolina Press, 1973); Ralph Ketcham, *From Colony to Country: The Revolution in American Thought, 1750~1820* (New York: Macmillan, 1974); Clinton Rossiler, *The American Quest, 1790~1860: An Emerging Nation in Search of Identity, Unity, and Modernity* (New York: Harcout Brace Jovanovich, 1971); Robert R. Palmer, *The Age of the Democratic Revolution: A Political History of Europe and America, 1760~1800*, 2 vols. (Princeton, N.J.: Princeton University Press, 1959 & 1964); Bernard Bailyn, David Brion Davis, David Herbert Donard, John L. Thomas, Robert H. Wiebe, and Gordon S. Wood, *The Great Republic: A History of the American People* (Boston: Little Brown, 1977, 특히 Gordon Wood가 쓴 제2부); James McGregor Burns, *The Vineyard Liberty* (New York: Knopf, 1982); John P. Diggins, *The Lost Soul of American Politics: Virtue, Self-Interest and the Foundations of Liberalism* (New York: Basic Books, 1984); Forrest McDonald, *Novus Ordo Seclorum: The Intellectual Origins of the Constitution* (Lawrence: University of Kansas Press, 1985); William Peters, *A More Perfect Union* (New York: Crown, 1987); Michael Kammen, ed., *The Origins of the American Constitution: A Documentary History* (New York: Penguin, 1987).

회와 관리들의 억압적 권력이었다. 세금과 상비군 그리고 오만하고 귀족주의적인 관리들에 의한 압제는 더욱더 폭정과 동일시되었고 정의와 자유, 평등에 대한 시민들의 권리를 침해하는 것으로 간주되었다.

시민들의 권리를 정당화하기 위해, 18세기 미국의 혁명사상은 버나드 베일린이 다섯 가지로 얘기한 역사적 이념에 의거하였다. ① 플라톤과 아리스토텔레스에서부터 키케로, 살루스티우스, 그리고 로마 공화정의 토대를 이루었던 덕성의 부패와 타락에 대해 기술했던 타키투스에 이르기까지 정치에 관한 고전들이다. ② 몽테스키외와 로크에서 볼테르와 루소에 이르기까지 사회계약 및 정치개혁에 관한 계몽주의 문헌이다. ③ 평등과 정의 그리고 시민적 권리를 강조하는 영국의 보통법 전통이다. ④ 신과 인간의 계약이라는 특별한 운명이 미국에서 이루어질 것으로 기대한 청교도 계약신학이다. ⑤ 베일린의 견해에서 특별한 것으로, 밀턴(John Milton)과 해링턴(James Harrington), 시드니(Algemon Sidney)로 대변되는 것처럼 내전(역주: 1642~1646, 1648~1652. 국왕 찰스 1세와 의회간의 분쟁)과 공화국 기간(역주: 1649~1660, 크롬웰의 청교도 혁명으로 왕정이 폐지되었던 기간) 등 17세기 영국혁명에 대한 급진적 정치관련 문헌들이다. 시민적 자유에 대한 그들의 조망은 18세기에 군주주권을 옹호하는 토리당원들의 견해에 반대하는 휘그당원들의 공화국 이념을 형성하는 데 도움이 되었다.

미국의 해법은 전통적 사회체제에서 벗어나 자유와 평등의 자연권에 의거하며 인민의 동의와 대의제도 그리고 외부로부터의 독립 및 권력분립에 의해 작동하는 정부를 수립할 주권자로서의 '인민'에 눈을 돌리는 것이었다.

이처럼 정당한 정치공동체의 제헌 권력으로 '인민'을 재규정하는 것을 가장 영향력 있게 진술한 것은 물론 독립선언문이다. 독립선언문은 1세기에 걸친 민주주의 혁명사상을 집약하여 제퍼슨이 발의하고 프랭클린(Benjamin Franklin), 애덤스(John Adams), 셔먼(Roger Sherman),

리빙스턴(Robert R. Livingston), 그리고 제퍼슨으로 이루어진 기초위원회에 의해 완성되었다.

> 우리들은 다음과 같은 사실을 자명한 진리로 받아들인다. 즉 모든 사람은 평등하게 태어났고, 창조주에 의해 양도불가능한 권리들을 부여받았으며, 그 권리들에는 생명과 자유 그리고 행복추구가 포함된다. 이 권리를 확보하기 위하여 인류는 정부를 조직했으며, 이 정부의 정당한 권력은 인민의 동의로부터 도출된다. 또 어떤 형태의 정부이든 이러한 목적을 파괴할 때에는 언제든지 정부를 바꾸거나 폐지하여 인민의 안전과 행복을 가장 효과적으로 가져올 수 있는, 그러한 원칙에 기초를 두고 그러한 형태로 권력을 구성하는 새로운 정부를 조직하는 것은 인민의 권리이다. … 이에 미합중국 대표들은 … 이 식민지의 선량한 인민의 이름과 권능으로써 엄숙히 선포하는 바이다. 이 합중국은 자유롭고 독립된 국가이며, 또 마땅히 그럴 권리가 있다.

이렇게 독립과 시민주권(市民主權)을 선언한 13개 주 중 4개 주는 1776년 7월 4일 이전에 이미 헌법을 발의하고 채택하였다. 자유와 평등의 기본 이념을 진술함에 있어 가장 영향력 있는 것 중 하나는 메이슨(George Mason)이 기초하고 버지니아 의회가 1776년 6월 12일 새 헌법의 권리장전으로 채택한 버지니아 인권선언(人權宣言)이다. 독립선언문은 제퍼슨이 여러 주에 공통적으로 적용될 것을 염두에 두고 유려한 문체로 진술한 데 비해, 버지니아 인권선언은 특정 주의 것이니만큼 그 중 몇 구절은 보다 상세하게 진술하고 있다.

> 모든 인간은 날 때부터 평등하게 자유로우며 독립적이고, 사회 구성원이 되는 순간 어떠한 계약으로도 빼앗길 수 없는 선천적 권리를 가진다. 즉 스스로 획득하거나 소유한 재산을 이용하여 인생과 자유를 누리고, 행복과 안전을 추구하고 획득할 수 있는 권리를 가진다. 모

> 든 권력은 인민에게 귀속되며 그리하여 인민으로부터 도출된다. 정부 관리들은 인민의 수탁자이자 하인이며, 언제나 인민에게 복종해야 한다. 정부는 인민, 국가 혹은 공동체의 공동이익과 보호 및 안전을 위해 구성되며 또 그래야 한다.
>
> … 정부가 이들 목적에 부적합하거나 반(反) 한다고 판명될 때에는 공동체의 다수는 이를 개혁하거나 교체하거나 폐지할 권리를 가지며, 그 권리는 의심의 여지가 없으며 양도불가능하고 파기할 수 없는 것이다.
>
> 어떤 개인이나 집단도 공적 봉사에 대한 보수 이외에는 공동체로부터 배타적 혹은 독자적 이득이나 특권을 누릴 자격이 없다. 그러한 지위는 세습될 수 없으며, 행정관, 입법자, 재판관의 직책 또한 세습되어서는 안 된다.
>
> 입법부, 행정부, 사법부의 권력은 분리되고 독립적이어야 한다.
>
> … 공동체와 항구적으로 공동의 이해관계를 가지며 또 공동체에 귀속된다는 충분한 증거를 지니는 모든 사람은 선거권을 가진다. 그리고 그들 자신 혹은 그들의 대표자들의 동의 없이는 세금을 부과받지 않으며 또한 공공의 목적을 위해 재산을 수용당하지도 않는다.[28)]

나아가 버지니아 인권선언은 '권리장전'을 이루는 적법절차 및 시민적 자유의 구체적 항목들을 열거한다. 그 내용을 보면, 적법절차에 따라 배심원에 의한 신속한 재판을 받을 권리, 과도한 보석금 금지, 비인간적 처벌 금지, 수색 · 체포 영장주의, 언론의 자유보호, 민간에 의한 군의 통제, 종교의 자유 등이다.

다른 주들의 권리장전은 버지니아 인권선언의 목록을 다양한 방식으로 확대하여 시민의 권리를 보다 광범위하게 포함하였다. 즉 언론 · 집회 및 청원의 자유, 무기휴대 권리 및 구속적부심사 제도, 법 앞에서의 평등 보호, 주거 불가침, 법률불소급 원칙, 적법절차 없는 재산

---

28) Palmer, *Age of Democratic Revolution*, Vol. I, pp. 518~520.

권 수용 금지 등이 이에 해당한다.

여러 주의 헌법에서 이들 권리와 자유를 열거한 것은, 나중에 그 상당 부분이 연방헌법 및 권리장전에 편입되기도 했지만, 식민지 주민들이 시민으로서 궁극적으로 정당한 권위를 행사하고 질서를 위해 복종할 가치가 있으며 동시에 개인의 권리를 전체주의 국가의 강압적 절대주의로부터 보호하는 정치공동체를 고안하고자 한 실제적 방법이기도 했다. 이는 '인민' 주권에 기초한 질서와 개인으로서의 시민의 자유 사이에 존재하는 지속적인 딜레마를 해결하고자 하는 그들의 노력의 일환이었다.

애국자들이 인민의 권리를 상술했을 때 그것이 실제로는 '남성'을 의미했으며, 그것은 백인남성 그것도 투표의 경우에는 재산을 가진 백인남성을 의미했다는 것은 오늘날의 우리에게는 너무나 분명하다. 그러나 필자는 18세기의 사람들이 19세기나 20세기에 태어나지 않았다는 것을 그다지 비난할 일이라고는 생각지 않는다. 적어도 그들은 후손들이 완전한 민주적 시민자격을 규정함에 있어 재산상의 자격요건, 성별, 인종 그리고 연령상의 제한을 결국에는 없앨 수 있도록 천 년이나 지속된 폐쇄적 사회체제를 열어젖혔다.[29]

개인의 자유를 보호하면서 집단의 질서를 확보해야 하는 딜레마는 신분에 기초한 세습적 귀족주의 질서에 의해 부과된 강제로부터 인민을 해방시키고 이를 시민들의 결정에 기초한 권위의 자발적 수용 — 동시에 이의제기와 견해차이 그리고 사상의 자유가 인정됨 — 으로 대체하는 과정에서 특별히 민감한 사안이었다. 커다란 영향력을 지닌 《사

---

29) 탁월한 분석으로는 James H. Kettner, *The Development of American Citizenship*, 1608~1870(Chapel Hill, N. C. : University of North Carolina Press, 1978)이 있고, 역사적 분석은 간략하지만 시민교육에 대한 적용이 분명한 것으로는 Richard M. Battistoni, *Public Schooling and the Education of Democratic Citizens*(Jackson: University Press of Missippi, 1985)가 있다.

회계약론》에서 루소는 이 점에 대해 "국가의 힘만이 그 구성원들의 자유를 확보할 수 있다"[30] 고 말한다. 이는 국가가 사람들에게 "자유롭도록 강제당할" 것을 요구하는 시도라고 보는 해석자들도 있다. 예를 들어, 니스벳은 '일반의지'(一般意志) 가 인민 전체에 의해 공식화된 공공이익의 평등주의적 표현이라고 하는 거의 불가사의한 루소의 분석에 대해 그를 절대주의·획일주의 국가론자의 전형이라고 생각한다.[31]

아마도 루소는 니스벳이 말하는 것처럼 여타의 모든 공동체보다 우월하며 그들을 포함하는 정치공동체를 극단적으로 주창한 인물이었을 수도 있다. 그러나 미국을 건국한 사람들은 구체제에 대한 루소의 공격 중 일부분만을 선별하여 수용하였다. 그들은 분명 평등주의적이지만 절대주의적인 루소의 국가관은 채택하지 않았다. 하지만 그들 중 일부는 정당한 정치공동체를 조직하고 운영하기 위해 여타의 자유롭고 평등한 시민들과 집합적으로 행동하는 시민이라는 루소의 개념을 차용하였다. 그들은 또한 시민 개인은 이처럼 정치적으로 제정된 법을 자발적으로 준수해야 할 뿐만 아니라 그러한 법과 권리장전에 의해 보장되는 자유의 울타리 속에서 개인으로서 자유롭게 행동하고 생각하고 믿을 수 있어야 한다는 루소의 견해도 채택하였다.

필자는 파머가 루소의 이론 중 미국 혁명가들이 1770~1780년대에 형성하고 있던 새로운 시민자격 개념에 매우 중요한 의미가 있는 사항들을 강조한다고 생각한다.

> 만약 1760~1800년 동안의 혁명 열망이 가장 정교하게 구현된 책 한 권을 거명해야 한다면, 그것은 《사회계약론》일 것이다.… 이 책은 여전히 정치혁명에서 위대한 책이다. …분명한 것은 그 책이 가장

30) Jean Jacques Rousseau, *The Social Contract and Discourses*, trans. by G. D. H. Cole(New York: Dutton, 1950), p. 52.

31) Nisbet, *Social Philosophers*, pp. 145~158.

> 인기 있었던 것은 혁명 이후였다는 것이다. 그 책이 혁명을 불러일으킬 정도로 혁명에 영향을 준 것은 아니다. 그 책을 이해하는 최선의 방법은 그 책의 주장들을 나중의 민주주의의 실제와 비교하지 않고 … 전체주의에 대한 기대로 생각지도 않으며 … 다만 그 책이 씌어진 시기(1762년)의 일반적 태도와 대비시키는 것이다. 그 시기의 가장 기본적 사실 중 하나는 어떤 사람들은 당연히 다른 사람들을 돌봐야 하며, 어떤 사람들은 다른 사람들을 지배할 권리를 가지며 또 다른 사람들은 복종할 의무가 있다는 것이었다. …그래서 《사회계약론》은 올바른 권위에 대한 요청, 즉 복종이 의무가 되는 국가에 대한 요청이었다. 이러한 요청은 그동안 개인의 자유를 강조하는 윤리학에 맡겨져 왔다. 루소는 이 최종적 권위를 가질 곳을 공동체 그 자체 이외의 어디에서도 발견할 수 없었다. 복종하는 사람들은 종국에 가서는 명령하는 사람들이 되어야 한다. 신민은, 끝에 가서는, 주권자가 되어야 한다. …[32]

파머는 《사회계약론》이 반란의 분위기에 휩싸여 있던 1760년대의 사람들에게 의미한 바를 다음과 같이 요약하고 있다.

> 무엇보다도 정치공동체, 인민 혹은 국가에 관한 그 이론은 그 함축하는 바가 혁명적이었다. 그 이론은 공동체가 역사나 친족관계, 인종, 과거의 정복, 공통의 유산 혹은 기존의 정치체계에 우연히 출생한 것 등에 기초하게 하기보다는 살아 있는 존재의 의지 그리고 구성원 자격 및 자발적 참여에 대한 적극적 관념에 기초하게 한다. 그 이론은 군주나 참주(僭主) 여타 일체의 정부에 주권을 부여하는 것을 거부하였다. 그 이론은 어떤 형태의 정부도 바뀔 수 있다고 설파하였고, 모든 공직자는 해임될 수 있으며, 법은 그 위력과 적법성을 오직 공동체 그 자체로부터만 도출할 수 있다고 주장하였다.[33]

---

32) Palmer, *Age of Democratic Revolution*, Vol. I, pp. 119~121.

33) 위의 책, p. 127.

비록 루소가 정치철학의 관점에서 볼 때 혁명의 틀을 만든 미국인들에게 가장 큰 영향을 준 것은 아니라 할지라도, '시민'의 개념뿐만 아니라 그 용어사용에서도 흥미로운 유사점이 있다. 《사회계약론》에서 루소는 사회계약을 정의하면서 '시민'을 이렇게 정의하고 있다.

> … 이러한 결합행위는 도덕적 · 집합적 존재를 창조하는데, … 이 존재는 이러한 결합행위로부터 통일성과 공동의 정체성, 생명과 의지를 부여받는다. 이처럼 여타의 모든 개인 인격들이 결합되어 만들어지는 공적 인격은 예전에는 '도시국가'라는 이름으로 불렸고, 지금은 '공화국' 혹은 '정치체'(*body politic*) 라는 이름으로 불린다. 이것이 수동적일 때에는 그 구성원들은 이를 '국가'라 부르고, 능동적일 때에는 '주권자'라 부르며, 그와 같은 부류의 것들과 비교할 때에는 '강대국'이라 부른다. 이러한 결합체의 구성원들은 집합적으로는 인민이라 불리며, 그 각각이 주권에 동참한다는 점에서는 '시민', 국법의 지배하에 있다는 점에서는 '신민'이라 불린다.[34)][35)]

이제 이를 존 애덤스가 작성한 1780년의 매사추세츠 헌법전문과 비교해보자. 이 전문에는 분명 평등주의적 · 급진주의적인 부분이 전혀 없다.

> 정치체는 개인들의 자발적 결합에 의해 만들어진다. 그것은 사회적 맹약으로서, 그것에 의해 전체 인민과 각각의 시민 그리고 각각의 시민과 전체 인민이 서약을 맺으며 전체 인민과 각각의 시민 모두 공동선을 위한 일정한 법규들에 의해 통치될 것이다.[36)]

---

34) Rousseau, *Social Contract*, p. 15.

35) 역주: 이환 옮김, 《사회계약론》, 서울대 출판부, 1999, p. 21 참조하여 번역함.

36) Francis Newton Thorpe, comp., *The Federal and State Constitutions, Colonial Charters* … (Washington, D. C. : Government Printing Office, 1909), vol. 3, p. 1889.

파머는 '서약'(*covenant*)이라는 단어는 메이플라워 맹약(*Mayflower Compact*)까지 거슬러 올라갈 수 있지만 '사회적'과 '시민'은 애덤스가 1765년에 읽은 루소의 《사회계약론》에서 온 것일 수 있다고 지적한다. 어쨌든 파머는 근대적 용법의 '시민'이라는 단어는 미국혁명 당시 미국인들이 프랑스어에서 영어로 도입했다는 점을 강조한다. 당시까지 영어에서 시민은 오직 도시 거주자를 가리키는 데에만 사용되었다. 그리고 파머는 나아가 "우리 인민이 제정하고 수립한다"는 구절—인민이 제헌권력이라는 이론을 표현하는—이 1780년의 매사추세츠 주 헌법에서 처음 등장하였으며 이후 1787년 미국 연방헌법 및 여타의 주 헌법에도 포함되었다는 점을 지적한다.

1780년대 중반 미국인들 사이에는 주와 국가 모두 모종의 정치적 조치를 취해야 하는데 그러지 않는 것에 불안해하는 기색이 역력했다. 신문과 교회, 사교장 등 나라 전체에서 위기를 경고하는 소리들이 들렸다. 높은 물가, 고위직의 부패, 공직자의 뇌물수수, 부유층의 과도한 풍족과 불우계층의 과도한 빈곤, 토지 투기꾼들 간의 강매, 변덕스런 입법부에 의한 자의적 재산징발과 지폐남발, 종교 및 공적 덕성의 쇠퇴 등 이 모든 것이 정치권력에 대해 오랫동안 의심을 품게 만들었으며 많은 사람들로 하여금 제약받지 않는 입법부 혹은 다수결은 제약받지 않는 해외(영국)의 군주나 의회보다 하등 나을 것이 없다고 믿게 만들었다.

'인민'은 기본적으로 덕성이 있거나 아니면 스스로를 다스릴 자유를 지니기만 하면 그렇게 될 수 있다는 초기 공화주의 신념은 13개 주의 독립 이후 10여 년이 지나는 동안 축적된 숱한 문제들에 직면해서 약해지기 시작했다. 그리하여, '연방주의' 신념을 지닌 보다 사려 깊은 사람들은 자유나 종교 혹은 교육만으로는 건전한 정치공동체를 보장할 수 없다고 주장하기에 이르렀다. 제약되지 않은 자유와 평등의 방종과 타락을 치유하기 위해서는 헌법적 개혁 자체 그리고 정치제도 자체의 강화가 요구되었다. 그러한 개혁 중 특히 중요한 것은 행정부와 사법부를 입법부와 균형을 이루도록 강화하고 인구비례로 선출된 하원과 균형을 이루도록 상원을 강화하는 것이었다. 1780년의 매사추세츠 주 헌법은 이러한 접근을 미리 보여준 경우이다. 하지만 1780년대 중반에 이르러서는 주정부의 개혁만으로는 충분치 않으며 중앙정부 수준까지 개혁이 확대되어야 한다는 생각이 힘을 얻었다. 우드의 말처럼, "주정부는, 아무리 잘 구성되더라도, 덕성 있는 법과 시민을 더 이상 창조할 수 있는 것으로 보이지 않았다."[37] 10여 년간 헌법제정과정에서 겪은 시행착오는 제헌회의 소집으로 정점에 이르렀다.

물론 역사가들은 1787~1789년의 헌법이 1770년대 중반의 혁명과 관련하여 갖는 본질적 의미에 대해 양쪽으로 나뉜다. 고든 우드는 미국헌법이 전반적으로 혁명의 민주주의 이념에 대한 귀족주의적 거부라고 주장한다. 하지만 버나드 베일린은 헌법은 "혁명이 지닌 애초의 이념적 충격이 1780년대의 일상적이고 실제적인 문제들에 적용되는 제 2 세대적 표현"[38]이기 때문에 헌법이 그다지 혁명에 대한 거부는 아니라고 주장한다. 그린(Jack P. Greene)은 우드의 책에 대해 "미국혁명에 대한 여태까지의 책 중에서 몇 손가락 안에 꼽힐 책"이라고 우호적으로 평하면서도, 다음과 같이 얘기한다.

> 법적·헌법적 장치의 효과에 대한 이러한 신념이 여러 주의 헌법제정 과정이 1776년 혁명의 핵심이 되게 하였을 수도 있으며, 그리하여 미국헌법이 우드가 얘기하는 것보다 1776년의 원칙들을 덜 반박하고 보다 많이 실현했을 수도 있다. 미국헌법은 미국과 세계 여타 지역의 사람들이 정치적 이념과 열망을 재형성하는 데 큰 영향을 주

37) Wood, *The Creation of the American Republic*, p. 465.

38) Bernard Bailyn, "Central Themes of the American Revolution: An Introduction" in Kurtz and Huston, eds., *Essays on the American Revolution*, p. 22.

> 었다. 따라서, 1776년 혁명의 진정한 하지만 일시적이고 제한적인 이상주의보다는, 연방주의자들에 의해 헌법에 편입된 혁신적 정치체제가 혁명의 가장 영속적인 기여일 뿐만 아니라 가장 급진적 모습이었을 수도 있다.[39]

필라델피아 회의 및 그 후속 논쟁에서 주된 쟁점은 '연방주의자들'과 '반연방주의자들'로 대표되는 이해관계의 대립을 조정하고 절충하는 데 집중되었다. 이런 과제들이 해결될 때까지 교육의 역할은 이론수준에서조차 불확실한 상태에 머물러 있어야 했다.

1787~1789년 동안의 사건들은 실제로는 강력하게 중앙집권적이며 통합된 국가와 개별적이고 독자적인 주권을 지니는 주들의 느슨한 집합체 사이에서 매디슨의 중도적 입장을 취하기로 합의한 것이었다. 그 결과, 그 권한과 기능 배분이 여전히 큰 과제였던 절충적 '연방'정부 정치체제에서 교육의 역할이 어떤 것이어야 하는지를 정확하게 규정하는 것이 어렵게 되었다. 해밀턴이나 제이의 강력한 중앙집권국가가 명백하게 승기를 잡았다면, 중앙집권적 국가교육체계를 구상하는 것이 상당히 쉬울 수도 있었을 것이다. 아니면 패트릭 헨리(Patrick Henry), 샘 애덤스(Sam Adams), 리처드 헨리 리(Richard Henry Lee), 조지 메이슨(George Mason), 엘브리지 게리(Elbridge Gerry) 등이 바란 것처럼 연합규약(역주: The Articles of Confederation, 1781~1789년 북부 13개주의 협약)을 조금 손질하여 기본적으로는 주들만 남겨두는 뉴저지 안이 채택되었다면, 교육에 대한 권위는 분명 주 혹은 민간의 손에 맡겨졌을 것이다.

그러나 이러한 대안들은 채택되지 못했다. 연방주의와 반연방주의의 충돌로부터 새로운 헌법질서가 등장했는데, 이는 새로운 연방정부를 만들긴 했지만 자동적으로 혹은 즉각적으로 통합된 정치공동체를

39) *The New York Times Book Review*, October 26, 1969.

만들지는 못했다. 그리하여 교육에 남겨진 문제는 교육체계가 주나 민간 혹은 종교의 손에 맡겨진 상태에서 대규모 공화주의 국가에 요구되는 사회적 단결과 공동체 의식을 어떻게 진전시킬 것인가 하는 것이었다. 정치권의 논쟁은 연방주의와 반연방주의의 대립 그리고 자기편의 주장이 승리하거나 차이점을 절충하는 정치과정에 온통 빠져 있었기 때문에, 교육은 보다 기본적 통합 혹은 분리문제가 해결될 때까지는 무시되거나 연기되었다.

고든 우드는 헌법안에 대한 입장 차이를 규정하기란 쉽지 않다고 논한다. 지지하는 쪽과 반대하는 쪽을 경제적 혹은 당파적 잣대에 따라 분류하는 것이 쉽지가 않았다. 그는 양쪽의 근본적 다툼은 귀족주의적인 연방주의자들과 민주주의적인 반연방주의자들 간의 다툼이라고 결론짓는다. 연방주의자들은 사회이동과 분열을 너무나 두려워했으며 재능과 학식을 지닌 엘리트가 타고난 일류집단으로서 우월하다고 믿었다. 지배자로서의 최상의 자격을 갖춘 사람들은 재산과 학력 그리고 교양 정도로 판별할 수 있었다. 연방주의자들은 사회적 차이는 불가피하며 공화주의에 대한 근본적 위협은 정부관리나 상류층의 신사가 아니라 자의적이거나 변덕스럽거나 교육받지 못한 다수로부터 비롯되는 압제에서 온다는 결론에 이르렀다.

그리하여 연방주의자들은 하원의 다수가 전횡할 경우 재산과 학식을 지닌 상원이 보다 지혜롭고 안정되게 견제할 수 있는 양원제를 통한 정부에 의해 개인의 인신과 재산 둘 다 보호되어야 한다고 주장하였다. 상원과 하원 모두, 대통령과 사법부도 그러하듯이, 주권자의 대표로 동등하게 간주되어야 한다. 주권은 단지 주의회나 연방하원에 맡겨지는 것이 아니라 정치공동체의 전체 인민과 모든 대표기구에 있는 것이다. 그리하여 모든 정부기구는, 연방과 주 모두, 주권자인 인민을 대표하며, 연방정부의 권한은 엄격하게 제한되며 법원이 특별히 인민의 자유를 보호하도록 정부에 주의를 촉구하게 되어 있어서 헌법에 별도의 권리장전이 필요하지 않았다.

권리장전이 필요치 않다는 이러한 결론은 아마도 연방주의자들의 주장 중 가장 약한 것일 것이다. 이는 반연방주의자들로 하여금 연방주의자들을 실제로는 영국의 사회적 위계를 계승하였으며 가능하다면 군주정을 다시 수립할 사람들로 부와 특권 그리고 권력의 보호자라고 묘사할 수 있게 하였다. 반연방주의자들은 세련된 교양교육을 받고 도회지나 농촌에 거주하는 유한계층이 도시와 시골의 보통사람들을 대표하는 것에 대한 반감을 감추지 않았다. 그들은 대체로 덕성과 상식을 지니고 열심히 일하는 보통사람들이 학식과 교양을 내세우며 거만을 떠는 부유층과 꼭 마찬가지로, 아니 심지어는 더욱, 지배자로서 적합하다고 생각했다. 그들은 헌법제정이라는 법적 장치보다 공화주의를 보존함에 있어 도덕적 갱생이 더욱 중요하다는 초기 공화주의 신념을 고수하였다. 그들은 새 헌법이 지방의 이해관계와 주의 제반 문제 그리고 하층민의 필요—1776년 혁명의 주된 관심사였던—를 소홀히 할까 두려워했다. 그들은 강력한 대통령과 '상급' 의회가 역사적인 휘그파의 신념을 부정한다고 보았다. 그 신념이란 선출된 입법부가 진정 인민의 자유를 위탁받은 존재인데, 이런 주권대표권한이 불가피하게 부유층·특권층을 대표하는 2차 의회와 어떻게 나누어 행사될 수 있는가 하는 것이다. 랠프 케첨은 매우 유용한 《반연방주의 논고》(*Anti-Federalist Papers*) 선집을 편찬했는데, 이는 보다 잘 알려진 해밀턴·매디슨·제이의 《연방주의 논고》를 잘 보완하고 있다.[40)]

그러나 반연방주의자들은 1787~1789년 동안 진행된 논의의 많은

---

40) Ralph Ketcham, ed., *The Anti-Federalist Papers and the Constitutional Convention Debates*(New York: New American Library, Mentor, 1986). 이 책은 현재 출간된 *The Federalist Papers* 선집 중 하나에 대해 간편한 길잡이가 된다. 또한 다음의 책을 포함하는 것도 참고하시오. J. R. Pole, ed., *The American Constitution: For and Against*(New York: Hill and Wang, 1987).

부분을 잃고 말았다. 그들은 조직이 엉성했고 반론 개진에 의견조정이 되지 않았으며, 본질적으로 17, 18세기의 보다 소박한 시대를 되돌아 보고 있었다. 그들은 대규모 조직의 등장과 국제관계, 무역과 통상, 초기 산업화 및 과학기술 현안들에 대처하기 위해 정치체계에 무엇이 요구되는가에 대한 전망에서 보다 전통적이고 덜 근대적이었다. 이러한 문제들에 대처하기 위해, 근대 정치체계는 전문화된 행정, 입법, 사법기능을 수행하도록 분화된 정부구조를 만들어 냈을 뿐만 아니라, 정당, 조직화된 이익집단, 잘 발달한 대중매체, 그리고 대중적 대학교육체계 등을 통해 복잡한 정치과정을 영위할 보다 분화된 정치적 하부구조를 만들어 냈다.

근대 정치체계의 이러한 특징들 — 특히 차별화된 권력분립 — 은 연방주의자들에게 1776년 시기보다 훨씬 더 중대한 것으로 보였다. 그들은 행정, 입법, 사법기능 분립의 실패는 '연합규약'의 과오일 뿐만 아니라 전통적 전제정치 그 자체라고 주장하였다. 나아가, '상급' 의회(상원)는 지혜와 특권의 저장고가 아니라 큰 주들의 전횡에 대항하여 작은 주들을 보호하며 그리하여 무제한적 권력에 대한 새로운 종류의 견제장치가 되어야 한다고 하였다.

그리하여 종국에는, 특히 매디슨이 구체적 권리장전이 바람직하다는 것에 제퍼슨과 합의하고 새 의회가 첫 번째로 할 일 중 하나가 권리장전 제정이라고 약속하였을 때, 매디슨의 절충안이 승리하였다고 할 수 있다. 매디슨은 그 약속을 1789년 여름에 신속하게 손수 이행하였다. 이때 새로운 시민자격 개념이 만들어지고 있었는데, 그 결과는 예견할 수 없었다. 자유는 더 이상 예전의 휘그파식으로, 즉 선출된 대표를 통해 입법과정에 참여할 인민의 권리로 간단하게 한정될 수 없었다. 이제 자유는 정부 특히 입법부에 의한 침해로부터 개인과 소수집단을 보호하는 것을 의미하는 데까지 확대되었다. 그것은 또한 자유주의 정부는 시민 개개인을 그 어떤 폭정의 위협으로부터도 (설령 다수가 필요로 한다 해도) 보호하는 적극적 보호자라는 이념으로까지 확대되었다.

매디슨은, 여러 주 의회에서 제시한 제안들을 포함하는 자신의 헌법수정안을 제출하고 정당화하여 1789년 7월 8일 연방하원의 비준을 받으면서 의회에서 행한 그의 유명한 연설에서, 자유의 보호자로서의 연방정부의 역할에 대한 이러한 견해를 자세히 밝혔다(제 2장 참조). 무엇보다도 그는 국민주권의 원칙이 헌법전문(前文)에서 밝혀져야 한다고 제안했다. 즉 그는 헌법적 질서 그 자체의 배후에 혹은 상위에 놓여 있는 이른바 정치공동체를 보다 분명하게 규정하고자 했다.

> 첫째, 모든 권력은 원래 인민에게 귀속되며 따라서 인민에게서 도출된다는 선언을 헌법의 앞부분에 놓이게 해야 한다. 정부는 인민의 이익을 위해 구성되며 그 권한 또한 인민의 이익을 위해 행사되어야 한다. 인민의 이익은 삶과 자유의 향유, 재산을 획득하고 이용하는 권리, 그리고 일반적으로 행복과 안전을 추구하고 유지하는 것 등이다. 인민은 정부가 그 존립 목적에 반하거나 부적합하다고 판명될 때에는 언제든지 정부를 개혁하거나 교체할 의심의 여지가 없는 불가침의 그리고 파기할 수 없는 권리를 가진다.[41]

이들 문장은 버지니아 인권선언과 독립선언의 정신, 나아가 일부 표현들을 고스란히 드러내고 있다. 인민은 정부권위의 궁극적 원천이다. 이는 시민의 정부는 세속정부라는 18세기 천부(天賦)인권사상을 반영하고 있다. 올바른 정부 수립은 오직 인민의 권위로부터 도출되며, 인민만이 정부를 개혁하거나 교체할 권리를 가진다. 매디슨의 제안은 채택되지 않았는데, 아마 "우리, 인민은"으로 시작하는 지금의 헌법전문

---

41) Joseph Gales, ed., *Annals of Congress* (Washington, D. C.: Gales and Seaton, 1834), Vol. I, p. 451.

이 여기서 매디슨이 말하는 요점을 포함하기에 충분하다고 여겼기 때문인 듯하다.

그리하여 헌법에 대한 논쟁이 이루어지고 1787년 제헌회의에서 헌법이 제정되었을 때, 헌법전문은 독립선언문에서처럼 대표자들이 "인민의 이름으로 그리고 그 권위에 의하여" 발언한다는 표현을 더 이상 하지 않았다. 헌법전문은 아주 직접적으로 "우리 합중국 인민은… 이 아메리카합중국 헌법을 제정한다"고 간단하게 말하고 있다. 여기서 다시 한번 그 제정 이유를 상기해 보는 것도 좋을 것이다. 그 이유는 다음과 같다.

- 보다 완전한 결합을 이루기 위해
- 정의를 확립하기 위해
- 국내의 평안을 보장하기 위해
- 공동의 방어를 확보하기 위해
- 전반적 복지를 증진하기 위해
- 우리들 자신에 대한 자유의 축복과 우리의 번영을 보전하기 위해

앞에서도 말했듯이, 역사가들은 연방헌법의 제정과 채택이 1770년대 및 1780년대 혁명운동의 논리적·정치적 실현인지 아니면 영국의 지배에 대해서뿐만 아니라 주 내부에서 서로 간에 벌어졌던 초기 혁명투쟁의 보다 급진적 목표들에 대항하는 보수적 반응의 징표인지를 놓고 오랫동안 논란을 벌였다. 물론 필자는 그런 논의에 첨가할 내용이 별로 없지만, 신생국 미국에서의 반응은 19세기 프랑스나 독일 혹은 영국에서의 그것과 결코 비교될 수 없다는 점은 아주 명백하다. 미국의 귀족주의적 세력은 유럽의 경우에 비해 덜 극단적이었고, 덜 완고했으며, 계급의식도 덜했다. 그들은 사회이동의 가능성 및 보다 유연한 계급구조를 더 기꺼이 인정했다.

시민자격 개념에 있어 필자가 보기에 가장 중요한 것은 미국인들이 다음과 같이 두 부분으로 이루어진 명제를 생각해 냈다는 점이다. "정당한 권력의 원천은 전통적 사회체제보다는 인민에게 있으며, 동시에 '인민'은 주와 연방정부 모두에 있어 정당한 권위의 원천이다." 연합규약의 문제는 연방정부가 그 권위를 전체 인민으로부터가 아니라 여러 주로부터 도출한다는 데 있었다. 이제, 새 헌법 하에서는 두 종류의 정부가 동일한 원천에 의해 정당화되게 되었다. 이는 시민 개개인이 특정 주의 시민이면서 동시에 전체 합중국의 시민이라는 것을 의미하였다.

> 시민은 … 합중국의 시민이면서 동시에 자기 주의 시민이다. 합중국과 주가 아니라 시민이 주권자이다. 시민은 두 개의 헌법, 두 차원의 법규, 두 차원의 법원과 관료 하에서 살기로 선택한 것이다. 이론적으로는 그가, 인권선언에서 상술된 자유들을 각 차원 하에서 자기 자신에게 유보해 두면서, 그 모든 것을 만들었다.[42]

비록 미국인들이 확대된 시민자격 개념에 대한 창의적 생각에 도달했다 할지라도, 그러한 생각은 새로운 국가 그리고 새로운 주에서 교육의 역할이 무엇이어야 하는지를 정의하는 과정에 있어 심각한 문제들을 제기하였다. 앞서 보았듯이, 그 일은 매우 모호하고 불확실할 뿐만 아니라 의견 차이도 있었다. 그리하여 미래의 시민교육 프로그램을 이끌어갈 가치들을 다듬고 재정의하는 과업을 왜 우리가 떠맡아야 하는가 하는 지적도 있었다.

1980년대에 가장 통찰력 있는 학자들 중 몇몇은 이러한 과업의 긴급성을 강조한다. 필자는 여기서 두 사람만 아주 간단히 언급하고자 한다. 사적 생활과 공적 생활의 성격에 대한 현대 미국인들의 태도를 아

---

42) Palmer, *Age of Democratic Revolution*, pp. 228~229.

주 잘 조사한 연구에서, 로버트 벨라 등은 사회와 정치에 관심을 가지고 참여하는 시민이라는 오랜 이상이 정의와 자유를 강조하는 성경 인용 전통 및 공화주의 전통에 전승되었으며 여전히 많은 사람들에게 호소력이 있다는 점을 발견하였다. 그러나 공동체에 대한 헌신과 같은 이러한 가치들은 현대적 삶의 맹렬한 개인주의와 경쟁풍토에 의해 숱하게 훼손되었다. 그러한 가치들은 공공선(公共善)을 논하는 자리에서 너무나 미약한 자리를 차지하게 되었다. 정치와 정치인 그리고 공무원에 대한 편견으로 인해 그들은 과거의 압제를 타파한 분리와 개별화에 우선권을 주기에 이르렀다. 그러나 이제 우리는 시민의식(*sense of citizenship*)에 새롭게 활력을 불어넣을 필요가 있다.

> (관료주의) 국가의 형성은… 정부 그 자체의 운용에 시민의식을 끌어들이는 데 초점을 맞추어야 한다. 그러한 정신이 오늘날 전적으로 결여된 것은 아니지만, 한편으로는 정부와 정치에 대한 의혹 때문에 다른 한편으로는 몰개인적인 효율적 행정이라는 생각 때문에 심각하게 약해졌다. 행정독재의 위험을 막기 위해서는 정부의 위신을 손상시킬 것이 아니라 증대시킬 필요가 있다. … 우리는 정부의 긍정적 목적과 목표가 무엇인지 그리고 우리가 되고싶어 하는 시민에 적합한 정부는 어떤 유형인지 논의할 필요가 있다. 그 중에서도 특히, 기술적 측면에서뿐만 아니라 해당 전문직종이 사회 전반에 주는 도덕적 기여까지 감안해서, 전문가 정신의 윤리적 의미를 다시 정립할 필요가 있다. 우리는 틀림없이 초기 뉴딜시대의 진보당원들과 개척자들로부터 배울 게 많다. 그들은 여전히 전문가 정신을 부분적으로 소명의 윤리라는 관점에서 생각했다. 정부의 개념을 과학적 관리에서 윤리적 책무·관계의 중심으로 바꾸는 것이 우리 과업의 일부이다.[43]

---

43) Robert Bellah et al., *Habits of the Heart: Individualism and Commitment in American Life* (Berkeley: University of California Press, 1985), p. 211.

이와 마찬가지로 경종을 울리지만, 바버가 '이란-콘트라 사건'과 관련하여 뉴욕타임스에 기고한 글에는 이보다 훨씬 더 신랄한 표현이 있다.

> 미국에서 시민의 영역이 사라지고 있으며, 이것이 없는 상태에서 민주주의는 붉은 별을 단 늑대들이 외부에서 괴롭히는 것(역주: 공산주의 국가를 가리킴)에 대해서보다 내부의 퇴폐와 무기력에 대해 더 취약해지고 있다. … 민주주의가 무너질 때 이는 사람들이 국기에 대해 충성을 맹세하는 방법을 잊어서가 아니라 시민자격의 의미를 잊었기 때문이다. 역사는 자유로운 국가가 외부로부터 파괴되기 전에 내부로부터 부패했다는 것을 알려준다. 아테네의 민주주의를 파괴한 것은 스파르타인이 아니며 로마를 멸망시킨 것도 서고트족이 아니다. 케렌스키의 러시아, 공화정 시대의 스페인(역주: 프랑코 정권을 가리킴), 그리고 바이마르 공화국 시대의 독일 모두 민주주의가 굴러가는 대로 자신을 내버려두었기 때문에 자멸했다.[44] 민주주의는 떠들썩하고 까다로우며 자기비판적인 정치에 의존하며, 그러한 정치는 또한 시민들의 넘치는 활력과 공공정신을 요구한다. 이러한 특성들은 보통 막대한 부와 불평등, 거대 제국, 그리고 개인적 행복의 배타적·사적 추구와는 양립 불가능한 것으로 간주된다. …
>
> 미국인들은, 아직까지는 그들의 자유를 잃지 않고서, 시민적 자유가 번창하는 공공영역을 북돋우는 것보다는 사적 행복의 영역을 확대하는 데 더 관심이 있는 것으로 보인다. 그들은 나라가 온통 사유화되고 공기업이 민간의 손에 넘어가고 공공업무(교도소, 병원, 학교 등)가 민간 영리단체에 이전되며, 공적 책임(복지, 예술 지원 등)이 민간의 기능으로 재규정되는 것에 군말이 없다. 그들이 공공영역에

---

44) 역주: 케렌스키(Aleksandr Fyodorovich Kerenskii, 1881~1970) — 러시아 2월 혁명(1917) 당시 온건좌파 지도자. 임시정부의 법무장관 등을 거쳐 총리 겸 군 사령관으로 내정에서는 온건정책을 취하면서 대외적으로는 연합국과 협조하였다. 10월 혁명으로 실각하고 탈출하여 수도 탈환을 시도하였으나 실패한 후 프랑스로 망명하였다. 1940년 이후에는 미국에서 지냈다.

남겨둔 것이라곤 올리버 노스 중령 같은 광신도(狂信徒)들이 날뛸 때에만 투덜대는 정치인과 관료들이다.[45]

1980년대 전반기에 미국인들은 자신과 나라에 대해 줄곧 좋은 감정을 키웠다. 지미 카터의 의심과 불확실성을 떨쳐버리고 의기양양했다. 그러다가 헌법 제정 200주년이 되는 1987년 벽두에, 그들은 민간부문의 최고위층 그리고 월가의 가장 명망 있는 집안들까지 거대한 탐욕에 연루된 것이 드러나자 충격을 받았다. 곧 이어 등장한 이란-콘트라 사건을 밝히던 타워위원회를 비롯한 여러 조사에 의해 소문으로 돌던 비밀이 속속 폭로되면서, 정부 최고위층까지 연루된 기만과 실책(혹은 무능)이 드러났다. 마침내, 2백주년의 첫해인 1987년이 저물 즈음, 보크 판사 대법관 지명을 놓고 국론이 분열되는 양상이 나타나고, 전 세계 주식시장이 붕괴되고, 이란-콘트라 사건 의회 조사위원회의 최종보고서가 제출되자 미국인들은 점점 혼란속에 빠졌다. 그렇게 해서 미국인들은 자신과 나라에 대해 얼마나 좋게 느꼈는가? 시민적 덕성에 대한 제헌의원들의 신념은 어떻게 되었는가? 그리고 교육은 무엇을 해야 하는가? 교육개혁을 위한 수월성 운동은 국가의 건강과 안정 그리고 활력에 대한 그러한 도전들에 대처할 것인가 아니면 무시할 것인가?

학교는 무엇을 해야 하는가 하는 물음에 대해 뉴욕 주 평의회가 직접 답변했는데, 그에 따르면 12년 과정을 거쳐야 하며 고등학교 졸업을 하기 위해서는 '정부 참여'(*Participation in Government*) 과목을 이수해야 한다. 시민자격에 대한 아리스토텔레스의 고귀한 이상을 오늘날에 맞게 다듬어, 그 과목의 교수요목(教授要目)은 다음과 같이 진술하고 있다.

---

45) Benjamin R. Barber, "The Real Lesson of 'Amerika'", *The New York Times*, Sunday, March 1, 1987, Op Ed page(특별 기고란).

> '정부참여' 과목을 필수로 지정한 일차적 목적은 개개인이 시민정신을 지니고 '시민의 직책'을 효과적으로 수행할 수 있도록 도와주고 북돋우는 데 있다. '시민의 직책'은 민주주의의 기본적 가르침이며 헌법 수정헌법 제14조에 의해 보장되는 권리이다. 시민을 정의하는 특징들 — 헌신적이고 견문이 넓으며 기능을 갖추고 적극적인 — 을 갖춘 개인들을 길러 내는 것을 최종목표로 삼아야 한다. 이 네 가지 요소 모두 핵심적이다. …민주사회에서 교육의 기본적 기능은 개개인이 대통령이나 상원의원, 주지사, 시장, 기업 최고경영자, 노조위원장 혹은 교육위원 만큼이나 실제적인 '시민의 직책'을 효과적으로 수행하는 데 필요한 자격요건들을 갖출 수 있도록 하는 데 있다. 이 직책은 '시민정신', '시민적 지성', '시민적 이해력', '시민적 진취성'과 관련된 기능과 자질들을 다양하게 갖춘 개인들을 요구한다.[46]

최고 수준의 학교 시민교육의 교육과정을 의도하는 이 교수요목은 학생들이 가정과 학교, 지역사회, 주, 국가 그리고 세계에서 발생하는 공공문제에 대처할 필요성을 강조할 뿐만 아니라 다음 사항들도 강조한다.

> … 이 활동은 학생들로 하여금 정부에 대한 우리의 기본적 철학을 떠받치는 광범위한 민주적·시민적 가치들에 대한 존중을 키우도록 해야 한다. 그러한 가치들은 모두를 위한 정의, 적법절차, 표현의 자유, 피지배자의 동의에 의한 지배, 선출된 대표에 의한 정부, 정부의 효율성, 정직, 경제적 자유, 개인적 행위에 대한 책임, 타인과 공동체에 대한 책임, 사생활의 비밀과 자유, 개인적 결사의 자유, 다양성, 소수의 권리를 존중하는 다수결 원칙, 모든 사람이 정부에 동등하게 참여할 권리, 전체 복지에 대한 존중, 재산권 존중, 종교의 자유, 권력분립, 지역문제의 자체 해결, 기회 균등, 법 앞에서의

---

46) *Social Studies 12: Participation in Government; Tentative Syllabus* (Albany, N. Y.: New York State Education Department, 1987), pp. 22~23.

> 평등보호, 정부에 대한 헌법적 제약에 있어서의 법의 지배, 국가 안전 보장, 그리고 인간의 존엄성 존중 등을 포함하지만 이에 국한되지는 않는다.47)

필자는 기본적인 시민적 가치들에 대한 이와 같은 강조는 '참여'가 단순히 천박한 행동주의로 되지 않게 하는 방법이라는 점에서 환영한다. 이제 제 4장에서, 필자 자신이 강조하는 12가지 시민덕목을 도표로 나타내도록 하겠다.

---

47) 위의 책, p. 28, pp. 31~46에서 교수요목은 지역 교육구가 교육과정을 설계할 때 따를 수 있는 몇 가지 대안적 모형을 서술하고 있는데, 그 모형들은 다음과 같다. 시러큐스 대학의 줄리안(Joseph V. Jullian), 케첨(Ralph Ketcham), 마이클존(Donald Meiklejohn)의 '시민직책 모형'(*Office of Citizen Model*); 정책학회 국가쟁점포럼(the National Issues Forums of the Domestic Policy Association)의 James E. Davis와 Sharryl Davis Hawke의 '국가쟁점토론 모형'(*National Issues Forum Model*); 기본권 재단(Constitutional Rights Foundation)의 지원을 받은 '공동체 봉사/실습모형'(Community Service/Internship Model). 그리고 전미사회과교육협의회(National Council for the Social Studies), 제퍼슨 재단, 대외정책학회, 최신 학술정보(*Scholastic Update*), 클로즈업 재단, 뉴스위크, 정치·법교육 연구소 등에서 제공하는 공공정책문제 관련 자료들도 유용하다.

제4장

학교는 무엇을 가르쳐야 하는가

민주시민의 12덕목

슐레진저는 미국역사의 순환을 다룬 저서에서, 미국의 역사가 보수주의와 자유주의 개혁, 사적 이익과 공적 목적, 세속적 시민공화주의와 종교적 구원전통 사이에서 계속 왔다 갔다 하는 장면들을 묘사하고 있다. 하지만 그는 미국인의 사고에서 이들 두 가지 '상충하는 긴장관계'는 불일치보다는 일치를 보이며 그리하여 '민주주의라는 대모험에서 불가분의 관계에 있는 동반자들'이라고 본다. 바버는 뉴욕타임스에 슐레진저의 책에 대한 서평을 기고하였는데, 그 글에서 바버는 역사가들은 미래를 결정지으려고 해서는 안 되며 슐레진저는 미국 자유주의의 미덕과 결함을 모두 보여주고 있다고 주의를 촉구하였다.[1][2]

---

1) Benjamin R. Barber's review of Arthur M. Schlesinger, Jr., *The Cycles of American History* (Boston: Houghton Mifflin, 1986) in *The New York Times Book Review*, November 16, 1986.

2) 역주: 슐레진저(Arthur Meier Schlesinger, Jr. 1917~2007) — 미국의 역사학자. 오하이오 주 출신으로 하버드대학과 케임브리지대학에서 공부하였으며 하버드대학과 뉴욕시립대학 교수를 지냈다. 《잭슨 시대》(1945), 《루스벨트 시대》(전3권, 1957~1960), 《케네디의 1,000일》(1965) 등 민주당 출신 대통

아무튼, 초중고 및 대학이 진지한 학습과 토의 · 논쟁을 통해 전승해야 하는 시민적 가치에 얼마나 많은 합의가 이루어질 수 있는지에 대해 미국교육이 더 많은 관심을 기울이기에 때가 무르익었다. 그러한 학습의 결과로 일정한 성과가 있을 것이라거나 모종의 신념을 수용하게 될 것이라는 데 전적인 합의가 이루어질 것으로 기대하는 이는 아무도 없다. 하지만 필자는 무엇이 공부하고 배울만한 가치가 있는지에 대해서 모종의 합의가 이루어질 수도 있다고 소망한다. 이러한 목적을 위해 가능한 논제를 '민주시민의 12덕목'에서 제시할 터인데, 이 점은 '12표법'을 처음 작성했다고 추정되는 로마공화정 초기의 십대관 그리고 그후 그리스공화정들에 대한 아리스토텔레스의 예증에 신세졌다.

왜 12개인가? 초중고 및 대학에서 공부해야 할 미국시민 자격의 기초원칙 · 가치들을 몇 개의 개념으로 요약하기 위해서이다. 필자는 1980년에 쓴 《시민론 학습의 부흥》에서, 모세와 아리스토텔레스에게 미안한 일이지만, 10개의 개념을 선정하여 다소 뻔뻔하게 '시민적 가치의 십계명'이라고 이름 붙인 바 있다.[3] 그런데 그 즈음에 '캘리포니아 주 역사/사회과학 기본구조위원회'에서 이를 차용하면서 필자의 목록에 '진실'과 '재산권 존중'을 첨가하였다.[4] … 필자는 그들이 옳았다고 보기로 했다. 그들은 개념의 숫자를 열에서 열둘로 늘렸지만, 그들

령 시대사를 집필하고 민주당 진보파의 논객으로 활약하였으며, 케네디 대통령의 특별보좌관을 지내기도 하였다. 그의 아버지(Arthur Meier Schlesinger, 1885~1965) 또한 저명한 역사학자로서 《식민지 상인과 미국혁명 1763~1778》(1918), 《도시의 흥륭 1878~1898》(1933) 등의 저작을 남겼다.

3) R. Freeman Butts, *The Revival of Civic Learning: A Rationale for Citizenship Education in American Schools* (Bloomington, Ind. : Phi Delta Kappa Educational Foundation, 1980), p. 128.

4) *History-Social Science Framework for California Publics Schools: Kindergarten Through Grade Twelve* (Sacramento, Calif. : California State Department of Education, 1981).

이 작성한 목록은 교육과정지침에서 흔히 볼 수 있는 장황하면서도 따로따로인 상세목록에 비할 바가 아니었다.

왜 표인가? '표'는 한 벌의 사실이나 이념들을 구체적이고 간결한 혹은 포괄적 형태로 보여주기 위한 단어(혹은 숫자)들의 도식 내지 배열로 정의될 수 있기 때문이다. 필자는 도표 형태, 특히 두 개의 난을 나란히 제시하는 형태가 '하나'와 '다수' 간의 대비(對比), 그리고 우리를 하나의 정치공동체로 묶어주는 시민적 책무와 민주정체의 징표인 시민의 권리 간의 대비를 강조함으로써 개념교육의 효과가 증진되리라 기대한다. 필자는 계산기가 구구단표 학습에 영향을 준 것은 알고 있지만, 시민덕목도 표를 이해하는데 그와 유사한 지름길이 있는지는 모르겠다.

왜 '시민의 덕목'인가? 거의 사용되지 않긴 하지만, '시민의 덕목'(*civism*)은 웹스터 대사전 2판 및 3판 그리고 옥스퍼드 영어사전에서 '좋은 시민이 되기 위해 지녀야 할 원칙들'로 간단하게 기술되어 있듯이 완벽하게 훌륭한 단어이다. 오늘날의 용법에서는 익숙지 않지만, 이 단어는 시민을 뜻하는 라틴어의 civis에서 유래하여 프랑스어의 civisme이라는 신조어로 거듭나면서 18세기 후반의 민주주의 혁명기에 널리 퍼져나갔다. 이 단어는 처음에는 신생 프랑스공화국에 대해 우호적 의미를 가지고 있었다. 그런데 영국인들은 프랑스혁명에 그다지 우호적이지 않았기 때문에, 이 용어가 주로 고대 그리스·로마공화정 시대에 시민자격에 대해 이상으로 여겼던 내용, 그리고 시민의 원칙 일반을 가리키는 것으로 사용하였다. 필자는 그냥 간단하게 이 용어를 민주공화국의 바람직한 시민으로서 지녀야 할 원칙과 감정 그리고 덕목을 가리키는 것으로 사용하겠다.

왜 일괄구조인가? 필자는 '시민의 12덕목'이 로마공화정 초기시절이었던 기원전 5세기 중반에 만들어진 로마 최초의 성문법인 '12표법'에 비유될 수 있기를 바란다. 전하는 바에 따르면, 12개의 목판이 만들어진 까닭은 오랫동안 구전으로 전해지던 관습법 원칙들을 귀족 재판관들이 자기들에게 유리하게 해석하는 것을 막기 위해 관습법을 성문화해야 한다는 평민들의 요청 때문이었다고 한다. 자녀에 대한 아버지의 권리, 아내에 대한 남편의 권리, 노예에 대한 주인의 권리, 외국인에 대한 시민의 권리를 역설한 점에서 12표법은 현대적 의미에서 민주적이라고 하기엔 거리가 있다. 하지만 12표법은 초보적 수준의 대헌장이었다고 할 수도 있다. 외관상 12표법은 재산권, 경제정의, 계약과 고리대금, 적법절차, 사법절차, 불법행위, 사형, 비방, 반역에 관한 로마법의 주요 요소들 중 일부를 성문화하기 시작했던 것이다.

12표법의 규정들이 믿을 만한지 여부를 떠나, 그것이 로마의 학교들에서 학습의 '공통핵심'으로 제시되어 4백 년 이상 시민교육의 기본으로 소년들에 의해 암송되었다는 것은 분명해 보인다. 그 기간 동안 상당 부분에 있어, 12표법은 외관상 권위의 순수 원천으로 간주되기에 이르렀다. 적어도 기원전 55년에 키케로는 그렇게 생각했다. 로마가 그리스보다 우월하다고 찬사를 보낸 연설문 중 한 편에서 그는 이렇게 기술하였다.

> … 내가 보기에 12표법이라는 작은 책자는, 누구든 그 법규의 원천을 살펴보면, 권위의 무게에서나 효용의 충실성에서나 모든 철학자들의 장서를 능가한다.[5)]

---

5) Paul Monroe, ed., *Source Books of the History of Education for the Greek and Roman Period* (New York: Macmillan, 1901, 1908), p.345에서 인용. 20세기 전반의 반세기 동안, 미국의 교사지망생들은 고대·중세·근대 교육사를 공부하는 경우가 많았다. R. Freeman Butts, *The Education of the West: A Formative Chapter in the History of Civilization* (New York: McGraw-Hill,

필자는 분명 로마의 12표법으로 되돌아가자고 강변할 의도는 전혀 없다. 하지만 12표법이 그리스 몰락 이후에도 교육을 통해 오랫동안 로마공화정을 지속하는 데 진정 도움이 되었다면, 이는 결코 하찮은 성취가 아니다. 2백주년을 경축하는 국가에게 4백 년은 그다지 나쁘게 보이지 않는다. 그리고 아리스토텔레스의 분류에서 제시된 '타락한 형태들' 중 일부를 모면하는 데 시민교육이 기여할 수 있다면, 우리는 미국의 3백주년 나아가 4백주년을 경축할 훨씬 더 좋은 기회를 가질 수도 있을 것이다. 따라서 필자는 미국의 초중고 및 대학에서 시민교육을 부활시키기 위한 논제로서 〈표 1〉을 제시하고자 하는데, 이 표는 미국의 민주시민자격에 대한 이론과 실제 모두에 매우 중요한 시민적 가치와 개념들을 보여주고 있다.

앞에서 얘기했듯이, 정치공동체에 요청되는 이와 같은 가치들은 각기 개별적이거나 상호배타적이지 않다. 그들 중 일부는 다른 것들과 상충하기도 한다. 그리고 모든 중요한 이념들이 그렇듯, 이들 가치는 상이하게 해석될 수 있다. 하지만 필자는 유효한 시민교육 프로그램에서 무엇을 가르쳐야 하는지에 대해 이들이 의미 있는 지침을 제공한다고 생각한다. 이 가치들은 특정한 우선순위에 따라 교육되어야 할 필요는 없다. 교사들은 지역상황에 맞춰 적합하다고 생각하는 바에 따라 상이한 지점에서 심지어 상이한 용어로 출발해도 무방하다. 그렇지만 포괄적 시민교육 프로그램은 학교 교육계획의 일정 시점에서 그리고 이들 가치 각각과 관련하여 이들 모두를 고려할 것으로 보인다.

1973) 참조. 이 책은 필자의 *A Cultural History of Western Education*, 1947, 1955의 속편인데, 1977년 이후 절판되었다.

1. 정 의

여러 가지 이유로 정의개념에서 출발할까 한다. 대부분의 사회적 접촉과 대부분의 연령에서 (공정이라는) 정의의 기본개념이 널리 사용되고 있다. 이 단어는 유치원에서 그네타기를 하는 중에 자기 순서를 갖지 못해 교사에게 '공정'하지 않다고 외치는 어린이에게서도 들을 수 있다. 시장과 시의회 감사를 살해한 사실이 인정된 살인범 댄 화이트(Dan White)에게 고의적 살인 대신 우발적 살인을 적용한 배심원단의 평결에 대해 샌프란시스코 거리에서 "우리는 정의를 원한다!"고 외치는 성난 군중에게서도 들을 수 있다.

하지만 정의개념에서 출발하는 데는 교육적으로도 시의적절한 이유가 있다. 지난 20년간 정치철학의 관심은 시민의 자유와 권리문제와 더불어 도덕, 평등, 권위 그리고 시민의 책무 등의 문제로 뚜렷이 이동한 것이 목격된다. 이는 정치학, 철학, 법률, 종교 등 여러 영역이 교차하는 주제이다. 미국의 경우 1971년 하버드의 정치·도덕철학자 롤스의 《정의론》이 출간된 것과 학술지 〈철학과 공공문제〉(*Philosophy and Public Affairs*)가 출범한 것이 변화의 분명한 징후이다. 10년 동안 롤스에 대해 논의한 저작들의 목록만도 수백 쪽은 족히 될 것이다. 롤스에 대한 주요 도전 중 하버드의 철학교수 샌델의 《자유주의와 정의의 한계》 그리고 프린스턴 고등과학원의 사회과학교수 왈쩌의 《정의의 영역들》을 꼽을 수 있다. 법 영역에서는 드워킨과 프리드먼 그리고 액커먼이 새로운 분야를 개척하고 있었다.[6]

---

6) John Rawls, *A Theory of Justice* (Cambridge, Mass.: Harvard University Press, 1971); Michael J. Sandel, *Liberalism and the Limits of Justice* (New York: Cambridge University Press, 1982); Michael Walzer, *Spheres of*

〈표 1〉

현대 미국시민이 지녀야 할 12가지 덕목 (초기 로마공화정의 '12표법'과 아리스토텔레스의 후기 그리스공화정 분류를 참조하였음.)			
하나 (*Unum*) 시민의 책무		**다수** (*Pluribus*) 시민의 권리	
'하나'의 타락한 형태	'하나'의 참된 형태	'다수'의 참된 형태	'다수'의 타락한 형태
'법과 질서'	정 의	자 유	무정부상태
강요된 동일성; 순응	평 등	다양성	'불안정한 다원주의'
권위주의; 전체주의	권 위	사생활보호	사생활중심주의; 독점
'다수결주의'	참 여	적법절차	'범죄자에 대한 온건한 처우'
기만적인 반진실(半眞實); 그럴듯한 거짓	진 실	재산권	인권보다 재산권 우선
국수주의; 외국인혐오	애국주의	인 권	'문화적 제국주의'
	↘ 민주시민의 덕목	↙	

* R. Freeman Butts, *The Revival of Civic Learning* (Bloomington, Indiana: Phi Delta Kappa Educational Foundation, 1980), p. 128의 '민주시민적 가치의 십계명'에서 인용.

Justice: *A Defense of Pluralism and Equality* (New York: Basic Books, 1983); Ronald M. Dworkin, *A Matter of Principle* (Cambridge, Mass.: Harvard University Press, 1985); Lawrence Friedman, *Total Justice* (New York: Basic Books, 1985); Bruce A. Ackerman, *Social Justice in the Liberal State* (New Haven, Conn.: Yale University Press, 1980).

유치원~12학년 교육과정용으로 적합한 수업자료로는 다음을 참조하시오. *Law in a Free Society*, *Justice* (Calabasas, Calif.: Center for Civic Education, 1979); *Update on Law-Related Education* (Chicago: American Bar Association, Spring 1987).

따라서 공정으로서의 정의(正義)라는 개념은 초중고 및 대학에서 학습과 토론을 하는 데 좋은 출발점이다. 그 개념은 사회에서 이루어지는 방대한 범위의 활동들 — 공정하고 합당한 법안통과에서부터 의견이 일치하지 않거나 상충하는 개인들 혹은 권리나 이익을 침해당한 피해자들에게 공정하게 내려지는 정숙한 법정의 판결들에 이르기까지 — 을 가로질러 갈 수 있다. 적법절차는 민·형사 재판, 법정, 배심원단 운용, 법률자문, 처벌, 투옥에 이르는 과정들 모두에 적용된다. 필자는 절차적 정의와 교정적 정의의 문제들을 적법절차 관련항목으로 분류하였으며, 사회적 이득과 부담의 공정한 분배문제는 평등관련 항목으로 분류하였다.

'사회제도의 첫 번째 덕목'이라는 롤스의 표현처럼, 정의(正義)를 민주사회의 핵심적인 도덕적 기초로 생각하는 것은 유익한 일이다. 사회가 자족적이며 질서정연하고자 한다면 사람들 상호간의 관계에서 행동을 규율하는 것이 정의여야 한다. 롤스는 모든 사람이 각기 동일한 정의원칙들을 받아들이며 다른 사람들도 그 원칙들을 받아들일 것이라는 점을 아는 질서정연한 사회를 산출하는 공적 정의감에 대해 말한다. 이는 질서정연한 사회의 구성원들은 정의원칙들이 요구하는 대로 행하고자 하는 강력한 도덕적 감정과 효과적 욕구를 계발해야 함을 의미한다.

> 사람들의 자기이익 추구성향이 서로에 대한 경계심을 필요하게 만든다면, 그들의 공적 정의감은 그들 모두의 안전한 결합을 가능하게 만든다. 공유된 정의관은 이질적인 목표와 목적들을 지닌 개인들간에 시민적 결속관계를 확립시킨다. 정의에 대한 일반적 욕구는 여타 목적의 추구를 제한한다. 질서정연한 인간결사체의 근본헌장을 구성하는 것으로서 공적 정의관을 생각할 수 있다.[7]

---

7) Rawls, *A Theory of Justice*, p. 5.

공적 정의감이 하는 일은 무엇이 옳은가에 대한 주장들을 무엇이 좋은가에 대한 주장들에 우선하여 확립하는 것이다. 무엇이 좋은가는 개인과 집단의 특정 생활방식 및 특정 욕구에 따라 상이하게 규정되기 때문이다. 따라서 무엇이 옳은가 그리고 무엇이 정의로운가에 대한 원칙들은 좋음에 대한 개인의 합당한 관념(선관념)들에 한계를 설정하고 제약을 부과한다. 정의로운 사회체제는 개인들과 다원적 공동체들이 자신들의 목표와 행위를 개진할 수 있는 경계를 설정한다.

롤스는 이러한 경계를 설정하는 정의의 두 원칙을 규정하는데, 두 번째 원칙으로 이행하기 전에 첫 번째 원칙이 충족되어야 한다. 첫 번째 원칙은 시민적 원칙으로 다음과 같이 진술되고 있다.

> 각자는 모든 이에게 유사한 자유의 체계와 양립가능한 평등한 기본적 자유의 가장 광범위한 전체 체계에 대해 평등한 권리를 가져야 한다.[8)]

시민의 '평등한 자유'란 무엇인가? 이는, 다음에서 볼 수 있듯이, 권리장전이 보장하는 미국의 헌법질서와 매우 유사하다.

> 시민들의 기본적 자유에는, 대체로 말해, 언론·집회의 자유와 결부된 정치적 자유(선거·투표권 및 공무담임권), 양심의 자유와 사상의 자유, (개인적) 재산권과 결부된 인신의 자유, 법의 지배 개념에 의해 규정되듯이 자의적 체포·구금을 당하지 않을 자유가 있다. 정의로운 사회의 시민들은 동등한 기본적 권리를 가져야 하기 때문에, 이들 자유는 모두 첫 번째 원칙에 의해 평등하게 향유될 것이 요청된다.[9)]

---

8) 위의 책, p. 302.

9) 위의 책, p. 61.

평등한 정치적 자유라는 시민적 원칙이 충족되면, 정의의 두 번째 원칙이 작동해야 한다. 이 원칙은 평등 대신 사회적·경제적 조건의 제한과 관계가 있다.

> 사회적·경제적 불평등은 다음의 두 가지 사항 모두 충족되도록 이루어져야 한다. ⓐ 사회의 최소수혜자에게 가장 이득이 되며, … ⓑ 공정한 기회균등의 조건 하에 모든 이에게 개방되어 있는 직책과 지위에 결부되어야 한다.[10]

일단 정치적 정의의 원칙이 충족되면, 정의로운 사회는 이제 소득과 부의 분배로 이행할 것이며 권위와 책임에 있어서의 차이를 활용하는 조직의 설계를 전개할 것이다.

> 부와 소득의 분배가 평등할 필요는 없지만 모든 사람 각자에게 이득이 되어야 하며, 그와 동시에 권위를 가진 지위 그리고 명령을 내리는 직책이 모든 사람에게 개방되어야 한다. 우리는 지위를 개방하여 이러한 제약 하에 놓이게 함으로써 두 번째 원칙을 적용하며, 그리하여 모든 사람 각자에게 이득이 되도록 사회적·경제적 불평등을 조정하게 된다.[11]

롤스가 아주 상세하게 설명한 전체 상황을 여기에서 모두 다룰 수는 없다. 물론 그의 주장은 여러 철학자와 사회과학자들에 의해 맹렬한 비판을 받아 왔다.[12] 그러나 그의 입장은 분명 정의의 시민적 원칙

---

10) 위의 책, p. 302.

11) 위의 책, p. 61.

12) 예를 들어 다음을 참조하시오. Robert Nozick, *Anarchy, State, and Utopia* (New York: Basic Books, 1974); William R. Tobert, "Doing Rawls Justice," *Harvard Educational Review*, November 1974.

(*citizen principle of justice*)에 기초한 공통의 시민공동체 달성이 우선되어야 한다는 점을 지적하고 있으며, 필자는 이러한 원칙이 공교육의 목적에 일차적 권위를 지니는 것이라고 본다.

최근 몇 년간 정의로운 사회에서 평등과 자유가 지니는 역할에 대해 롤스 진영과 노직(그 또한 하버드의 철학교수이다) 진영 간에 철학적 대비가 극명하게 전개되었다. 롤스가 국가의 행위를 통해 최소수혜자의 이익에 부합하는 불평등만이 정당화된다고 주장하는 데 비해, 노직은 정의가 각 개인이 국가로부터 획득한 것을 향유할 완전한 자격을 가질 것을 요구한다고 주장한다. 개인적 권리의 완전한 자유를 위해서는 제한정부와 최소국가가 요구된다는 것이다. 사람들은 사실 재능과 기술, 노력에 있어 평등하지 않지만, 다른 누군가가 아니라 바로 그 사람들이 그러한 재능과 기술, 노력이 산출하는 바를 누릴 자격이 있기 때문에, 이는 일정한 불평등으로 귀결되게 되어 있다. 노직 같은 최소주의자의 견해에 따르면, 정부에 의해 부과되는 불평등은 정의롭지 못하다. 그리고 롤스 같은 자유주의 복지국가 옹호자에 따르면, 좌파 전체주의 국가의 강요된 평등은 우파 전체주의 국가의 강요된 불평등만큼이나 정의원칙을 타락시키는 것이다.

롤스는 듀이처럼 자신의 정치·도덕철학에 기초하여 전면적 교육철학을 전개하지는 않았다. 그러나 필자는 그가 교육철학자·실천가들이, 우리가 하려고만 하면, 공교육의 심오한 시민적·도덕적·정치적 기초를 재건할 수 있도록 길을 깔아주었다고 생각한다. 정치철학의 주요 사항에 대해 서로 이견을 보이는 학계전문가들 사이에 공통의 합의가 존재하는지를 찾아내고자 하는 것이 우리가 할 일이다. 예를 들어, 왈쩌는 롤스의 입장 중 여러 측면을 공격하지만, 그 또한 통합학교(*inclusive schools*)가 인종분리학교(*separate schools*)보다 낫다고 말한다. 그는 또한 민주정치에 필수적인 기본신조를 신봉하는 교사들이 학생들에게 공유된 지식을 심어주고자 노력할 것이라고 말한다.

> 그 목적은 차이를 억압하려는 것이 아니라 뒤로 미루어서, 아동들로 하여금 먼저 시민이 되는 것을 배우게 하고 그런 연후에 노동자, 관리자, 상인, 전문직업인의 길을 배우게 하려는 것이다. 시민이 알 필요가 있는 내용들을 모든 사람이 공부하는 것이다.[13]

왈쩌는 평등한 시민자격은 공통의 교육을 요구한다고 계속해서 말하며, 교육비증서 그리고 사립학교 수업료 세금공제에 반대한다. 하지만 그는 국가가 사립학교들에 대한 공통의 교육과정 요구사항을 설정하는 것에 찬성한다. 그의 이런 주장들은 롤스의 시민정의(市民正義) 원칙과 일치하는 것처럼 여겨진다.

시민공동체 달성에 있어 공교육(公敎育)을 위한 종합적 역할을 처방하는 일이 여전히 우리 앞에 놓여 있다. 공교육의 정당성과 도덕적 권위의 회복은 당연히 수많은 미국인들이 2백 년 동안 바라마지 않았던 바, 즉 미국 시민공동체의 기본가치들—정의, 자유, 평등—의 강건한 증진을 우선적으로 확립하는 일을 학계와 교육계가 달성할 수 있는지 여부에 달려 있다. 이는 공교육의 미래가 달려 있는 일일 뿐 아니라 민주적 공동체 그 자체의 미래가 달려 있는 일이라고 해도 될 것이다. 미국의 역사를 보면, 일부 사람들에 대해서는 임시변통의 개척시대 사법체계 내지 사적 형벌집행으로도 충분하다고 거리낌없이 생각했던 사람들이 많았기 때문이다. '정의'는 종종 '사람들을 자기 자리에 있게 함'으로써 달성되는 것으로 여겨졌으며, 그런 사람들은 플라톤의 《국가론》이나 심지어 성서에서 정당성을 찾고자 하였다.

보다 최근 들어 1950년대와 60년대에, 남부 여러 주의 주지사들은 흑인학생들이 공립학교나 주립대학에 출석하는 것에 대해 화난 백인군중들이 폭력을 행사할 거라는 이유로 군대나 경찰을 출동시켜 출석을 저지하면서 '법과 질서' 유지 원칙에 호소하였다. 다행히도, 아이젠하

13) Walzer, *Spheres of Justice*, p. 203.

워, 케네디, 존슨 대통령 재임 기간 동안 연방대법원과 대통령 그리고 법무부는 흑인학생들의 연방헌법상 권리를 희생시키면서 지역사회의 법 · 질서 기준에 호소하는 것은 용인될 수 없다는 입장을 견지하였다. 정의는 그러한 지역사회의 법 · 질서 기준에 입각해서 정당화될 수는 없었다.

2. 자 유

롤스의 정의론 중 여기서 필자의 목적에 가장 중요한 것은 그가 평등한 기본적 자유라는 이념에 일차적 우선성을 부여한 점이다. 그리하여 정의로운 정치공동체는 평등뿐만 아니라 자유의 이념도 신봉하게 된다. 필자는 자유가 적어도 세 가지의 시민교육 관련 요소를 지닌다고 본다.[14] 자유에는 다음의 요소들이 수반된다.

(a) 모든 인간이 타인에 의한 자의적 제약 없이 존엄하고 안전하게 삶을 영위하며, 한 사람으로서 혹은 선택한 집단의 구성원으로서 자아실현을 도모할 권리와 기회 및 능력. 이것은 개인 그리고 사적 행위의 자유이다.

(b) 모든 인간이 타인에 의한 자의적 제약이나 강제 없이, 특히 이성 그리고 타당하고 신뢰할 만한 지식에 기초한 진정한 대안들 중에서 숙고된 선택을 하는 수단으로서, 말하고 읽고 탐구하고 믿으며 표현하고 배우며 또한 가르칠 권리와 기회 및 능력. 이것은 정신 그리고 지적 탐구의 자유이다.

(c) 모든 시민이 자신이 속한 제도와 법을 만드는 데 능동적으로 참여할 권리와 기회 및 능력. 시민들은 그러한 제도와 법의 울타리 속에서 다른 사람들과 함께 어울려 사는데, 이는 자발적 선택 그리고 동료시민들과의 협력에 대한 적극적 동의에 입각한

---

14) 1950년대 매카시 선풍이 일었던 혹독한 시절에 필자가 자유에 대해 피력했던 견해에 대해서는 다음을 참조하시오. R. Freeman Butts, "Freedom and Responsibility in American Education," *Teachers College Record*, December 1952, pp. 117~124; "The Free Man in the Free Society," Chap. 12 in *What is the Nature of Man? Images of Man in Our American Culture* (Philadelphia: Christian Education Press, 1959), pp. 16~160.

참여에 의해 가능하다. 이것은 시민 그리고 공적 행위의 자유이다.

이들은 권리장전 특히 수정헌법 제 1조와 제 5조 그리고 제 14조에 의해 보호되는 위대한 자유들이지만, 분명 그 이상의 것을 포함한다. 필자는 공적 자유와 사적 자유에 대한 마이클존의 구분을 좋아한다.[15] 공적 자유란 민주적 정치공동체의 복지와 관련되는 것으로서, 자유국가는 공동체의 강압적 다수나 전제적 소수 혹은 국가 그 자체에 의한 침해로부터 이들 자유를 적극적으로 보호할 책무가 있다.

마이클존은 수정헌법 제 1조가 사실상 무제한적인 이들 신념·표현·토론의 공적 자유를 보장한다고 믿었다. 이들 자유는 자유롭고 민주적인 정치공동체의 존속과 진보에 필수적인 공적 의사결정에 불가결하기 때문에 침해될 수 없다. 사실, 자유국가는 교사와 학습자 그리고 시민의 공적 자유가 공동체의 다수나 소수로부터 위협받지 않도록 적극적으로 보호하고 증진할 책무가 있다. 다른 한편, 사적 자유는 개인에게 부여된 것이지만, 수정헌법 제 5조와 제 14조에 의해 보장되는 적법절차 하에서 공공선(公共善)을 위해 제한될 수도 있다. 이러한 제한들은, 일정한 조건 하에서 그리고 정의에 부합할 경우에는, 생명과 자유 그리고 재산에 적용될 수 있다.

자유의 이념은 자유민주적 정치공동체의 본질에 근본적일 뿐만 아니라, 재산권과 더불어 다양성, 사생활 보호, 적법절차, 인권 등 다원주의 요소들의 핵심이기도 하다. 타인의 자유를 위협하는 개인행위의 자유에 가해져야 하는 한계에 대해 알고자 하는 순간 자유와 평등, 권

---

15) Alexander Meiklejohn, *Political Freedom: The Constitutional Powers of the People*(New York: Harper, 1948, 1960), pp. 35~36. 그리고 브레넌(William J. Brennan, Jr.) 대법관의 글을 참조하시오. "The Supreme Court and Meiklejohn Interpretation of the First Amendment," *Harvard Law Review*, November 1965.

위, 공공선을 위한 개인적 책무 간의 긴장은 곧장 드러난다. 언론의 자유는 비방과 명예훼손의 처벌에 의해 제한된다. 재산축적과 처분의 자유 혹은 허위공시는 벌금, 과세, 독점 등의 제약을 받는다. 제품생산의 자유는 공익·환경위협에 의해 제한되며, 공교육에서 차별과 분리의 자유는 평등 및 법률의 평등보호에 대한 신념에 의해 제한된다.

필자는 시민교육의 근본적 목적으로서 자유에 대한 지속적 연구가 근본적으로 중요하다는 점에 있어 마이클존에 동의한다. 질서정연한 사회의 기초로서 '공적 정의관'을 필요로 하는 것과 꼭 마찬가지로, 우리는 자유민주적 정치공동체의 생명력을 보장하기 위해 충분하다고 공통적으로 받아들이는 '공적 자유관'을 필요로 한다. 마이클존은 이 점에 대해 다음과 같이 얘기한다.

> … 미국교육의 일차적 과제는 정치공동체의 모든 구성원들에게 우리의 국가적인 정부계획을 이해하고자 하는 욕구를 일깨우고 계발하는 것이다. … 이는 시민으로서 헌법을 공부해야 하는 우리 모두에게 던져진 도전이다. 헌법의 타당성과 의미는 우리 조상들이 그것을 받아들였다는 사실로부터 도출되는 것이 아니라 … 지금 우리가 받아들인다는 사실로부터 도출된다. 하지만 분명, 헌법이 말하는 바를 알지 못한다면 우리는, 어떤 제대로 된 의미에서도, 헌법을 '받아들일' 수 없다. 그리고 그런 이유에서, 국가의 모든 충직한 시민은 정치적 지혜의 생생한 주장이자 그에 대한 커다란 기여로 올바르게 간주되고 있는 헌법조항 — 수정헌법 제1조 — 의 원칙과 실제를 해석하려는 시도에 동료시민들과 함께 참여해야 한다. 우리가 신념의 자유와 신념의 표현을 규정할 때, '우리, 미국 국민'은 무엇을 의미하는가?[16]

그리고 '우리 조상들'이라고 할 때, 매디슨은 자신이 제안한 권리장전이 정부에 의한 침해로부터 개인들을 보호할 뿐만 아니라 정부 그

16) 위의 책, pp. 3~4.

자체가 개인들이 공동체의 다른 개인들 즉 다수에 의해 자유를 침해당하지 않도록 보호한다는 의미도 지닐 것이라는 점을 분명 염두에 두었다는 점을 기억하는 것이 좋다.

교실에서 정치적·사회적 쟁점에 대해 토의하는 것은 50년 전보다는 훨씬 자유로울 것 같긴 하지만, 제 2차 세계대전 이후 오늘날에 이르기까지 대격변의 시기가 있었다.[17] 전후 20년간 교사들은 연방과 주 차원에서 많은 지역사회단체와 입법조치의 압력 하에 네 종류의 제약을 받았다. 즉 교사로서의 특별충성 서약, 공산당 기타 체제전복조직 가입시 교단 축출, 논쟁적 문제 교수·집필·논의에 대한 규제와 검열, 교사의 정치활동 규제가 그것이다.

이러한 길고도 복잡한 이야기를 여기서 자세히 다룰 수는 없지만, 공적 자유의 헌법원칙들은 결국에는 연방대법원에 의해 공식화되었다.[18] 이를 보여주는 가장 분명한 진술 중 하나는 매카시 선풍이 고조되던 시기에 교사의 충성서약을 규정한 오클라호마 주법률을 파기한 '위먼 대 업디그라프 사건' 판결에서 다수의견에 동참한 프랭크퍼터 대

17) 오닐(Robert O'Neil)의 *Classroom in the Crossfire*(Bloomington, Ind.: University of Indiana Press, 1980)을 참조하시오. 자유에 관한 탁월한 고등학교용 교재로는 스타(Isidore Starr)의 *The Idea of Liberty: First Amendment Freedoms*(St. Paul, Minn.: West Publishing Co., 1978)를 참조하시오. 그리고 미국변호사협회(ABA)의 계간지 *Update on Law-Related Education*의 특집들, 특히 자유, 언론의 자유, 수정헌법 제 1조를 다룬 1985년 봄, 가을, 1986년 겨울호, 그리고 *Social Education* 1987년 10월호 pp. 424~449의 특집 '학문의 자유, 검열, 사회교과'(Academic Freedom, Censorship, and the Social Studies)를 참조하시오.

18) Leonard W. Levy, Kenneth L. Karst, and Dennis J. Mahoney(편), 《미국헌법사전》(*Encyclopedia of American Constitution*) (New York: Macmillan, 1986)의 다음 항목들을 참조하시오, 학문의 자유, 아들러 대 교육위원회 사건, 권리장전, 시민적 자유, 종교설립, 가족과 헌법, 수정헌법 제 1조, 결사의 자유, 청원의 자유, 출판의 자유, 언론의 자유, 충성서약, 공공광장, 공립학교에서의 종교, 종교적 자유, 정교분리, 종교적 자유에 대한 버지니아 규정.

법관과 블랙 대법관의 의견이다.

> 교육의 과정은 위대한 지도자 토머스 제퍼슨 이래로 자연스럽게 우리의 민주주의가 지속하기를 바라는 희망의 근거로 줄곧 충분하였다. 따라서 초등학교에서 대학에 이르기까지 전체 교육체계에 있어서 교사(教師)를 우리 민주주의의 봉사자로 간주하는 것은 과장이 아니다. 개방적 태도와 비판적 탐구의 습관을 길러 주는 것은 교사의 특별한 과업이다. 그런 습관만이 책임 있는 시민을 만들며, 그렇게 성장한 시민들은 현명하고 효과적인 여론이 형성될 수 있게 한다.
>
> 교사들은 사회적·경제적 이념의 의미 그리고 사회적·경제적 독단으로 얼룩진 역사를 생각과 행동으로 책임 있게 탐구하는 자유를 지녀야 한다. 그들은 덧없는 주의주장을, 시대와 상황에 비추어, 이해와 지혜의 경계를 확장하는 지속적 과정으로부터 자유롭게 걸러내야 한다. 이를 위해 미국헌법은 사상과 언론, 탐구, 신앙의 자유가 연방정부나 주정부에 의해 침해되지 않도록 보장한다.[19]

프랭크퍼터 대법관과 블랙 대법관은 교사들이 정부기관뿐만 아니라 지역사회단체들로부터 가해지는 억압에서도 자유로워야 한다고 결론 내렸을 수도 있다. 사실, 더글러스(William O. Douglas) 대법관은 '아들러 대 교육위원회 사건'에서 반대의견을 개진함으로써 그렇게 하였다. 그는 교사가 체제전복 조직에 가입하면 자동적으로 해고사유가 되도록 한 뉴욕주의 파인버그 법(*Feinberg law*)에 반대하는 논지를 폈다.

> 그 법은 학교체제가 간첩색출기획에 빠져들게 만든다는 점을 불가피하게 드러낸다. … 교장은 형사가 되었고 학생과 학부모, 지역사회는 제보자가 되었다. … 지역사회의 편견이 불충자 색출을 담당하게 된 것이다. … 그런 환경에서 진정한 학문적 자유는 있을 수 없다. 이는

---

19) Wieman v. Updegraff, 344 U. S. 48(1952).

> 진리추구가 아니라 획일화된 사고를 산출한다. 하지만 수정헌법 제 1조가 보호하고자 했던 것은 진리추구였다. … 헌법기초자들은 교조주의의 위험을 알고 있었다. 그들은 또한 정신이 자유로우며 사상이 자유롭게 추구될 수 있을 때 생기는 힘을 알고 있었다.[20]

이는 1950년대 초에는 반대의견의 하나였지만, 나중에 '케이시언 대 평의원회 사건'에서 파인버그 법을 파기했을 때에는 연방대법관 전원이 이에 최종적으로 동의하였다.[21] 그리고 2년 후 연방대법원은 교사뿐만 아니라 학생에게도 학문의 자유 원칙을 적용하였다. 그 획을 그은 것은 퀘이커교도 아동들이 베트남 전에 대한 항의표시로 검은 완장을 일제히 착용하는 것은 상징적 발언이며 따라서 수정헌법 제 1조에 의해 보호된다고 판시한 '팅커 대 데모인 사건'이었다.

> 수정헌법 제 1조는 학교라는 특별한 성격의 환경에 비추어 볼 때 교사와 학생들에게도 적용된다. 학생들이나 교사들이 자신들의 헌법적 권리를 학교에서의 언론 혹은 표현의 자유에서도 누린다는 것은 논란의 여지가 거의 없다. … 학생들은 학교 밖에서뿐만 아니라 학교 안에서도 우리 헌법이 말하는 '사람들'이다. 그들이 국가에 대한 책무를 존중해야 하는 것과 꼭 마찬가지로 그들은 국가가 존중해야 하는 기본권을 보유한다.[22]

---

20) Adler v. Board of Education, 342 U. S. 485 (1952).

21) Keyishian v. Board of Regents, 385 U. S. 589 (1967)

22) Tinker v. Des Moines, 393 U. S. 503 (1969). '베델 교육구 대 프레이저 사건'(Bethel School District v. Fraser 54 USLW 5054, July 1986)에 대한 연방대법원의 판결(5 : 4)은 사회적으로 부적절한 학생행동(외설적이고 음란한 혹은 공격적인 언사)은 정치적 발언과 동등한 보호를 받지 못한다고 판시함으로써, 약화된 것으로 볼 수도 있다. 10대의 임신과 부모의 이혼을 다루는 고등학교 교내신문을 계획한 문건들에 대한 사전규제에 관한 '헤이즐우드 교육구 대 컬마이어 사건'(Hazelwood School District v. Kulmeier, No. 86-836)이 연방대법원에 계류되면서, 학생의 언론의 자유와 관련된 또 다른 국면들이 등

이러한 헌법원칙들이 민주적 정치공동체의 안녕에 근본적인 것으로 진지하게 받아들여져야 한다면, 그리고 공교육의 1차적 책임이 시민들로 하여금 자신들의 시민적 자유와 책무를 준비하도록 하는 것이라면, 교사의 가르침을 통제할 학부모와 가족들의 권리와 자유는 어떻게 보아야 하는가? 필자는 공익집단과 지역사회단체들이, 자신들의 아동에 영향을 끼치는 교수·학습과정에 대한 학부모와 가족의 권리를 요구하는 데 관심을 기울이는 만큼, 자신들의 시민적 책무의 일부로서 교사와 학생의 사상의 자유를 요구하는 데 관심을 가져야 한다고 본다. 지난 20년 동안 교과서와 교사에 대한 지역사회의 검열요구가 다시금 증가했음을 보여주는 증거가 많이 있다. 성이나 종교 혹은 정치 등의 사안과 관련하여 보수적인 학부모들의 심기를 불편하게 하는 학습자료들을 금지하려는 노력에서부터, 소수집단에 대한 편향적 선입관이라든지 여성과 동성애자의 성역할 이미지 등의 사안과 관련하여 진보적 학부모들의 심기를 불편하게 만드는 학습자료를 금지하려는 노력에 이르기까지 다양하다.

따라서 '누구로부터의 자유인가?'는, 분리주의 학교들에서 인종·종족 불평등을 둘러싸고 벌어졌던 쓰라린 투쟁들에서 알 수 있듯이, 학교·지역사회·가정 간의 관계에 대해 매우 어렵고도 민감하며 격렬한 쟁점을 촉발한다. 모종의 지침이 없다면, 아리스토텔레스와 그의 뒤를 이어 시민자격이라는 고귀한 이상을 옹호해온 이들이 그렇게도 두려워했던 것처럼, 소중히 간직되어 온 자유는 무정부와 방종 그리고 무절제한 자유지상주의적 개인주의로 치달을 수 있다. 롤스에 따르면, 정의의 첫 번째 원칙은 모든 이에게 평등한 기본적 자유의 유사한 체계와 양립가능한 때에 한해 각자가 기본적 자유에 대해 평등한 권리를 가질 것을 요구한다. 그리하여 우리는 평등(平等) 이념으로 넘어가게 된다.

장할 수도 있다.

3. 평등

정의 그리고 자유와 더불어, 평등의 이념은 민주적 정치공동체를 위한 미국의 가치강령 전반을 관통하고 있다.[23] "모든 인간은 평등하게 창조되었다"는 말은 독립선언의 자명한 진리들 중 첫 번째 구절이다. 이 구절은 심지어 생명, 자유, 행복추구 등 양도불가능한 권리들 앞에 있다. 평등의 이념은 18세기에 특권층의 전제정치 그리고 귀족과 성직자의 폐쇄적 질서에 항거한 민주주의 쟁취 투쟁의 균형추(均衡錘)였다. 그러나 그 이후로 자유 주장과 평등 주장 간에 계속해서 불일치가 존재했던 것 또한 사실이다.

제헌의원들이 "모든 인간은 평등하게 창조되었다"고 선언했을 때 그들 자신이 의미한 바를 정확하게 정의했다고 주장하는 사람은 없을 것이다. 하지만 역사가 모건은 혁명기간 동안 평등의 신조가 모종의 합의를 획득했으며 그 이후로 강력하고도 광범위한 영향력을 지녔다고 주장한다.

> 평등의 신조가 사람들에게 평등을 부여한 것은 아니다. 하지만 이는 사람들로 하여금 평등을 요구하도록 촉구하였으며, 자신들의 처지를 인식하여 그에 안주하지 말고 보다 나은 처지를 모색하고 요구할 것을 촉구하였다. 하지만 그런 요구들로부터 빚어지는 갈등들은, 항상

23) Levy 외(편), 《미국헌법사전》의 다음 항목들을 참조하시오. 차별시정조치, 브라운 대 교육위원회 사건(Brown v. Board of Education), 아동의 권리, 시민적 권리, 1964년의 민권운동, 인종차별폐지, 분리되고 고립된 소수, 법률의 평등보호, 수정헌법 제14조 및 편입원칙, 인종차별, 인종별 할당, 인종분리, '분리 그러나 평등' 원칙, 성차별. 그리고 ABA의 *Update on Law-Related Education* 1987년 봄, 1981년 봄, 1981년 가을 호를 참조하시오.

> 은 아닐지라도, 일반적으로 대규모의 폭력에 이르지는 않았으며 마침내 더 많은 현실적 평등으로 이어졌다. 각 진영이 서로의 강점과 약점을 파악한 연후에, 모종의 타협 즉 서북영지법과 같은 법령에 대한 합의에 도달하였다.[24] 물론 서로의 요구들이 완전히 충족되지는 않았으며, 급진파는 남아있는 불평등에 여전히 불만을 지녔다. 하지만 이러한 타협은 국가로 하여금 계속해서 평등의 신조를 신봉하며, 더듬거리긴 해도, 평등이 가리키는 방향으로 나아가게 하였다.[25]

평등의 의미를 둘러싸고 두 가지의 갈등이 계속되었다. 기본적으로, "모든 사람은 평등하게 창조되었다"는 구절은 사실상 사람들이 평

---

24) 역주: 서북영지법 — 독립전쟁에서 승리한 미국은 오대호 연안에서 미시시피강 하구에 이르는 광대한 땅을 새로이 차지하게 되었다. 이 땅을 누구의 소유로 하고 또 어떻게 관리할 것인가가 문제가 되었다. 버지니아를 비롯한 7개 주는 예전에 영국정부로부터 받은 특허장을 근거로 자신들의 소유권을 주장하였다. 특허장이 없던 주들은 독립으로 인해 특허장의 효력이 없으며 몇 개 주가 권한을 가지면 연방에 피해를 줄 수 있다는 이유로 반대하였다. 논쟁 끝에 버지니아 등 7개 주가 이 지역에 대한 권리를 연방의회에 이양하였다.

이 지역의 구획 구분과 불하방법을 규정한 영지법(The Ordinance of 1785)으로 소유권 문제가 일단락되었으며, 이주민들에 대한 행정적 관리를 위해 서북영지법(Northwest Ordinance, 1787)이 제정되었다. 이 법령에 따르면 서북지역(오하이오에서 위스콘신에 이르는)에 3~5개의 독립 주 설립을 목표로 하되, 다음과 같은 단계를 거치도록 하였다. ① 성인남자 자유민이 5천 명이 될 때까지는 연방의회에서 1명의 지사와 3명의 판사를 파견하여 관리한다. ② 위 인구가 5천 명을 넘으면 준주(準州, *territory*)로서 자치권이 인정되어 자체 의회가 구성되며 연방의회에 투표권 없는 대표 1명을 보낸다. ③ 위 인구가 6만 명을 넘으면 독립 주가 되어 기존의 주들과 대등하게 연방에 상하원 의원을 보낸다. 이런 방식으로 탄생한 주는 공화제를 채택해야 하며 노예제도는 금지하도록 하였다(유종선, 《한 권으로 보는 미국사 100장면》, pp. 97~99 참조)

25) Edmund Morgan, "Conflict and Consensus in the American Revolution" in Stephen G. Kurtz and James H. Houston, eds., *Essays on the American Revolution* (Chapel Hill, N.C.: University of North Carolina Press, 1973), p. 308.

등하다는 것을 의미하는가, 아니면 평등한 것처럼 대우받아야 한다는 것을 의미하는가? 대체로 말해 미국인들은 일반적으로, 일부 극단적 평등주의 공동체 그리고 여러 나라의 사회주의 정당들이 목표로 내건 조건이나 소득의 평등을 강제하는 대신, 평등한 권리와 기회균등을 강조했다. 전체주의 정부에 의해 부과되는 강요된 순응 내지 통일성은 평등이라는 민주적 이념을 타락시킨다.

수정헌법 제 14조는 평등의 이념을 '법률의 평등보호'라는 표현으로 제시하고 있지만, 1950년대와 60년대의 민권운동이 있고 나서야 비로소 교육, 주거, 투표, 고용에서의 기회균등을 저해하는 오랜 법적 규제를 철폐하고 불우계층 및 소수집단을 위한 광범위한 시민적 권리를 보장하기 위해 적극적 정부조치가 취해졌다. 1954년의 브라운 판결은 교육의 기회균등을 강조하는 획기적 사건이었으며, 그로부터 10년 후에 1964년의 민권법(Civil Rights Act)과 1965년의 투표권법(Voting Rights Act)을 비롯한 많은 조치들이 뒤따랐다.

수정헌법 제 1조가 자유를 위한 헌장이었던 것처럼, 수정헌법 제 14조는 평등을 위한 헌장이 되었다. 주와 지역사회가 지역의 유력집단들이 각종 연구기관과 학교에 자신들의 견해를 부과할 수 있게 허용함으로써 '선택의 자유'를 행사한 데서 역사적 차별이 비롯되었으며, 이러한 차별을 극복하기 위해 법률의 평등보호를 달성하려면 (보다 약한 정부가 아니라) 보다 강력한 정부가 요구된다는 점이 민권운동에서 이내 분명해졌다.

주지하다시피, 연방대법원은 1954년의 '브라운 대 교육위원회 사건'에서, 전국적 정치공동체는 평등을 위해 보다 작은 정치공동체들의 분리주의 이행 자유를 억제해야 한다고 판시하였다. 연방대법원의 전원일치 의견을 다시 보는 것이 좋겠다.

> 오늘날, 교육은 아마도 주정부와 자치단체의 가장 중요한 기능일 것이다. 의무교육 관련 법률과 막대한 교육비 지출 모두 민주사회에서 교육의 중요성에 대한 우리의 인식을 보여준다. 우리의 기본적인 공적 책임수행에 있어, 심지어 군복무에서도, 교육이 요구된다. 교육은 바로 훌륭한 시민자격의 정초(定礎)이다. … 오늘날 어떤 어린이라도 교육기회를 거부당하고서도 삶에서 성공을 거두리라고 합당하게 기대할 수 있을지 의문이다. 국가가 제공하게 되어 있는 그런 기회는 모든 사람이 평등한 조건으로 누릴 수 있어야 하는 권리이다. … 우리는 공교육 영역에서 '분리하되 평등하게' 원칙은 들어설 여지가 없다고 결론내린다. 분리주의 교육기관들은 본래부터 불평등하다. 그리하여 우리는 수정헌법 제14조가 보장하는 법률의 평등보호를 분리주의에 의해 박탈당했다는 청구인들의 주장을 인용하는 바이다.[26)]

헌법제정 2백주년을 맞이한 지금, 공립학교와 민주적 정치공동체의 가치를 이처럼 근본적으로 연계시키는 것은 곧 헌법질서의 한 부분이라고 확인된 지 30년이 더 지났다. 우리 모두는 그 실현을 행한 진보가 매우 느리고도 고통스러웠다는 것을 알고 있다. 이중적 학교체제를 폐지하는 과정은 역설적으로 남부에서보다 북부에서 더욱 느리게 진척되었지만, 주와 지역차원뿐만 아니라 연방차원에서도 느리게 진척되었다. 20년 동안 연방대법원은, 입법과 헌법개정 혹은 법무부의 유권

---

26) Brown v. Board of Education, 347 U. S. 483(1954). Anthony Lukas의 *Common Ground: A Turbulent Decade in the Lives of Three American Families*(New York: Knopf, 1985)를 보면, 인종차별철폐요구에 의해 뒤틀린 보스턴의 세 가족의 생활에서 연방대법원의 장엄한 판결과 이를 둘러싸고 지역사회 가정과 교회, 선술집, 동네 주민들 간에 벌어지는 격앙에 찬 다툼 등의 팽팽한 긴장이 생생하게 묘사되고 있다. 지역사회 내의 격렬한 혼란이 있은 지 15년이 지난 후, 1987년 9월 29일 제1 연방항소법원은 보스턴 교육위원회로 하여금 1974년부터 공립학교 학생배정에 인종적 지침을 사용하도록 요구한 지방판사 개러티(W. Arthur Garraty)의 명령을 파기하였다.

해석을 통해 법원판결의 효과를 변경하려는 닉슨, 포드, 레이건 대통령의 노력에도 불구하고, 법원의 결정을 회피·방해 혹은 취소하려는 ―심지어 강제버스통학 명령에 대해서까지―온갖 종류의 시도들을 끊임없이 물리쳐왔다.

1974년 연방대법원이 대도시 학교통합 해법을 도모한 디트로이트 계획에 대해 전례 없는 첨예한 대립 끝에 5：4로 불법이라고 판시했을 때 전환점에 도달한 것으로 보였다.[27] 그로부터 10년 동안 민권옹호자들과 흑인지도자들은 흑백 재분리(再分離)가 진행중이 아닌가 하고 점점 더 관심을 기울이게 되었다. 사정이 이렇게 된 것이 보수적 분위기의 강화에 얼마나 기인하는지, 강제 버스통학조치가 실제로 백인학생으로 하여금 함께 통학하도록 만든 원인이 되었는지 아니면 우둔한 정치적 책략인지는 학계에서나 대중들 사이에서나 격렬한 논쟁거리이다. 1987년 1월의 해리스 여론조사에 따르면, 1981년 이후 강제 버스통학에 반대하는 미국인의 비율이 특히 젊은이들 즉 강제 버스통학 대상자였던 이들 사이에서 극적으로 감소해 왔다는 놀라운 사실이 발견되었다.[28]

민권옹호자들은 오하이오 주 데이턴과 콜럼버스에서 25년간 존재한

---

27) Miliken v. Bradeley, 418 U. S. 717(1974)

28) 특히 다음을 참조하시오. Richard Kluger, *Simple Justice: The History of Brown v. Board of Education and Black America's Struggle for Equality*(New York: Knopf, 1976); Gary Orfield, *Must We Bus? Segregated Schools and National Policy*(Washington, D. C.: Brookings Institution, 1978). 해리스 여론조사(*Harris poll*)는 *Education Week*, January 21, 1987, p. 6에 게재되었다. 최근의 간략한 분석으로는 다음을 참조하시오. Hugh W. Speer, "The Case of the Century: Brown v. Board of Education of Topeka," in *this Constitution*, Spring 1987, pp. 24~32. 내슈빌, 멕클렌버그, 노스캐롤라이나, 보스턴의 강제버스통학 문제를 다룬 최근의 책들에 대한 서평으로는 다음을 참조하시오. Ronald D. Cohen, "To Bus or Not to Bus? That is the Question," *History of Education Quarterly*, Fall 1987, pp. 379~386.

인종차별의 흔적을 극복하기 위해 대규모 강제 버스통학을 시행토록 한 연방하급법원들의 명령을 지지한 1979년 연방대법원의 판결로 힘을 얻었다.[29] 연방대법원은 교육위원회가 관내의 일부 인종분리학교들에 적용되는 조치를 의도적으로 취했다면 관내 교육체제 전반에 걸쳐 인종분리가 이루어지고 있었던 것으로 추정된다고 판시한 1973년 판결을 재확인하였다.[30] 그러나 그 사이에, 공정한 재판이 이루어진다면 인종분리철폐가 행해질 수 있다는 희망이 설 땅을 잃고 있었다. 연방 민권위원회가 1979년 2월에 제출한 보고서는 "나라가 두 개의 사회로 나아가고 있다. 하나는 흑인사회, 하나는 백인사회로서 서로 분리되어 있으며 불평등하다"고 예측한 '전국 시민소요 자문위원회'(커너위원회) 보고서의 내용을 되풀이하였다. 비슷한 표현이 1988년에도 들렸다.[31]

레이건 행정부 시절 민권위원회의 역할은 그 자체로 생생한 이야기가 될 것이다. 강제 버스통학과 차별시정조치에 반대하는 것으로 알려진 인물들이 위원장, 이사, 위원으로 위촉되어 1983년에 위원회가 재구성되자 민권단체들 사이에서는 극단적 불만이 조성되었다. 심지어 일각에서는 이에 대해, '연방하원 시민적 · 헌법적 권리 소위원회' 위원장인 캘리포니아 주 공화당 의원 에드워즈(Don Edwards)의 견해를 반영한 1985년 10월 30일자 뉴욕타임스 표제처럼, '감시견에서 애완견으로' 전환하기보다는 차라리 위원회를 폐지하라고 사실상 촉구하기도 하였다.

대학원 및 전문대학원 입학허가와 관련하여, 인종에 대해 특별한 고

---

29) Columbus Board of Education v. Penick, 443 U. S. 449 (1979); Dayton Board of Education v. Brinkman, 443 U. S. 526 (1979).

30) Keyes v. School District No. 1, 413 U. S. 189 (1973).

31) *The New York Times*, February 26, March 1, March 6; "20 Years After the Kerner Report," February 29, 1988.

려가 이루어질 수 있다는 원칙은 1978년의 바크 판결에 의해 모호한 상태로 남게 되었다. 연방대법원의 판결은 두 갈래의 내용 모두 담고 있었다. 캘리포니아대학(데이비스) 의과대학원은 자격요건을 충족시키는 흑인학생들에 대한 일정 수의 입학정원을 책정함으로써 바크를 탈락시켰기 때문에, 바크는 백인이라는 이유로 차별당했다는 것이다. 그는 입학허가명령을 받아냈다. 하지만 연방대법원은 또한 여타 상황들에서는 인종이 '가산점 부여' 요인으로 고려될 수 있다고 판시하였다. 그리하여 '솔로몬의 판결'이 내려진 것이다.[32]

이런 문제는 선택권을 행사할 개인의 자유와 법을 통해 평등을 추구하려는 공동체의 책무 사이에 존재하는 극심한 긴장과 관련된다. 역사적으로 관계당국이 다수집단의 유자격자들에게 제공한 교육접근기회(자유)가, 그런 접근기회를 오랫동안 거부당한 집단 즉 소수집단 소속의 일부 유자격자들에게 더 많은 교육접근기회를 제공하기 위해(평등), 여하튼 제한되어야 하는가? 민주적 정치공동체는 모든 이를 위한 평등한 기본적 자유의 보다 광범위한 체계를 성취하기 위해 일부의 사적 자유의 몫을 제한할 책무를 지니는가? 보다 정의로운 사회를 이루기 위해? 필자는 이들 질문에 대한 답이 '그렇다'라고 생각한다.

연방대법원은 1986년과 87년에 내린 일련의 판결에서 이러한 입장을 취하기 시작했다. 연방대법원은, '웨버 판결'에서, 사기업인 철강업체의 고용주는 전통적인 인종분리 고용방식을 배제하기 위해 특별훈련프로그램 정원의 절반을 흑인노동자들에게 배정함으로써 그들을 우대할 수 있으며, 1964년의 민권법의 역사적 맥락은 바로 그러한 전통적 고용방식의 폐지를 의도한 것이었다고 판시하였다. 1986년의 또 다른

32) 이 사건에 대한 초반의 판결에 대해서는 Joel Dreyfuss and Charles Lawrence, 3d, *The Baake Case*(New York : Harcourt Brace Jovanovich, 1979) 참조. 후반의 판결에 대해서는 Levy 외(편), 《미국헌법사전》의 '캘리포니아대학 평의원회 대 바크' 항목 참조.

판결에서, 연방대법원은 미시간 주교육위원회는 교사 채용에서 흑인을 합법적으로 우대할 수 있지만, 단순히 흑인을 고용하기 위해 선임 백인교사를 해고할 수는 없다고 판시하였다.[33] 1986년과 87년 초에 내려진 여타의 판결들은 고용이나 승진에서 소수집단을 우대하는 '일체의' 조치는 '인종을 따지지 않는' 사회에서 위헌이라는 법무부의 주장을 거부하기 시작하였다.[34] 법정에서뿐만 아니라 학계에서도 논쟁은 계속되었다. 하버드 법과대학원의 트라이브는, 헌법이 단순히 인종을 따지지 않는 것은 아니라는 점이 오랫동안 인정되어 왔다고 하면서, 미즈 장관을 위시한 법무부의 주장을 반박하였다.[35]

마침내 1987년에 와서, 과거에 여성이나 소수집단에 대한 차별이 있었다는 증거가 없다 하더라도 고용주들이 자신들의 실제 노동인구가 지역노동시장의 구성이나 인구특성을 반영하도록 고용과 승진에서 성과 인종 차원의 우대조치를 적용할 수 있게 하는 차별시정조치에 우호적인 분명한 판결이 내려졌다.[36] 연방대법원은 캘리포니아 주 산타클라라 카운티가 자격조건이 좀더 나은 남성 대신 자격소지 여성을 도로관리원으로 승진시킬 권리를 갖는다고 손을 들어주었다. 하지만 브레넌 대법관은, 다수의견에 동참하면서도, 고용결정에 있어 유일한 기준으로 고정된 할당량을 책정하거나 성 혹은 인종적 기준을 활용하는 것은 지지하지 않았다. 여성운동단체들은, 오코너 대법관이 브레넌

---

33) United Steel Workers of America v. Weber, 443 U. S. 193(1979); Wygant v. Jackson(Mich.) Board of Education, 106 S Ct 1842(1986).

34) Local 93 of the International Association of Firefighters v. City of Cleveland, 106 S Ct 3063(1986); Local 28 of the Sheet Metal Workers v. Equal Employment Opportunity Commission, 106 S Ct 3019(1986); United States v. Paradise, No. 85-999.

35) Lawrence H. Tribe, *Constitutional Choices*(Cambridge, Mass.: Harvard University Press, 1985).

36) Johnson v. Transportation Agency, Santa Clara County, No. 85-1129.

대법관과 다른 근거에서이긴 하지만 다수의견에 동참했다는 점에 주목하면서, 6 : 3의 판결에 매우 기뻐하였다.

두 달 후 연방대법원은, 고용과 주거, 계약 및 재산관계에서 차별을 받는 것으로 드러난 백인 소수집단의 법적 구제청구권을 인정함으로써, 민권의 범위를 한층 더 확대시켰다.[37] 그리하여 소수자우대조치는 모든 부류의 소수집단에 대한 법률의 평등보호를 향해 한 걸음 더 나아가게 되었다. 그리고 이 당시, 100년 전인 1866년의 민권법과 1870년의 개정판을 만든 당시 의회의 입법과정에 수반된 '원래 의도'에 대한 이의가 제기되었다.

이들 두 사건 중 첫 번째 사건에서는 이라크에서 태어난 미국시민의 권리가, 두 번째 사건에서는 유태인의 권리가 문제가 되었다. 이들의 권리는 1964년의 민권법에 의해서뿐만 아니라, 남북전쟁 이후 제정되어 지금은 미국연방법의 일부가 된 더 오랜 법률들에 의해 보호된다고 인정되었다. 주심을 맡은 화이트 대법관은 1860년대에 사용되던 '인종'이라는 용어는 근대 생물학자들이 사용하던 세 가지 인간분류 범주(코카서스, 니그로, 몽골)에 적용될 뿐만 아니라 코카서스 인종 내에서 종족을 구분하는 데도 적용된다는 점을 지적하였다. 따라서 아랍인, 유태인, 히스패닉 그리고 그 외에 종족적 유산이나 민족적 기원과 관련된 수많은 범주들이 차별받지 않고 보호될 수 있다고 하였다. 차별시정조치에 대한 레이건 행정부의 파상공세는, 연방대법원 내의 '진보적 활동가들'에 의해서 뿐만 아니라 '엄격한 해석가들'과 온건중도파들에 의해서도, 꼼짝 못하게 된 것으로 보였다. 위에서 언급한 여성관련 판결에서는 스칼리아, 렌퀴스트, 화이트 대법관이 반대의견을 제출하였다. 여기서 소개된 종족관련 판결은 만장일치였으며 화이트 대법관이 판결문을 작성하였다.

---

37) St. Francis College v. Al-Khazraji, No. 85-2169; Shaare-Tefila Congregation v. Cobb, No. 85-2156.

레이건 행정부가 민권관련 판결에서 처음으로 의미 있는 승리를 거둔 지 불과 3년 이내에 이 모든 일이 일어났다. 1984년의 그로브시립대학 판결에서, 연방대법원은 연방정부의 재정지원을 받는 교육기관에서의 성차별을 금지한 1972년의 개정교육법 제 9조를 좁게 해석하는 견해를 채택하였다. 세 차례의 이전 행정부는, 대학의 일부 부서라도 연방의 지원을 받고 있다면, 대학 내에 성차별이 있는 경우에는 해당 대학 전체에 대해 연방의 지원 일체가 중단된다고 규정하였다. 이에 대해 연방대법원은 연방의 직접지원을 받는 부분만이 법으로 금지하는 성 편견 규정의 적용을 받는다고 판시하였다.[38] 이 판결이 나오자 여성단체들과 연방의원들은 대학입학과 운동경기에서 여성차별을 금지하며 성희롱의 범위를 넓게 해석하고자 했던 의회의 원래 의도를 명확히 할 소수자(小數者) 우대조치 관련법안들을 채택하려는 노력을 즉각 개시하였다. 1987년 5월 말에 이르러 그로브시립대학 판결을 무효화할 법안들이 상원과 하원 모두에 제출되었지만 충분한 표를 여전히 확보하지 못했다.

소수자우대조치와 관련하여 매우 흥미로운 일이 벌어졌다. 정부가 역사적으로 불이익을 받아온 이들을 위한 보상교육이나 소수자우대조치에 규제를 가하려고 애를 쓰면 쓸수록, 그런 규제에 대한 저항과 소송이 더 많이 발생했다. 그리고 레이건 행정부의 법무부가 소수자우대조치에 대해 '역차별'이라고 공세를 펴면 펼수록, 연방대법원 판결에서 여태까지 더 많이 패소했다. 이쪽의 정의와 평등의 이념 그리고 저쪽의 자유와 다양성 및 사생활 보호의 이념 간에 계속되는 긴장관계는 1970년대와 1980년대에 점차 확대되었다.

이러한 긴장관계의 많은 부분이 교육정책과 학교의 실제를 둘러싸고 조성되었기 때문에 이제 학생과 교사를 위한 시민교육 교수·학습

38) Grove City College v. Bell, 465 U. S. 555.

과정들은 쉽게 연구·탐구될 수 있으며 또한 교사와 학생 모두에게 분명히 이익이 되는 커다란 자원을 가지게 된 것이다. 평등의 이념이 순전히 추상적 용어로만 연구될 필요는 없다.

진정 '모든 인간이 평등하게 창조'되었으며 '법률의 평등보호'를 받을 자격이 있다면, 인종, 종교, 종족, 민족적 기원 혹은 성에 근거하여 박해나 인종분리 혹은 차별을 허용하는 사회는 그만큼 정의롭지 못한 사회이다. 성 부정의(不正義)는 가장 최근에 학문적 관심의 대상이 되었다.[39] 평등과 자유간의 지속적 긴장관계는 시민교육 교수학습과정의 모든 측면에서 가능한 한 직접적이고 솔직하게 다루어져야 한다. 최근 들어 그 긴장관계는 다양성의 가치와 관련하여 특히 더 팽팽해지고 있다.

---

39) David K. Kirp, Marx G. Yudof, and Marlene Strong Franks, *Gender Justice* (Chicago: University of Chicago Press, 1986). 그리고 Phi Delta Kappan 1986년 3월호의 특집 "Women in Education"도 참조하시오.

4. 다양성

필자는 다양성 존중 그리고 공동체의 다원성 장려가 미국 정치체제의 최고요소 중 하나라는 영광을 누려왔다고 본다는 점을 분명하게 밝히고 싶다. 수백만 명의 이민자들이 자기 고국에서보다 더 많은 정의와 자유 그리고 평등을 제공하는 사회에서 살 수 있다는 희망에서 미국에 매력을 느껴왔으며 여전히 그러하다. 물론 그들은 더 많은 경제적 이익도 바란다. 그리고 수백만 명의 사람들이 매우 다양한 지역과 종족, 언어, 종교, 인종 그리고 문화를 지닌 이 나라에서 자신들의 희망을 적어도 부분적으로나마 실현했다.

따라서 다양성(多樣性) 혹은 다원성(多元性)은 미국학교의 시민교육 전 분야에서 연구·분석되고 예우받아야 하는 주요 가치들 중 하나이다. 이는 남미, 남아시아, 그리고 그 밖의 나라들 출신의 수많은 사람들이 이중언어교육이라든지 영어를 (캘리포니아를 비롯한) 여러 주와 미국의 공식언어로 삼는 것에 대해 열띤 논의를 하게 되면서 더욱 더 중요해지고 있다. 그러나, 여타의 모든 가치들과 마찬가지로, 다원성은 장점과 이익뿐만 아니라 문제점과 비용도 지닌다. 문제점은 종종 단순하게 통일성과 다양성, 혹은 질서와 자유 아니면 공(公)과 사(私)간의 긴장으로 지칭된다.

다양성을 고려하려는 역사적 노력들은 다양하게 정의되어 왔다. 글레이저는 (모든 이민자들을 환영하는) 포용과 (외국인을 배제하거나 저지하는) 배제의 양극화 전통을 언급하며, 위브는 미국사회에 수많은 분파들이 존재하는 전통 속에서도 공/사 구분에 대한 강조가 되풀이되고 있다고 지적한다. 고든은 동화(同化)에 대한 다양한 접근방식을 영국식에 대한 동화 요구(우리처럼 되든지 아니면 가 버려라), 용광로 관점(우리 모두는 새로운 존재가 될 것이다), 문화적 다원주의(우리는 각자 우리의 정체성을 유지할 것이다)로 정의한다. 그리고 히검은 두 가지의 영속적 접근이 있다고 하면서, 이들 접근을 각각 (개인들의 평등에 기초한 미래의 보다 큰 공동체를 도모하기 위해 종족적 경계를 제거하는) 통합주의와 (집단들의 평등에 기초하여 과거의 작은 공동체들이 견고하게 지속되도록 하기 위해 종족적 경계를 유지하는) 다원주의(多元主義)라 부른다.[40]

최근 들어 교육계에는 다원주의의 재천명이 매우 가치 있다고 보는 관점들이 있다.[41] 이와 달리, 과도한 다원주의적 국수주의를 경계할 것을 촉구하는 관점들도 있다. 필자는 이들 관점이 문화적 다원주의와 정치적 결속 간에 균형잡힌 긴장에 도달하려고 한다는 점을 좋게 본다. 예를 들어, 히검은 '다원주의적 통합'에 대해 말하면서, 사람들을 집단 속에 혹은 바깥에 소속시키는 종족적 '경계'(*boundaries*)와 상이한 집단들에 정체성과 생명력을 부여하는 종족적 '핵심'(*nuclei*)을 구분한다. 이런 의미에서, 경계는 투과될 수 있지만 핵심은 존중된다.

> 통합주의 모형과 달리, 다원주의적 통합모형은 종족적 경계를 제거하려 하지 않는다. 그러나 경계를 손대지 않고 유지하려는 것도 아니다. 이 모형은, 자신들의 존엄성을 보전하고 증진하려는 소수집단

---

40) Nathan Glazer, *Affirmative Discrimination: Ethnic Inequality and Public Policy* (New York: Basic Books, 1974), Chapter 1; Robert H. Wiebe, *The Segmented Society: A Historical Preface to the Meaning of America* (New York: Oxford University Press, 1975); Milton Gordon, *Assimilation in American Life: The Role of Race, Religion, and National Origins* (New York: Oxford University Press, 1964); John Higham, "Integration vs. Pluralism: Another American Dilemma," *The Center Magazine*, July/August 1974, pp. 67~73.

41) Harold R. Issacs, "The New Pluralists," *Commentary*, March 1972, pp. 75~79.

> 들의 노력을 유지하는 한편, 모든 개인들이 접근할 수 있는 공통의 문화가 갖는 타당성을 지지하고자 한다. … 이런 조건 하에서는 어떤 종족집단도 그 경계를 강화함에 있어 전체 공동체의 지지를 받을 수는 없다. 모든 경계는 투과될 수 있는 것으로 이해된다. 이와 달리, 종족적 핵심은 사회적 행위의 지속적인 중심으로서 존중된다. …
>
> 종족간 정의에 관심 있는 많은 사람들은 다양성에 필수적인 올바른 평가를 우리 사회가 발전시킬 능력이 있는지에 대해 비관적으로 느끼고 있다. 그러나 … 다원주의적 통합으로 나아감에 있어 더 큰 문제는 우리의 변화무쌍한 문화에 참여하는 이들이 공통적으로 지니고 있는 바가 무엇인지를 재발견하는 과정에서 등장할 수도 있다.[42]

필자가 시민의 덕목을 강조하는 주된 취지는 바로 다원성의 가치를 재정의하는 것뿐만 아니라 우리가 공유하는 정치적 가치를 재발견하는 것에도 있다. 결속과 다양성 양쪽의 요구 사이를 헤쳐 길을 찾아가는 미덕을 지닌 것으로 보이는 또 하나의 관점이 있는데, 이는 코넬대학의 역사학자이자 《역설의 사람들》로 퓰리처상을 받은 캐먼이 제시한 구분이다. 다원사회에 관한 분석에서, 캐먼은 '안정적 다원주의'와 '불안정한 다원주의'를 다음과 같이 구분하고 있다.

> … '다원사회'는 다양한 인구집단들 사이에 고유한 틈새들을 담고 있는 정체(*polity*)를 의미한다. 이쪽저쪽 모두에 대한 충성, 공통의 가치, 경쟁적 평형 내지 힘의 균형에 의해 함께 묶여진 집단들 간에 권력의 분산이 종종 이루어진다(안정적 다원주의). 이와 똑같이, 규제와 위력에 의해 전체가 유지되어야 할 정도로 인종·종족·종교·지역집단들 간의 갈등 또한 종종 존재한다. 어떤 지배체제에서든 권위가 지니는 역할로 인해, 부과된 질서의 정당성을 부인하려는 그리고 법과 권위 자체를 거부하려는 하위문화집단들에 대한 심리적 압력이

42) Higham, "Integration vs. Pluralism," pp. 72~73.

공통적으로 존재한다(불안정한 다원주의).[43)]

그리하여, 인종·종족·종교·지역집단들 간의 갈등으로 인해 사회 내의 틈새들이 정체의 권위를 위협할 때, 즉 인종, 종족, 종교, 지역집단들이 각기 그 자신의 정당을 만들고 "자신의 당파를 형성하며, 종파마다 학교를 설립하고 교조주의자들이 각기 자신의 이데올로기를 전파"할 때 불안정한 다원주의가 발생한다. 다른 한편,

> 안정적 다원주의는 강력한 정당성의 '토대'를 요구한다. 다원사회는 법의 지배에 의해 가장 잘 보장된다. 그 법이란 선출된 대표들에 의해 명시적인 헌법의 틀 속에서 제정되며, 부분적으로 자율적인 행정관리들에 의해 집행되며, 독립된 사법부에 의해 심판되는 법을 말한다. 이 모두가 1787년에 만들어지고 1789년에 성취되었다는 점에서, 이들 시기는 미국역사에서 진정 분수령에 해당한다.
>
> 그러나 민주주의에서 안정적 다원주의는 강력하고도 영속적인 심리적 정당성 자원도 필요로 한다. 즉 국가라는 종합체계가 좌충우돌하지 않고 순조롭게 운영되는 데 필요한 이해와 수용 그리고 전반적인 신뢰가 요구된다.[44)]

'강력하고도 영속적인 심리적 정당성 자원'의 구축은 인종·종족·종교 공동체의 다원성이 인정되고 나아가 환영받기까지 하는 민주사회의 학교시민교육의 목적을 규정하는 통찰력 있는 방법의 하나이다. 다만 이와 관련하여, 한쪽에는 다원주의의 온갖 문제점을 안고 있는 미국 같은 나라가 있는가 하면, 다른 한쪽에는 불안정한 다원주의로 인해 (레바논의 경우처럼) 정부에 대한 심리적 정당성이 형성되지 못하거

---

43) Michael Kammen, *People of Paradox: An Inquiry Concerning the Origins of American Civilization* (New York: Vintage Books, 1973), p. 60.

44) 위의 책, p. 85.

나 (인도, 스리랑카, 말레이시아, 나이지리아, 가나, 우간다, 북아일랜드, 스페인의 경우처럼) 정체의 안정성이 주기적으로 위협받는 나라들이 있어 커다란 대조를 보인다는 점에 유의할 필요가 있다.[45)]

수정헌법 제 14조의 평등보호보장 조항의 적용범위를 보여주는 좋은 예가 된 사건이 1982년에 있었는데, 이 조항이 텍사스 주의 히스패닉계 아동에 적용되는지 여부에 관한 내용이었다. 이 사건에서 연방대법원은 텍사스 주법률이 지역교육위원회로 하여금 불법체류 외국인의 자녀에 대해 수업료를 부과할 수 있도록 허용함으로써 결과적으로 해당 학생들이 공교육을 받지 못하도록 하기 때문에 위헌이라고 판시하였다. 5인의 대법관이 다수의견을 형성하였으며 브레넌 대법관이 판결문을 작성하였다.

> 공교육은 헌법에 의해 개인들에게 보장된 '권리'가 아니다. … 그러나 그것은 여타 형태의 사회복지 입법으로부터 분간될 수 없는 모종의 정부 '혜택'에 불과한 것도 아니다. 우리의 기본제도를 유지함에 있어 교육이 갖는 중요성 그리고 아동의 삶에서 교육의 박탈이 갖는 지속적 영향 두 가지 모두에 유념해야 한다. … 우리는 "공립학교가 민주정부 체제의 보전을 위해 매우 중요한 시민적 제도이며 … 우리 사회가 의거하는 가치들을 전승하는 주요 장치라고 인식해 왔다." … 요약하자면, 교육은 우리 사회의 구성을 유지하는 데 근본적 역할을 한다. 우리는 특정 집단들이 우리의 사회질서가 의거하는 가치와 기능을 향유할 수단을 거부당하는 경우 국가가 유발하는 중대한 사회적 비용을 간과할 수 없다. … 우리가 28년 전 '브라운 대 교육위원회 사건'에서 말했던 바는 여전히 진실이다.[46)]

---

45) 다음을 참조하시오. Donald L. Horowitz, *Ethnic Groups in Conflict* (Berkeley, Calif. : University of California Press, 1985) ; Levy 외 《미국헌법사전》 중 '북미원주민과 헌법', '중국인 배제 법률', '라우 대 니콜스 사건' (Lau v. Nichols) 항목.

46) Plyler v. Doe, 457 U. S. 202 (1982).

반대의견을 제시한 버거 대법원장은, 개명된 사회가 (불법체류 외국인을 포함하여) 어떤 아동에 대해서든지 초등교육을 박탈하는 것은 몰상식한 일일 것이라는 점에 동의하였지만, 그런 결정을 내리는 것은 법원의 일이 아니라 의회와 정치과정의 일이라고 주장하였다. 버거 편에는 렌퀴스트, 오코너, 화이트 대법관이 동참하였다.

연방대법원의 다수의견은 의회에서 통과되고 대통령이 1986년 11월 6일에 서명한 성년이민법(major immigration law)의 견지에서 새로운 의미를 갖는다. 이 법에 따르면, 1982년 1월 1일 이전에 미국에 입국한 불법체류 외국인들은 입국 이후 계속해서 미국에 거주했다면 시민권을 취득할 수 있다. 대법원의 반대의견 진영이 희망했던 정치과정은 합법적 지위를 획득한 불법체류 외국인들에게 주정부가 공적 보조와 건강보험 및 교육을 제공하는 데 소요되는 비용을 충당하기 위해 연방정부가 4년간 매년 10억 달러를 지출하는 것을 의회가 승인하는 쪽으로 귀착되었다.[47]

그러나 '정치과정'은 또한 최근의 이민 쇄도를 두려워하거나 싫어하는 다수파의 토착민 보호주의 재천명으로 나아갈 수 있다. 시민자유주의자들은 국가와 주 차원에서 영어를 공식언어로 지정하는 법안을 통과시키려는 노력이 급속히 확대되는 데 모종의 동기가 있지 않나 의심한다. 1986년 11월의 선거에서 캘리포니아 주민들은 주헌법 개정을 위한 주민발안에 대해 3대1의 비율로 찬성하였다. 당시 캘리포니아 주헌법에 의하면, 주의회는 '영어의 역할을 줄이거나 무시하는' 법률을 일절 제정할 수 없으며 또한 그러한 법률의 시행을 위한 개인이나 집단의 소송을 허용할 수도 없었다. 히스패닉계와 아시아계 그리고 여타의 민권운동단체들은 '미국영어'가 주도한 조직적 운동이 그런 방식으로 유권자들의 두려움을 자극하였으며 이는 사회 내의 불신과 분열을

47) '새 이민법'에 대한 유용한 교수-학습 자료로, *Social Education* 1986년 3월호에 게재된 논문과 참고문헌 목록을 참조하시오.

심화시킬 것이라고 비난하였다. 1987년 2월에는 대략 14개 주가 그런 법률을 고려하고 있었으며 1987년 6월에는 이 숫자가 37개주로 늘어난 것으로 보도되었는데, 그 중 몇 개 주에서는 적개심이 타오르는 것이 뚜렷이 보였다.[48)]

보수주의의 압력 하에 미국 교육부의 관점이 바뀐 것과 더불어 아시아와 남미 출신 이민자의 급속한 유입은 이중언어교육을 둘러싸고 유사하게 벌어진 격렬한 논쟁을 초래하였다. 히스패닉계를 비롯한 이민자들은 제1언어가 영어가 아닌 아동들에 대해 연방정부가 거의 20년 동안 쏟아온 특별한 관심이 위협받고 있다는 데 불안해했다. '영어구사능력이 부족한' 이민자녀들의 특별한 필요를 충족시키기 위한 지역교육청의 활동을 연방정부가 보조할 수 있도록 하는 이중언어교육법(Bilingual Education Act)이 1968년에 통과되었다. 그로부터 많은 시간 동안, 이중언어교육 프로그램이 해당 아동들이 영어에 유창해지도록 하는 최선의 방도인지 아니면 그 아동들의 원래 언어를 보존하는 장치인지 혹은 둘 다인지에 대해 논쟁이 있었다.

1974년에 연방대법원은 모국어가 영어가 아닌 아동들을 위한 특별언어수업을 학교가 제공하지 못하는 것은 공교육에 참여할 동등한 기회를 부인하는 것이며 그리하여 1964년의 민권법 위반이라고 판시하였다. 연방대법원에서 '라우 대 니콜스 사건'은 전원일치 판결에 이르렀는데 판결문을 낭독한 더글러스 대법관은, 단순히 모든 아동에게 동일한 교재와 교육과정을 제공하는 것은 동등한 대우가 아니며, 따라서 캘리포니아 주는 중국어 사용 아동들이 학교생활에서 혜택을 볼 수 있도록 특별한 차별시정조치를 취해야 한다는 점을 밝혔다.[49)]

하지만 1984년에 윌리엄 베넷이 교육부 장관으로 등장한 이후, 영어 유창성을 함양하기 위한 최선의 길이 영어로 넘어가는 과도기에 모

48) *Education Week*, June 17, 1987.

49) Lau v. Nichols, 414 U. S. 563(1974).

국어를 사용하는 것인지 아니면 영어에 몰두하는 것인지를 놓고 연방 교육부와 전문가들 사이에 이중언어교육에 대한 첨예한 논쟁이 있었다. 이러한 갈등은 교육적 색채뿐만 아니라 정치적 색채도 적잖게 띠었다. 이런저런 수업방식들의 타당성을 입증하거나 부인하는 연구결과들을 둘러싼 논쟁들은 이제 무대를 옮겨, 한편으로는 동화되지 않은 외국어 사용자들로부터 비롯되는 과도한 다원주의의 위험에 대해, 다른 한편으로는 이민자들이 미국시민으로서의 가치를 체득해 나가는 동안 그들 고유의 문화적 가치를 장려할 필요성에 대해 비난과 반박이 제기되고 있다.[50] 이러한 논쟁의 근저에는 민주사회에서 정당성 있는 권위뿐만 아니라 안정적 다원주의도 함께 성취하기 위해서는 정부가 얼마만큼 적극적이어야 하는가에 관한 기본적 문제가 놓여있다.

50) *Education Week* 1987년 4월 1일자 특집 "Bilingual Education: Language, Learning, and Politics" 참조. 3월 18일자, 3월 25일자도 참조하시오.

5. 권 위

유치원에서 차례 지키기 규칙이 필요한 것에서부터 절도, 폭행, 살인, 반역에 관한 법규가 필요한 것에 이르기까지, 권위(權威)의 역할은 모든 연령수준의 학생들에게 유용하게 예시될 수 있다. 정치적 권위의 핵심에는 권력 그 자체와 정당한 혹은 올바른 권위 간의 차이가 존재한다. 권력은 대체로 권력의 자리에 있는 이들이 바라는 대로 사람들의 행동을 지시하거나 어떤 상황이 발생하도록 영향을 끼치는 방식으로 사람이나 여건에 통제력을 행사하는 능력으로 간주된다. 결과를 통제하는 권력 그 자체의 가장 흔한 예는 군사력과 돈이다.

다른 한편, 권력은 관습과 제도, 법규, 헌법, 혹은 도덕에 의해 인정되고 용인될 때 정당한 권위가 된다. 그리하여 민주정체에서의 권위는, 피지배자의 동의에 의해 제정되며 일정 기간 이상 정당하다고 간주되는 규칙의 한계 내에서, 권력의 자리에 있는 이들에 의해 이루어지는 영향력과 명령의 행사이다. 컬럼비아 대학에서 오랫동안 정치철학 및 사회학 교수였던 매키버는 권위를 다음과 같이 정의하였다.

> 권위라 할 때 우리는, 어떤 사회질서 속에서든, 정책을 결정하고 관련 문제에 대한 판단을 공표하며 논쟁을 해결하는, 혹은 좀더 넓게 말해 다른 사람들의 지도자 내지 안내자로서 행동할 확립된 권리를 뜻한다. 권위에 대해 말할 때 우리는, 이러한 권리를 가진 사람 혹은 사람들의 단체를 의미한다. 강조점은 일차적으로 권력이 아니라 권리에 두어진다. 권력만으로는 아무런 정당성도, 명령권도, 직책도 갖지 못한다. 제 아무리 무자비한 폭군이라도 권위의 옷을 걸칠 수 없다면 아무 일도 하지 못한다.51)

아들러는 '올바른 권위'라는 멋진 표현으로 이 개념을 확실하게 만든다. 필자는 공직자가 결정을 내리고 정책을 결정하며 지시를 따르게 할 권리는 공직자의 사적 역량에서 도출되는 것이 아니라 사회가 부여한 권리에 의한 것이라는 사실을 강조하고자 한다. 따라서 민주적인 정치적 권위의 행사는 이상적으로는, 적법절차 하에서 개인의 자유와 기회균등을 최대한 보장하며 사회의 특권과 자원을 공정하게 분배하는 기능을 수행해야 할 뿐만 아니라, 근본적 정의와 공정성이라는 가치의 제약 하에 놓여야 한다. 이러한 제약을 지키지 못하면, 권위는 권위주의 혹은 전체주의로 타락하게 된다. 권위가 없으면, 자유는 방종이나 무정부상태로 변질되고 다원주의는 불안정해지며 개인들은 사생활 보호나 적법절차를 거의 보장받을 수 없다. 그리고, 이란-콘트라 사건 청문회에서 매우 빈번하게 되풀이되었던 것처럼, 공직자가 자신들의 행위를 설명하고 정당화하며 그에 대한 책임을 질 능력을 갖추지 못한다면, 권위에 대한 헌법적 제약이 약해지며 또한 전제정치가 슬며시 다가온다.

필자는 또한 타인에 대한 지도자 내지 안내자로서 행동할 사람들의 전반적 권리를 포함하여 권위를 넓게 규정하는 매키버의 정의를 강조하고자 한다. 시카고대학 역사학 교수인 크리거는 16, 17세기에 '복종을 명령하거나 확보하기 위해 의식적으로 형성된 혹은 정당한 권력'으로서의 권위개념이 등장하여 역사가들로 하여금 그 시기를 근대의 기원으로 규정하도록 하였으며, 국민국가의 시민자격이라는 근대적 개념에 영향을 주었다고 지적한다.

그러나 그는 또한 로마에서 유래된 또 다른 권위개념이 있었음을 지적한다. 그 개념은 물리적 권력 그 자체와 관련되기보다는 믿을 만하

51) Robert M. MacIver, *The Web of Government* (New York: Macmillan, 1947), p. 83; Mortimer J. Adler, *We Hold These Truths: Understanding the Ideas and the Ideals of the Constitution* (New York: Macmillan, 1987),

고 책임감 있는 사람 혹은 지식과 결부된 비강제적 권위와 관련되었으며, 그런 사람 혹은 지식의 신뢰성과 책임성은 그 사람이나 지식의 숙고된 판단과 신념 그리고 결정이 모범이나 본보기로 따를 만하다는 점을 보증하였다.[52] 라틴어의 아욱토르(*auctor*)는 믿을 만한 저술가, 책임감 있는 사람, 교사, 보증인, 생각과 판단이 믿을 만한 모범을 뜻하였다.

근래에는 후자의 권위개념, 즉 신뢰성으로서의 권위개념이 많이 침식되어 왔다. 학생들은 과거에 젊은이들의 행동을 안내하는 권리를 지닌다고 자부했던 학교와 정부관리, 부모, 교회, 기업 그리고 여타 제도들의 권위에 반발하고 있다. 청장년층이 사적 자유주의로 돌아선 이유의 하나로 '탈권위화'를 언급한 얀켈로비치 조사(*Yankelovich survey*)가 의미했던 바가 바로 이것이다. 교육자들의 권위가 감소한 것도 이 후자의 의미에 있어서이다. 교육자들은 학생교육뿐만 아니라 대중교육에서도 지도력을 발휘할 역량을 다소간 상실했다. 워터게이트 위기가 진행되던 와중에, 콕스(Archibald Cox)는 법조인들에게 탄핵과정에 관해 대중을 교육할 것을 촉구하였다.

> 나는 미국인들이 이 사건에 대한 최종결론이 정당하다고 생각할지 여부는 변호인단과 여타 공인들이 어떤 대통령에게도 공정하게 적용될 수 있는 일반적 행위표준을 공식화할 수 있는지 여부에 달려 있다고 확신하다. 또한 미국인들의 생각은 이 표준의 의미와 법적·도덕적 근거를 국민들에게 가르칠 수 있는지 여부에도 달려 있다고 확신한다. …[53]

---

52) Leonard Krieger, "The Idea of Authority in the West," *American Historical Review*, April 1977, pp. 249~270.

53) *The New York Times*, January 24, 1974.

이와 매우 비슷한 얘기로, 필자는 교육의 시민양성 임무에 요구되는 가치와 신념의 대중교육에서 교육자들이 지도적 역할을 수행해야 한다고 생각한다. 법조, 의료, 기업 분야와 마찬가지로 교육계의 편협하고 자기중심적 '전문성 중시' 관점에 대해 최근에 많은 비판이 가해졌다. 따라서, 교육이 신뢰성으로서의 권위를 재확립하기 위해서는, 교육자들은 가드너가 '독립부문'의 후원을 받은 '지도력 연구과정'에서 새롭게 개발한 지도력 과목들에 대해 좀 배우는 것이 좋겠다. 가드너는 자신의 개론서에서 지도력(*leadership*)이란 용어가 "… 개인(혹은 지도력을 지닌 소집단)이 집단으로 하여금 지도자가 생각하는 목적 혹은 모든 구성원이 공유하는 목적과 부합하는 행동을 취하도록 유도하는 설득과 본보기의 과정"54)을 가리키는 것으로 사용하고 있다.

그리하여 가드너는 지도력을 한편으로는 강제로부터, 다른 한편으로는 정당화된 권좌(權座)로서의 권위로부터 구별한다. 지도자는 보다 장기적 관점에서 생각하고, 당장의 지지자 너머를 내다보며, 정치적 기술뿐만 아니라 무형의 전망과 가치 그리고 동기에도 강조점을 두는 적극적 '아웃토르'이다.

사실 이는 감당하기 힘든 주문이긴 하지만, 정당한 권력이자 믿을 만한 지도력으로서의 권위개념은 최근 들어 진지한 학술연구의 대상이 되고 있다. 필자는 권위와 시민자격에 대한 여러 학자들의 연구와 함께 플래스먼의 분석을 익히 언급한 바 있다. 벤이 박사학위 논문으로 준비했던 1943년의 연구가 재간행되면서 많은 논의와 비판적 논평을 불러일으켰다.55) 권력과 권위에 대한 나이버그의 보다 최근 연구는 매우 유용한 또 하나의 본보기이다.56)

---

54) John W. Gardner, *The Nature of Leadership: Introductory Considerations* (Washington, D.C.: Independent Sector, 1986), p.6.

55) Kenneth D. Benne, *A Conception of Authority* (N.Y.: Teachers College, Columbia University, 1943; N.Y.: Russell and Russell, 1971).

심지어 지루 같은 급진적 논객조차 권위를 정의하는 논쟁에 가담하였다. 그에 의하면, 권위는 '변혁적 지식인들'이 억압받고 착취당하는 집단들과 제휴할 수 있게 해주는 도구이다. 즉 그들은 '기민함, 진실함, 예의바름, 복종' 등의 전통적인 도덕적 목표로 복귀하려는 보수적 교육자들이 부과한 그런 권위를 타파하는 일에서 접점을 찾을 수 있는 것이다.[57] 이런 자료들을 광범위하게 비판적으로 연구하는 것은 권위에 대한 통상적인 학문적 논의—근본적이고 필수적이긴 하지만 시민교육의 이론과 실제에는 적용되지 않는 경우가 너무나도 많은—에, 자극은 아닐지라도, 흥미를 더할 것이다.[58] 이런 유의 연구는 전문가와 대중으로 하여금 권위를 '효과적인 교실' 속에서의 규율이나 복종 이상의 것으로 생각할 수 있게 할 것이다.

56) David Nyberg, *Power Over Power* (Ithaca, N.Y.: Cornell University Press, 1981).

57) Henry A. Giroux, "Authority, Intellectuals, and Politics of Practical Learning," *Teachers College Record*, Fall 1986. 그 외에도 나이버그, 파버(Paul Farber), 벤, 맨(Dale Mann) 등의 논문을 참조하시오.

58) 유치원~12학년 교육과정용으로 탁월한 교수학습자료로 *Law in a Free Society, Authory* (Calabasas, Calif.: Center for Civic Education, 1977)을 참조하시오. 헌법적 쟁점에 대해서는 Levy 외 《미국헌법사전》 중 '긴박한 국가적 이해관심과 연방주의' 항목을 참조하시오.

6. 사생활 보호

필자는 사생활 보호가, 자유와 다양성 그리고 적법절차와 더불어, 민주적 정치공동체의 기본적 다원주의 가치 중 하나라고 생각한다는 점을 처음부터 밝혀두어야겠다. 필자는 사생활중심주의(*privatism*) 혹은 (교육을 포함한) 공공서비스의 과도한 사유화는 사생활 보호의 전도 내지 타락이라고 보며, 사생활 보호를 이들로부터 구분한다. 자유가 품위 있는 삶을 영위하며 자기계발과 자아실현을 모색할 권리를 포함하는 것과 마찬가지로, 사생활 보호는 타인의 간섭을 받지 않으며 자신과 자신의 행위에 대한 어떤 정보를 타인과 교류할지를 스스로 결정할 개인과 집단의 권리이다.[59]

이 권리에 대한 침해는 18세기에 아주 성가신 문제들 중 하나였으며, 그로 인해 군대의 사유지 숙영을 금지한 수정헌법 제3조 그리고 인민이 부당한 수색·체포·압수로부터 신체·가택·문서 및 재산의 안전을 보장받도록 하는 수정헌법 제4조가 탄생하게 되었다. 베트남전 및 대학가 소요, 워터게이트 사건, 엘스버그[60] 재판 등에서 CIA와

---

59) Levy 외《미국헌법사전》중 다음 항목들을 참조하시오. 낙태와 헌법, 수정헌법 제4조(역사적 기원), '그리스월드 대 코네티컷 사건'(Griswold v. Connecticut), '뉴저지 대 T. L. O. 사건'(New Jersey v. T. L. O.), 사생활 보호와 수정헌법 제1조, 사생활 보호의 권리, '로 대 웨이드 사건'(Roe v. Wade), 수색 및 체포·압수, 실질적 적법절차, 부당한 수색. 교수학습자료로는 *Law in a Free Society*, *Privacy*(Calabasas, Calif.: Center for Civic Education, 1977); American Bar Association, *Update on Law-Related Education*, Spring 1981, Spring 1982, Fall 1983을 참조하시오.

60) 역주: '베트남전 정책결정 과정사'라는 제목의 미국 국방부 비밀문서가 국방부 관련 연구소 연구원 엘스버그(Daniel Ellsberg)에 의해 뉴욕타임스에 누출되어, 1971년 6월 〈뉴욕타임스〉 및 〈워싱턴포스트〉가 이를 연재하기 시작하였

FBI가 미국시민들에게 행한 첩보활동이 폭로되었고, 그 외에도 많은 사건들로 인해 사생활 보호에 대한 새로운 관심이 고조되었다. 전자장비의 발달로 말미암아 정부기관뿐만 아니라 모든 종류의 기업활동—컴퓨터로 수백만 명의 소비자들에 대한 신용등급을 부여하는 것처럼—에서도 《1984년》의 상황이 조성될 수 있게 되었다. 1970년대는 '이중사고'(*Doublethink*), '새로운 말'(*Newspeak*), '낡은 소리'(*Oldspeak*) 그리고 어디에나 있는 감시 전광판(*telescreen*)을 대동한 '빅 브라더'(*Big Brother*)에 의한 사생활 침해 및 부당한 감시에 대한 조지 오웰의 독설이 한층 더 통렬하게 와 닿게 하였다.[61] 감시기술의 급속한 발달로 인해 사생활 보호 이념에 대한 학문적 연구가 싹을 틔우기에 이르렀다.[62]

다. 미국정부는 이들 신문사를 상대로 보도금지명령을 법원에 청구하였다. 이들 사건에 대해 뉴욕타임스 사건을 맡은 연방고등법원이 정부승소의 판결을 내리자 뉴욕타임스는 연방대법원에 상고하였다.

연방대법원은 원심인 연방고등법원 판결을 파기, 환송하였다(The New Times Co. v. U. S. 403U. S. 713, 1971). 판결문의 요지는 다음과 같다. "표현행위에 대한 어떠한 사전제한도 그 위헌성이 강하게 추정된다. … 따라서 정부는 사전제한의 정당화를 위한 무거운 입증부담을 진다. … 우리는 정부가 그러한 부담을 제대로 충족시키지 못했다고 본다. …".

이와 관련하여, 기밀문서를 신문사에 넘겨 준 엘스버그 연구원은 연방형법의 간첩죄 조항(안보에 관한 비밀문서의 불법소지) 위반으로 제소되었는데, 수사과정에서 정부의 불법적 사법개입사실이 드러남으로써 공소가 기각되었다(양건, 《헌법연구》, 법문사, 1995, pp. 193~194).

61) 역주: 'Doublethink', 'Newspeak', 'Oldspeak' 등은 조지 오웰(George Owell)이 《1984년》에서 사용한 조어이다. 'Doublethink'은 모순된 두 생각을 동시에 용인하는 능력을, 'Newspeak'는 〔정부관리들이 여론조작을 위하여〕 고의적으로 애매하게 말하여 사람을 기만하는 표현법을 가리킨다. 'Oldspeak'는 정당을 가리키는데, 오웰은 2050년이 되면 'Oldspeak'는 'Newspeak'에 의해 완전히 사라지게 된다고 한다.

62) 예를 들어, 다음을 참조하시오. Alan F. Westin, *Privacy and Freedom* (New York: Atheneum Press, 1970); Charles Fried, *An Anatomy of Values* (Cambridge, Mass.: Harvard University Press, 1970); J. Roland

각급학교에서 평점, 시험점수, 학생 및 학부모에 대한 비밀평가 등을 보여주는 기록공개는 교육에서의 사생활 보호에 대한 관심이 새롭게 형성되는 사례들이다. 나중에 드러났듯이, 사생활 보호에 대한 입법으로 가장 주목할 만한 논쟁적인 예는 1974년의 '가족교육권리 및 사생활 보호법'인데, 당시 공화당 소속의 뉴욕 주 상원의원이었던 버클리(James Buckley)가 발의하고 '전미교육시민위원회'(National Citizens' Committee on Education)가 법안통과를 위해 매우 적극적으로 힘을 썼다. 워터게이트 사건 폭로와 1960년대의 불안에 대한 대응으로, 의회는 '공공기관들을 공개'하여 이들 기관이 보다 책임 있도록 그리고 개인들의 사생활을 보호하도록 만들고자 하였다. 그 법은 18세 미만의 자녀를 둔 부모가 자녀가 다니는 학교의 기록들을 조사·열람하지 못하도록 하는 학교에 대해서는 국고지원을 하지 못하도록 하였다. 그런 기록들은 서면동의 없이는, 학교 당국자 그리고 재정지원과 관계되는 연방이나 주의 관리들 외에는, 타인에게 유출되어서는 안 되었다.

그 법의 1차적 의도는 학생들이 앞으로의 교육이나 경력에서 가질 수 있는 기회에 피해를 줄 수 있는 부주의한 혹은 부정확한 내용이 기록에 남게 되는 폐해를 막고자 하는 것이었다. 그리고 그런 기록들이 학생이나 부모가 알지 못한 상태에서 은행이나 신용조사기관, 경찰 등에 넘겨지지 않도록 하고자 했다. 하지만 미국교육협의회의 주도 하에 많은 대학들은 그 법에 모호한 부분이 많으며, 해당 학생들이 기록을 읽을 수 있다는 점을 교사·교수들이 안다면 비밀권고는 더 이상 쓸모가 없을 것이라고 거세게 항의하였다. 그 결과, 보건, 교육, 복지부에서 규제사항들을 다시 작성하는 오랜 과정이 요구되기에 이르렀다.

그러나 사생활의 권리는 정부나 외부의 감시로부터 사적으로 보호되어야 하는 개인정보의 문제에서 더 나아갔다. 이 권리는 법에 의한

Pennock and John W. Sherman, eds., *Privacy* (New York: Atherton Press, 1971).

범죄수사 및 처벌의 경계 너머에 있는 것으로 간주되었던 사사로운 관계에까지 확대되어 적용되었다. ('교육'과 마찬가지로) '사생활 보호'는 헌법이나 권리장전에 포함되지 않았던 용어이긴 하지만, 이 권리는 수색·체포·압수로부터의 인신보호를 규정한 수정헌법 제4조뿐만 아니라 자유에 대한 규정을 담고 있는 수정헌법 제1조와 제5조 및 제14조에 의거하여 법원 및 연방대법원에 의해 개진되었다. 공공의 눈에 비친 이들 쟁점 중 가장 논쟁적인 것은 성관계, 낙태(落胎) 그리고 동성애(同性愛)와 관련된 사항들이었다.

지난 수십 년 동안, 혼인과 성에 관한 전통적인 도덕적 가치들을 옹호하는 쪽으로 정부의 권위를 행사하고자 하는 주법률들을 연방대법원이 파기한 덕분에, 상호동의 하에 이루어지는 성인들간의 사사로운 관계에서 사생활의 권리가 보호되었다.[63] 이들 사례는 결혼할 것인지, 누구와 결혼할 것인지, 아이를 임신하거나 낳을 것인지 혹은 낙태할 것인지 등 남녀결합의 가족생활에 근본적인 선택들과 관련이 있다.

가족과 생명을 옹호하고 낙태에 반대하는 집단들의 격렬한 반대에도 불구하고 사생활 보호의 영역은 점점 확대되었다. 하지만 일각에서는, 1986년 6월에 연방대법원이 이성애적 사생활과 동성애적 사생활을 구분하고는 상호동의하는 성인들간의 사적인 동성애 행위를 불법으로 규정할 권리를 주가 갖는다고 판시하였을 때 이러한 확대추세를 멈추게 할 수도 있었다고 믿는다.[64] 보크 판사 대법관임명 인준청문회에서는, 연방대법원은 헌법이 사생활의 권리를 보호한다고 잘못 판결하였으며 그리하여 헌법기초자들의 원래 의도의 경계를 넘어섰다고 진술한 그의 견해를 놓고 매우 격렬한 대치국면이 조성되었다.[65]

---

63) Griswold v. Connecticut, 381 U. S. 479(1965); Roe v. Wade, 410 U. S. 113(1973).

64) Bowers v. Hardwicke, 106 S Ct 2841(1986).

65) 역주: 청문회 이후 보크 판사의 대법관임명 인준에 대한 상원 전체 표결은

초중등학생들의 사생활 권리에 관한 문제들은 그러한 헌법적 문제들과 별 관련이 없는 것으로 간주된 한편, 10대들의 임신과 약물남용의 증가로 인해 '가치 · 도덕교육'에 대한 요구는 증대되었다. 그리고 불가피하게도, 사생활 대 권위 그리고 도덕적 가치 대 수월성의 문제가 학교를 들끓게 하였다. 성적이 좋은 어떤 학생이 있었는데 그 학생이 임신을 했으며 그리하여 지적 영예를 수여받기에 도덕적으로 부적합하다는 근거에서 '전국우수학생회'(NHS) 입회가 거부되어야 하는지가 문제가 되었다. 이 문제에 대해 결정을 내려야 했던 사람은 비단 연방법원 판사 한 명만이 아니었다. 판결이야 판사의 몫이지만 많은 이들이 내심 이렇게 혹은 저렇게 판단을 내려야 했을 터이다. 1984년에 일리노이 주 스프링필드 소재 동부지구 연방지방법원의 액커먼(J. Waldo Ackerman) 판사는 그러한 입회거부 결정은 성에 근거한 차별을 금지하는 1972년 개정교육법 제 9조 및 수정헌법 제 14조의 평등보호조항이 보장하는 권리를 침해한 것이라고 판시하였다.[66]

학생들이 압수 · 수색으로부터 사생활을 보호받을 권리를 가지는가의 문제와 보다 관련이 있는 경우로는 1985년 1월의 '뉴저지 대 T. L. O. 사건'을 들 수 있다.[67] 피스캐터웨이 고등학교에서 여학생 화장실에서 담배를 피워 온 것으로 의심되는 한 여학생의 가방을 교감이 검사하다가 그 여학생이 마리화나를 흡입 · 판매한 것으로 보이는 증거를 발견한 것이 이 사건의 발단이었다. 압수 · 수색 · 체포로부터의 보호를 규정한 수정헌법 제 14조에 의거하여 그 여학생이 갖는 사생활 권리가 약물복용 및 판매를 금지하는 교칙과 법률을 유지할 학교당국자

58:42로 부결되었다. 그 후 보크 판사는 연방항소법원 판사직을 사임하고 예일대학 교수로 재직중이다.

66) Wort v. Vierling, U. S. District Court for the Central District of Illinois, September 1984; 778F 2nd 1233.

67) New Jersey v. T. L. O., 469 U. S. 325(1985).

의 권위에 우선하는가? 이에 대해 연방대법원은 6대 3의 판결로 사생활 권리의 손을 들어주면서도 중도입장을 지지하였다. 즉 법원은 학교당국자가 부모의 입장에서 행동한다는 점을 부인하였으며 그리하여 부모가 자녀를 규율・훈육하기 위해 갖는 권리를 학교가 똑같이 가지지는 않는다는 것이었다. 그러나 법원은 또한 학교당국자가 사물함과 가방 혹은 신체를 검사할 경우에는 규칙이나 법 위반의 증거를 확보할 것이라고 믿을 만한 '합당한 근거'가 있어야 한다고 판시하였다.

그리하여 학생들은 사생활에 대한 헌법적 권리를 어느 정도 가지지만 전적으로 그런 것은 아니다. 한편 교사들은, 부모가 아니므로, 학생들의 사생활에 대해 수정헌법 제4조의 사생활 보호조항을 적용할 책무를 지닌다. 따라서 교사들은 실제로는 '헌법 집행자'이며, 그리하여 필자는 교사들이 시민의 덕목을 가르치는 사람들이라고 하겠다. 학생과 교사에 직접 적용되는 사례들에서 출발하여, 바람직한 시민자격이라는 주제는 확실히 생생한 것이 될 수 있으며 나아가 초중고 및 대학 그리고 교사교육에서 진지한 연구로 이어질 수 있을 것이다.

교사들이 진정 시민의 덕목을 가르치고자 한다면, 사생활 권리의 의미가 갖는 역사에는 법을 준수하는 개인들의 책무뿐만 아니라 정부의 책무에 대한 이해도 포함된다는 점을 알 필요가 있다. 1928년에 연방대법원은 옴스테드(Roy Olmstead)라는 주류밀매 용의자에 대한 증거를 확보한다는 보장도 없이 행해진 도청(盜聽)에 대해 정부의 권리를 인정하였다. 이 판결은, 적어도 부분적으로는, 대화란 무형의 것이어서 수색・압수할 수 있는 물건이 아니라는 근거에서 내려졌다. 걸작으로 평가되는 반대의견을 작성한 브랜다이스 대법관은 의견서에서 정부를 가리켜 '유능한, 전지전능한 교사'라고 웅변적 표현을 구사하였는데, 그렇기 때문에 정부는 스스로 법을 준수함으로써 모든 시민에게 본보기가 되어야 한다고 하였다.

> 품위와 안전 그리고 자유는 시민들에게 요구되는 행위규칙에 정부관리들 또한 마찬가지로 똑같이 복종할 것을 요구한다. 법치주의 정부에서 정부가 법을 성실하게 준수하지 못한다면 정부의 존재는 위태롭게 될 것이다. 우리의 정부는 유능한, 전지전능한 교사이다. 좋든 나쁘든 간에 정부는 스스로가 본보기가 됨으로써 전체 국민을 가르친다. 범죄는 전염된다. 정부가 법규위반자가 된다면, 이는 법에 대한 경멸을 초래한다. 이는 또한 모든 사람으로 하여금 자기 자신에 대해 법이 되도록 만든다. 즉 무정부상태를 초래한다. 형법집행에 있어 목적이 수단을 정당화한다고 — 한 명의 범죄자에 대한 유죄판결을 확보하기 위해 정부가 범죄를 저지를 수도 있다고 — 공표하는 것은 무시무시한 보복을 초래할 것이다. 우리 법원은 그런 치명적인 주의주장에 단호하게 맞서야 한다.[68]

정부의 준법책무에 대한 이러한 견해는 마침내 1967년에 이르러 연방대법원에 의해 지지되었고, 그 후 워터게이트 사건에서 재천명되었다. 이런 입장이 이란에 무기를 판매한 것 그리고 그 대금의 일부를 니카라과 콘트라 반군 지원에 사용했는지에 대한 청문회 절차와 조사가 벌어지는 1987년에도 견지될지는 이 책을 쓰는 지금으로서는 두고 볼 일이다. 확실히 '대외관계'의 사유화라는 비난이 의회조사위원회 위원들을 계속해서 괴롭혔음은 분명하다. 그러나 적법절차라는 별도의 사안도 관련되었다는 점 또한 분명했다.

68) Olmstead v. Connecticut, 277 U. S. 438(1928), p. 438.

7. 적법절차

사생활 보호가 간섭받지 않을 시민의 권리에 초점을 맞추는 데 비해, 적법(適法)절차는 부당행위나 위법행위를 저질렀다고 소추된 사람들의 권리와 관련된다. 적법절차의 주요내용은 수정헌법 제5~8조에서 중점적으로 다루어지는데, 피고인의 무죄추정이라든지 민·형사 소송상의 개인권리 보호규정 등을 담고 있다.[69] 적법절차에 관한 《미국헌법사전》의 유용한 항목들 외에도, 특히 중등학교에서 활용될 수 있도록 고안된 형사·민사사법 관련자료들이 새롭게 많이 개발되었다.[70]

특히 교육자들의 흥미를 끌 만한 것을 얘기하자면, 구체적으로 교사, 학생, 학부모에 적용되는 적법절차 개념이 최근에 개발되었다. 다시 말해, 매우 우수하고도 유용한 자료들이 있다. 필자는 그 중에서도 적법절차에 관한 스타의 저작들[71] 그리고 쉼멜과 피셔의 저서에 대한

---

69) Levy 외 《미국헌법사전》 중 다음 항목들을 참조하시오. 아동의 권리, 일사부재리, 전문(傳聞)증거배제원칙, 공정한 재판, 수정헌법 제5조, 수정헌법 제14조, '골트(Gerald Gault) 사건(In Re Gault)', '고스 대 로페즈 사건'(Goss v. Lopez), 인신보호영장, 청소년 사건 소송절차, 충성보안계획(*loyalty security program*), 미란다 판결, 민사상의 절차적 적법절차, 형사상의 절차적 적법절차, 자기에게 불리한 진술을 거부할 권리, 배심원에 의한 재판.

70) *Law in a Free Society, Justice*(Calabasas, Calif. : Center for Civic Education, 1979) ; Constitutional rights Foundation, *Living Law: Civil Justice*(New York : Scholastic Books Services, 1978) ; Constitutional rights Foundation, *Living Law: Criminal Justice*(New York : Scholastic Books Services, 1978) ; National Street Law Institute, *Street Law: A Corse in Practical Law*(St. Paul, Minn. : West Publishing Co., 1975; 3rd ed., 1986) ; American Bar Association, *Update on Law-Related Education*, Spring 1987, Fall 1983.

선집과 주해서들을 염두에 두고 있다.[72] 학생과 교사의 적법절차 권리에 직접 초점을 맞춰 이들 자료를 공부하는 일은 그들에게 즉각 흥미를 유발할 것이며 그들로 하여금 보다 광범위한 성인 시민자격 영역으로 나아가도록 이끌 것이다.

예를 들어, 필자는 1960년대 후반과 1970년대 초 사이에 놀라운 속도로 퍼졌던 '아동의 권리' 운동에 학생들이 사로잡히게 될 것이라고 생각지 않을 수 없다. 뉴욕타임스가 1976년 10월에 24개 주를 대상으로 행한 조사에서 이들 주의 모든 도시에 아동의 권리를 위해 일하는 적극적인 법적 단체가 있다는 게 밝혀졌다. 그리고 매우 적극적인 아동옹호단체들이, 헌법에 의해 성인의 권리가 보호되는 것만큼 아동의 적법절차권리도 보호되도록 하려는 노력을 통해, 그 권리가 향후 10년간 연방법원 및 연방대법원의 주요 관심사가 되게 할 것이라고 예측되었다. 그 예측은 정확히 들어맞았다.

> 그들이 소망하는 바는 아동이 안전하고 안정적인 가정, 합당한 교육, 적법절차 및 학대와 무관심으로부터의 자유에 대한 권리를 갖는다는 점을 확립하는 것이다. 달리 말해, 그들은 성인과 교육기관들이 자신들을 지배하는 권력뿐만 아니라 젊은이들에 대해서도 책무를 지닌다는 점을 입증하기를 바란다.[73]

---

71) Isidore Starr, *Justice: Due Process of Law* (St. Paul, Minn.: West Publishing Co., 1981).

72) Louis Fisher and David Schimmel, *The Civil Rights of Teachers* (New York: Harper and Row, 1973); David Schimmel and Louis Fisher, *The Civil Rights of Students* (New York: Harper and Row, 1975); David Schimmel and Louis Fisher, *The Rights of Parents in the Education of Their Children* (Columbia, Md.: National Committee for Citizens in Education, 1977).

73) Barbara Campbell, "Children's Right Drive Is Centered in Courtroom," *The New York Times*, October 31, 1976. *Harvard Educational Review* 1973년 11월호와 1974년 2월호는 아동의 권리를 다룬 특집판으로 간행되었는데 여

1967년에 획기적 판결이 하나 내려졌다. 연방대법원은 소년법정에 소환된 아동들은 소추된 사실 및 이유의 고지, 변호사의 도움을 받을 권리, 증인신청 및 증인반대심문의 기회, 자신에게 불리한 진술을 거부할 특권의 고지 등과 관련하여 성인들이 갖는 절차상의 권리를 동일하게 부여받아야 한다고 판시하였다. 이 사건은 15세 소년이 애리조나 산업학교에서 그러한 보호절차 없이 처벌을 선고받은 일과 관련된 것이었다.[74] 그러나 1971년에 연방대법원은 청소년비행사건에는 배심원에 의한 재판이 요구되지 않는다고 판시하였다.[75]

그로부터 10년 동안 아동 옹호자들은 연구와 법정 모두에서 힘을 모았다. 가장 적극적인 연구단체 중 하나는 '워싱턴 연구기획'의 '아동옹호기금'이었으며, 법적 단체 중에서는 '미국시민자유연맹'이 두드러졌다. 주의회와 연방의회도 행동을 취하지 않을 수 없었는데, 그 중에서도 베이(Birch Bayh) 상원의원의 발의로 1974년에 통과된 '청소년 사법 및 비행(非行) 방지법' 그리고 1975년의 '장애아동교육법'이 주목할 만하다.

청소년 사법체계에서 아동의 사적 권리를 위한 적법절차를 더욱 보호하려는 움직임은 학교 밖의 청소년뿐만 아니라 학교 안의 학생들을 위한 것이기도 했다. 여기서 언급할 만한 주요사건으로는 오하이오 주 콜럼버스의 고등학생 9명이 관련된 '고스 대 로페즈 사건'을 들 수 있다. 그 학생들은 (1971년에 있었던 급진적 시위·소요사태 기간 동안) 오하이오 주법률에 의해 발언기회도 없이 10일간의 정학처분을 받았다. 학생들은 이 법이 적법절차 없이 자신들의 권리(학교에 다닐 권리)와 (발언기회를 부여하지 않은 채 자신들의 명성에 피해를 줌으로써) 자

기에는 아동의 권리에 대한 광범위한 분야의 우수한 논문들이 게재되었으며 먼데일(Walter F. Mondale) 상원의원의 서문이 첨부되어 있다.

74) In Re Gault, 387 U. S. 1(1967)

75) McKiever v. Pennsylvania, 403 U. S. 528(1971).

유를 박탈했기 때문에 수정헌법 제 14조 위반 즉 위헌이라고 심판을 청구하였다. 1975년 1월에 연방대법원은 5대 4로 이 법이 위헌이며 고등학생들이 정학처분을 받을 때 적법절차를 보장받아야 한다고 판시하였다. 그러한 적법절차에는 학생의 잘못된 행동에 대한 징계계획을 구두 혹은 서면으로 통고하고, 징계의 내용 및 증거를 설명하며, 정학처분을 받기 전에 학생들이 진술할 기회를 부여하는 절차가 포함되어야 한다는 것이었다.[76]

렌퀴스트 대법관을 포함해서 반대의견을 개진한 네 명의 대법관은 모두 닉슨 대통령에 의해 임명된 인물들이었는데, 이들은 정학처분으로 인한 명성의 피해는 매우 사소한 것이어서 헌법상 보호되는 자유의 박탈로 볼 수 없다고 주장하였다. 그들은 이 판결이 주의회와 교육당국 즉 학교의 권위가 갖는 고유 영역에 연방법원이 부당하게 개입한 경우라고 보았다.

그러나 한 달 후 아칸소 주 사건에 대한 판결에서 연방대법원의 다수의견은 여전히 확고하였다. 아칸소 주 관내의 한 학교에서 학교운영위원회와 교육당국자들이 적법절차를 따르지 않고 불공정하게 학생들을 훈육한 일이 있었는데, 그들은 학생들의 헌법적 권리에 대해 알지 못했다고 항변했다. 법원은 학생들이 입은 피해에 대해 학교당국이 책임을 질 수도 있다고 판시하였다.[77] 법원은 학교당국자는 학생들이 가지는 의문의 여지가 없는 기본적인 헌법적 권리들을 알아야 한다고 주장하였다. 앞에서와 똑같이 소수의견을 개진한 네 명의 대법관은 이것이 학교운영위원으로 일하는 일반인 그리고 공직자로서 좋은 의도로 한 행위에 대해서는 일반적으로 민사소송에 제소되지 않는 일반인들에게 지나치게 엄격한 기준이라고 주장하였다. 더글러스 대법관의 퇴임으로 대법원의 성격이 다소 바뀌면서 새로이 '버거가 이끄는 다수'가

76) Goss v. Lopez, 419 U. S. 565(1975).

77) Wood v. Strickland, 420 U. S. 308(1975).

구성되었다. 그리고 1977년 4월에 공립학교에서 아동에게 가해지는 심한 체벌조차 수정헌법 제8조가 얘기하는 '잔인하고 비일상적 처벌'이 아니라고 판시하였을 때, 대법원의 새로운 다수파는 아동의 권리에서 후퇴하기 시작하였다. 아니 그렇게 보였다.[78]

필자는 일차적으로 아동·학생의 적법절차 권리가 즉각 학생들의 관심을 끌 수 있는 내용이어서 이 절에서 그 권리를 강조하였다. 그렇지만 각주 64에 열거된 《미국헌법사전》의 해당 항목들에서 알 수 있듯이, 성인관련 적법절차에 관한 문헌도 방대함은 물론이다. 이제 공립학교 교사·직원들은 자신들뿐만 아니라 아동의 적법절차 권리에도 관심을 가져야 한다는 점에 유의하게 되었다. 그들은 학부모, 아동, 그리고 자신들이 봉직하는 주 사이에 권력과 책임이 각기 어떻게 배분되어 있는지에 대해 가능한 한 명료할 필요가 있다. 이제 성인들뿐만 아니라 아동도 헌법적 권리를 가진다는 점이 분명하다. 그리고 국가(혹은 주)는 부모-아동 관계에 지나치게 개입해서는 안 되며, 만일 부모가 아동을 방치하거나 학대할 경우에는, 아동의 복리를 위해 필요하다면, 설령 부모의 뜻에 반하더라도 아동을 보호할 책무까지 지닌다는 점이 분명하다. 아동은 성인들이 향유하는 모든 적법절차 권리를 가지지는 않지만, '고스 판결' 이전에 비해서는 더 많은 권리를 가진다.

78) Ingraham v. Wright, 430 U. S. 651(1977).

8. 재산권

민주시민의 12덕목에 재산권을 포함시킨 목적은 학생이나 교사가 법과대학원의 재산 내지 계약 관련과목을 이수해야 한다고 주장하기 위해서가 아니다. 그보다는 미국 정치체제 수립의 기본적 요소로서 재산과 소유의 개념을 인식하고 지난 2백 년 동안 발생했던 근본적 변화들에 대해 어느 정도 알기 위해서이다. 여기서 경제학이나 자유기업 혹은 경제체제비교 관련과목을 강조하려는 것이 아니다. 이런 분야에 맞춰 개발된 훌륭한 교수-학습자료들이 있으며, 현재 캘리포니아 주는 고등학교 졸업요건으로 요구되는 3년간의 역사/사회과학 교과의 일부로 경제학 과목 이수를 요구하고 있다.[79] 현재 27개 주에서 이런 저런 형태로 경제수업을 요구하고 있으며 15개 주에서는 별도의 과목 운영을 요구하고 있다.

필자는 오히려 민주사회에서 재산소유의 권리와 책임, 그리고 이것이 정의, 자유, 평등, 권위, 사생활보호, 적법절차의 문제와 관련하여 개인과 집단 그리고 국가의 소유권에 대해 갖는 관계에 강조점이 두어져야 한다고 생각한다. 〈자유사회의 법〉에서 개발한 교수·학습 자료들에서 볼 수 있듯이, '내 것', '네 것' 같은 초보적 개념들, 그리고 유형재산의 취득, 사용, 양도, 처분 등에 관한 규칙들은 어린 시절에 함양될 수 있다.[80] 타인의 재산을 훔치거나 손상시키거나 파괴하

79) 예를 들어 다음을 참조하시오. Elmer U. Clawson, *Our Economy: How It Works*(Menlo Park, Calif.: Addison-Wesley, 1984); *Model Curriculum Standards: Grades Nine through Twelve*(Sacramento, Calif.: California State Department of Education, 1985), pp. HS 51-59.

80) *Law in a Free Society, on Property*(Calabasas, Calif.: Center for Civic Education, 1974); American Bar Association, *Update on Law-Related*

지 못하도록 하는 규칙들 그리고 어떻게 분쟁이 해결되고 형평을 달성하며 누구의 권위에 의거해야 하는지에 관한 규칙들이 학교교육 초기에 큰 역할을 행한다. 유형재산에 대한 이해와 더불어 (발상이나 특전, 자격, 노동 같은) 무형재산에 대한 이해까지 이루어지면 재산에 관한 권리와 책임, 소유의 범위와 한계 그 밖에 건국 이래로 입법적·사법적 관심사가 되어 온 주요 내용들을 보다 깊이 고려할 수 있게 된다.[81] 헌법기초자들 대부분이 재산과 자유는 동반관계에 있다고 믿었음이 분명하다.

이 복잡하고도 논쟁적인 주제에 대해 필자는 다만 다양한 견해를 보여주는 최근의 몇몇 논문을 언급함으로써 넌지시 암시할 수 있을 따름이다. 노동관계위원회 의장을 지낸 머피는 '통상국가'에 관한 논문에서, 재산권은 자연적 권리이며 재산의 안전은 시민사회 일반 그리고 특히 새롭게 탄생한 미국헌법의 주요 목표라는 주장을 설파하기 위해 매디슨과 해밀턴이 흄(David Hume)과 스미스(Adam Smith) 그리고 로크(John Locke)에 의거했던 바를 상기시킨다.[82]

재산권은 자유와 밀접하게 결부되었다. 즉 정부는 자유를 보호하는 수단의 하나로 재산을 보호해야 했다. 하지만 정부는 또한 자유와 공공선(公共善)의 보호를 위해 통상과 재산권을 규제할 필요도 있었다. 머피는 나아가 산업혁명과 자본투자 그리고 독점의 도래가 어떻게 해

Education, Spring 187.

81) Levy 외 《미국헌법사전》 중 다음 항목들을 참조하시오. 공적 이익, 계약조항, 다트머스대학 대 우드워드 사건(Dartmouth College v. Woodward), 적법절차, 경제적 자유, 경제규제, 토지수용권(*Eminent Domain*), 계약자유, 자연권, 계약의 책무, 경찰력, 공적 목적, 실질적 적법절차, 주 경찰력, 재산수용. 재산문제는 Forrest McDonald, *Novus Ordo Seclorum: The Intellectual Origins of the Constitution*(Lawrence: University Press of Kansas, 1985)에서 광범위하게 다루고 있다.

82) Betty Southard Murphy, "The Commercial Republic and the Dignity of Work," *National Forum*, Fall 1984, pp. 49~52.

서 의회로 하여금 (실제로는 매디슨과 해밀턴의 원래 사상과 부합하는) 1890년의 셔먼 반독점법(Sherman Antitrust Act)에서부터 뉴딜 시대의 사회입법에 이르기까지 — 이런 경향은 연방대법원에 의해 최종적으로 인정되었다 — 규제조치를 취하게 하였는지 보여주고 있다.

존스홉킨스대학의 역사학자 그린은 식민지시대에 공직추구 혹은 '심하게 말하면 공적 지위의 적극적 점령'보다는 '행복추구'를 강조하는 사적 관심이 단연 압도적이었다는 점을 강조한다. 따라서 초기 미국의 정부는 대체로 개인들을 서로에게서 보호하는 수단으로 여겨졌다.

> 보다 중요한 것으로, 정부는 각자의 이익을 (지킬 뿐만 아니라) 추구할 권리 그리고 경제적 복리와 사회적 지위 향상을 위해 노력할 권리를 포함해서 토지와 물건, 신체에 대한 개인의 재산권을 보호하기 위한 기관이었다.[83]

그러나 그린은 미국혁명으로 인해 급격한 변화가 이루어졌다고 지적한다. 영국정부의 통상규제와 과세에 대한 격렬한 저항이 전쟁을 촉발시켰지만, 그럼에도 불구하고 새롭게 독립한 주들이 전통적인 사적 영역에 전례 없이 개입하는 결과를 가져왔다. 세금, 참전, 주 상호간의 통상에 대한 규제, 주와 외국의 통상에 대한 규제, 강력한 중앙정부의 부재(不在) 이 모든 것들은 재산과 화폐, 신용을 위협하는 것으로 보이는 입법에 의한 간섭과 개입으로 나아갔으며 개인과 소수집단의 자유는 입법을 행하는 다수의 의지에 좌우되게 되었다. 그리하여 주정부의 간섭으로부터 인신과 재산을 부분적으로나마 자유롭게 하기 위해 연방정부가 고안되었다.

이러한 논의의 뒤를 이어, 로프그렌은 연합규약체제 하에서 발생하

---

83) Jack P. Greene, "The Pursuit of Happiness: the Private Realm, Commerce, and the Constitution," *this Constitution*, Fall 1985, p. 40.

는 주들간의 통상문제들로 인해 헌법 제1조 8절에서 "외국과의, 주 상호간의 그리고 원주민 부족과의 통상을 규제할" 권한을 연방의회에 부여하게 된 과정을 강조하고 있다. 그의 논의는 다소 복잡해서 종종 명확하게 이해되지 않긴 하지만, 그는 다른 주를 여행하는 시민들이 인종차별 숙소와 식당에서 시민적 권리를 보호받을 수 있도록 하는 연방정부의 역할을 정당화하기 위해 1964년에 연방의회가 민권법(그리고 뒤이어 연방대법원에서 인용판결을 받았음)을 제정할 때 헌법의 통상조항을 활용하였다고 주장한다.[84)]

그리고 버몬트대학의 정치학자 홀랜드는 복지국가 하에서 (교육을 포함한) 사회적 혜택과 자격을 포함하여 재산이 점점 더 넓게 정의되는 새로운 의미로 논의를 옮겨간다. 그는 복지혜택은, 더 이상 자선이나 정부의 증여가 아니라, 적법절차 없이는 박탈되거나 보류될 수 없는 권리들을 포괄하는 새로운 종류의 재산이라고 주장한 라이히의 1964년 논문을 언급한다.[85)] 물론 이와 같이 재산권의 개념을 확대하는 것에 대해, 적법절차, 사생활보호, 평등, 시민적 자유, 혹은 정의에 근거하여 정당화될 수 있는지 여부를 놓고 숱한 논쟁이 행해지고 있다. 학생과 교사 모두 시민덕목도표의 여타 항목과 더불어 이러한 쟁점들을 공부할 이유가 그만큼 더 많아진 셈이다. 노예를 인간의 5분의 3으로 간주했던 헌법의 타협 그리고 노예가 인간이 아니라 다른 인간에 종속된 교환가능한 유형재산으로 간주되었던 그리하여 재산권을 궁극적으로 타락시켰던 '드레드 스콧 판결' 이래로 우리가 얼마나 많이

---

84) Charles A. Lofgren, "To Regulate Commerce: Federal Power under Constitution," *this Constitution*, Summer 1986, pp. 18~23. 다음의 논문도 참조하시오. Charles A. Reich, "The New Property," *Yale Law Journal*, April 1964, 특히 pp. 771~774, 778~786.

85) Kenneth H. Holland, "The Constitution and the Welfare State," *this Constitution*, Summer 1986, pp. 18~23; Charles A. Reich, "The New Property," *Yale Law Journal*, April 1964, pp. 771~774, 779~786.

전진했는지를 그만큼 더 판단해야 한다.

'프로젝트 87'의 공동의장인 번스와 모리스는 '재산권과 경제정책'을 13가지의 지속적인 헌법적 쟁점 중 하나로 포함시켰다. 그들은 '헌법과 경제'라는 제목 하에 다음과 같이 진술하고 있다.

> 모든 미국인들의 경제적 안정을 제공하고 복리를 증진시키기 위해 헌법이 보다 효과적으로 활용될 수 있는가? 헌법은 진공 속에서 만들어진 것이 아니라, 대체로 보아 연합규약이 무력하게 대처했던 심각한 억압에 대한 대응으로 만들어졌다. 그런 연유로 헌법은 통상과 과세에 대한 권한을 의회에 부여하였으며, 화폐·증권발행조항, 수출입조항, 계약상 채무 침해금지조항 등의 다양한 재정적 금지조항을 두고 있다. … 그리하여 처음부터 정부는 사기업 편에 서 있었다. 기업을 장려하면서도 그 폐해를 규율하기 위해 헌법이 동원되는 정도는 중앙정부의 책임자들 그리고 연방법원의 인적 구성에 따라 달랐다. 그러나 전반적 복지를 증진시킬 힘은 헌법에 있으며, 그 힘의 사용은 최종적으로 그 필요적절한 기능에 대해 특히 경제위기시에 대중이 어떻게 생각하는지에 달려 있다. 우리는 오늘날 헌법의 기능 수행에 만족하는가?[86]

이는 우리로 하여금 여론과 참여의 역할로 나아가게 한다.

---

86) James McGregor Burns and Richard B. Morris, "The Constitution: Thirteen Crucial Questions," *this Constitution*, September 1983, p. 8.

9. 참 여

독립선언문이 정당한 정부권력은 '피지배자의 동의'에서 도출된다고 선언하고, 헌법전문이 '우리, 인민'이 주권자임을 명백히 한 이래로 참여(參與)의 이념은 많이 수정되었다. 대중의 동의 그리고 인민주권의 원래 의미는 시민들이 법률제정에 직접 참여하며 헌법이라는 근본계약 체결에 진정으로 참여한다는 생각에 상당부분 의거하였다. 하지만 시민참여의 이념은 수천 명의 시민으로 이뤄진 그리스 폴리스 혹은 수백 명의 시민으로 이뤄진 뉴잉글랜드 마을회의 시대와는 달라져야 했다. 선출된 대표를 통한 참여를 의미하는 공화국과 대비되는 시민전체의 직접참여라는 민주주의의 의미를 둘러싼 논쟁은 제헌회의와 《연방주의자 논고》 때부터 현재에 이르기까지 계속되고 있다.

여기서 필자는 민주적 정치공동체의 핵심가치로서의 참여의 '이념'이, 시민참여운동 일반 그리고 그에 상응하는 학생들의 교내 공동체활동 프로그램 등의 참여경험의 '실제'와 병행하여, 학생과 교사들에 의해 연구되고 논쟁되고 토의되어야 한다고 주장한다. 1960년대 이후 선거운동과 투표, 로비 외에 보다 직접적이고 적극적인 '참여'가 점점 더 중요해졌다. 무엇보다도 연좌항의와 농성, 대규모 시위와 행진, 인종차별 반대를 위한 남부지방 버스여행, 시민불복종 등이 민권운동 참여의 결정적 부분이었다. 대학구내에서의 징집영장 소각과 시위 그리고 성조기 훼손 같은 사건들은 '참여민주주의'에 대한 관심을 불러일으켰으며, 이는 1960~70년대 신좌파(新左派) 운동의 구호가 되었다. 사려 깊은 정치학자들이 개진한 참여운동과 더불어 이러한 형태의 보다 직접적인 참여운동의 정당화와 비용 그리고 편익은 대학에서 주의 깊게 연구·분석할 주제가 되어야 한다.

그렇지만 또 다른 형태의 참여가 있는데, 그 옹호자들은 문제가 매우 복잡해서 시민대중의 직접결정을 규칙으로 삼을 수 없는 현대기술사회의 여건에서는 이러한 참여가 보다 적절하다고 주장한다. 달리 말해, 선출직 공직자들과 더불어 대중에 책임을 지는 전문가들의 지식을 더 잘 고려하기 위해서는 대의제 참여모형이 부활되어야 한다는 것이다. 1970년대 중반, 하버드의 교육 및 사회정책 정치학자인 베일리는 직접참여 개혁을 비판하면서 대의제 모형의 좋은 예를 제시하였다. 그는 워터게이트 관련 논의의 과잉뿐만 아니라 대학가의 운동과잉에 대해서도 논하였다.

> 정치과정에 시민이 광범위하게 참여하는 것은 자유사회의 성공에 근본적이다. 투표, 정당과 이익집단의 활동, 배심원으로서의 의무 같은 공적 기능의 수행, 공공위원회 참여, 준법과 납세의무의 성실한 수행 등이 이러한 참여에 포함될 수 있다. 이러한 참여에서 나아가, 시민들은 공공사안에 분별력을 가지며 자신의 견해를 동료시민들 및 선출직 대표들과 공유함으로써 정체(*polity*)에 기여한다. 정치적으로 읽고 쓸 수 있는 사회를 유지하는 데는 독립된 언론, 텔레비전과 라디오, 잡지, 도서가 제공하는 풍성하고도 잡다한 정보가 필수적이다.
>
> 하지만 시민들이 실제로 지닌 힘의 많은 부분은 드러나지 않는다. 시민들은, 여느 때에는 수동적으로 지내다가, 공적인 삶의 정향이나 타락에 의해 자극받을 경우에는 투표에서 정치인들에게 보복을 가한다. 정치인들에 대한 이런 위협이 영속적이라는 데 바로 시민들의 힘이 존재한다. …
>
> 개혁의 사회학이 얘기하는 이해가능한 이유들로 인해, 작금의 분위기는 방금 언급한 활동과 잠재력을 넘어 시민의 직접참여가 확대되고 증대되는 것이 가능하며 바람직하다는 데 대한 공상적인 절반의 진실(*half-truth*)로 가득 차 있다. 권력남용으로 인해 최근에 국가가 엉망이 되었기 때문에, 일부 고상한 개혁가들과 관심 있는 교육자들은 허울 좋고 심지어 위험하기까지 한 외견상 그럴듯한 민주적

> 탄원을 개진('일신'이 더 좋은 표현이겠다) 해 왔다. 다음의 두 가지 주장이 두드러져 보인다. 첫째, 시민들은 가능한 곳이면 어디서든 모든 정치적 의사결정에 직접 참여해야 한다. 둘째, 직접 참여할 수 없는 곳에서는 대표자들의 결정과정이 상세하고도 지속적인 공공감시에 개방되어야 한다. …
>
> 근본적 가치를 현명하게 선택할 수 있는 미국시민들의 궁극적 역량으로 인해, 그들을 피상적인 기술적 선택으로 유도하려는 시도는 경솔한 행동이다. 대표자인 입법가들과 공직자들은 교육받은 관료의 지원을 받으며, 무수히 많은 이익집단과 전문가들에서 분별력을 제공받는다. 또한 그들은 독립된 사법부와 자유언론의 견제를 받으며, 주기적으로 치러지는 선거와 수시로 전달받는 서신 그리고 이따금씩 있는 대면접촉을 통해 보다 규모가 큰 대중에게 책임을 진다. 이 모든 것들은 미국과 같이 경제적·기술적으로 복잡한 자유사회의 현대적 공공업무를 수행하기 위한 합당한 장치일 뿐만 아니라 '유일하게' 합당한 장치이다. …
>
> … 책임 있는 다수가 형성되어 통치권력을 부여받을 수 없다면 민주주의는 무의미하다. 그렇기 때문에 미국정당 — 다원성과 다수의 위대한 조직자 — 의 건전함이 매우 중요하다. 그래서 정당에 대한 미국대중의 반감은 매우 위험하다. 미국인들이 일반적으로 정당체계의 의미와 작동에 대해 무지한 것은 민주주의 정신 전체의 생명력을 위협할 정도로 매우 심각한 결함이다.[87]

같은 글에서 베일리는 계속해서 시민교육에서의 정치적 기능계발을 매우 강조하고 있다. 여기서 그의 주장은 다른 많은 이들 가운데서도 필라델피아 시의원인 슈워츠 그리고 위스콘신대학(매디슨) 교육학 교

87) Stephen K. Bailey, *The Purpose of Education* (Bloomington, Ind.: Phi Delta Kappa, 1976), pp. 84~94. 인용부분은 '정체의 포위'라는 제목의 제 6장에서 발췌한 것인데, 전국시민교육위원회(National Task Force on Citizenship Education)가 발간한 *Education for Responsible Citizenship* (New York: McGraw-Hill, 1977), pp. 32~40에 재수록되어 있다.

수인 뉴먼이 제안한 시민행동강령과 유사하다. 그러나 뉴먼은 베일리의 대의제 접근에 대해 탐탁지 않게 여긴다. 필자는 뉴먼이 베일리의 접근법을 참여의 '다원주의 엘리트 모형'이라고 표현했던 것으로 기억한다.[88] 뉴먼은 그 대신 자신이 '참여이상주의' 모형이라고 부르는 것을 주장하는데, 이 모형에서는 시민들 특히 지역 내지 '미시적' 수준의 시민들이 공동선에 대해 같은 생각을 가진 타인들과 함께 직접 참여한다. 이런 방식으로 공동체의식이 형성되는데, 이는 전국적 혹은 국제적 쟁점을 다루는 대규모의 '거시적' 수준에서는 가능하지 않다. 뉴먼은 기업과 정부의 관료제라는 골리앗과 개인 사이에 위치하는 (가족, 이웃, 교회, 자원봉사단체 등의) '매개기관'의 부활을 주장한다.

필자는 이 두 가지 견해 모두에 마음이 끌리며, 지역수준에서 매개구조의 핵심이 되는 학교에 보다 많은 관심을 기울이는 것을 포함하여 매개구조의 역할을 강조함으로써, 그리고 주·국가수준의 선출직 공직자들의 대표로서의 책임성(*accountability*)을 강화함으로써, 두 가지 견해 모두를 고려할 수 있는 옹호가능한 참여개념이 마련되기를 바란다. 고백하건대, 캘리포니아에 살게 된 후 1978년의 주민발의(*Proposition*) 13호와 그 이후에 투표로 정해진 수많은 주민발안을 지켜보면서, 필자는 정당체제 그리고 개방적 입법숙의(立法熟議) 과정의 책임성을 강화하는 것에 관해 베일리에 동의하는 경향을 띠게 되었다. '직접참여'는,

---

88) 다음을 참조하시오. Edward Schwartz, *The Institute Papers: Towards a Recovery of Civic Idealism* (Philadelphia: Institute for the Study of Civic Values, 1975); Robert N. Bellah et al., *Habits of the Heart* (Berkely: University of California Press, 1985), 특히 pp. 214~218; Fred Newmann, "Visions of Participation to Guide Community Learning," 1978년 11월 9일 앨버타대학 중등교육학과 후원 밴프(Banff) 학술회의 '공동체와 학교 교육과정'의 발표논문. '매개구조'(*mediating structures*)에 대한 논의로는 다음을 참조하시오. Peter Berger, *To Empower People: The Role of Medicating Structures and Public Policy* (Washington, D.C.: American Enterprise Institute for Public Policy Research, 1971).

균형 잃은 로비활동이 입법자들에 대한 사적 압력을 통해 목적을 달성할 수 있는 것만큼이나, 특수이해관계와 이기적 목적 그리고 과도한 지출에 의해 조작될 수 있다. 입법부나 특별대표회의 혹은 법원에서의 숙의과정을 우회함으로써 헌법을 개정하고자 하는 주민발안은, 입법부의 다수나 관료집단에만 의존하는 것만큼이나, 공공선에 대해 파괴적일 수 있다.

그러나 필자는 또한 시민의 직접참여 및 그 효과를 증대시키고자 하는 운동이 부활하는 것에 고무되기도 하였다. 이런 경향에 대한 학술적 뒷받침이 점차 증대되어 1960년대~70년대 초 공상적 개혁가들의 '낭만적 반진실'에 대한 베일리의 공공연한 경멸을 대체하기 시작하였다. 보다 최근의 개혁가 중 가장 설득력 있는 인물의 하나로 럿거스대학의 정치학자 바버를 들 수 있는데, 그가 저술한 《강한 민주주의》는 광범위한 관심의 대상이 되었다.[89] 그는 대의민주주의는 거의 민주주의가 아니며 진정한 자치정부를 이루는 강력한 형태의 참여민주주의는 헌법과 양립가능할 뿐만 아니라 현대기술사회의 조건이기도 하다고 주장한다. 그가 제안한 개혁 내용을 열거하면 다음과 같다.

1. 지역적 논의와 숙의, 빈번한 회합을 독려하되 초기에는 '담화의 장'에 국한하는 전국적 주민회의 체계 구성.
2. 기술을 활용하여 원거리 통신망을 통한 지역적·전국적 문제 토론을 독려하는 전국적 시민의사소통 협력체계 구축.
3. 뉴스와 포럼, 자료를 방송하는 유선방송에 모든 시민들이 자유롭고 평등하게 접근할 수 있도록 하고 우편서비스가 신문·잡지·도서를 보급할 수 있도록 하는 '시민영상자료 서비스 및 시민교육 우편법' 제정.

89) Benjamin R. Barber, *Strong Democracy: Participatory Politics for a New Age* (Berkeley: University of California Press, 1984).

4. 경미한 민사분쟁 및 경범죄 관할심(管轄審)에 보다 많은 시민들이 대리판사로 참여하도록 하는 선별적 실험 시행.
5. 투표와 토론에서 한발 더 나아가, 낙태처럼 선동적이고 핵동결처럼 복잡한 국가적 쟁점에 대해 (단순히 '예/아니오'가 아니라) 여러 선택지를 놓고 선택하며 심사숙고하여 결정을 내릴 권한을 행사하는 국민발안 및 국민투표 시행.
6. 일단 최종투표보다는 예비투표에 국한하여 선별적 전자투표 실험 시행.
7. 그리스 도시국가들에서 부와 권력에 유리하게 작용하는 엘리트주의 모형에 대한 경계와 견제 속에 광범위하게 사용되었던 공직추첨을 한정된 수의 공직에 선별적으로 활용하기.
8. 선택의 자유지상주의적 사유화의 위험이 있긴 하지만, 증서제도(*voucher system*)를 통해 취학과 주거의 선택권을 증대시키는 선별적 실험. (필자는 보이지 않는 손에 인도되는 시장체제에 의거하는 위험을 지적한 바버의 경고가 증서제도에서 시장을 활용하자는 그의 제안보다 더 설득력 있다고 생각했다.)
9. 18~26세의 모든 시민이 1~2년 동안 시민으로서의 봉사활동을 하도록 하는 것으로, 군사외적 훈련과 봉사뿐만 아니라 군복무나 군사훈련을 선택할 수도 있다. 이 제안에서 특히 흥미로운 부분은 도시·농촌 및 (평화봉사단 같은) 국제단체 활동을 위한 준비단계로 역사와 기초사회과학 그리고 입법기능 분야의 시민교육을 포함한 3개월의 훈련기간을 두고 있는 점이다. 바버는 시민으로서의 봉사가 강한 민주주의에 있어 가장 중요하다고 보고 있다.
10. 협력(協力) 운동에 따라 직장과 공동체에서 행해질 공통 행동계획의 확립.

바버는 〈월간 애틀랜틱〉에 게재된 논문에서 다음과 같이 결론짓고 있다(위의 10가지 항목은 이 논문에서 발췌한 것임).

> 요약하자면, 여기서 제시된 개혁의 효과는 이들 사항이 일제히 이행될 때 서로를 강화하고 균형을 이룰 수 있는 역량에 달려 있다. 이들 사항이 점진적으로 채택되면 대의제도에 동화되어 시민들을 소외시키고 사유화하며 시민들의 권리를 박탈하는 데 이용될 것이다. 이들 사항은 심지어 자유민주주의의 보호장치를 허물게 될 수도 있다. 그러나 이들이 다함께 이행된다면, 이들 강한 민주주의 제도들은 사생활중심주의와 엘리트 조작에 저항하는 것과 마찬가지로 집산주의의 전체주의적 유혹과 다수의 압제에 저항할 것이다. 이들은 참여를 강화하면서도 서로를 견제할 것이며, 시민의 자질을 함양하는 데 봉사하면서도 전통적인 헌법적 장치들의 힘을 반영할 것이다. 이러한 생각은 우리의 민주주의를 없애려는 것이 아니라 그것이 작동하게끔 만들려는 것이다.[90)]

공공참여에 힘입어 민주주의를 작동하게 만드는 중요한 증거로는 케터링재단 매튜(David Mathews) 의장의 독려와 지도 하에 국내정책협회(DPA)의 후원을 받는 국가쟁점포럼(National Issues Forums)을 들 수 있다. DPA의 수백 개 조직의 연결망에는 대학을 비롯한 각급학교, 도서관, 박물관, 역사관련 단체, 교회, 유대교회, 신학연구소, 지역방송국, 시민·전문가단체, 학생단체 및 노인회 등이 포함되어 있다. 포럼은 분권적이고 자율적이지만, 그들 모두는 해마다 공공의 제재단(Public Agenda Foundation)이 독서·토론 기초자료로 제공하는 쟁점책자에 근거하여 매년 세 가지의 동일한 쟁점에 대해 토론한다. 그런 연후에 포럼관계자들은 자신들의 토론결과에 국가정책결정자가 관심을 갖도록 하기 위해 주관 도서관 중 한 곳과 워싱턴에서 회합을 갖는다. 그러나 학교가 등한시되는 것은 아니다. 특히 공공정책

---

90) Benjamin R. Barber, "Voting is Not Enough," *Atlantic Monthly*, June 1984, p. 52. Levy 외, 《미국헌법사전》의 시민권, 인민주권, 투표권 항목들과 비교해 보시오.

관련 쟁점들에 대한 논의를 사회과 수업에 활용하기 위해 NCSS와 함께 협력프로그램을 운영하는 것은 주목할 만하다.

장기적으로 포럼의 매우 중요한 측면 중 하나는 포럼의 초창기인 1982~1983년 이래로 언론자유, 무역불균형, 미소관계, 보건의료, 일자리와 실업, 사회보장, 교육, 재정적자, 환경보호, 핵무기, 농업위기, 범죄, 이민 등 현재의 중요한 문제들에 대해 논의할 뿐만 아니라, 매튜의 얘기로는, 그들은 또한 다음과 같은 일도 시도하고 있다는 점이다.

> (그들은) … 사람들로 하여금 민주주의 원리에 대해 새롭게 이해하게 함으로써 보다 효과적인 시민자격을 지니게 하고자 한다. 실제로 그러한 목적은 쟁점들에 대해 아는 것보다 더욱 근본적이다. 우리의 민주주의가 기초하고 있는 가르침에 대한 이해 없이는 주요 정치쟁점들을 이해하기 어렵다고 생각할 만한 이유가 있는 것이다.[91]

그러한 목적을 위해 매튜와 그의 DPA 및 케터링재단 동료들은 민주주의의 원리와 실제에 대한 매우 유용한 책자를 발간했는데, 이 책자는 포럼지도자들뿐만 아니라 교사들까지 대상으로 한 연수에서 활용되고 있다. 이 책은 공공참여, 공적 지식, 공적 판단, 공공의 힘, 공적 지도력에 대한 매튜의 견해를 나타내고 있을 뿐만 아니라 한나 아렌트, 벤저민 바버, 로널드 베이너, 버나드 머칠랜드, 파커 파머, 케네스 프리윗, 마이클 샌델, 마이클 왈쩌 등 시민자격에 대한 최근의 학문적 내용 외에도 페리클레스, 홉스, 로크, 제퍼슨, 밀, 루소, 토크빌과 같은 역사적 인물들의 사상에서도 광범위하게 인용한 중요한 내용들을 싣고 있다. 그 중에서도 매튜 자신이 시민적 지성에 대해 집필

91) David Mathews, *Democracy: Principles and Practices* (Dayton, Ohio: Domestic Policy Association, June 1987).

한 부분의 참고문헌목록에 인용된 부분이 특히 중요하다.[92] 그리고 '공적 담화'에 대한 어휘사전을 보면 신뢰할 만하고 타당한 지식에 접할 수 있으며 식별할 수 있는 능력이 필수적이다.

92) 위의 책, pp. 38~139. 그리고 다음 글도 참조하시오. David Mathews, "The Independent Sector and the Political Responsibilities of the Public"(New York: Spring Research Forum of Independent Sector, March 19, 1987).

10. 진 실

민주시민의 덕목을 논의하면서 필자는 종종 '의미 있는' 진실(眞實)에 대해 얘기한다. 진실은 진실이다. 그렇지 않은가? 이렇게 말하는 이유는 브라이슨이 이 표현을 구사하는 방식에 필자가 오랫동안 감명을 받았기 때문이다. 필자의 컬럼비아대학 동료인 그는 성인교육관련 포럼과 라디오 대담, 나중에는 TV대담에서 매우 영향력 있는 지도층 인사가 되었다. 퇴임 후 브라이슨은 르네상스인만이 시도함직한 책을 하나 엮었다. 그는 쟁쟁한 자연과학자, 사회과학자, 철학자, 예술가, 작가들을 끌어들여 《현대세계 인간지식의 개요》를 만들어 냈다. 서론에서 브라이슨은 시민교육과 지속적인 관련이 있는 다음 구절을 써 넣었다.

> 현대인은 지식이 구원이라는 것을 안다. 그는 자신이 생존하고자 한다면 의미 있는 진실(*significant truth*)과 그럴듯한 거짓(*plausible falsehood*) 내지 기만적인 절반의 진실(*beguiling half-truth*)을 구별하는 법을 배워야 한다는 것을 깨닫는다.[93]

이 책의 앞부분에서, 필자는 수정헌법 제1조와 종교 그리고 교육의 역사를 다루면서 '그럴듯한 거짓'과 '기만적인 절반의 진실'의 예를 몇 가지 들고자 하였다. 그리고 우리는 이란-콘트라 청문회에서 '그럴듯한 부인권'(역주: *deniability*, 대통령 등 정부고관은 불법활동과의 관계를 부인할 수 있다고 인정되는 것)에 대해 많이 들었다. 그러나 여기서의

---

93) Lyman Bryson, ed., *An Outline of Man's Knowledge of the Modern World* (New York: McGraw-Hill, 1960), p. 3.

논점은 진실을 말하는 것이 지니는 공적 측면 그리고 그것이 자유사회의 안전을 위해 갖는 중요성에 필자가 특히 관심을 갖고 있다는 것이다. 브라이슨의 얘기는 계속 반복할 만하다.

> 알렉산드로스 포프의 얘기처럼 "조금 아는 것은 위험한 일"임이 여전히 사실일 수도 있지만, 우리는 또한 무지한 사람들은 지식을 지닌 사람들에게 항상 예속된다는 점을 기억해야 한다. 자유인은 자신들이 획득할 수 있는 최상의 지식으로 스스로의 길을 선택할 책임이 있다.[94]

그리스 민주주의의 쇠락 이래로 대중의 무지가 지니는 위험은 다음과 같이 분명하게 노정되어 왔다.

> 교육받은 계층은 더욱더 유식해지고 또한 인민으로부터 더욱더 유리되어 갔다. 그리고 인민은 미신과 두려움 그리고 절반의 지식(*half-knowledge*)의 제물로 전락하였다. 항상 그렇듯이, 그런 약점을 이용하고자 철저히 준비된 영악하고 그럴듯한 선동이 난무했으며, 그리스 도시국가들은 파멸의 길로 들어섰다. 어떤 나라에서건 그런 상황에서는 항상 세 가지 요소가 존재한다. 다소나마 식견을 갖춘 일반대중, 다소 거리를 두고 있는 교육받은 집단, 인민으로 하여금 '지식인'에 대해 격분케 할 방도를 모색하면서 권력을 접수하는 정치인들이 그들이다. 이런 일은 어디서나 일어날 수 있다. 그리고 언제든 일어날 수 있다.
>
> 지식은, 그것을 현명하게 사용할 권리와 의지를 지닌 사람들이 자유롭게 확보할 수 있을 때, 이 세계가 제공하는 유일한 실제 안전판이다. 정신의 자유는 여타의 모든 자유의 토대이며, 이것을 잃으면 여타의 자유는 이내 보유할 가치가 없게 될 것이다.[95]

---

94) 위의 책, p. 14.

우리가 지식접근의 자유를 민주사회의 기초로 받아들인다면, 공적 지식의 신뢰성과 타당성이 매우 중요하게 된다. 진실탐색은 민주주의의 주요 목표 중 하나가 된다. 마이클존은 이렇게 말한다.

> 사람들이 자치(自治)를 하기로, 즉 자신들의 행동을 통제하기로 결정할 경우, 진실탐색은 단순히 같은 조건에서 서로에 대해 '균형을 이룰' 수 있는 수많은 이해관심 중의 하나가 아니다. 그런 경우 알고자 하고 이해하고자 하는 시도는 여타의 모든 활동들을 복속시키는 유일무이한 지위와 권위를 지닌다. … 법정의 재판관은 피고에 대해 균형을 지킨다고 할 수 있다. 정치적 자치는, 공동체의 공통된 판단과 확보가능한 지성이 모든 이해관심에 대해 통제력을 가지는 한에 있어서만, 즉 이해관심들에 대한 권위가 인정되고 유효한 한에 있어서만, 존재할 수 있다.[96]

이러한 '진실탐색'과 진실존중은 어린아이와 부모 그리고 교사가 '악의 없는 사소한 거짓말'과 '악의 없는 새하얀 거짓말'을 구분하고자 할 때부터 시작되어야 한다. 새하얀 거짓말은, 타인에게 거의 해를 끼치지 않긴 하지만, 돌이킬 수 없는 해를 타인에게 끼칠 수 있는 '커다란 거짓말'이 될 수도 있다. 이제 우리는 무지와 부분적 지식 혹은 실수에서 비롯되는 거짓과 고의로 행해지는 거짓, 즉 자신의 행위를 은폐하고 타인의 행위나 신념을 통제하거나 혹은 타인에게 실제로 해를 끼치려는 의도를 가지고 행해지는 거짓을 구분하게 된다. 위증과 비방을 금하는 법규들은 진실이 거짓보다 나으며 고의적인 거짓은 공공선과 공공복리를 위해 처벌 가능하다는 도덕적 관념을 정체 내지 국가조직에 편입시킨다.

---

95) 위의 책, p. 26.

96) Alexander Meiklejohn, *Political Freedom*, pp. 59~60.

지난 50년간의 박학한 철학자들 중 발군이라 할 아들러가 말하는 것처럼, 진실 말하기 공부와 실행은 "진실, 모든 진실, 그리고 오직 진실만을 말하는" 법적 단계나 철학적·과학적 단계에서뿐만 아니라 모든 단계의 시민교육에서 요청되어야 한다.

> 발언자가 타인에게 말하는 바와 그 발언자가 생각하거나 스스로에게 말하는 바가 일치 혹은 상응할 때 발언의 진실성이 존재하는 것과 꼭 마찬가지로, 누군가가 생각하거나 믿는 혹은 말하는 바가 우리의 마음이나 생각과 독립되어 있는 실체에 있어 존재 혹은 부재하는 바와 일치 혹은 상응할 때 사고의 진실성이 존재하는 것이다.[97]

어디서 어떻게 그리고 왜 진실이 말해져야 하는가 혹은 말해지지 않아야 하는가 하는 복잡하고 혼란스런 이 영역에서, 필자는 다만 주의 깊게 연구할 만한 두 가지 사항에 대해 간단하게 언급할 수 있을 뿐이다. 하나는 시민들이 서로에 대한 진실을 찾거나 말할 때에 가지는 권리 및 책임과 관련이 있다. 하지만 훨씬 더 중요한 것은 진실을 시민들에게 밝히거나 혹은 숨기는 상황에서 정부가 갖는 역할이다.

첫 번째 사항과 관련하여, 필자는 초심자들에게 ABA 산하 '일반인의 법 이해 증진을 위한 위원회'(commission on Public Understanding About Law) 소속 전문위원인 펙과 메인먼이 지은 《진실 말하기와 쓰기》라는 제목의 책을 권하고자 한다. 이 책은 명예훼손, 음란, 포르노, 학교도서관 서가 검열, 집회의 자유와 집단비방, 국가안전보장과 언론의 자유, 그리고 신문기자의 취재원 비밀보호와 관련된 법적 문제 등의 주제들에 대한 공부를 장려하기 위해 고안된 것이었다. 이런 내용의 공부를 위해 이 책은 모의(模擬) 입법청문회, 마을회의, 모의재

---

97) Mortimer Adler, *Six Great Ideas: Truth, Goodness, Beauty, Liberty, Equality, Justice* (New York: Macmillan, 1981), p. 34.

판, 공식토론 등의 다양한 서식을 제시하고 있다. 각 주제에 영향을 준 가장 최근의 헌법해석을 기술한 비망록이 특히 유용하다.[98)]

두 번째 사항에는 기본적인 법적·헌법적 원칙들뿐만 아니라 정부에 의한 지식·진실통제와 관련된 중대한 정치적 가치들이 수반된다. 특히 제 2차 세계대전 이후로, 공산주의든 파시스트든, 전체주의 국가들 그리고 다양한 유형의 군사독재정권들이 지배자들의 목적에 부합하도록 정보흐름을 통제하고 사실왜곡과 거짓을 일삼아 온 방식들을 기록한 방대한 분량의 문건이 축적되어 왔다. 고의적으로 대중을 속이는 것이 폐쇄사회의 핵심이다. 모든 정변에는 신문폐간과 라디오·TV방송국 접수가 곧장 뒤따른다. 우리는 좌파든 우파든 독재정권들이 진실을 압살할 것이라고 예측할 수 있게 되었다.

훨씬 더 골치 아프고 걱정스러운 일은 자유민주사회의 정부들에 의해 행해지는 진실보도 결여와 '그럴듯한 부인권'에 대한 관심이 증대되고 있다는 것이다. 미국의 경우 주요 사례들로는 존슨 시절 정부에서 유출된 베트남전 관련 내용에 대한 기만, 닉슨 시절 워터게이트 사건 은폐 시도, 여전히 미해결 상태에 있는 1986년 리비아에 대한 '역정보' 시도, 레이건 행정부 시절인 1986년과 1987년에 니카라과-이란에 대한 진실을 누가 발설했고 누가 발설하지 않았는지에 대한 조사착수 등을 들 수 있다. 대통령과 고위공직자의 진실성에 대한 신뢰가 하락하면, 자유사회의 근간이 위험에 처하게 된다. 중상모략과 왜곡, 허위로 점철되었던 매카시 시대에서 벗어날 즈음인 1954년에 리프먼은 다음과 같이 얘기한 바 있다.

---

98) Robert S. Peck and Mary Manemann, eds., *Speaking and Writing Truth: Community Forums on the First Amendment* (Chicago: American Bar Association, 1985). 또한 Levy 외, 《미국헌법사전》의 명예훼손, 수정헌법 제 1조, 선동적 비방 항목을 참조하시오.

… 충성심을 지닌 사람이 자신의 의견을 공표할 권리를 행사할 때 자기자신에게 해당할 것으로 생각하는 증거채택 및 의사운영절차 규칙들 그리고 공정한 처리 및 견해표명의 규약들이 있다. 언론자유의 권리는 결코 기만되어서는 안 되며 고의적 허위진술은 그 원칙에 대한 위반이기 때문이다. 자유국가에 사는 사람은 동료시민을 속일 모종의 양도불가능한 혹은 헌법적 권리를 가진다고 핑계를 대는 것은 궤변이다. 야바위나 협잡질 혹은 소매치기를 할 권리가 없는 것처럼 속일 권리도 없다. 다른 협잡꾼들을 심문하고자 하는 것처럼 모든 공적 거짓말쟁이를 일일이 심문하는 것이 상책이 아닐 수도 있다. 의견의 문제에 대해 소송을 장려하는 법률이 너무 많이 존재하게 하는 것은 어설픈 정책일 수도 있다. 그러나, 원칙에서는, 어떤 형태의 거짓에 대해서도 면책이 허용되어서는 안 된다.[99]

이 원칙은 사적 개인들이 주식시장이나 텔레비전에서 속임수를 쓰는 것에 적용되는 것과 마찬가지로 정부관리들 중에 시민들에게 거짓말하는 이들에게도 해당된다고 해야겠다. 의미 있는 진실과 그럴듯한 거짓 그리고 기만적인 절반의 진실 혹은 명백한 거짓을 구분하지 못하는 시민들은 자신들의 자유를 유지할 수 없다. 시민들에게 거짓말하는 정부도 계속해서 정의와 평등에 봉사할 수 없으며, 그 정당한 권리를 유지할 수도 없고, 심지어 시민들의 충성심을 기대할 수조차 없다.

99) Walter Lippmann, *Essays in the Public Philosophy* (New York: New American Library, 1956).

11. 애국심

애국심(愛國心)은, 지난 20년 동안 미국인들에게 깊은 상처를 준 사건들에 비추어 볼 때, 학생들과 교사들에게 분명하고 설득력 있게 전달하기가 가장 어려운 통합적 가치 중 하나이다. 미국혁명기의 조상들은, 의무와 규율 그리고 도덕적·종교적 계율에 대한 복종뿐만 아니라, 시민적 덕성의 관점에서 공공선을 위한 개인의 책무, 군복무, 그리고 새롭게 출현하는 국가에 대한 애국심과 충성심에 대해 얘기하였다. 이들 요소는 여러 세대 동안 시민교육을 위한 강력한 제재수단이었지만, 지난 50년 동안 약화되었다.[100)]

시민교육 논거로서의 국방은 아마도 제 2차 세계대전 때에 최고조에 달했던 것 같은데, 그 당시 미국인의 대다수는 나치·파시스트의 침략과 소수자에 대한 비인도적 박해를 저지하는 것은 도덕적 근거에서 전쟁을 정당화하는 것이라고 진정으로 믿었다.[101)] 그러나 한국전쟁은

---

100) 공공문제에 있어 종교의 재천명을 요청하는 다양한 견해에 대해서는 다음을 참조하시오. Park Palmer, *The Company of Strangers: Christians and the Renewal of America's Public Life*(New York: Crossroad, 1981); Richard John Neuhaus, *The Naked Public Square*(Grand Rapids, Mich.: Eerdmans, 1984); A. James Reichley, *Religion in Public Life* (Washington, D.C.: Brookings Institution, 1985); Richard John Neuhaus and Michael Cromartie, eds., *Piety and Politics: Evangelicals and Fundamentalists Confront the World*(Washington, D.C.: Ethics and Public Policy Center, 1987).

101) 전쟁중인 세계에서 민주주의를 가르칠 학교의 책무에 대한 고전적 진술로는 초창기 사회과 교사였던 미췌너가 《남태평양 이야기》(*Tales of South Pacific*)로 퓰리처상을 수상하기 전에 쓴 논문을 들 수 있다. James A. Michener, "What Are We Fighting For?" *Progressive Education*, November 1941, pp. 342~348; *The Educational Forum*, Summer 1987, pp. 331~339에 재수록.

미국의 안전과 안보에 덜 절실한 것으로 보였다. 그리고 베트남전의 경험은 많은 사람들로 하여금 그 전쟁은 비도덕적 전쟁이며 따라서 애국심이나 군복무의 합당한 이유로 정당화되지 않는다고 확신하게끔 만들었다.

이와 전혀 다른 방식으로, 시민교육에 대한 종교적 재가 또한 쇠락했는데, 이는 주로 일각에서 종교적이고 분파주의적인 다양성을 추구한 것이 바로 공립학교에서 직·간접적 종교수업이 금지되도록 만든 요인이 된 상황에 기인한다. 그리고 범세계적 공산주의에 대항하여 애국심과 시민교육을 결집시키는 근거가 되었으며 매카시 시절에 매우 고조되었던 냉전(冷戰)은,[102] 소련과의 공존뿐만 아니라 군비경쟁 완화 그리고 전략무기협정 체결노력이 공화당·민주당 행정부 모두의 대외관계에서 우선시되었던 기간 동안, 다소 누그러졌다. 소련, 중국, 그 외 다른 공산국가들과의 문화교류의 문호가 개방됨으로써 시민교육의 주요 정당화 근거였던 반공주의의 가치가 줄어들었다. 테러리즘, 레바논, 리비아, 아프가니스탄, 니카라과, 그리고 이란을 둘러싼 국제적 위기들은 1980년대 들어 반공주의에 불을 지피기 시작했지만, 예전처럼 시민교육에 커다란 자극이 되지는 않았다.

민주정체의 구조가, 번영은 고사하고라도, 지속되고자 한다면 충성심, 애국심, 규율, 의무 등으로 명시되는 책무감과 책임감이 여전히 사회적·정치적 결속요건으로 필요하다. 물론, 벨라와 그 동료들이 그렇게 역설하듯이,[103] 여타의 주요 사회기관들이 자신의 사적 이익

---

102) Levy 외, 《미국헌법사전》의 다음 항목들을 참조하시오. 충성서약, 충성-안전 프로그램, 매카시즘.

103) Robert N. Bellah et al., *Habits of the Heart: Individualism and Commitment in American Life*(New York: Harper and Row, 1985). 유치원~12학년 교육과정에 맞춰 시민의 책무를 강조하는 교수·학습자료로는 다음을 참조하시오. *Law in a Free society, Responsibility*(Calabasas, Calif.: Center for Civic Education, 1979).

증진을 설파하고 행한다면 그리고 그런 경우에는, 학교 혼자서 개인적 책무와 책임의 가치를 심어줄 수는 없다. 그러나 이는 학교가 그런 시도하지 말아야 할 이유는 되지 않는다. 학교가 할 수 있는 바를 재평가하고, 민주정체의 가치를 신봉하는 모든 공동체와 공공단체들의 도움을 모색해야 한다.

필자의 주장은 본질적으로 충성심과 애국심, 규율, 그리고 의무는 '민주시민의 12덕목'에 들어있는 민주적 가치들 전부가 최고로 풍성하게 실현되는 경우에 의거하여 규정되어야 한다는 것이다. 오늘날 종종 구태의연한 것으로 간주되곤 하는 책무나 책임 같은 자질은 개인들이 자신의 삶에서 그런 자질들을 얼마나 실행하고자 하는지, 그리고 정의, 자유, 평등, 다양성, 권위, 사생활보호, 참여, 적법절차, 의미있는 진실, 재산권, 국제적 인권 등의 개념을 타인을 위해 얼마나 옹호하거나 증진시키고자 하는지에 비춰 판단되어야 한다.

애국심을 교육의 벽장에서 끄집어 낼 때가 되었다. 저명한 미국사학자 커티는 1968년의 《미국적 충성심의 근원》 재판 서문에서 이를 훨씬 더 세심하게 다루고 있다.

> '미국주의'와 관련된 애국심과 충성심은 우리의 공적인 사고와 논의에서 중대한 위치를 차지해 왔다. 1946년에 이 책이 발간되었을 당시는 미국적 애국심과 충성심의 근원이나 성장에 대한 체계적 연구가 이루어지지 않은 상태였다. … 아마도 학계는 애국심의 문제 전부가 지성의 사각지대(*twilight zone*)에 속한다고 느꼈을 것이다.[104)]

하지만 학계 일각에서는 애국심을 '지성(知性)의 사각(死角)지대'에

---

104) Merle Curti, *The Roots of American Loyalty*(New York: Columbia University Press, 1946; reissued by Atheneum Press, New York, 1968), p. vii.

서 끄집어내서 공공토론뿐만 아니라 학술적 분석까지 제대로 하려는 노력이 증대되고 있는 징후가 발견된다.

여기에는 시카고대학 사회학과 킴턴 공로교수인 재노위츠(Morris Janowitz)의 저작 《애국심의 재건》이 큰 기여를 하였다. 일부 교육전문가들은 애국심을 정치적 가치로 신봉하는 사람은 누구든 보수 혹은 반동이데올로기에 입각해 있다고 자동적으로 가정하기 때문에 이 책에 대해 의혹을 가질 것이다. (필자와 마찬가지로) 일부 교육사학자들은 시민교육의 역사에 대한 그의 서술 일부에 오류가 있음을 발견할 것이다. 사회과학자들 중에는 행태적·경험적 의견조사가 시민교육에 해를 끼쳤다는 그의 주장을 부인하는 이들이 있을 것이며, 많은 이들이 "이제 우리는 다시 교화(*indoctrination*)를 향해 나아간다"고 생각할 것이다.

그러나 필자는 이 책이 주의 깊게 읽혀지고 비판적으로 분석되어야 한다고 생각한다. 또한 필자는 이 책이 애국심에 대한 우리의 현재 이해수준을 향상시키기 위한 그리고 민주적 가치에 대한 시민적 지식과 신념증진에 있어 학교가 어떤 역할을 수행해야 하며 교사양성기관에 종사하는 이들이 어떤 책임을 맡아야 하는지에 대한 솔직한 논의와 조사연구의 도약대로 활용되어야 한다고 생각한다.

필자는 그의 책이 중요하다고 생각한다. 커티의 책과 마찬가지로, 그의 책은 민주주의에서 옹호가능한 시민자격 개념이라면 애국적 감정과 충성심의 위험뿐만 아니라 역동성도 고려해야 하며 그런 요소들을 함양하고 고무할 교육적 수단들을 자세히 설명해야 한다는 점을 밝히고 있기 때문이다. 커티는 애국심을 '국가에 대한 사랑과 자부심, 그리고 최상의 국가이익이라고 여겨지는 바를 위해 희생을 감수하는 것'으로 정의하였다.[105]

---

105) 위의 책, p. xiv.

책의 첫머리에서, 재노위츠는 충성과 책무의 개념을 시민자격 및 시민교육의 이념과 직접 관련짓고 있다.

> 시민이란 특정 정부에 충성을 바치며 그 정부로부터 보호받고 일정한 권리를 향유할 자격을 가지는 사람이다. 시민으로서의 자격을 효과적으로 갖추는 일은 개개인에게 그들의 시민적 권리와 책무를 알려주는 엄격하고도 존속가능한 교육체제에 달려 있다는 것이 널리 인정되고 있다. 하지만 장기적 관점에서 볼 때, 시민의 책무를 제대로 규명하지 않은 채 시민의 권리를 증진시키는 것이 그간의 추세였다. 내 생각으로는, 둘 사이의 의미 있는 균형을 회복하는 것이 시민교육의 핵심적 문제이다.[106)]

권리와 의무 간의 '균형회복'이라는 주제가 그 책 전체를 관통하고 있다. 워싱턴의 정치인들과 기업 혹은 종교계에 의해 대규모로 조직화된 단체든, 아니면 보다 강한 규율과 책임, 성실, 인품을 요구하는 무수한 지역단체와 학교, 가정이든 간에, 보수세력들은 이 주제에 대해 흔쾌히 찬사를 보냈다. 그러나 이는 진보주의자들이 반사적 거부반응을 보이거나 보수주의자들이 별 생각 없이 수용하는 수준 이상으로 생각해 볼만한 주제이다.

책 전체에 걸쳐 재노위츠는 시민교육과 관련된 주요 제도들 — 시민교육으로서의 군복무, 각급 학교에서의 시민교육, 시민교육기관으로서의 국가 및 지역사회 — 을 다루고 있다.

학교교육에 할애된 부분이 교육자들에게 최대의 관심사일 수 있겠지만, "군복무가 시민자격의 보증이며 시민자격이 정치적 민주주의의 보증으로 인식되었던"[107)] 미국혁명기의 시민-군인의 역할을 상기하는

---

106) Morris Janowitz, *The Reconstruction of Patriotism: Education for Civic Consciousness* (Chicago: University of Chicago Press, 1983), paperback edition, 1985, p. ix.

것이 유익할 듯하다. 재노위츠는 징병제를 통한 국민 개병제(皆兵制)가 사라지고 그 자리를 지원병(혹은 용병)으로 채우는 양상이 등장하면서 시민교육에 대한 군(軍)의 기여 또한 내리막길을 걸었다고 주장한다. 국가에 대한 봉사와 관련하여 재노위츠는 시민의용군(CCC: Civilian Conservation Corps)을 그리워하면서, 직업훈련공단(Job Corps), 빈민지구파견봉사대(VISTA: Volunteers in Service to America), 교사봉사단, 평화봉사단 그리고 CCC를 거듭나게 하지 못한 것에 대해 얘기하고 있다.

아마도 재노위츠는 자신이 생각했던 것 이상으로 앞날을 내다보았던 것 같다. 요즈음 대학가에서는 공공·지역사회 봉사에 대한 열정이 되살아나는 징후들이 보인다. 1986년에 댄지그와 잰턴이 실시한 포드재단 여론조사를 보면 청년봉사활동에 대한 새로운 관심을 알 수 있다. 그 조사에서는 ① 의무교육, ② 군복무/대체복무 선택을 포함하는 징병제, ③ (캘리포니아 주의 민주당소속 연방하원의원 레온 패너타가 98대, 99대, 100대 연방하원에서 발의한) 연방차원의 지원을 받는 전면지원병제도, ④ 그리고 어느 연령에서든 완수될 수 있는 보편적 봉사(*universal service*) 등 네 가지 모형에 대한 간략한 소개를 덧붙였다.[108]

마지막으로, '시민교육에서 학문적 미개척분야'라는 장에서 재노위츠는 1945년 이후 행태과학 및 행태과학적 현대사회 분석에 점점 더 의존해 온 것이 시민교육의 약화를 가져온 결정적 요소라고 주장하고 있다. "실제로, 시민교육은 주로 오늘날의 정치참여·태도 유형에 대한 개관과 더불어 일련의 구체적인 '사회'·'정치'문제에 대한 연구가 되었다. 그리고 시민교육의 사회과학적 기초는 권리와 책무간의 균형

---

107) 위의 책, p. 30.

108) Richard Danzig and Peter Szanton, *National Service: What Would It Mean?* (New York: Ford Foundation, 1986).

을 점점 더 간과했다."[109]

요약하자면, 재노위츠는 문제를 다음과 같이 파악하고 있다.

> 사회적·정치적 현실주의(*realism*)는 시민의식을 증진시키고자 고안된 시민교육의 소재로서 제시된 자기비판적 애국주의와 개명된 국가주의를 대체할 수 없다. 간단히 말해, 시민교육이 학생들로 하여금 책임감 있게 사회적·정치적 책무를 행하도록 준비시키기 위해 고안되었다면, 정치참여 증대에 대한 일련의 요청 이상의 것이어야 한다.[110]

이는 실제로 시민교육에 대한 보다 규범적인 접근이 이루어져야 한다는 요청이다. 필자는 이러한 요청은 진보/보수진영을 막론하고 시민자격의 타당한 규범적 의미를 재구성하고자 하는 여러 학문분야의 논객들과 학자들이 보이고 있는 증가추세의 매우 중요한 경향을 나타낸다고 생각한다. 다양한 이념적·정치적 관점을 가로질러 애국심에 대해 다시금 일고 있는 관심을 보여주는 예를 들면, ① 1960년대 후반 하버드대학에서 왈쩌가 정치적 책무에 대해 행한 강좌, ② UCLA의 정치학자 스미스의 1973년 애국심 강좌, ③ 1978년 가드너의 애국심 관련 저서, ④ 1981년 리어가 '미국의 길을 위한 사람들' 창립대회에서 "나를 자유주의자 혹은 온건파 내지 진보주의자로 불러 달라. 하지만 그것도 나의 깃발이다"라고 외친 것, ⑤ 현재 〈애틀랜틱〉(*Atlantic*) 지 선임편집장인 비티가 〈뉴 리퍼블릭〉(*The New Republic*) 편집장이던 1981년에 자유주의적이고 인도적인 '애국심의 가치'가 보수주의자들에게 넘겨져서는 안 된다고 주장한 것, ⑥ 애플이 7년간의 뉴욕타임스 런던지국 활동을 마치고 1983년에 미국으로 복귀하면서 '애국심의 새

109) Janowitz, *Patriotism*, pp. 145~146.

110) 위의 책, p. 145.

로운 고취'에 대해 쓴 기고문, ⑦ 공화당 소속 상원의원 해치가 건국시조들을 기리면서 '시민적 덕성'에 대해 행한 발표문, ⑧ 태평양 종교학교 교장 매카터가 1986년 미국 내 주류 교회들에 대해 애국심 장려에 있어 교회의 역할을 재천명할 것을 요청한 일, ⑨ 새로이 결성된 '애국적 다수'(*Patriotic Majority*)가 1987년에 임기가 시작되는 100대 연방하원에 대해 애국적 의제의 법제화를 요청한 일을 들 수 있다.[111)]

1980년대 초 레이건 대통령의 호소, 1983년 그레나다 침공, 1984년 올림픽 경기, 그리고 1984년의 수많은 선거유세 등과 관련된 애국주의의 부흥은 분명 보수주의자들을 고무하였다. 레이건 행정부의 초기 6년간의 정책과 활동에 대해 '애국적 다수'가 직접 가한 공격은 진보진영이 '애국주의의 재탄생'을 자신들의 대외·군사 정책과 경제·환경정책 그리고 시민적 자유와 국제인권 등의 의제에서 기본강령으로 삼으려 한다고 경고하는 것이었다.

하지만 장기적 관점에서의 성패는 미국 교육이 자유와 다양성, 적법절차 그리고 인권을 위한 투쟁을 약화시키지 않으면서도 공공선을 위한 시민적 덕성과 개인적 책무를 강조함으로써 후속세대들에게 공동체의식과 결속의지를 강하게 심어줄 수 있는지에 달려있다. 벽장의 문은

---

111) Michael Walzer, *Obligations: Essays on Disobedience, War, and Citizenship*(Cambridge, Mass.: Harvard University Press, 1970); Duane E. Smith, "The Case for Patriotism," *Freedom at Issue*, May-June 1973, pp. 9~13; John W. Gardner, *Morale*(New York: W. W. Norton, 1978); "People for American Way," *Quarterly Report*, June 1981, p. 1; Jack Beatty, "The Patriotism of Values," *The New Republic*, July 4 & 11, 1981; R. W. Apple, Jr., "New Stirrings of Patriotism," *The New York Times Magazine*, December 11, 1983; Orrin G. Hatch, "Civic Virtues: Wellspring of Liberty," *National Forum*, Fall 1984, pp. 34~38; Neely D. McCarter, "The Church and Patriotism," Pacific School of Religion Bulletin, Fall 1986; The Patriotic Majority, "Toward a Patriotic Rebirth: A Patriotic Agenda for the 100th Congress," adv., *The New York Times*, January 25, 1987, p. 24.

학계와 공공언론에서 조금만 열릴 수도 있다. 하지만 애국심과 시민자격의 개념을 재건하는 과업은 막중하며, '시민의식' 혹은 '시민적 지성' 내지 '시민으로서의 학습'을 위한 적절한 교육프로그램을 고안하는 과업은 보다 기념비적인 일이기까지 하다. 독립선언문만큼 중요할 수도 있고, 재노위츠를 비롯한 이들의 것만큼 학술적 분석으로서 분명 유용하기도 하지만, 장기적 측면에서 유효한 시민교육프로그램을 이행할 진정한 책임은 학계 및 공공영역의 상대편들과 더불어 교육전문가들이 져야 한다.

재노위츠의 책 그리고 여기서 언급한 논문들은 애국심과 시민교육에 대해 학계에서 벌어지고 있는 논쟁을 정당화하는 데 도움이 될 수도 있지만, 각급학교나 교사교육을 위한 교육과정 내용을 구성하지는 않는다.

12. 인 권

오늘날, 세계는 분명 상호의존적이며 이는 시민적 덕성 내지 애국심이 단지 국내외의 위협으로부터 미국의 공공질서를 유지하기 위해 필요한 데서 나아가 보다 광범위한 차원의 도덕적 요소가 될 것을 요구하고 있다. 이는 우리로 하여금 과거에는 흔히 옳든 그르든 조국에 대한 충성 내지 책무로 좁게 해석되었던 초강경 애국주의가 이제는 세계의 수많은 사람들이 지닌 다양성을 존중하며 또한 공통의 인권개념에 기초한 새롭고도 확대된 통합을 모색하는 보다 넓은 관점을 가져야 한다는 점에 유념하게 한다.

그리하여 마지막으로, 필자는 미국의 시민교육을 위해 우리의 역사적 견해와 시민자격의 가치에 기본적 변화가 생겨야 한다고 요구하는 것으로 여겨지는 한 가지 가치에 이르게 되었다. 이제 국가시민자격의 개념은 2차 대전 종전 이래로 우리의 의식을 엄습해온 엄청난 세계적 상황변화를 고려해야 한다. 1940년대 윌크(Wendell Wilke)의 '하나의 세계'와 더불어 시작된 일련의 현상들을 규정하기 위해 흔히 사용되던 용어는 이제 점점 더 '전지구적 상호의존', '전지구적 관점', 혹은 '지구촌 교육'으로 대체되고 있다.[112]

---

112) 교육과 관련하여 전지구적 상호의존을 강조한 것으로는 가령 다음의 것들을 참조하시오. Lee Anderson, *Schooling and Citizenship in a Global Age* (Bloomington, Ind.: Mid-America Program for Global Perspectives in Education, 1978); 애스펜 인문학연구소가 발간한 '상호의존 총서' 특히 다음을 참조하시오. Ward Morehouse, *A New Civic Literacy: American and Global Interdependence* (Princeton, N.J.: Aspen Institute, October 1975).
보다 최근의 연구로는 *Social Education*의 국제인권 및 지구촌교육 특집(1985년 9월호, 1986년 10월호)을 참조하시오. 그리고 다음 기관들의 간행물들을 참조하시오. '교육에서의 전지구적 관점'(Global Perspectives in

필자는 '지구촌 교육'(*global education*)이라는 용어가, 참된 미국적 가치를 손상시킨다는 이유에서 혹은 미국적 생활방식에서 어떤 우월한 가치도 찾지 못하고 그리하여 일종의 '도덕적 상대주의' 혹은 '도덕적 중립성'을 설파한다는 이유에서, 정치·종교적 보수주의자들의 공격을 받아왔다는 점을 인정한다.[113] 필자는 그들 중 어느 누구도, 시민의 12덕목의 앞부분에 있는 11개를 이해하지 못하였으며, 그런 상황에서 필자가 미국시민 자격의 이상들에서 어떤 우월적 가치도 발견하지 못한다고 생각하는 것이기를 바란다. 하지만 필자는, 미국의 시민교육을 확대하면서도 전세계 인류·문화 연구의 모든 측면을 포괄하려는 시도에 의해 전복되지 않는 장치로서, 지구촌 교육보다는 '국제 인권' 혹은 간단히 '인권(人權)'을 주장하는 바이다.

사실, 필자의 주장은 커(Clark Kerr)가 의장을 맡은 '교육에서의 전지구적 관점 연구위원회' 보고서에서 제시된 지구촌 교육의 정의와 매우 가깝다. 그 보고서가 제시하는 정의는 점점 더 상호의존적으로 되어가는 세계에서 학생들이 미국시민으로서 기능을 행하기 위해 알아야

Education, 45 John Street, New York, N. Y. 10083) ; 사회과학교육협의회(Social Science Education Consortium, Boulder, Colo.) ; 덴버대학 국제관계교육원(Center for Teaching International Relations, University of Denver) ; 대외정책협회(Foreign Policy Association, New York City) ; 미시간 주 교육부(Michigan Department of Education, Lansing) ; 뉴욕 주 교육부(New York State Education Department, Albany).

113) 예를 들어 다음을 참조하시오. Gregg L. Cunningham, "Blowing the Whistle on 'Global Education'," (Denver : Regional Office, U. S. Department of Education, 1986). 커닝햄의 연구에 대한 덴버대학 국제관계교육원장 사이먼스(Barry Simons)와 '교육에서의 전지구적 관점' 회장 스미스(Andrew Smith)의 반응은 다음을 참조하시오. *The Social Studies Professional*, September/October 1986. 1987년 1월에 NCSS 운영위원회는 커닝햄의 연구에 대한 응답으로 작성된 '지구촌교육 임시위원회' 보고서를 만장일치로 채택하였다. "Global Education : In Bounds or Out?" *Social Education*, April/May 1987, pp. 242~249.

할 내용을 개관하고 있다.[114] 이러한 노력을 하는 과정에서 미국은 다른 방식을 선택한 국민들에게 주제넘게 우리의 '문화적' 혹은 '정치적 제국주의'를 수출하려고 해서는 안 된다. 그러나 세계가 정말 상호의존적이고 미국시민으로서의 자격이 진정으로 민주적 가치에 헌신하는 것이라면, 전지구적 연구는 단순히 다양한 견해의 근거들을 이해해야 할 뿐만 아니라 전지구적 문제에 대한 민주적 해답을 찾고 또 이를 우선시해야 한다.

여러 나라에서 시민자격 그 자체의 개념과 실제가 어떻게 생각되고 있는가는 이러한 연구의 주요 주제가 될 수 있을 것이다. 레바논의 기독교도와 이슬람교도에게, 남아공의 흑인들에게, 구소련 시절 유태인과 반체제인사들에게, 인도, 스리랑카, 중국, 나이지리아의 종족·언어집단들에게, 그리고 미국의 새로운 이민자들에게 시민자격은 무엇을 의미하는가? 인권에 대한 보다 많은 관심은 여러 다양한 나라들에서 시민자격에 접근하는 과정에서 민주적 가치들 그리고 인권에 대한 장애와 위협의 실제적 측면들을 다룰 기회를 제공할 것이다.

그런데 지나치게 산만하고 피상적인 방식으로 너무 많은 것을 하고자 하는 위험뿐만 아니라 학교교육과정 내에서도 ① 시민교육, ② 지구촌 교육, ③ 다문화(多文化) 교육이 서로 경쟁할 우려도 있다. 학교교육과정의 방향을 재정립하고자 하는 이들 세 가지 노력은 종종 서로 따로따로 진행된다. 이들 셋을 서로 엮으려는 노력이 너무나 적었으며 이들 셋이 본래 유사하다는 점에 대한 인식이 너무나 부족했다. 사실, 학교에서의 영향력이나 압력 측면에서, 이들 셋은 종종 이질적이며, 간혹 적대적이기까지 하다.

지구촌 교육에는 국민국가들의 세계적 상호의존의 실제 그리고 평화

---

114) Study Commission on Global Education, *The United States Prepares for its Future: Global Perspectives in Education* (New York: Global Perspectives in Education, 1987).

롭고 안전한 세계공동체의 필요에 비추어 미국시민들의 시각을 국제화하려는 다양한 노력들이 포함된다. 다문화교육은 미국사회를 구성하는 상이한 종족·인종집단들의 고유한 문화적 전통들을 고양하려는 다원주의적 노력에서 비롯되었다. 사회적·시민적 결속 그리고 미국시민 공통의 자격에 기초가 되는 역사적인 민주주의 정치적 가치들에 대한 신념을 보다 강화하려는 노력에서 비롯된 시민교육의 부흥은 종종 다른 두 가지를 간과했으며 또한 그들 두 가지에 의해 간과되었다. 분명, 이들 세 가지 움직임은 모두 국가이익을 직접적으로 다룬다. 그들 셋 모두 사람들이 서로서로 인도적이고 정의롭게 살아갈 수 있는 역량을 증진시키는 것을 목표로 삼아야 한다. 그들 셋 모두 문화간·국가간 갈등에 대한 우리의 이해 그리고 그런 갈등을 해결할 수 있는 우리의 능력을 증진시키는 것을 목표로 삼아야 한다.[115]

상호의존을 위한 시민교육이란 미국시민으로서 지녀야 할 기본적 이해력에는 다른 문화의 다양한 삶의 방식, 세계경제·정치체제의 출

---

115) 예를 들어 다음을 참조하시오. R. Freeman Butts, "International Human Rights and Civic Education" in Margaret Stimmann Branson and Judith Torney-Purta, eds., *International Human Rights, Society, and the Schools* (Washington, D.C.: National Council for the Social Studies, 1982). 국제교육에 대한 필자의 다른 연구들로는 다음의 것들을 보시오. *American Education in International Development* (New York: Harper and Row, 1963); "Teacher Education and Modernization" in George Z. F. Bereday, ed., *Essays on World Education* (New York: Oxford University Press, 1969); "Civilization as Historical Process: Meeting Ground for Comparative and International Education," *Comparative Education*, Vol. III, No. 3, June 1967; "America's Role in International Education" in Harold G. Shane, ed., *The United States and International Education, 68th Yearbook of the National Society for the Study of Education* (Chicago: University of Chicago Press, 1969); "Teacher Education in Africa: Modernization and Traditionalism Reconsidered" in Andrew Taylor, ed., *Insights Into African Education: the Karl W. Bigelow Memorial Lectures* (New York: Teachers College Press, 1984), pp. 75~104.

현, 국제협력에서 국제기구의 역할, 크든 작든 전지구적 문제가 미국 사회에 영향을 끼치는 밀접한 방식 등에 대한 합당한 의식과 이해가 포함되어야 한다는 것을 의미한다. 대외정책 및 세계 속에서의 미국의 역할에 대한 기본적인 질문들은 미국의 정치지도자들이 내려야 하는 판단 그리고 미국시민들이 자신들의 정치지도자들과 그들의 정책들에 대해 내려야 하는 판단의 주요 부분을 구성한다. 그런 이유에서, 미국의 대외정책이 얼마나 유효한가는 미국인들이 그 지도자들에 대해 내리는 결정이 얼마나 정치적으로 정교한가와 마찬가지이다. 그리고 지도자와 시민을 막론하고 그들이 제대로 된 정치적 결정을 내리는 일이 세계시장에서 경쟁력을 가지려 애쓰는 것보다 더 중요할 수도 있다.

미국사회의 역사적 다원주의(多元主義)는 수백만 명의 사람들이 대륙과 바다를 건너 오가는 국제적 이동뿐만 아니라 계속적인 인종차별과 토착민 보호주의, 인종분리, 차별과 불평등에도 불구하고 다원적 민주사회이자 진정 통합적 사회를 건설하는 데 성공한 인상적인 본보기이다.[116] 미국 내 시민공동체와 문화적 다원주의 그리고 세계공동체에 대한 3중의 강조도 중요하지만, 필자는 우리가 안으로는 문화적 다원주의 그리고 밖으로는 전지구적 상호의존의 가치에 올바르게 봉사하는 건전한 민주적 미국정치체제 구축에 특별한 관심을 기울여야 한다고 생각한다.

필자의 주된 논지를 얘기하자면 이렇다. 미국교육에서 이들 세 가지 주요 추진력은 매우 상호의존적이어서, 이들 움직임을 별개로 보는 것은 본질적으로 인위적이며 그들을 함께 묶는 논리를 왜곡하는 일이다. 또한 국가간 갈등이 벌어지는 세계에서는 서로 불일치를 보이는 문화들에 대한 합당한 인식과 존중이 점점 더 필요하다. 미국을 위한 국제안전보장은 지성적이고 분별 있는 시민들의 존속과 불가분의 관계에

---

116) 예를 들어 다음을 참조하시오. Bernard Bailyn, *The Peopling of British North America: An Introduction* (New York: Knopf, 1986).

있다. 그리고 불관용과 인종차별, 성차별, 그리고 자민족중심주의적 행동이 없는 사회가 존속하기 위해서는 지성적 시민들이 필요하다.

필자 생각으로는, 국제인권에 초점을 맞추는 세계연구의 요소들을 거의 무한한 정보의 바다에서 취사선택하여 나머지 열한 가지 시민적 가치의 개념을 밝게 비추고자 해야 한다. 국제인권 연구는 정의, 자유, 평등, 다양성, 권위, 사생활보호, 적법절차, 진실 말하기, 재산권, 참여 등의 문제와 관련되어야 하며, 여러 나라들에서 그리고 국가 간 관계에서 이들 가치가 어떻게 존중 혹은 침해되는지를 보여주어야 한다.

결속을 도모하는 시민적 가치들과 다양성을 추구하는 다원주의 가치들이 마주치는 사례들은 특히 인권영역에서 많이 찾을 수 있다. 히틀러 치하 독일의 유태인 대학살에서 극에 달했던 대량학살, 아민 치하 우간다의 무단통치에서 비롯된 참화(慘禍), 혹은 세계 도처에서 벌어지는 테러와 같은 예는 최악의 경우에 해당한다. 폴란드, 아르헨티나 등의 경우처럼 인권이 신장된 긍정적 예도 있다. 이란, 중국, 쿠바, 소련, 필리핀이나 아이티 혹은 칠레의 군사독재에서처럼 자유와 적법절차를 갈구하지만 거부당하는 반체제인사들에 대한 연구도 예가 될 수 있다.

미국 안으로 눈을 돌리면, 플로리다의 쿠바인 유입, 캘리포니아의 멕시코인, 베트남인, 한국인 유입에서 비롯되는 인권문제를 들 수 있다. 이민, 토착민 보호주의, 인종분리주의, 통합 등의 역사적 문제들 모두가 국내뿐만 아니라 국제차원에서도 인권을 둘러싼 오늘날의 대치국면에서 되살아나고 있다. 1985년 캘리포니아 주의회에서 통과된 법률에 따라 1987년 주교육부는 인권 및 대량학살 관련 교육과정모형을 현재의 7~12학년 '역사/사회과학' 과목에 포함시키는 안을 작성하였고 주교육위원회에서 이를 채택하였다. 그리고 필자는 비교와 대비를 위해 오늘날의 국제인권관련 선언들을 담은 몇몇 기본문건들에 대한

보충적 연구가 이루어져야 한다고 본다.117)

그러한 연구는 어떻게 하면 미국이 세계 속에서 보다 건설적이고 인도적인 역할을 수행할 수 있는지를 고려할 뿐만 아니라 어떻게 미국의 정치체제를 향상시킬 것인가도 고려하는 이중적 목표를 지닌다. 소련과 그 동유럽 동맹국들이 인권을 향상시키기로 북대서양조약기구와 합의한 1975년 헬싱키 최종결의문에 대한 연구가 특히 흥미롭고도 중요한 예가 될 것이다. 이 최종결의문을 그 이전의 UN 공식문건 그리고 그 후 몇 년 동안 베오그라드, 마드리드, 비엔나에서 개최된 총회 및 1985년 오타와 특별회담에서 논의된 실천현황들을 비교해 보면 공산국가들이 얼마나 단시일 내에 합의를 위반했는지가 드러날 것이다. 하지만, 고르바초프 시절 아나톨리 슈카란스키, 유리 오를로프, 안드레이 사하로프를 방면한 일 또한 인권이라는 이상의 꾸준한 진전이 어느 정도 결실을 맺는다는 것을 보여줄 것이다.

그에 더하여, 국제인권 공부가 전직 뉴욕타임스 편집국장 로젠탈의 '압제자(壓制者) 탐방(探訪)' 기사와 같은 모종의 결과물을 산출한다면, 시민으로서의 학습에 이르는 길은, 좌든 우든 국내든 국외든, 폭정에 맞서 '정치적 자유를 위해 싸우는 일'로 이끌 수도 있을 것이다.118) 시민의 12덕목의 마지막 항목 즉 인권에 대한 공부는 소련과

---

117) 국제연합 문건들에 대한 유용한 개요로 다음을 참조하시오. Thomas Burgenthal and Judith Torney, *International Human Rights and International Education* (Washington, D.C.: U.S. National Commission for UNESCO, 1976); Howard D. Mehlinger, ed., *UNESCO Handbook for the Teaching of Social Studies* (London: Croom Helm, 1981); Donald Vandenberg, *Human Rights in Education* (New York: Philosophical Library, 1983); The Atlantic Council's Working Group on the Successor Generation, *The Teaching of Values and the Successor Generation* (Washington, D.C.: The Atlantic Council of the United States, 1983).

118) A. M. Rosenthal, "Journey Among Tyrants," *The New York Times Magazine*, March 23, 1986.

동유럽, 아프가니스탄, 니카라과, 쿠바 등에 대한 이해뿐만 아니라 아이티, 인도네시아, 칠레, 남아공에 대한 이해도 증진시킬 수 있을 것이다.

이런 유의 시민학습이 교육체계의 모든 수준에서 일제히 되살아나는 일은 미국헌법과 권리장전의 청사진 작성 및 채택 2백주년과 더불어 시작되는 향후 수십 년 동안에 가장 잘 이루어질 수 있을 것이다. 필자가 아는 가장 광범위하고도 정교한 프로그램 중 하나는 뉴욕 주에서 9~10학년 2년에 걸쳐 이수하도록 하고 있는 지구촌 탐구(*global studies*) 과목이다. 그 논거는 다음과 같이 진술되고 있다.

> 9~10학년용 교수요목은 전지구적 관점을 개발하도록 고안된 틀 속에서 다른 나라들과 그 문화들에 대해 공부할 기회를 학생들에게 제공한다. 이러한 접근은 학생들로 하여금 종족적 다양성, 문화 다원주의, 국제·국내적 폭력, 그리고 상호의존의 증대 등의 특징을 가진 세계 속에서 제대로 살아가는 데 필요한 지식과 기능 그리고 태도를 함양시키고자 한다.
>
> 2년 과정 프로그램은 다음 세기를 살아갈 시민으로서의 자격에 요구되는 능력이 두 가지 요소를 가진다는 가정에 기초해 있다. 첫째는 우리의 가치와 제도를 형성함에 있어 서유럽이 갖는 역할이 간과되어서는 안 된다는 것이다. 예를 들어, 유대-기독교 정의관, 시민자격 개념에 대한 그리스·로마의 기여, 계몽주의의 탐구태도, 그리고 시민적 자유 및 기본권력 공유에 대해 영국에서 이루어졌던 개념정의 등이 충분히 탐색되어야 한다.
>
> 둘째는 시민교육은 서구문명을 특징짓는 제도 및 사회유형에 관습적으로 국한되었던 데서 이제 벗어나야 한다는 것이다. …
>
> 시민으로서 갖춰야 할 이러한 능력들은 인류의 주요 유산들 그리고 그런 유산들을 만든 역사적 요인들에 대한 기본적 지식을 획득할 것을 요구한다. 이런 점에서, 어떤 문화도 다른 문화를 대신할 수 없다.119)

이 2년 과정 과목은 세계의 주요 7개 지역 및 그들간의 상호관계를 다룬다. 7개 지역은 아프리카, 남·동남아시아, 동아시아, 라틴아메리카, 중동, 서유럽, 소련 및 동유럽이다. 각 지역연구 공통의 주제로 물리적/역사적 환경, 변동의 역학, 국가수립 과정, 경제발전, 그리고 전지구적 맥락 속에서의 지역 등 다섯 가지가 제시되고 있다. 이러한 지역연구 접근은 캘리포니아 주의 〈기본구조〉를 특징짓는 편년사 위주의 세계사 접근과 뚜렷이 대비된다. 어느 쪽이 선택되든, 필자는 방대한 정보에 직면한 학생들이 일관성 있게 이해할 수 있는 실마리를 시민자격이라는 주제가 제공한다고 생각한다.

미국이 세 번째 세기에 들어서는 이때, 다행히도 교육의 역할이 우리의 국민생활에서 매우 우선적인 것으로 간주되고 있다. 일각에서는 교육이 세계경제 속에서 미국의 경쟁력을 강화시켜야 한다는 요구의 소리가 높다. 학교는 유대-기독교적 유산과 서구문명에서 구현되는 전통적인 도덕적·종교적 가치들을 안전하게 지키는 곳으로 되돌아가야 한다고 주장하는 사람들도 있다. 또 문화적 이해, 지적 수월성 혹은 비판적 사고 등에 의거하여 도덕적 선택을 하는 데 잠복해 있는 위험을 헤쳐 나가 학교를 인도할 것을 요청하는 사람들도 있다. 이러한 견해들도 각기 많은 지지자들이 있지만, 필자는 훨씬 더 우선시되어야 할 것이 있다고 본다.

이 책은 미국교육이 갖는 시민양성이라는 역사적 임무가 되살아나야 한다고 주장한다. 이는 우리의 민주적 정치공동체와 헌정질서의 근간을 이루는 기본개념과 가치들에 대한 명시적이고 지속적인 연구를 의미한다. 초중고에서 대학에 걸쳐 교육과정의 공통핵심 부분은 시민으로서 지녀야 할 도덕이어야 한다. 이러한 목표가 실현되기 위해서

---

119) *Social Studies 9 & 10: Global Studies: Tentative Syllabus* (Albany, N.Y.: New York State Education Department, 1987), p. 21.

는, 교직 분야의 교양 및 전공교육에 있어 시민으로서의 도덕에 대한 학술적 연구가 최우선 사항이 되어야 한다. 장기적으로 볼 때, 미국의 교육과 교육과정 그리고 이들을 함께 존속시키고 관리하기 위한 지적 · 도덕적 · 정치적 의제는 민주시민으로서의 권리와 책무에 대한 연구와 실천에 의거해야 한다.

부록

미국헌법과 사법심사

시민교육론에 대한 시사

이 책의 제 2장과 제 4장에서 미국연방대법원 판결이 많이 언급되고 있다. 우리나라에는 대법원과 별도로 헌법재판소가 있으며, 그 구성과 권한도 헌법에 규정되어 있다. 이에 비해 미국은 대법원(연방과 주)이 헌법재판까지 담당하고 있다. 즉 어떤 법령이나 조치가 헌법에 부합하는지 여부에 대한 판단 즉 사법심사를 대법원이 관장한다. 미국헌법에 사법심사에 대한 명시적 규정은 없지만 마버리 사건(Marbury v. Madison, 1803)을 계기로 대법원의 사법심사권이 인정되게 되었다. 대법원이 이런 권한을 갖는 것이 온당한가에 대해 여전히 논란이 있지만 대체로 수긍하는 편이라고 할 수 있다.

이 책에서 저자가 그 내용을 직접 언급한 사건들 중 시민교육의 관점에서 주목할 만하다고 여겨진 것들을 따로 정리하였다. 그리고 저자가 미국인들이 대체로 알고 있을 것으로 여겨 그 내용을 일일이 얘기하지 않고 명칭만 언급하고 지나가는 사건들이 있다. 이들 중 전체의 논의를 이해하는 데 필요할 것으로 보이는 사건들에 대한 소개도 덧붙였다. 이들 사건에 대한 개관을 아래에 정리하였다.

사건(판결) 명칭	내 용	관련항목
드레드 스콧(1857)	연방법원에 소를 제기할 수 있는 연방시민자격에 관한 문제—원고적격 부인	평등권
고비티스(1940)	펜실베이니아 주 국기경례규정 합헌	표현(종교)의 자유
바넷(1943)	웨스트버지니아 주 국기경례규정 위헌	표현(종교)의 자유
에버슨(1947)	가톨릭 학부모의 자녀통학비용을 주 예산으로 지원할 수 있도록 한 뉴저지 주법률에 대해 위헌판결	표현(종교)의 자유, 평등권
맥칼럼(1948)	공립학교에서 교과시간에 교실 외 종교수업에 참석할 수 있도록 한 조치는 위헌	표현(종교)의 자유, 평등권
위먼 대 업디그라프 (1952)	교사의 충성서약을 규정한 오클라호마 주법률을 파기	표현(사상)의 자유
브라운(1954)	흑백분리 취학은 위헌	평등권
케이시안 대 평의원회 (1967)	교사가 체제전복조직에 가입하면 자동적으로 해고사유가 되도록 한 뉴욕 주법률 파기	표현(사상)의 자유
팅커 대 데모인(1969)	퀘이커교도 아동들이 베트남 전에 대한 항의표시로 검은 완장을 일제히 착용하는 것은 상징적 발언이며 따라서 수정헌법 제1조에 의해 보호된다고 판시	표현(종교, 사상)의 자유
라우 대 니콜스(1974)	모국어가 영어가 아닌 아동들을 위한 특별언어수업을 학교가 제공하지 못하는 것은 공교육에 참여할 동등한 기회를 부인하는 것이며 그리하여 1964년의 민권법 위반이라고 판시	다양성 존중
고스 대 로페즈(1975)	학생징계 관련 오하이오 주 법률 위헌—고등학생들이 정학처분을 받을 때 적법절차를 보장받아야 한다고 판시	적법절차
바크(1978)	인종다양성 고려는 바람직하지만, 할당제는 위헌	평등권
뉴저지 대 T. L. O. (1985)	학생이 갖는 사생활 권리가 약물복용 및 판매를 금지하는 교칙과 법률을 유지할 학교당국자의 권위에 우선	사생활 보호
웨버(1986)	차별시정조치에 부응하는 흑인우대 고용방식 인정—사기업 고용주는 전통적인 인종분리 고용방식을 배제하기 위해 특별훈련프로그램에 정원 절반을 배정함으로써 흑인 철강노동자들을 우대할 수 있음.	평등권

지은이 후기

헌법제정 2백주년인 1987년이 저물고 선거가 예정된 1988년이 시작되는 주에 이 책이 막 출판되려고 할 즈음에, 이 책에서 다루었던 쟁점들이 점점 더 뜨겁게 달구어지고 있었다. 분명, 이런 분위기는 곧장 혹은 쉽게 사라지지 않을 것이다. 젊은이들로 하여금 시민자격을 갖추도록 양성하는 학교의 근본적 역할과 관련된 최신의 사건들을 이미 출판된 책이 따라잡을 길은 없다.

1월 한 주에만도 연방대법원은 학교당국과 교사, 학생 그리고 학부모들이 헌법 하에서 각기 가지는 권리와 권위와 관련하여 여러 취지를 복합적으로 제시하였다. '헤이즐우드 사건'에 대해 대법원은 학내 언론학 강좌에서 발간하는 신문에 표현된 학생의 생각을 학교당국이 제한할 수 있다고 5 : 3으로 판시하였다. 학생신문은 '공적 표현의 장'이 아니며 따라서 학생의 수정1조상의 권리는 "여타 상황에서 성인이 갖는 권리와 자동적으로 동일한 것은 아니기" 때문이라는 것이 판결의 근거였다. 다수의견을 작성한 화이트 대법관의 진술에 따르면, 이 사건은 비파괴적인 학생의 발언을 학교가 단순히 묵인한 '팅커사건(Tinker)'과 다르다. '헤이즐우드 사건'의 판시사항은 다음과 같다.

> 학교는 학생과 학부모 그리고 일반인이 학교의 허가를 합당하게 기대할 수 있는 학교후원 출판과 연극 기타 표현활동에 대해 교육자로서의 권위를 행사할 수 있다고 인정되었다. 이들 활동은 학교 교육과정의 일부로 충분히 특징지어질 수 있다. … 학교는 또한 정치적 논쟁거리에 대해 학교가 중립을 지키지 못하는 입장에 놓이도록 만든다고 … 상당부분 여겨질 수 있는 학생의 표현행위에 대해 후원을 거부할 권위를 보유해야 한다(Hazelwood School District v. Kulmeier, 86-836).

격렬한 반대의견을 제시한 브레넌 대법관은 다수의견이 시민교육에 있어서 수정헌번 제 1조의 의미에 대해 잘못된 '시민론 교훈'을 가르치고 있다고 주장하였다. 그는 다수의견이 '헤이즐우드 사건'과 '팅커 사건'을 잘못 구분하였다고 보았다. 그의 주장을 들어보자.

> 학생신문은 사실 … 학생들로 하여금 미국헌법 수정1조 하에서의 자신들의 권리와 책임을 인식하는 한편 자신들의 견해를 표현할 기회를 제공하기 위해 만들어진 논의의 장이다.
>
> '팅커사건'이 우리에게 가르쳐 준 바에 따르면, 도덕적·정치적 가치를 가르쳐야 하는 명백한 그리고 부인할 수 없이 중요한 교육자의 사명이 국가가 승인한 주제만 논의하도록 죄는 '사상경찰'로서, 그리고 공식적인 입장만을 지지하는 옹호자로 행동하도록 전권을 부여하는 것은 아니다. 만약 그렇지 않다면 교육자들은 … 완고하고도 허용불가능한 '교실에 대한 정통성의 휘장'을 벗어던질 수 있을 것이다. …
>
> 아이들로 하여금 '미국의 체제에 근간이 되는 다양성을 존중'하도록 가르치며 '우리 헌법이 유리로 덮인 양피지가 아니라 살아있는 현

> 실'이라는 것을 가르치는 대신, 오늘날의 대법원은 젊은이들로 하여금 우리 정부의 중요 원칙들은 단순히 진부한 것으로 치부하도록 가르치고 있다. 헤이즐우드 이스트의 젊은이들은 시민론적 교훈을 기대한 것이지, 법원이 오늘날 그들에게 가르치는 바를 기대한 것이 아니다.

그 다음 주에 브레넌 대법관은, 설령 장애학생들이 학교환경을 파괴하였다 해도, 학교당국은 적법절차 없이는 그 아동들을 퇴학시킬 권위를 갖지 않는다는 다수의견(6 : 2)을 작성하였다(Honig v. Doe, 86-728). 두 결정 모두 신문과 TV의 일부 논평자들로부터 찬사를 받았으며, 또 다른 일각에서는 당혹해하였다. 자유, 정의, 평등, 권위, 사생활보호, 적법절차 등의 시민적 가치 사이에 존재하는 이러한 상호작용은 법원에서뿐만 아니라 일반대중과 전문가들의 견해간에 지속적인 괴리가 있음을 보여주었다. 불우계층 아동을 교육하는 지역학교에 연방기금을 지원하는 것을 막고자 하는 소송 혹은 십대들의 낙태권과 관련하여 정치적 내지 교육적 영향력을 행사하고자 하는 교회관련 기관들에 대한 세금공제혜택을 없애고자 하는 소송에서 훨씬 더 격렬한 쟁점들이 제기될 것으로 보였다.

교육에서 헌법적 권리들이 갖는 여타의 측면들은 여전히 평등, 차별, 인종분리, 차별시정조치 등의 사안에 우선적인 관심을 기울이고 있었다. 연방의회는 성차별을 행하는 대학이 연방기금을 사용하는 문제와 관련한 '그로브시립대학 대 벨 사건'(Grove City College v. Bell)에 대한 연방대법원의 판결을 뒤집기 위해 특별히 고안된 민권회복법(Civil Rights Restoration Act)을 통과시키려 하고 있었다. 그리고 보스턴, 오스틴, 오클라호마시티의 연방법원 판사들 그리고 그 밖에 수십여 지역사회들은 법원의 명령에 따른 학교통합의 실제가 1954년의 브라운 판결 및 각급법원의 숱한 후속판결로 인해 시행되었던 감시감독의 해제를 정당화하기에 충분한지 여부를 결정하는 중이었다.

한편, 선거의 해가 시작되면서, 연방의원, 주지사, 주 의원 후보자들과 마찬가지로 모든 대통령 후보들은 교육향상에 열과 성을 쏟겠다고 공언하였다. 그러나 그들 중 시민교육에서의 학교의 역할에 대해 얘기하는 사람은 단지 몇 명에 불과했다. 시민들의 투표에 명운이 걸려 있는 자리에 도전하는 사람들로서는 다소 이상한 일이었다. 대부분의 후보자들이 '종교적 가치'에 대해서는 너무나 골치 아픈 것으로 여겨 물러서 있는 데 비해, '도덕·윤리적 가치들'은 표를 얻기에 좋은 소재로 보였다.

여전히, 교육을 향상시키겠다는 정치지도자들의 관심표명은, 특히 그들의 관심이 모든 젊은이들이 준비해야 하는 역할인 '시민이라는 직책'을 위한 교육을 향상시키는 데 초점을 맞출 수 있다면, 고무적 발전이 될 수 있을 것이다. 그런 토대에서, 아마도 교육체계는 실제로 투표하는 유효투표자의 비율(미국의 경우 현재 투표율은 28개 민주국가 중 가장 낮음)을 올릴 수 있을 뿐만 아니라, 투표자들이 투표에 임할 때보다 사리분별에 입각한 판단을 내리도록 할 수 있을 것이다. 그리고 장기적으로는, 최근에 폴 볼커를 비롯한 많은 대학총장들이 강조해 온 것처럼, 더욱더 많은 젊은이들이 공공봉사 준비에 매진하고자 하는 신념을 갖도록 북돋을 것이다.

새롭고도 흥미로운 갤럽의 유권자 조사가 1987년 9월에 《국민, 언론과 정치》(*The People, the Press & Politics*)라는 제목의 소책자 형태로 타임스 미러(Times Mirror)에서 간행되었다. 보수적, 진보적, 공화당원, 민주당원, 혹은 무소속 등의 관례적인 호칭은 더 이상 유권자들의 견해의 다양성을 보여주지 않는다고 하면서, 그 조사는 새로운 유형을 구축하고 있다. 사람들은 정당선호도에 따라서뿐만 아니라 종교적 신념과 신의 존재에 대한 믿음, 타인의 신념에 대한 관용, 사회정의를 보장할 정부의 책무, 반공주의, 소외와 무력감, 그리고 정부와 기업의 적절한 역할에 대한 태도 등에 따라서도 분류된다. 보다 흥미로운 것은 유권자의 유형을 가리키는 용어 그리고 그들이 성인인구에서 차지하는 것으로 평가된 비율이다. 유권자들은 각기 기업형 공화당원(10%), 도덕적 공화당원(11%), 낙관론자(9%), 불평불만자(9%), 방관자(11%), 추종자(7%), 세속주의자(8%), 60년대식 민주당원(8%), 뉴딜 민주당원(11%), 수동적 빈곤층(7%), 그리고 당파적 빈곤층(9%)으로 나타났다.

1988년 애디슨-웨슬리에서 타임스 미러 조사연구를 발간함에 따라 그 조사내용 전체가 지니는 가치가 어떻든 간에, 한두 가지 사항은 분명하다. 교육의 수준과 질이 낮은 것은 (교육에 대한 판단의 질이 아니라) 교육의 낮은 수준과 밀접하게 관련되어 있다. '추종자', '당파적 빈곤층', '수동적 빈곤층' 그리고 '방관자'들은 모두 교육을 '잘 받지 못하거나' '충분히 받지 못하였다.' 이들의 비율을 합치면 성인인구의 34%를 차지한다. 특히 방관자들에게 유의해야 한다. "교육을 충분히 받지 못하였으며 시사문제에 거의 전적으로 무관심한 젊은층' 그들은 미국 민주주의의 비참여자들이다"(p. 14).

냉소적인 사람은 교육을 충분히 받지 못한 사람들이 정치적으로 능동적이지 '않은' 것은 당연한 일이라고 말할 수도 있을 것이다. 그러나 이는 "문명상태에서 어떤 국가가 무지하면서도 자유롭고자 한다면 이는 결코 존재하지도 않았고 또 결코 존재하지도 않을 것을 기대하는 일"이라는 제퍼슨의 경고를 위험을 무릅쓰고 무시하는 일이 될 것이다.

따라서, 1988년의 선거 이후에도 젊은이들이 시민자격을 갖추도록 준비시키기 위해 학교가 무엇을 가르쳐야 하는지에 대한 지침을 재정립하는 과제는 남아있다. 이 일에는 학교가 교육과정과 교과서, 이념뿐만 아니라 실천과 환경 그리고 운영을 통해 무엇을 가르쳐야 하는지가 포함된다. 이 책의 본문에서 보았듯이, 이러한 사안들과 관련하여 교육, 역사, 법률, 사회과학, 인문학 분야의 전문가 집단과 학계가 나뉘어져 있는 실정이다. 대중 또한 불확실하고 나뉘어져 있다는 데 대해 의문을 가지는 사람이 거의 없다.

오늘날 이러한 논쟁을 주도하는 인물들 중 일부는 분명 계속해서 주요한 역할을 행할 것이다. 이들 중 누가 돋보일지 혹은 얼마나 오래갈지에 대해 어느 누구도 확실하게 예측할 수 없다. 연방대법원의 렌퀴스트 대법원장과 스캘리아 대법관은 분명 헌법제정자들의 원래 의도가 헌법적 원칙임을 계속해서 지지할 것이며, 보크 판사는 공공의 장에서 계속 발언하기 위해 항소법원 판사직을 사임하였다. 브레넌 대법관과 마셜 대법관은 연방대법관으로 재직하는 한, 자신들의 견해를 이어받을 대역이 준비되기를 바라면서, 자유주의자로서의 선도적 역할을 계속 수행할 것이다.

베넷(William J. Bennett)이 1988년 선거 이후에도 계속해서 교육부장관으로 있게 될지 정해지지 않았지만, 그가 쓴 《제임스 매디슨 고등학교》(*James Madison High School*)에서 표명된 것처럼, 그의 말과 글은 사회과 내에서 역사, 지리, 시민론의 위상과 관련한 전문가들간의 그리고 공공논쟁에서 일정한 역할을 계속할 것 같다. 베넷의 명료하고 강력한 그리고 종종 논쟁적 견해들은 교육내용이 전문가들만의 논의의 장을 훨씬 넘어 공개토론과 대중매체 토론의 주제가 되게 하였다. 역사학자들과 사회과교육 전문가들이 이 논쟁에 참여고 있을 뿐만 아니라, 지방지와 전국지의 일일 기고가들도 견해표명을 계속하고 있다. 킬패트릭(James Kilpatrick)은 학교신문에 대해 학교가 권위를 행사할 수 있다는 것에 찬사를 보낸다. 굿맨(Ellen Goodman)은 '헤이즐우드 판결'과 《제임스 매디슨 고등학교》에서 '권위주의의 냄새'가 난다고 한다.

이 책에서 언급되었던 것과 같이 민감한 그리고 가끔씩은 인화성을 지니는 쟁점들은 분명 대중매체와 입법 그리고 소송이라는 공적 공간에서 계속해서 논쟁의 대상이 될 것이다. 그러나, 필자가 서문에서 얘기했듯이, 미국시민교육의 역사적 사명의 부흥이라는 과업은 학계와 교육계 그리고 일반대중의 지속적인 관심을 요구한다. 그 과업은 이들 분야가 교육정책결정자들뿐만 아니라 교육과정 편성, 교과서 집필 · 출판, 수업 및 학교운영 담당자들의 시각을 자극하고 계도하려는 상호협력적 노력을 요할 것이다. 사안의 핵심은 미국시민으로서 지녀야 할 도덕이라는 옹호가능한 개념, 즉 교육이라는 활동의 내용과 실제로 변환될 수 있는 시민자격 개념이다.

민주사회 시민이 갖추어야 할 덕성은 무엇인가

시민교육 혹은 민주시민교육이란 무엇인가.

사회교과의 존립이유로 흔히 '민주시민 양성'을 언급한다. 이에 대해 이의를 제기할 사람은 없을 것이라 생각하며, 역자 또한 이것이 사회교과의 핵심적 목표라고 생각한다. 그러나 '민주시민 양성'은 우리 교육 전반의 목표이기도 하기 때문에 이것만으로는 추상적 수준에서 벗어나기 힘들며, 여타 교과와 구별할 수 있는 잣대로 작용하기도 곤란하다. 그리하여 무엇에 의한 (혹은 무엇을 통한, 또는 무엇을 매개로 한) 민주시민 양성인가 하는 질문이 제기되는데 이는 교육내용 및 방법에 관한 논의로 이어진다. 또한 보다 구체적인 하위목표 — 실제로 구체적이라고 하기는 어렵지만 — 로 합리적 의사결정, 문제해결, 비판적 사고, 시민의식, 가치·태도, 실천·참여, 식견 등이 제시되기도 한다.

학교교육의 목적을 교육 그 자체에서 찾는 입장도 있고 사회·국가적 교육에서 찾는 입장도 있다. 전자는 학습자의 학습경험에 초점을 맞추는 데 비해, 후자는 건전한 국민(시민) 양성, 경쟁력 향상, 세계시민 양성 등을 내세운다. 학교교육 혹은 공교육이 '교육'이라는 낱말을 사용하는 이상 전자의 입장이 주된 요소인 점은 분명하지만, 모든 학교교육 활동이 교육 그 자체를 목표로 하기는 어렵다. 학교는 '교육' 이외의 것도 추구하는 곳이다. 오늘날 '교육 이외의 것'이 지나치게 강조되어 주객이 전도된 느낌을 강하게 주긴 하지만.

그러면 '민주시민 양성'은 어느 쪽인가? '민주시민 양성'이라는 목표는 "가치 있는 삶의 형식으로의 입문"이라는 '교육 자체의 목적'의 요소가 강한가 아니면 사회존속 및 발전을 위한 구성원 양성이라는 사회·국가적 요구가 더 많이 반영되어 있는가? 물론 '사회과'라는 것이 탄생한 배경을 고려하면, 분명 후자에 해당한다. 하지만 사회존속·발전과 교육 자체의 목적을 엄격하게 구별하기는 어렵다. 가치 있는 삶의 형식이라는 것이—이 표현 자체는 좀더 정리될 필요가 있다—사회존속·발전과 무관하다면 그러한 삶의 형식이 무슨 의미가 있겠는가? 사회존속·발전이 단순히 특정 시기의 특정 사회 혹은 특정 정체(政體)의 유지·발전을 의미한다면 이는 교육이라기보다는 세뇌에 가까운 것이 될 것이다. 지금 우리가 염두에 두고 있는 사회존속 및 발전(혹은 사회통합 등)이 무엇인지에 따라 '민주시민 양성'이 교육 그 자체의 목적을 전도시키지 않으면서도 사회적 요구를 충족시킬 수 있을 수도 있고 아닐 수도 있을 것이다.

그리하여 민주시민이 민주사회(입헌민주주의 사회 혹은 민주시민사회 등) 구성원으로서 사회통합을 선도하고 또 그에 기여하는 사람이라고 할 때, 이를 위해서는 사회통합의 기초를 이루는 여러 질서원리를 이해하고 이를 유지·발전시키기 위한 실천적 노력을 기울이는 가치·태도를 지녀야 한다. 사회의 기본적 질서체계로는 정치·경제·법·윤리 등을 들 수 있으며 이들은 상호의존관계에 있다. 이들 사회질서의 상호의존성을 무시하고 한쪽 측면에 치우치게 되면 부작용이 생긴다. 따라서 정치·경제·법·윤리를 한 덩어리로 보고 여기에서 이론적·실천적 원칙을 도출해야 한다. 물론 일정 정도까지는 이들 질서의 개별영역에 대한 기본적 이해가 필요하지만 최종적으로는 그런 개별영역 학습과 병행하여 상호의존적인 각 영역들을 아우르는, 즉 이들의 상호의존성 혹은 상호작용·관계에 대한 이해를 가능하게 하는 통합적 논의 경험을 제공해야 한다. 다시 말해, 민주시민 양성을 위한 교육은 정치·경제·법·윤리 등의 제반 사회질서 영역에 대해 통합적 안목을 가질 수 있도록 해야 하며, 그리하여 교육내용은 이들 영역 각각에 대한 개별적 접근의 토대 위에서 통합적 접근을 가능하게 하는 것이어야 할 것이다.

시민교육이 민주주의의 원리를 구현하는 데 필수적 요소로 인식되고 있으나 실제 교육현장에서는 여러 문제점들이 제기되고 있다. 학교에서 시민교육 분야는 다른 교과목에 비하여 주요 과목으로 취급되지 않으며 학생들의 관련 지식은 만족스러운 수준이 아니며 정치참여 태도도 매우 낮은 수준으로 나타나고 있다. 교사의 전문성 부족 문제도 시민교육의 장애요소로 거론되고 있다. 신자유주의 이데올로기에 따른 시민교육과 비판적 입장의 시민교육의 갈등, 전통문화의 보존과 비판적 계승을 둘러싼 입장의 충돌은 우리 시민교육의 현재상황을 보여주는 사례라 할 것이다. 갈등적 요소들에도 불구하고 시민교육은 민주주의의 시민공간으로서, 민주주의의 실천의 장으로서의 가능성을 가지고 있으며 그러한 방향으로 기능을 수행할 수 있도록 교육적 노력이 경주되어야 할 것이다.

나아가 세계 여러 나라가 어떠한 내용과 방법으로 민주시민교육을 실시하고 있으며 그 과정에서 제기되는 문제점은 무엇인지 고찰할 필요가 있다. 우리나라의 시민교육은 해방 후 미국의 것을 대폭 수용하였기에 미국의 시민교육에 대한 고찰이 먼저 이루어져야 할 것이다. 이를 위하여 우선 미국 시민교육이 어떠한 역사적 과정을 거쳐서 오늘에 이르는지 살펴볼 필요가 있다. 그리고 미국 민주시민교육의 배경과 내용, 운영방식, 쟁점에 대하여 논의하면서 미국 시민교육의 특징을 검토해보아야 한다. 또한 미국 시민교육에 대한 평가와 전망을 통하여 민주시민교육의 바람직한 방향에 대하여 생각해 보아야 할 것이다. 미국의 경우 다양한 민족적·문화적 배경을 지닌 구성원들의 통합을 시민교육의 주된 목표로 삼고 있어서 상당부분 참고할 만하다고 여겨진다. 우리나라의 경우 민족적 배경의 다양성은 문제되지 않지만 지역이나 계층에 따른 다양성이 사회통합의 걸림돌로 작용하는 경우가 있기에 미국의 사회통합을 위한 시민교육 경험을 참고할 필요가 있을 것이다.

이 책(*The Morality of Democratic Citizenship: Goals for Civic Education in the Republic's Third Century*, Center for Civic Education, 1988)은 미국 사회의 통합을 위해 시민교육의 부흥이 필요하다는 전제하에 시민교육 일반의 개관 및 시대적·공간적 차이에 따른 시민자격 개념의 변천, 미국 시민교육의 배경과 특징 등을 다루고 있다. 원저자인 버츠(Robert Freeman Butts)는 미국의 시민교육 및 사회과교육 학계의 원로에 해당하는 인물이다. 원저의 내용을 잠깐 살펴보면 다음과 같다. 원저는 네 부분으로 이루어져 있는데, 먼저 한 나라의 시민이 갖추어야 할 기본적 소양으로서 역사와 헌법을 언급하고 있다. 그 각각의 경우에 어떤 역사와 어떤 헌법을 가르칠 것인가에 대한 논의도 포함한다. 다음으로 민주사회 시민자격의 개념설정을 위해 시민자격 개념의 형성과 전개 및 변화과정을 살핀다. 이들 논의를 바탕으로 시민자격 함양을 위해 배우고 가르쳐야 할 내용을 선정하고 또 그 각각에 대해 설명하는 것으로 마무리된다. 그리하여 이 책은 단지 미국 시민교육의 지침으로 그치는 것이 아니라, 제대로 된 시민교육을 추구하는 우리에게도 상당부분 도움이 될 것으로 본다.

국가나 시민사회에 대한 저술은 해외저서의 번역서뿐만 아니라 국내 저서도 아주 많이 출간되어 있다. 또한 교육과 국가에 대한 저술도 양적·질적으로 상당한 수준에 와 있는 것으로 보인다. 하지만 시민자격과 시민교육을 함께 논의하는 저술은 해외의 경우 매우 활발하지만, 국내의 경우 일부 교과교육 영역에서 미약한 정도로 이루어지고 있는 실정이다. 역자가 보기에, 민주사회 구성원으로서의 시민의 자격 및 시민교육에 대한 저술은 많이 소개되지도 않았고 또한 번역물도 제대로 없는 형편이다. 시민의 개념과 시민사회의 형성, 시민자격의 개념 혹은 범위 그리고 시민교육을 아울러 논의하는 저술로는 이 책과 엥글과 오초아(S. H. Engle & A. S. Ochoa)의 *Education for Democratic Citizenship*(Columbia University Press, 1988), 그리고 히터(D. Heater)의 *A History of Education for Citizenship*(Routledge Falmer, 2004) 정도이다. 이 중 엥글과 오초아의 책은 이미 번역이 되어 있다.

엥글과 오초아의 책은 기본적으로 민주시민자격을 함양하기 위한 교육과정의 내용과 설계에 초점을 맞추고 있다. 그리하여 민주사회 시민의 의미에 대한 논의를 포함하고 있긴 하지만, 그 배경에 대한 설명은 충분히 이루어지지 않고 있다. 또한 히터는 이미 국가성립과 시민자격의 성격, 그리고 사회변동에 따른 시민자격 개념의 변화에 대한 저술(1990)을 출간한 바 있지만, 시민교육에 대한 논의가 부족하였다. 최근에 출간된 그의 저술은 기존 저술을 축약한 바탕 위에서 시민교육의 개념과 역사에 더 많은 비중을 할애함으로써, 적절한 방향설정 및 충실한 내용으로 상당히 높은 평가를 할 만하지만, 일정기간 검증을 거쳐야 할 것으로 보인다.

그리하여, 시민자격 개념의 형성과 전개, 사회변동에 따른 개념의 변화 및 국가와 교육의 역할 등을 구체적인 국가 및 역사의 맥락에서 논의하는 버츠의 책이 당분간 시민교육의 방향설정 및 내용구성에 좋은 안내자가 될 것으로 보인다.

시민교육의 전개와 전망

공교육 제도가 성립된 이후 훌륭한 시민정신의 함양은 시민교육의 목표가 되었다. 훨씬 이전인 고대로부터 오늘에 이르기까지 대부분의 사회에서 교육의 핵심적 측면이 사회 구성원의 자질을 함양하기 위한 '시민'교육이라는 점에는 별 이의가 없다.

시민교육은 어느 사회에서나 실시되고 있지만 그 사회의 성격에 따라 내용과 방법에 차이가 있다. 민주주의 사회일수록 시민교육은 민주적 교육의 원리 하에서 실시되며, 전체주의적이고 권위주의적인 사회일수록 시민교육은 특정 정권이나 권력 집단의 정당성을 확보하기 위한 수단으로 시행되는 경향이 있다. 민주주의 사회에서는 민주적 가치를 존중하고 민주적 정치참여를 적극적으로 유도하는 방향으로 민주시민교육이 중시되고 있다.

1) 시민과 시민교육: 고대와 중세

시민 개념의 발생지인 고대 그리스에서조차 국가와 구별되는 영역으로서의 시민사회는 아직 존재하지 않았으며, 국가와 시민사회가 동일한 개념으로 사용되었다. 따라서 고대 그리스의 시민교육은 기본적으로 국가를 유지하고 발전시키는 것을 목표로 하였다. 물론 당시에 시민이란 노예와 구분되는 자유민으로서 특수한 계층에 국한되어 있었으며, '지배와 피지배의 공민적 삶을 공유하는 자'로 이해되었지만, 이들은 자신의 자유와 권리를 요구하는 측면보다 공공문제에 기꺼이 참여하는 책임을 진 사람들이었다. 그리하여 고대 그리스의 시민교육에서는 공동체의 유지·발전과 개인의 발전이 동일시되었다고 할 수 있다. 그 후 헬레니즘 사상이 전파되면서, 공적 영역보다 사적 영역에 관심을 갖게 된 개인들은 자신의 내적 평안에 많은 비중을 두게 되었고, 시민교육도 공적인 참여보다는 마음의 평정을 찾는 데 목표를 두게 되었다.

이러한 공/사 영역의 분리는 로마제국 시대에 더욱 뚜렷해져서, 사적 개인과 공적 시민의 영역이 구분되면서, 시민교육은 시민과 국가의 관계에 있어 공적 의무를 잘 이행할 수 있는 시민을 양육하는 것으로 정립되었다. 그러나 공/사 영역이 분리되었다 하더라도, 여전히 시민사회는 국가와 동일시되는 영역이었고 시민교육은 엄연히 공적 영역에 속한 것이었다.

고대의 사상가들은 윤리와 정치가 도덕적 자율성과 공적 인식의 삶을 지향하는 계몽된 인간의 합리적 행위로부터 기인한다고 보고, 사람들이 스스로 발전시킨 도덕원칙에 따라 시민사회(국가)를 완전하게 조직할 수 있다고 주장하였다. 그러나 중세의 교회는 제국과 협상하는 긴 과정을 통해 강제적 정치권력을 정당화하고 그러한 권력의 사용지침을 개발하여 교회를 사회의 중심에 놓았다. 그리스인들이 정치를 자연스런 인간본성으로 보았던 것에 비해, 교회는 정치를 죄의 결과, 즉 전쟁, 노예, 재산과 같은 것으로 취급했다.

중세사회는 국가의 정치권력보다 우위에 있는 보편적 교회공동체를 지향했다. 따라서 (시민)교육의 목표는 신의 뜻을 알고 그 뜻에 따라 행동하는 사람을 키우는 것이었다. 하지만 구체적 목표는 중세의 대표적 사상가 아우구스티누스와 아퀴나스에서 조금 다르게 나타난다. 아우구스티누스는 국가를 인간의 잘못을 벌하고 죄를 줄이기 위한 강제기구라고 보았기 때문에, 교회에서의 교육은 강제적으로라도 인간의 세속적 욕망을 제거하고 영혼의 양식을 채우도록 교정하는 것을 목표로 삼았다. 하지만 그는 인간이 근본적 한계로 인해 기독교적 삶을 살지 못할 수도 있기 때문에 국가의 강제적 교육도 필요하다고 보았다.

이에 비해, 아퀴나스는 정치질서가 인간연합의 가장 고도의 형태이며 신이 부여한 이성을 통해 실현된 제도라고 보았기 때문에, 신의 계시뿐만 아니라 인간본성으로서의 이성의 중요성도 동시에 주장했다. 그리하여 아퀴나스가 생각한 (시민)교육은 기독교 교육을 통해 신의 계시를 깨닫게 하는 것과 인간 내면의 이성을 발현시키는 것을 동시에 목표로 삼았다.

2) 시민사회와 시민교육: 근대

근대 시민사회의 개념은 여러 가지 측면에서 논의된다. 그러나 자본주의의 등장과 함께 경제영역이 부각되면서, 경제사회를 시민사회의 개념에 포함시켰다는 데 공통점이 있다. 그러나 시민사회를 긍정적으로 평가하는 관점과 부정적으로 평가하는 관점에서 시민교육의 지향점은 서로 매우 다르게 나타난다.

전자의 관점에서는, 시민교육은 사적 측면에서 개인의 자유와 권리를 증진시키는 교육이다. 국가의 권력에 의해 통제되고 억압당하는 교육이 아니라, 국가의 선전과 조작에 대항해서 자신의 자유와 권리를 지킬 수 있도록 하는 교육이다. 개인들이 합리적으로 자신의 이익을 추구하기만 하면 보이지 않는 손에 의해 시민사회가 유지될 수 있다고 본다.

후자의 관점에서는, 시민사회가 국가에 의해 통합될 때 도덕적 완성을 이룰 수 있기 때문에 시민교육은 국가에 의해 주도되어야 한다. 시민사회는 지양되어야 할 대상이므로, 시민교육도 개인의 자유와 권리만을 강조하기보다는 국가공동체 전체를 생각하는 자질을 함양하는 것이어야 한다. 이 관점 중 보다 극단적인 입장에 따르면 부르주아 시민사회와 국가의 경제적 불평등과 억압을 극복하기 위해서는 혁명이 요구된다.

3) 현대 시민교육의 성립과 전개

근대 시민사회가 경제사회를 포함하는 영역이었던 것과 달리, 현대 시민사회는 경제사회의 문제점을 극복하기 위한 대안으로 제시된다. 그리하여 현대 시민사회는 국가권력을 견제하는 동시에 경제영역의 침투도 견제하는 제3의 영역이라는 성격을 지닌다. 여기서 시민교육은 자율성과 연대감 형성이 가장 큰 목표가 된다. 즉, 시민교육은 국가권력에 대항하여 개인의 자유와 권리를 신장하면서도 개인의 이익추구를 목표로 하는 시장경제의 문제점에 대응할 수 있는 연대감을 키우는 방향으로 나아가게 된다.

근대 경제사회를 긍정적으로 보는 관점에서의 시민교육은 개인의 자유와 권리 측면만을 강조하면서 개인의 입장에서 합리적으로 판단하고 행동하면 사회 전체가 질서 있게 유지될 수 있다고 주장했다. 그러나 독점자본주의가 등장하고 개인의 지나친 이익추구가 시민사회의 문제로 대두되면서, 이러한 경제영역과 시민사회를 분리시키는 한편, 경제영역의 시민사회 침투를 극복하고 근시안적 사적 이익추구의 문제점을 해결하기 위해 공동체적 연대감 형성을 시민교육의 목표로 삼아야 할 필요성이 제기되었다.

4) 우리나라의 시민교육

우리나라의 시민교육은 해방 후 미국의 것을 대폭 수용하였기에 미국의 시민교육에 대한 고찰이 먼저 이루어져야 할 것이다. 이를 위하여 우선 시민자격의 개념 및 시민교육의 역사를 개관할 필요가 있다.

다음으로 미국 시민교육이 어떠한 역사적 과정을 거쳐서 오늘에 이르고 있는지 살펴보아야 할 것이다. 그리고 미국 민주시민교육의 내용, 운영방식, 쟁점에 대하여 논의하면서 미국 시민교육의 특징을 검토하여야 할 것이다. 또한 미국 시민교육에 대한 평가와 전망을 통하여 민주시민교육의 바람직한 방향에 대하여 생각해 볼 필요가 있다.

찾아보기

(용 어)

ㄱ

ㅁ

ㅂ

ㅅ

ㅇ

ㅈ

ㅊ

ㅋ

ㅌ

ㅍ

ㅎ

기 타

찾아보기

(인 명)

ㄱ

ㄴ

ㄷ

ㄹ

ㅁ

ㅂ

ㅅ

ㅇ

ㅎ

로버트 프리먼 버츠 (Robert Freeman Butts)

지은이 로버트 프리먼 버츠는 1910년 일리노이에서 출생하여 위스콘신대 교육학 박사학위를 받았으며, 컬럼비아대 교수로 40년 동안 재직했다. 미국역사학회, 교육사학회, 존 듀이 학회, 교육철학회 등 여러 학회에서 두루 활동했으며, 미국교육학회 국제관계위원회 위원장(1965~1966), 비교교육학회 회장(1964~1965)을 역임했다.

다른 나라의 교육에도 많은 관심을 보이며 교육현실 개선에도 적극적으로 참여한 그의 다른 저서로는《국제교육》(1965),《시민론 학습의 부흥》(1980) 등이 있으며, 공저로《교육철학》(1961),《세계교육론》(1969) 등이 있다. 또《브리태니커 백과사전》,《세계대백과》 편찬에도 참여하였으며,《세계교육연감》의 편집장을 지내기도 하였다.

김해성

옮긴이 김해성은 서울대학교 사회교육과를 졸업했으며 동 대학원에서 교육학 박사학위를 받았다. 현재 강원대학교 사회교육과 교수.

공저로《민주사회 민주시민》, 공역서로《인성교육론》,《자유주의와 공동체주의》, 논문으로 "사회과 법교육 내용으로서의 법전통에 관한 연구"(2004), "법교육 내용구성 개선방안 연구"(2006) 등이 있다.

나남출판 한국학술진흥재단 학술명저번역총서

201 서구 자유주의의 융성과 쇠퇴

앤서니 아블라스터 (Anthony Arblaster) 지음 | 조기제 (진주교대 도덕교육과) 옮김

자유주의는 무엇으로 살아가는가? 자유의 열망? 그렇다. 그러나 이 열망 뒤편엔 "민중에 대한 공포, 민주주의에 대한 공포"도 있다. 자유주의의 빛과 어둠을 균형 있게 서술한 명저이다. 1부에선 자유주의의 개념적 기초를 분석하고, 2부와 3부에선 자유주의 사상의 역사적 전개과정을 추적한다. 자유주의에 대한 가장 포괄적인 서술이면서도 역사적 사건과 인물에 대한 디테일을 놓치지 않고 있다. 충실한 내용에 더해 문학적 향취도 느낄 수 있다.

· 양장본 · 688면 · 35,000원

202 폭력에 대한 성찰

조르주 소렐 (Georges Sorel) 지음 | 이용재 (전북대 사학과) 옮김

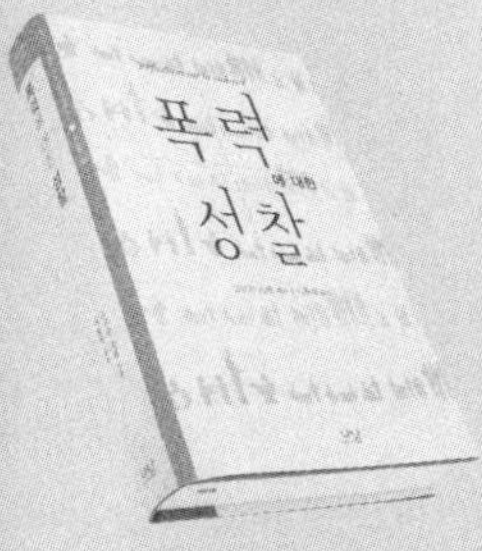

'적과 흑의 사상가'로 불리는 조르주 소렐은 제도화된 개량 사회주의에 반기를 들고 프랑스 특유의 노동운동노선인 혁명적 생디칼리슴을 제시한다. 노동자 계급의 혁명성을 총파업 신화 속에서 재구성한 혁명적 생디칼리슴의 성서인 이 책에서 소렐은 좌우를 막론하고 기존체제에 대한 봉기의 사상적 기초를 제공한다. 폭력에 대한 정치적 성찰의 한 전형을 보여준다. 그 어느 때보다 폭력의 문제가 진지한 정치철학적 쟁점으로 떠오른 우리 시대에 반드시 참조해야 할 고전이다. · 양장본 · 448면 · 18,000원

203 다른 것이 아닌 것

니콜라우스 쿠사누스 (Nikolaus von Kues) 지음 | 조규홍 (한국중세철학회) 옮김

중세와 근대 사이에 지성사적 가교를 놓은 니콜라우스 쿠사누스의 대표적 논저이다. 이 책의 주제는 "다른 모든 것들의 존재 및 인식의 출발점이자 … 그들을 지탱해주는 중(심)점이고, 마침내 그들의 마지막 종착점인 다른 것이 아닌 것 (Non-aliud)"이다. 중세의 황혼녘에 서술된 일자와 전체의 관계는 탈근대의 여명기인 오늘날의 핵심 쟁점이기도 하다. 500년 이상의 시간을 뛰어넘어 근대의 시작과 끝에 모두 개입한 보기 드문 명저로서, 서양 형이상학적 사유의 보고이다. · 양장본 · 384면 · 20,000원

204 세계시민주의와 민족국가

프리드리히 마이네케 (Friedrich Meinecke) 지음 | 이상신 (고려대 명예교수) · 최호근(고려대 역사연구소) 옮김

랑케, 드로이젠과 함께 독일 역사주의 거장으로 꼽히는 마이네케는 강렬한 민족주의 시대에도 세계시민주의의 의의를 놓치지 않았던 사상가였다. 이 책에서 그는 국가를 통한 민족 발전이 개인적 자유의 발전과 대립하지 않는다는 전제에서 출발하여, 독일의 국가형성과정을 문화국가에서 민족국가로 나아가는 과정으로 분석한다. 그리고 이 과정은 계몽시대의 세계시민주의적 문화의식에서 민족국가 의식으로 나아가는 과정으로 해석된다. 세계시민주의와 국민국가의 관계가 다시 쟁점이 되는 오늘날의 필독서이다.

· 양장본 · 648면 · 33,000원

205 친구와의 서신 교환선

니콜라이 고골 (Nikolai Vasil'evich Gogol') 지음 | 석영중 (고려대 노어노문학과) 옮김

19세기 러시아의 대문호 고골이 죽음의 문턱에서 회생한 후 영적 체험을 알리기 위해 저술한 작품이다. 지인과의 서신들에 문학평론과 사회평론을 덧붙여 출간한 이 책은 광신적 메시지, 가학적일 만큼 긴 문장, 황당무계한 비유 등으로 러시아 문학사상 "최악의 책"으로 혹평받다가, 20세기 초엽에 종교 · 윤리 · 예술이 결합된 독창적 작품으로 재평가받았다. 예술가로서의 고골을 이해하는 데 중요할 뿐 아니라, 도스토예프스키, 톨스토이, 솔제니친 등 향후 러시아의 위대한 작가들이 걸어갈 길을 예고하고 있는 작품이란 점에서도 중요하다.

206 민주시민의 도덕

로버트 프리먼 버츠 (Robert Freeman Butts) 지음 | 김해성(강원대 사회교육과) 옮김

민주화 이후에는 자유롭고 평등한 개인들이 공존할 수 있는 가능성을 모색하는 것이 가장 시급한 과제이다. 이를 위해선 시민교육의 제도화가 무엇보다 시급하다. 민주주의의 학습장도 이제 거리에서 공교육으로 이행되어야 한다. 이 책에서 저자는 미국 시민교육의 역사적 진화과정을 서술하면서 민주사회의 시민이 갖춰야 할 자질과 덕목도 함께 논의한다. 민주화 이후의 과제들에 직면해 있는 우리에게 많은 것을 시사해준다. · 양장본 · 368면 · 18,000원

207 선녀여왕

에드먼드 스펜서 (Edmund Spenser) 지음 | 임성균 (숙명여대 영문학과) 옮김

"시인들의 시인" 에드먼드 스펜서의 역작 《선녀여왕》은 영시 사상 가장 긴 서사시다. 서사의 웅대함은 《반지의 제왕》을 능가하고, 이야기의 재미는 〈스타워즈〉나 〈매트릭스〉를 제압한다. 또한 당대의 정치, 사회, 종교, 도덕을 망라하는 풍부한 알레고리와 무궁무진한 표현기교의 보고여서, 그 의의는 영문학의 범위를 넘어선다. 이번에 번역된 제1권과 제2권은 기사의 모험을 통해 구원의 문제와 절제된 삶의 태도를 다룬다.